中国人文社会科学期刊AMI综合评价（集刊）入库集刊
中国学术期刊综合评价数据库来源期刊（中国知网，CNKI）
超星学术期刊「域出版」来源期刊

倫理學術

斯多亚主义与现代伦理困境（上）

邓安庆　主编

14

2023年春季号
总第014卷

上海教育出版社

本书获评

"复旦大学哲学学院源恺优秀著作奖"

由上海易顺公益基金会资助出版

《伦理学术》*Acadēmia Ethica*

让中国伦理学术话语融入现代世界文明进程

邓安庆

当今世界最严重的危机是世界秩序的日渐瓦解。美国作为西方世界领头羊的地位岌岌可危,而之前把欧盟作为世界平衡力量之崛起的希冀也随着欧盟的自身难保而几近落空。中国作为新兴大国的崛起,却又因其缺乏可以引领世界精神的哲学,非但自身难以被世界接纳,反而世界感受着来自中国的不安和焦虑。因此,今日之世界,说其危机四伏似乎并非危言耸听,文明进步的步履日渐艰难,野蛮化的趋向却显而易见。

所以,当今世界最为迫切的事情莫过于伦理学术,因为伦理学担负的第一使命,是以其爱智的哲思寻求人类的共生之道。哲学曾经许诺其思想即是对存在家园的守护,然而,当它把存在的意义问题当作最高的形而上学问题来把握和理解的时候,却活生生地把存在论与伦理学分离开来了,伦理学作为道德哲学,变成了对道德词语的概念分析和道德行为规范性理由的论证,从而使得伦理学最终遗忘了其"存在之家"。哪怕像海德格尔那样致力于存在之思的哲人,却又因不想或不愿涉及作为人生指南意义上的伦理学,而放任了存在论与伦理学的分离。但是,当代世界的危机,却不仅是在呼唤存在论意义上的哲学,而且更为紧迫的是呼唤"存在如何为自己的正当性辩护",即呼唤着"关于存在之正义的伦理学"。"伦理学"于是真正成为被呼唤的"第一哲学"。

不仅欧美与伊斯兰世界的矛盾正在呼唤着对存在之正当性的辩护,中国在世界上作为新兴大国的崛起,中国民众对于现代政治伦理的合理诉求,都在呼唤着一种为其存在的正当性作出辩护的伦理学!

然而,当今的伦理学却无力回应这一强烈的世界性呼声。西方伦理学之无能,是因为在近一个世纪的反形而上学声浪中,伦理学早已遗忘和远离了存在本身,它或者变成了对道德词语的语义分析和逻辑论证,或者变成了对道德规范的价值奠基以明了该做什么的义务,或者变成了对该成为什么样的人的美德的阐明,总而言之,被分门别类地碎片化为语言、行为和品德的互不相关的分类说明,岂能担负得起为存在的正当性辩护的第一哲学之使命?!

中国伦理学之无力担负这一使命,不仅仅表现在我们的伦理学较为缺乏哲学的学术性,更表现在我们的伦理学背负过于强烈的教化功能,在一定程度上损伤了学术的批判品格和原创性动力。但是,为存在的正当性辩护而重构有意义的生活世界之伦理秩序,发自中国的呼声甚至比世界上任何地方都更为强烈地表达出来了。

如果当今的伦理学不能回应这一呼声,那么哲学就不仅只是甘于自身的"终结",而且也只能听凭科学家对其"已经死亡"的嘲笑。

我们的《伦理学术》正是为了回应时代的这一呼声而诞生!我们期望通过搭建这一世界性的哲学平台,不仅为中国伦理学术融入世界而作准备,而且也为世上的"仁心仁闻"纳入中国伦理话语之中而不懈努力。

正如为了呼应这一呼声,德国法兰克福大学为来自不同学术领域的科学家联盟成立了国际性的"规范秩序研究中心"一样,我们也期待着《伦理学术》为世界各地的学者探究当今世界的伦理秩序之重建而提供一个自由对话和学术切磋的公共空间。中国古代先哲独立地创立了轴心时代的世界性伦理思想,随着我们一百多年来对西学的引进和吸纳,当今的中国伦理学也应该通过思想上的会通与创新,而为未来的"天下"贡献中国文明应有的智慧。

所以,现在有意义的哲学探讨,绝非要在意气上分出东西之高下,古今之文野,而是在于知己知彼,心意上相互理解,思想上相互激荡,以他山之石,攻乎异端,融通出"执两用中"的人类新型文明的伦理大道。唯如此,我们主张返本开新,通古今之巨变、融中西之道义,把适时性、特殊性的道德扎根于人类文明一以贯之的伦常大德之中,中国伦理学的学术话语才能真正融入世界历史潮流之中,生生不息。中国文化也只有超越其地方性的个殊特色,通过自身的世界化,方能"在—世界—中"实现其本有的"天下关怀"之大任。

Let the Academic Expressions of Chinese Ethics Be Integrated into the On-Going Process of the World Civilizations

By the Chief-In-Editor Prof. Deng Anqing

To us the most serious crisis in the present world is the gradually collapse of the world order. The position of America as the leading sheep of the western world is in great peril, meanwhile the hope that the rising European Union can act as the balancing power of the world is almost foiled by the fact that EU is busy enough with its own affairs. It is true that China is a rising power, but due to the lack of a philosophy to lead the world spirit, it is not only difficult for the world to embrace her, but also makes the world feel uneasy and anxious instead.

Thus, the most urgent matter of the present world is nothing more than ethical academic (acadēmia ethica), since the prime mission taken on by ethics is to seek the way of coexistence of the human beings through wisdom-loving philosophication. Philosophy once promised that its thought was to guard the home of existence, but when it took the meaning of existence as the highest metaphysical issue to be grasped and comprehended, ontology and ethics were separated abruptly from each other, resulting in such a fact that ethics as moral philosophy has being becoming a conceptual analysis of moral terms and an argument for the normal rationale of moral acts, thus making ethics finally forget its "home of existence". Even in the case of the philosopher Martin Heidegger who devoted himself to the philosophical thinking of existence, because of his indisposition or unwillingness to touch on ethics in the sense as a life guide, he allowed for the separation of ontology from ethics. However, the crisis of the present world is not merely a call for a philosophy in the sense of ontology, but a more urgent call for "a self-justification of existence", that is, call for "an ethics concerning the justification of existence." Consequently "ethics" truly becomes the called-for "prime philosophy".

Not only does the conflict between Europe and America on one part and Islamic World on the other call for the justification of their existence, but also China as a new rising great power, whose people cherishing a rational appeal to a modern political ethic, calls for a kind of ethics which can justify her existence.

Alas! The present ethics is unable to respond to the groundswell of such a call voice of the world. The reason of western ethics' inability in this regard is because ethics has already forgotten and distanced itself from existence itself with the clamor of anti-metaphysics in the past nearly a century, thus having become a kind of semantic analysis and logic argumentation, or a kind of foundation-laying of moral norms in order to clarify the duty of what should be done, even or a kind of enunciation of virtues with which one should become a man; in a word, ethics is fragmented under categories with classification of language, act and character which are not connected with each other; as such, how can it successfully take on the mission of the prime philosophy to justify existence?!

The disability of Chinese ethics to take on this mission not only show in the lack of philosophical academic in a sense, but also in our ethics has on its shoulder comparatively too much stronger functions of cultivation, thus injuring the critical character of academic and the dynamics of originality. However, it is much stronger the call sounded by China than that sound by the world to justify existence in order to reconstruct the ethical order of the meaning world.

If the present ethics fails to respond to such a calling voice, then philosophy not only allows herself to be close to "the end" happily, but also let scientists to laugh at her "already-dead" willingly.

Our *Acadēmia Ethica* is just born in time to respond to such a call of the times. Through building such a worldwide platform, we are wishfully to prepare for the Chinese ethical academic to be integrated into that of the world, and try unremittingly to incorporate the "mercy mind and kind exemplar" in the world into Chinese ethical terminology and expression.

To responded to such a call, just as Frankfurt University of Germany has established an international Center for Studies of Norm and Order for the federation of scientists and scholars from all kinds of academic fields, we hope the brand new *Acadēmia Ethica* to facilitate a common room for those scholars who investigate the issue of reconstructing the ethical order of the present world to dialogue freely and exchange academically.

Ancient Chinese sages originated independently a kind of world ethical system in the Axial Age; with the introduction and absorption of the western academic in the past more than a hundred years, the present Chinese ethics should play a role in contributing the wisdom of Chinese civilization to the future "world under the heaven" by thoughtful accommodation and innovation.

Thus, at present time the meaningful philosophical investigations are definitely not to act on impulse to decide whether the west or the east is the winner, whether the ancient time or the present time is civilized or barbarous, but to know oneself and know each other, understand each other in mind, inspire each other in thought, with each other's advice to overcome heretic ideas, thus making an accommodation of a great ethical way of new human civilization, "impartially listening to both sides and following the middle course". Only out of this, we advocate that the root should be returned to and thus starting anew, the great changes of ancient and modern times should be comprehended, the moral principles of west and east should be integrated into each other, any temporary and particular moral should be based on great permanent ethical virtues of human civilizations, so and so making the academic expressions of Chinese ethics with an everlasting life integrated into historical trends of world history. Only through overcoming the provincial particulars of Chinese culture by her own universalization can she "in the world" undertake her great responsibility —"concern for the world under heaven".

目　　录

Contents

世

邓安庆①

纯属巧合,无因无缘,在责任编辑传给我第 14 卷《伦理学术》清样上的"主编导读"栏目下,出现了一个"世"字,主持本卷和下一卷"斯多亚主义伦理学研究专栏"的陶涛教授见之则及时幽默地告诉我,他去寻找"世"文未得,问我下一卷的"导读"是否以"界"为题。我想,何乐而不为呢?本卷主旨本就为不可理喻的"世"相而作。此"世"怎么了?他"世"根本与你"世"我"世"无关,那么,在"世"中还有可能吗?

"世"作何解?《说文解字》曰:"三十年为一世。"徐灏笺《段注》曰:"三十年为一世,世者父子相继之称。故从卅而引长之,会意。"而林义光的《文源》这样解"世":"当为叶之古文。像茎及叶之形。草木之叶重累百叠,故引申为世代之世。"②

若论"三十年"之"世",我们会为之变局而感叹;若论草木百叶之"世",我们会为之枯荣而了然;而若论"世界"之"世",我们却不得不为其动荡裂变而茫然。不由得想起孟子教导"知人论世",孔子告诫"博文约礼",正当其时也。

本卷"博文"以斯多亚主义和黑格尔、康德为宗而返古今之"约",力图赋"古礼"为"来世"之气象,生命之通则,通达普世之正义也。各位作者,或黑格尔、康德研究之大家,或长期浸润于希腊化哲学的杰出同侪,无不深明巴门尼德"存在着是唯一-(ἐν ἄρα τὸ ὄν)"(DK 28 A 28)③之古训,自由之正义的艰难,然而,我们也都明了"存在从未在过去,从未在未来,因为它就是现在,共同在现在,完全在现在"④之道理。博大精深的中华文明也必须在"现在"立起自由之正义的伦理大旗,因为勤劳勇敢、智慧而文明的中国人完全有资

---

① 主编简介:邓安庆,复旦大学哲学系教授,博士生导师,主要研究领域为德国哲学、西方伦理学通史和应用伦理学。

② 【东汉】许慎原著,汤可敬撰:《说文解字今释》(上),岳麓书院 1997 年版,第 315 页。

③ Parmenides:*Über das Sein*,Griechische/Deutsch,Stuttgart Philipp Reclam jun. 1995, S. 28/29.

④ Parmenides:*Über das Sein*,Griechische/Deutsch,Stuttgart Philipp Reclam jun. 1995, S. 107.

格享有自由之尊严、正义之人生。

斯多亚主义"关怀自身"的"修行伦理学"与儒家功夫论有共同的主题，以伦理学为哲学的核心和旨归与儒家哲学具有大致相同的精神气质，他们倡导的顺天理之命、应自然之道、尊自主之德、行自由之义的道德哲学理念也完全可以在我们的伦理文化中找得到极大的共鸣，但是，与儒家哲学试图在亲亲之情的家中寻找安身立命之所不同，他们从处在丛林法则的世界中更深切地感受到城邦乃至帝国对于渺小的个人而言，根本不可能是避风港，只有灵魂才是安顿自我自由身心的真正家园："所以个人应该安顿在这里，在自己本身之内建造一个感觉和思维的内在世界，不属于它的一切，在意识中被自身所拒绝的一切，对他而言都不能达到现实的存在。"①

因而，与儒家试图通过仁心至情营造出温情脉脉的世界不同，斯多亚主义则强调以不动心的"冷漠"从邪恶中解放，"进入到天然之内心"（in interiorem natura sinum venit），才能拥有天赋于人的完美的和完成着的善。这样，斯多亚主义就从古希腊的积极进取的建构美好世界的哲学转到消极防备、心灵治疗的心性哲学上来。努斯鲍姆将斯多亚主义伦理学概括为"欲望的治疗"的美德伦理学，代表了当代哲学的卓越洞见。我在即将出版的拙著《古典实践哲学与德性伦理》中将斯多亚主义伦理学称之为"德性论的第二经典形态"，认为他们的德性依然来自自由的教养。他们的自由来自灵魂中的理性力量，遵从自然就是遵从理性，而理性的使命在于征服激情。因而，德性的要求在于能够驾驭自然的激情，这种激情主要有四种：痛苦、畏惧、欲望和快乐。驾驭自然激情的方法，不能仅仅靠节制，而是靠心灵的冷淡，清心寡欲。聪明的人就是没有激情的、冷漠的人，德性就是冷漠，理想的德性人格是摆脱了激情的哲人，即结合了哲人的自足和第欧根尼的寡欲；忍耐命运给予的一切是最基本的德性，在美德和不道德之间没有程度的差别，要么是道德，要么是不道德，在它们之间不存在中道。从他们的这种德性论中，我们才看得清康德德性论与感性偏好作斗争的勇气的来源。

但显然，这种德性论也绝非解决现代伦理危机的处方，而只能是个人在世中受伤后回到心灵中疗伤的安慰剂。试图复兴美德以救世的情怀，在斯多亚主义这里，也看不到前途。

这仅仅是我的一种偏见，我完全寄希望于通过学习本卷各位专家贡献出来的高见克服之，因而真诚地感谢每一位作者、译者和陶涛教授主持的这个专栏，为我们带来了国际学界最前沿的思想。

---

① Alfons Reckmann: Den Anfang denken, Band III, Vom Hellenismus zum Christentum, Felix Meiner verlag, Hamberg 2011, S. 43.

在尊严与多元主义之间：黑格尔哲学
在当今世界的意义与限度①

[德] M. 宽特②（著）

贺　念③（译）

【摘要】黑格尔哲学自身的特点决定了对黑格尔的哲学研究不仅要杜绝历史性视角与体系性视角的分离，而且也不能仅仅满足于将其归类到某个哲学范式，而是必须对黑格尔思想进行体系性批判。这就意味着，黑格尔研究自身要求我们一方面指出它在当今世界的意义，另一方面也要合理指出它的限度。本文探讨的主题"人类尊严作为普遍原则与多元主义的规范观念之间的张力"如何与黑格尔的实践哲学相关，就正是对以上思路的践行与尝试。文章分为三个部分：首先，阐明一种"厚"的伦理原则，将尊严的普遍性要求与世俗社会背景下的多元主义结合起来，指出这种"综合性"所指向的正是黑格尔的实践哲学；其次，借助于西普的研究，指明了在思考"尊严与多元主义"问题中所彰显出来的黑格尔哲学中依然活着的部分，以及或许已经死去的部分；最后，总结性地指出黑格尔对客观精神的构想在当代仍具有巨大的潜力，但要以澄清其限度作为前提。

【关键词】尊严，多元主义，厚的伦理原则，黑格尔，西普

对黑格尔的自然哲学和精神哲学的此种内涵的阐释类似在刀刃上的行走。

---

① 本译文为国家社会科学基金一般项目"海德格尔存在论现象学中的规范性问题研究"（项目编号：21BZX094）阶段性成果。
② 作者简介：M. 宽特(Michael Quante)，德国明斯特大学副校长、实践哲学讲席教授，《黑格尔研究》和《黑格尔研究附刊》主编，国际马克思恩斯基金会(IMES)主席，欧洲科学院、柏林—勃兰登堡科学院、北莱茵—威斯特法伦科学艺术院院士，明斯特大学生命伦理中心负责人；曾任德国哲学学会主席（2012—2014）。
③ 译者简介：贺念，武汉大学哲学学院副教授，主要研究方向为德国哲学与现象学、西方美学、美学原理。

并非所有事情都可以在固有的黑格尔解释的框架内得以证成。此外,这种推断还必须对黑格尔的论证所依据的基本前提提出质疑。

——路德维希·西普(Ludwig Siep)

预思

一些哲学家将自己的研究锁定在各个不同的分支学科,比如形而上学和语言哲学等。也有一些人研究不止一位历史作者;有些人则可能会将对历史作者的研究与分支学科中的重点问题结合起来,例如将对康德认识论的研究与休谟结合起来。另有一些人则研究来自不同哲学范式的作者:欧陆哲学和分析哲学可能仍然是目前最突出的两种哲学范式的代表。最后,这三种区分方式也可以相互结合。因此,虽然并不常见,但人们也可能会遇到某些哲学家,他们的作品研究不同的作者、学科和哲学范式。对于接受者来说,也对于相应的作者本人来说,这提出了一个问题,即他的工作领域和课题领域是否以及如何在事实上紧密相关。如果在科学文化中确立了以历史为导向的哲学研究和以体系为导向的哲学研究之间的严格分离,那么这两个工作领域很可能会在作者本人身上相互抵触。甚至可以想象,一个哲学家的两个感兴趣的领域对他来说仍然是分离的,他在一个领域的贡献不会触及另一个领域的贡献。

反过来说,哲学家也有可能看到他的主题和工作领域之间的系统关系,并在他自己的研究中对此进行挖掘。如果他跨越了哲学分支学科、哲学范式的界限,或者在对实质性问题和哲学史中的作者采取的历史性视角与体系性视角之间来回切换,那么对他的贡献的接受就会变得复杂:他的读者的接受习惯被搅乱了。这可以同等程度地引发拒绝或迷恋,可能会被视为粉饰差异,也可能被视为拓宽视野。

首先,当一个人研究黑格尔的哲学并想要表达自己的主张时,他就不能保持历史性与体系性视角之间的严格分离。这不仅是因为康德、费希特或黑格尔等作者声称对哲学的体系性问题作出了系统性的贡献,从而纯粹的历史研究必然无法满足这些作者或其作品的真正主张。而且,它之所以特别适用于黑格尔的哲学,乃是因为在黑格尔哲学中,历史性的与哲学史的维度对解决体系性问题来说具有构成性的作用。

其次,我们不能将在当代哲学中基于分工而来的对分支学科的探究与孤立问题分割开来:从黑格尔的角度来看,哲学中的诸种体系性问题都是紧密相关的。我们可以而且必须对这些问题进行识别并区别分支学科,以便能够在第二步中再将它们相互关联起来。当前一些突出的流行语,比如整体论、连贯论或反思均衡,都是针对黑格尔试图用他的辩证法和体系论来把握的这种哲学上的实质性关联。

现在人们可能会认为,对于一位系统地研究黑格尔的哲学家来说,只有对哲学范式进行划分才能站得住脚。但是,鉴于黑格尔的体系性主张,即使这一点也被证明是成问题的:毕竟,黑格尔用他的哲学方法,声称整合了哲学思索的所有合理的方面;他的体系声称将所有值得保存的哲学知识保留在适当的位置。谁想认真对待黑格尔,就不能仅仅满足于将其归类到某个哲学范式;那些不想简单地忽视他的人必须走进黑格尔的体系性批判。①

此文的主题

任何按照我的思路走到这一步的人,都不会对我想在本文中处理的问题感到惊讶:我在《人类尊严与个人自律:生命科学背景下的民主价值》一书中持有的立场与黑格尔的实践哲学有何关联?那些关注我关于黑格尔和生命医学伦理的著作的读者可能会对这一问题感兴趣。出于我在开头指出的原因,它甚至对其作者来说也是至关重要的。②

在下文中,我将集中讨论黑格尔的实践哲学如何与在德国的生命医学伦理学中被强烈感受到的人类尊严作为普遍原则与多元主义的规范观念之间的张力相关。这一点并不否认黑格尔的客观精神构想对于当前再次被深入讨论的社会正义或市场所扮演的角色问题也具有系统意义的参考价值。在本文中,我不会探讨黑格尔的哲学思想如何与目前在许多领域占主导地位的分析或后分析哲学相关联。这两个遗漏只是为了将极其复杂的主题简化到可以在一篇文章中处理的程度。正如稍后将显示的那样,即使在这种简化处理之后,它仍然很复杂。

如果将注意力集中在黑格尔的实践哲学如何与在德国的生命医学伦理学中被强烈感受到的人类尊严作为普遍原则与多元主义的规范观念之间的张力相关这一问题上,那我们可以以两种不同的方式展开。第一个策略是根据黑格尔的实践哲学,找出什么样的解决人类尊严与多元主义之间张力的方法在哲学上是合适的。如果这不仅只是一种哲学上的练习,那么在人们或隐或显地以黑格尔哲学的奠基成就为依据并也自行分担其证明重任的情况下,才能使用这种策略来提出体系性的奠基主张。如果忠实地相信,黑格尔在哲学上基本做对了所有事,并提供了所有相关的奠基,这将为今天的系统工作提供一个起

---

① 更详细请参看 M. Quante, Die Wirklichkeit des Geistes. Studien zu Hegel. Frankfurt am Main:Suhrkamp (stw 1939). Englische Ausgabe:Spirit's Actuality. Paderborn:Mentis 2018, 2011,第3章。
② 同上书,第15章。

点,这种基本态度在大多数不能归入到黑格尔左派的弟子中肯定能经常发现,直到今天,它也仍然有代表性①,但这却不是我运思的基础。

除此之外,还有我将在下文中采用的第二个策略。它针对如何解释生命医学伦理领域中人类尊严与多元化之间的张力关系并使其理性化,提出了自己的系统回应。一旦完成了这个哲学工作,那人们就可以问自己的方法是否与黑格尔的实践哲学兼容,因为某种情况下,黑格尔本人可能对所处理的问题(例如现代生命科学中的特定伦理问题)只字未提,或者他的实践哲学并不隐含这个具体的应用层面上的问题。人们可以更进一步,追问黑格尔的实践哲学在多大程度上有助于(或者反过来:它在哪里恰恰阻碍了)制定系统可行的生命医学伦理学。一旦人们确定了黑格尔哲学的结构特征,认为它阻碍了今天的生命医学伦理学,那么人们就会面临一个双重的后续问题:必须澄清这种查明的不相容性一方面对生命医学伦理学,另一方面也会对我们今天如何对待黑格尔哲学造成什么样的后果。

然而,刚刚概述的这两种策略都提出了一个不容忽视的问题,因为它们必须预先假定——至少是隐含的——我们掌握对黑格尔实践哲学的正确解释,并且这意味着基于黑格尔哲学的体系性特征,能够针对具体的个案对黑格尔的整体哲学做出正确解释。对黑格尔著作的两百年哲学研究应该警告每一位解释者在这一点上要小心,因为不可忽视的是,从一开始就有完全不同的阐释伴随着黑格尔的哲学。因此,对我来说,通过将另一种立场与我自己的运思联系起来,从而至少稍微减轻这一困难的做法似乎是明智的:路德维希·西普在他最近关于黑格尔的出版物中提出了与本文密切相关的问题,如果我理解正确的话,他也是在追求第二种策略。因此,展示他的发现是值得的,也是有助于澄清事实的,因为通过这种方式,我可以分辨西普和我自己的立场之间的共同之处。

这样,本文的步骤就得以确立了:第一步,我将从《人类尊严与个人自律》中勾勒出我自己的构想的基本特征,其中我强调了尊严与多元主义之间的张力。在此过程中,我还将根据我的理解,探讨如何将尊严和多元主义置于黑格尔的实践哲学中(第一节)。然后,在第二步对路德维希·西普的立场进行展示(第二节)。最后,再对我的运思进行一番总

---

① 关于黑格尔学派的系统性讨论可以参看 M. Quante, "After Hegel. The Realization of Philosophy through Action". In: D. Moyar ed., Routledge Companion to 19th Century Philosophy, London, Routledge, 2010, S. 197 – 237。以及 M. Quante & D. Schweikard, „Weltdeutungen und Ideologien". In W. Demel & H.— U. Thamer (Hrsg.): Entstehung der Moderne. 1700 bis 1914 (= WBG Weltgeschichte, Band V). Darmstadt: Wissenschaftliche Buchgesellschaft, 2010, S. 209 – 263.

結(第三節)。

(一)

我想,《人类尊严和个人自律》中提出的基本思想在于,以如下一种方式解释人的尊严原则,即它要以实际层面上被广泛认可的世俗社会和多元社会为前提,在这样的社会中,对个人自律的尊重原则在实际层面越来越得到承认和制度化,进而能够作为可接受的生命医学伦理的核心组成部分而行使作用。它所处的背景还包括:作为进一步的描述性前提,我们假定所有试图压制这些世俗性、多元化和自律的特殊地位的实际性框架条件的尝试既在政治上不合理,也在伦理上不可接受。这就是我整个运思的两个评估前提,此外,多元化本身也代表了一种伦理上积极的发展(我将这个设想称之为"多元主义")。在我自己关于美好和成功生活的构想中,"个人自律"是核心的要素,但是它一方面不能被降格为单纯的个体化决定,另一方面也不能被实体化为与人的人格性(Persönlichkeit der Menschen)割裂了的人类的普遍原则。①

如果将个人自律与一种个人生活形式的构想联系起来,在这种构想中人的身体性和社会性乃是构成性的维度,那么我们就面临一个厚的伦理原则,它可以将人类存在的诸多不同方面整合在一起。②我将在下文进行探究的一个假设是:与人类的生活形式相关的人格性(诸如个人自律和个人责任)构想,可以发展出一种能够适应我们现代社会要求的综合的实践哲学。③

正如我在《人类尊严和个人自律》中所指明的那样,这种实践哲学应该在其理论结构中抓住我们社会的世俗性和多元化。在我看来,具体而言,这意味着这样一种实践哲学具有一贯的容错性,它处理的是厚的伦理概念,尊重伦理判断的语境性和情境性,并在元伦理学层面上通过价值与规范的多元主义来表达综合性(Komplexität)。

在我看来,实践哲学"应当"以这种方式构建,因为它的理论结构恰当地反映了我们社会的构成。这可以通过以下运思来说明:一种变体是如下一种伦理学,其替代性的理

---

① 参看 B.v. Maydell, Enabling Social Europe (= Wissenschaftsethik und Technikfolgenbeurteilung Band 26), Berlin: Springer, 2010 (gemeinsam mit: B.v. Maydell, K. Borchardt, K.—D. Henke, R. Leitner, R. Muffels, P.—L. Rauhala, G. Verschraegen und M. 'Zukowski). M. Quante, "In defence of personal autonomy". In: Journal of Medical Ethics 37, 2011, S. 597–600.

② 对此的详细解释参看 M. Quante, Personales Leben und menschlicher Tod. Frankfurt am Main: Suhrkamp (stw 1573). Englische Ausgabe: Personal Identity as a Principle of Biomedical Ethics. Cham: Springer 2017, 2002,第 5 章。以及 M. Quante, Person. Berlin: Walter de Gruyter; zweite Auflage. Englische Ausgabe: Human Persons. Paderborn: Mentis 2019, 2012,第 8 章和第 9 章。

③ 关于此的初始步骤参看 M. Quante, Pragmatistic Anthropology. Paderborn: Mentis, 2018。

论设计构想了一个原则（规范或价值）——它胜过所有其他表面上看起来合理的要求——在术语词汇上的先定秩序。在此基础上，权衡变得不可能，具体情境（Situation）的特殊情势（Konstellation）也不再出现。在社会对要协商的问题（如安乐死的规制）没有达成共识的条件下，这样的伦理就会导致一种不再允许调解的僵死的反对的困局。这既在伦理上是不合理的，也在社会政治上不可取。另一种变体则是如下一种伦理学，它假定一个综合的原则，在该原则中，所有其他表面上看起来合理的要求都相互抵消。这种伦理模式在伦理判断的形成中消解了社会多元化；以这种方式获得的伦理判断将会作为一种同质块直接地与社会多元化相对立。因此，从这种哲学伦理的角度来看，政治调解过程必须被视为实施或执行先前独立确定的伦理判断的一个外部步骤。然而，随此而来的并不仅仅是僵化的且实际上也不太合理的伦理与政治的二分，更为严重的是，在这样的伦理学中，政治话语（其中多元化被认为是不可化约的，并且被归入事实而被承认）的规范性内容不再能够得到解释和整合。

因此，如果要在个人自律这一优先条件下满足多元化，一方面，必须避免将这些价值和规范插入到僵死的具有等级的优先规则体系中，另一方面，人们必须抵制将对一般化（Verallgemeinerung）的追求转化为一种非历史性和脱离语境的普遍性（Universalität）。① 另外一种可能性，即我设想的相反情况，则是背景、评价特征、价值与规范的多元化，这些价值与规范在特定情况下可以通过参与的行动者的判断力彰显出来，而在一般化的情境下则可以通过伦理评估的一种慎重的普遍化的规范而彰显出来。

如果人们在"原则性的可错论"的元伦理前提和尊重个人自律的伦理前提下接受多元性，那么将不得不承认存在核心的个人自由权利，其要求虽然必须满足合理的奠基标准，但如果发生冲突，则不再通过讲究效用强度的伦理学，而只能通过政治程序以及通过培训后适当的、能巩固协商进程的机构来解决。②

这些是当今对人类尊严原则的适当阐明必须满足的框架条件，它不能与个人自律相矛盾——一旦先行任务如此划定，那这就是直接的后果。并且它必须能够以这样一种方式进行解释，即它能够让各自的行动背景以及居于其中的价值和规范的"特定伦理要求"

---

① 无论是在独裁的背景下、在传统社会的背景下还是在尊重少数人权利的多元民主背景下，讨论医学上协助自杀或主动安乐死的问题，都会产生严重的伦理差异。即便对民主社会在多大程度上对团结的价值和福利国家的原则负有义务这一看法，也对追问关于协助自杀、胚胎植入诊断或人体尸首器官摘取等伦理许可的具体回答来说至关重要。

② 在我看来，目前在德国关于医学上协助自杀的伦理和法律许可的讨论就是这样一个案例，在这种情况下，哲学伦理必须认识到它的限度在哪里。

都有效。最终，只有作为在多元社会和世俗社会中合理假设的重叠性共识的组成部分，才能合理地完成对人类尊严的奠基。①

这样的理论纲领可以建构性地与黑格尔实践哲学的某些核心方面联系起来。首先，黑格尔将人的尊严与自我意识，以及他的思想和意愿的"主体间的—理性的"（intersubjektiv-rationale）情态连接在一起。不是人类本身，而是人类理性的这种特殊形式构成了人类尊严的规范有效性的基础。当然，这会导致对尚未、不再或在任何时候无法行使这种能力的人类个体的排他性的影响。其次，这一前提又保证了人的尊严和个人的自律不会成为对立的关系。即使是在内容上非理性的意志表达，也是对其理性和尊严的表达。正是因为如此，尊严才值得被严肃对待。但这并不关乎决断主义（Dezisionismus），因为批评甚至惩罚也是尊重一个人的自律的方式——我们在黑格尔的实践哲学中也可以看到这一点。与他的任何一位前辈哲学家不同，黑格尔发掘并制定了人类人格性的构成性社会情态。② 通过这种方式，他可以对理性和自律在个体与主体间维度之间的关系提出一个内部综合的答案。因此，不可否认，在黑格尔的实践哲学中有一些构想可以建构性地与现代生命医学伦理产生联系。

黑格尔在自我意识的基础上发展了他的实践哲学构想。自我意识在客观精神的体系部分展开为意志的局部原则。与整体的客观精神一样，这种意志只能在主观精神的基础上进行合适的哲学规定。因此，身体性和社会性以人类个体的基本依赖的形式被视为人类生活方式的基本方面。根据黑格尔的说法，它们构成了人类人格性和自律的条件，因此，黑格尔不仅可以将他实践哲学的定位朝向尊严的义务论原则，同时也可以朝向美好和成功生活的价值论方面，后者正是他在其法哲学中从福祉（Wohl）的角度所展开的。自律和福祉，对人来说，只有在社会共同体中才能实现，只有在合理的制度框架内，才能在一定程度上得到永久保障。因此，黑格尔能够充分把握在当前的伦理学类型中经常被化约（还原）了的"评价的综合性"，而不是化约它，或者通过严格的优先规则来消除其内部的张力和冲突。相反，他区分了合理要求的不同领域，确定了构成其中的区域原则，并将这种差异化的语境体系带入了哲学上明确的一个整体框架，使其内部结构为我们所理解。因此，一方面，黑格尔的实践哲学是一种双重意义上的元伦理学的多元主义，它将相互竞争的主

---

① 详细论述参看 M. Quante, Menschenwürde und personale Autonomie. Demokratische Werte im Kontext der Lebenswissenschaften. Hamburg: Meiner Verlag; zweite Auflage, 2014, S. 203 ff.

② M. Quante, Die Wirklichkeit des Geistes. Studien zu Hegel. Frankfurt am Main: Suhrkamp（stw 1939）. Englische Ausgabe: Spirit's Actuality. Paderborn: Mentis 2018, 2011, 第4部分。

要伦理类型的核心方面联合起来,并承认价值和规范的多元性。① 另一方面,凭借自在与自为的自由意志概念,黑格尔呈现了自身内具有综合结构的一个原则,使人们能够从哲学上理解这一社会现实的综合性。② 如果人们不将他的法哲学的建构误解为一系列术语上预先安排的要求(其中历史拥有最终决定权,而伦理的道德性则被牺牲掉了),而是将客观精神理解为如下一种哲学构想,其中实践哲学的各个方面被整合到一个内在的整体之中,并且这些方面之间的关联也在概念性上给予证实,那么,黑格尔在其实践哲学中所呈现的理论类型就是我们从整体上可以汲取灵感的极具吸引力的一个模型。③

但是,黑格尔的实践哲学也展示出与我在《人类尊严和个人自律》中设想的生命医学伦理不相容的一些方面,部分地是由于他的哲学体系的整体构成。④ 如果人们坚持我所提到的充分条件和前提,那么人们就不会简单地将这样的生命医学伦理学作为黑格尔客观精神构想的应用。借此,我想转而探讨由路德维希•西普在过去的 20 年里所提出来的,也是本篇文章的主导问题。

(二)

2010 年出版的论文集的标题《黑格尔实践哲学的现状与限度》不仅纲领性地展现了路德维希•西普在 1997—2009 年期间的研究贡献,而且在他最近五年写的关于黑格尔哲学的一些著作中,我们可以察觉一种总结式的观点,即努力区分黑格尔哲学中活着的部分与死去的部分。在西普对黑格尔实践哲学的研究中,他关注的是"检验这种哲学对'实践'哲学认为自己在现代世界的发展中面临的那些问题具有何种当代意义"⑤。

---

① 因此,在其元伦理结构中,黑格尔的构想充分反映了我们伦理实践的多元性。
② 因为黑格尔不像功利主义,例如,不假设这样一个综合的原则可以用来概括一个单一的伦理判断所涉及的所有方面,他的整体构想也没有陷入让伦理和政治二分的分崩离析的危险。黑格尔承认客观精神的脆弱性,这使他能够为伦理设定界限,并将对问题的具体解决方案的协商转回到伦理实践。M. Quante, Die Wirklichkeit des Geistes. Studien zu Hegel. Frankfurt am Main: Suhrkamp (stw 1939). Englische Ausgabe: Spirit's Actuality. Paderborn: Mentis 2018, 2011,第 10 章和 13 章。
③ 对黑格尔构想的系统性的重构的初始步骤请参看 M. Quante, „Hegels kognitivistischer Askriptivismus". In: Gunnar Hindrichs & Axel Honneth (Hrsg.): Freiheit. Frankfurt am Main: Klostermann, 2013, S. 589 – 611. T. Meyer & M. Quante, Hegel's Metaphilosophy as Ascriptivist Metaphysics. In: Illetterati, L. & Miolli, G. (Eds.): The Relevance of Hegel's Concept of Philosophy. London: Bloomsbury 2022, S. 413 – 430.
④ 如果我理解得正确,这些不相容的方面主要归因于黑格尔强烈的元哲学的前提,这些前提要遵循哲学最终奠基的理想。参看 M. Quante, Die Wirklichkeit des Geistes. Studien zu Hegel. Frankfurt am Main: Suhrkamp (stw 1939). Englische Ausgabe: Spirit's Actuality. Paderborn: Mentis 2018, 2011,第 2 章、第 3 章。以及 M. Quante, „Hegels kognitivistischer Askriptivismus. "In: Gunnar Hindrichs & Axel Honneth (Hrsg.): Freiheit. Frankfurt am Main: Klostermann, 2013, S. 589 – 611.
⑤ Ludwig Siep, Aktualität und Grenzen der praktischen Philosophie Hegels. Aufsätze 1997—2009. München: Fink, 2010, S. 21.

在这种批判性的立论中,我们可以区分两个主题领域和两个重点,其中两个主题领域部分重叠,而两个重点则处于并非毫无关联的并列关系。路德维希·西普在追问黑格尔哲学对于当今世界的意义与限度时,所提出的两个主题领域一方面是生命伦理学,另一方面是社会正义问题,特别是市场制度问题。由于本文专门探讨黑格尔实践哲学与我在《人类尊严与个人自律》中提出的生命医学伦理学概念之间的关系,因此我将在下文中省略第二个方面。① 西普在他的讨论中强调的两个重点,一方面是"承认作为实践哲学的原则",另一方面是黑格尔关于国家作为"世间绝对者"(irdisches Absolutes)的构想。两者都与我关于黑格尔实践哲学与人类尊严和多元主义的关系问题直接相关。

西普还认为,所有主要的不同类别的伦理学在本质性方面都融入了黑格尔的实践哲学。② 黑格尔《法哲学原理》中发展起来的客观精神构想不仅限于狭义的个人伦理,还包括法、伦理和社会世界的制度安排。在西普看来,这样它在一定程度上满足了"现代生命伦理学"的关切;此外,黑格尔对将其原则应用于单一案例的"规则伦理"(Regelethik)理念的批判,也可以为当代生命医学伦理学提供重要的元伦理学见解。③

同时,客观精神的这种综合的构想又被整合到一个整体的体系之中,在西普看来,这一点就不适合于多元化、世俗化的生命伦理学。对于一般的实践哲学,西普确定了黑格尔哲学的两个限度:"黑格尔关于'自由的'自由权利与一种朝向古希腊伦理,具有意义与身份奠基角色的作为'绝对的、不动的自身目的'的国家之间达成一致的想法",正如黑格尔在《法哲学原理》第258节中所说的那样,"在世俗国家中是没有未来的"。④ 在多元的现代文化中承认是一个有吸引力的原则,尤其是当我们像黑格尔一样将原则安置在所有社会领域时。然而,由于黑格尔的承认理论是在"一个在很大程度上文化同质的基督教—欧

---

① 关于黑格尔对市场的哲学解释以及他在其实践哲学中对社会正义的构想,我在其他地方进行过探讨,我同样也是持守西普的立场。见 Ludwig Siep, Hegels praktische Philosophie und das, Projekt der Moderne '. Baden-Baden: Nomos, 2011. Ludwig Siep, „Freiheit, soziale Identität und Natur in Hegels praktischer Philosophie". In: Kurt Seelmann & Benno Zabel (Hrsg.): Autonomie und Normativität. Zu Hegels Rechtsphilosophie. Tübingen: Mohr Siebeck, 2014, S. 356 – 367. Ludwig Siep, Der Staat als irdischer Gott. Genese und Relevanz einer Hegelschen Idee. Tübingen: Mohr Siebeck, 2015. M. Quante, „Handlung, System der Bedürfnisse und Marktkritik bei Hegel und Marx". In: H.—C. Schmidt am Busch (Hg.): Die Philosophie des Marktes. (= Deutsches Jahrbuch Philosophie) Hamburg: Meiner, 2016, S. 153 – 175. In chinesischer Übersetzung erschienen in: Philosophical Trends 10 (2017), S. 24 – 32.

② Ludwig Siep, „Hegel und die moderne Ethik". In: Hartmut Rosa & Klaus Vieweg (Hrsg.): Zur Architektonik praktischer Vernunft — Hegel in Transformation. Berlin: Duncker & Humblot, 2014, S. 175 – 192.

③ Ludwig Siep, Aktualität und Grenzen der praktischen Philosophie Hegels. Aufsätze 1997—2009. München: Fink, 2010, S. 280 ff.

④ Ludwig Siep, Anerkennung als Prinzip der praktischen Philosophie. Untersuchungen zu Hegels Jenaer Philosophie des Geistes. Zweite Auflage; Hamburg: Meiner, 2014, S. 19.

洲社会"的背景下发展起来的,他仍然认为现代的个体性(Individualität)可以与同样在宗教上奠基,以及通过国家在体制上塑形的实体化的伦理之间达成和解。① 相反,要将自律个体的良知自由(根据黑格尔的观点,我们必须无条件地尊重它)嵌入具有神圣属性的国家结构中,嵌入整个宗教性的世界阐释和自我阐释的背景中,对于我们现代社会来说就成问题了:根据路德维希·西普斯的诊断,"多元社会和民主国家要求其他形式的承认"②。黑格尔对国家、宗教和教会之间关系的定义是矛盾的,因为一方面他要求国家和教会的分离,但同时又认为,没有宗教性的设想,对我们评估性的世界理解和自我理解进行完整的哲学解释是行不通的:"因为黑格尔坚持各个文化领域的相互依存性,以及它们对解释现实的最基本概念的依赖性,即使在特殊领域分化之后也是如此。"③此外,黑格尔自始至终都坚持认为并非所有宗教或者神学与一种现代的、能在哲学上完成合法化奠基的国家是相容的。在西普眼中,黑格尔为这种统一构想所付出的代价在如下两个意义上都太高了:"在现代国家和社会中找到了世界内的现实化的基督教,失去了它的末世的和超验的维度。通过赋予国家神圣的维度,国家摆脱了宗教的任何工具化。然而,这妨碍了个人权利的防御性特征,并为在周期性紧急情况下的个体权利的免除或分配赋予了积极意义。"④

西普对黑格尔的世俗化与多元化社会的客观精神构想(它出自黑格尔哲学的整体构成)所划定的界限,也正由此而来。如果将西普的批判性立论与我强调的发现进行比较,我们可以在以下几点上达成共识。

对在个人自律这一优先条件下寻求尊严与多元主义统一的生命医学伦理学来说,黑格尔实践哲学的三个方面对它当前的关注具有吸引力:

(1)客观精神的无所不包的构想,它消除了狭隘的个人伦理视角,并为广泛的运思平衡提供了途径;(2)黑格尔实践哲学具有的整合性的区分性与综合性,它捕捉到所有主要伦理学类型的核心特征;(3)个人自律的社会构想,它不假定个人自律与社会和体制的现实之间存在不可逾越的鸿沟。

相反,不具备吸引力的则是如下几点:

(4)国家的不完全世俗化,它虽然承认个人的良知自由是不可化约的,但同时却又要求将宗教观念作为不可或缺的内容;(5)与整体的统一理念相关联的"对个体自由权利

---

① Ludwig Siep, Anerkennung als Prinzip der praktischen Philosophie. Untersuchungen zu Hegels Jenaer Philosophie des Geistes. Zweite Auflage; Hamburg: Meiner, 2014, S. 35.

② 同上。

③ Ludwig Siep, Hegels praktische Philosophie und das, Projekt der Moderne'. Baden-Baden: Nomos, 2011, S. 31.

④ 同上书, S. 33.

的削弱",以及伴随而来的对社会、国家控制机制的放弃;(6) 使用基于强目的论前提的终极解释,这最终表达了黑格尔的形而上学优先于政治。

前三个因素有助于消除当前生命医学伦理学中低估伦理维度的综合性、简单化的化约论(还原论)。它们还可以纠正忽视社会背景和制度的规范的固执的个人主义。在生命医学伦理学的许多语境中,黑格尔的实践哲学都使我们有可能对依赖的不可化约方面和人类的构成性的社会性本质进行适当的研究。与此相反,如果黑格尔客观精神的构想是世俗的,对多元主义负有义务的,并与个人自律的核心价值保持一致的话,那么,最后三个因素则代表着黑格尔客观精神构想对当前生命医学伦理学基础不可逾越的边界,部分原因是黑格尔理论形成的历史背景,部分原因是黑格尔的整体哲学纲领。

(三)

黑格尔本人将他的实践哲学置于"在思想中把握自己的当下"这一要求之下。对于客观精神的领域,这也意味着将社会的冲突和张力概念化。即使按照黑格尔的说法,将哲学应用于独立于它的现实的想法经不起哲学解释,哲学仍然必须在把握这个现实中证明自己。因此,对黑格尔哲学的单纯历史研究必然会错过如下两个方面:黑格尔的明确要求和哲学的关切。因此,追寻黑格尔的(实践)哲学如何与我们的当下现实,以及我们自己的哲学阐释的尝试相关联的问题是顺理成章的。黑格尔哲学专家中最乐观的人相信:借助于黑格尔哲学,他们掌握着理解我们现代世界的钥匙。但他们同样也有任务使黑格尔哲学的系统有效性,特别是他的思辨逻辑,以一种非循环的方式被洞察性地理解。这一障碍以及上面提出的路德维希·西普的反对意见可能使我们对这种乐观主义持怀疑态度。无论如何,这些反对意见应该让我们保持谨慎。目前可以经常观察到的一种策略是,通过将自己觉得有说服力的信条和哲学假设投射到黑格尔哲学中来避免这个问题。这种被路德维希·西普恰当地描述为"非历史性的更新"的方法,既不能解决当前实践哲学的问题,也不能解决黑格尔的客观精神构想的问题。① 考虑到现代世界的发展,西普完全赞同实践哲学"必须设计标准、准则和规范,从而减少这些发展带来的不公正、压迫和痛苦"。我也同意他的评价,即黑格尔的哲学对于这项任务和从哲学上理解我们的现实的尝试都饱含"潜力",此潜力不仅有助于理解我们的现实,在某些情况下甚至可能提高我们对现实的理解。

---

① 此处以及接下来的两处引文参看 Ludwig Siep, Aktualität und Grenzen der praktischen Philosophie Hegels. Aufsätze 1997 - 2009. München: Fink, 2010, S. 22。

如果一个人既不乐观地认为黑格尔所做的一切都是正确的,也不只是想把他的哲学作为自己哲学偏好的投影面加以利用,那么,人们不仅要用理由来证明黑格尔哲学的限度,而且也将不再能够依赖从黑格尔的思辨逻辑中得出的那些奠基成就。有人反复提出一种反对意见,即反对任何试图利用黑格尔哲学的特定部分进行产出性的概括,从而哲学体系以这种方式被用作采石场,而哲学性的奠基或论证则丧失了。这种反对意见虽然正确,但却也于事无补:首先,这取决于我们通过论证来证明黑格尔哲学的限度,并且这些论证不会忽视或削弱问题意识以及黑格尔自身的奠基。其次,从黑格尔那里采纳或借用的构想必须要通过如下一种方式得到验证:借由这些构想,我们为所面临的问题和疑难提供了解决方案并且将它带入讨论之中。①

在我看来,人们可以同意路德维希·西普的观点,即"如果一个人停留在他的哲学范围内",那么黑格尔实践哲学的潜力就不能在我们的当下获得丰硕的成果。② 事实上,我甚至相信,如果我们不承认这些限度,无论是通过不合时宜的预测还是不加批判的乐观主义,我们都在浪费黑格尔哲学巨大的潜力,因为我们自己哲学思考的局限也可能出现在黑格尔哲学的某些限度以及与之相关的陌异性之中。或许,作为我们对自己和世界的现代理解的批判性的反向衬托,黑格尔哲学的未来恰恰就在那乍看之下"不再有未来"的地方。③ 我认为路德维希·西普的诊断是正确的,即"黑格尔将对实现个人的和公共的—共同体的自由的历史进程的定位与当前的所有后现代的或技术统治的运动分割开来"④。最后,我想建议,我们既不应忽视这一分割因素,也不应仅仅将其贬低为黑格尔哲学对当今世界之意义的限度。这里出现的差异也可能被用作一种实践哲学的工具,这种实践哲学将自己视为对自己所处时代的一种批判性干预。换句话说:黑格尔的自由不再是我们的自由。那些坚守这种差异的人有机会追寻这样一个问题:对我们当今的世界来说,黑格尔客观精神构想的哪些方面尽管陌生了,但却是我们可以而且应当以一种转化的形式

---

① 如果人们要在这一策略的框架内响应黑格尔的核心构想的要求(而不仅仅是像卡尔·马克思那样使用黑格尔的特定表达方式),那么人们就必须解释所讨论的黑格尔构想应当做出什么样的体系贡献,以及它如何独立于思辨逻辑。例如,路德维希·西普在将黑格尔的模式"设定 X(Setzen)作为将 X 设定为前提(Voraussetzen)"加入对于他的实践哲学来说最为核心的道德经验构想时,也面临着这一任务。参看 Ludwig Siep, „Gradualismus, Konventionalismus, Relativismus". In: Stephan Goertz et al. (Hrsg.): Fluchtpunkt Fundamentalismus? Gegenwartsdiagnosen katholischer Moral. Freiburg: Herder, 2013, S. 209 ff.
② Ludwig Siep, Aktualität und Grenzen der praktischen Philosophie Hegels. Aufsätze 1997—2009. München: Fink, 2010, S. 22.
③ Ludwig Siep, Anerkennung als Prinzip der praktischen Philosophie. Untersuchungen zu Hegels Jenaer Philosophie des Geistes. Zweite Auflage; Hamburg: Meiner, 2014, S. 19.
④ Ludwig Siep, Hegels praktische Philosophie und das „Projekt der Moderne". Baden-Baden: Nomos, 2011, S. 37.

加以重新利用的？黑格尔哲学本身不能给我们这个问题的答案；但是，独立的且对此尽可能真诚地接受却是找寻这一答案的必要条件。

Relevance and Limits of Hegel's Philosophy Today

Michael Quante

【Abstract】 The characteristics of Hegel's philosophy itself determine that the research on Hegel's philosophy should not only put an end to the separation of the historical perspective and the systematic perspective, and to the satisfaction with classifying it into a certain philosophical paradigm, but must provide a systematic critique of Hegel's thought itself. This means that the study of Hegel itself requires us to point out its relevance in today's world on the one hand, and point out its limits reasonably on the other hand. How the theme discussed in this paper, namely how "the tension between human dignity as a universal principle and the normative concept of pluralism" is related to Hegel's practical philosophy is the practice and attempt of the above idea. This paper is divided into three parts. Firstly, I clarified a "thick" ethical principle, which combines the universality of dignity with the pluralism in the secular social background, and points out that this "complexity" points to Hegel's Practical philosophy; secondly, with the help of Siep's research, I exposed which parts of Hegel's philosophy that are still alive and perhaps dead in terms of thinking about the problem of "dignity and pluralism"; thirdly, I conclude that Hegel's conception of the objective spirit has great potential for the present, but it presupposes a clarification of its limits.

【Keywords】 Dignity, Pluralism, Thick Ethical Principle, Hegel, Siep

贺念对米歇尔·宽特报告的评议:

宽特教授的报告极具启迪性。这篇报告留给我最深的印象是宽特教授始终贯彻全文的一个基础性的运思:在当今这个时代,我们应该如何对待黑格尔哲学?宽特教授在开篇的"预思"中点出了研究黑格尔哲学的不同路径,比如将自己的研究锁定在各个不同的分支学科,或者将历史性与体系性研究进路进行割裂或结合,又或者采取分析哲学与欧陆哲学两种不同的哲学范式,等等。我认为宽特教授真正主张的一种研究方法论是:走进黑格尔的体系,然后基于我们自身的理性以及我们变化的时代生活而对其进行批判性的考察。这意味着,要想在这个时代真正理解黑格尔,就不能仅仅指出他说了什么,而且还必须指出,黑格尔所说出的思想中哪些是依然活着的,哪些是已经死去的,并为此给出证成性的理由。用我们中文的表达就是:对于哲学家的研究,我们需要"入乎其内,出乎其外,再重回其内"。

正如宽特教授在这篇报告的最后所指出的,"如果我们不承认(黑格尔哲学在当代的意义以及)它的限度,无论是通过不合时宜的预测还是不加批判的乐观主义,我们都在浪费黑格尔哲学巨大的潜力"。我想,宽特教授通过黑格尔研究为例,实际上向我们极好地展示了在当今这个时代,我们应当如何做哲学!

实际上,就宽特教授的主题——黑格尔的实践哲学如何与在德国的生命医学伦理学中人类尊严作为普遍原则与多元主义的规范观念之间的张力相关——来说,以上这一方法论的澄清,是至关重要的,因为黑格尔哲学可能对现代生命科学中的特定伦理问题,比如安乐死、协助自杀、胚胎植入诊断等只字未提,或者他的实践哲学并不隐含这些具体应用层面上的问题。宽特教授采取的策略则是通过把握黑格尔哲学最核心的精神,在针对如何解释生命医学伦理领域中人类尊严与多元主义之间的张力关系并使其理性化这一问题上,提出自己的系统性回应。

我们知道"尊严"问题对于现代德国人来说是非常重要的,因为德国宪法的第一条的第一句话就是"人之尊严不可侵犯"。"尊严"成为德国宪法的法理与哲学基础。一般情况下,我们对"尊严"含义的理解来自康德。康德在《道德形而上学的奠基》中说:"在目的王国中,一切东西要么有一种价格,要么有一种尊严。有一种价格的东西,某种别的东西可以作为等价物取而代之;与此相反,超越一切价格,从而不容有等价物的东西,则具有一种尊严。"(Kant,AA Ⅳ,S. 435)尊严是人作为理性存在者所具有的一种超越于价格的绝对的、无条件的、先验的价值。如果人性就是尊严的来源，那么所有伤害人类自身的行动，比如自杀、安乐死、堕胎等行为似乎就天然是不道德的，然而这些行动在不同的文化中，针对具体的情境，人们却会给出不同的道德评价。因此，康德对人类尊严的这种普遍性的先验规定如何与世俗生活以及多元社会保持一致，也就成为后康德哲学所关心的核心问题之一，而宽特教授的报告正是往这一方向的努力。

宽特教授的基本思想是：人的尊严要以实际层面上被广泛认可的世俗社会和多元社会为前提，在这样的社会中，对个人自律的尊重原则在实际层面越来越得到承认和制度化，进而能够作为可接受的生命医学伦理的核心组成部分而行使作用。我们很容易觉察到，这一思想有其黑格尔实践哲学中的来源，因为黑格尔提供了一种厚的伦理概念，并提供了思想性的概念与现实结合的综合性的伦理学。

黑格尔将人的尊严与自我意识，以及他的思想和意愿的"主体间的—理性的"（intersubjektiv-rationale）情态连接在一起。黑格尔发掘并制定了人类人格性的、构成性的社会情态。也就是说，人的尊严是一个一般化的原则，但在如何具体地实现它时，却必须要考虑不同的具体情境（Situation）所代表的特殊情势（Konstellation），它允许人在社会生活中，根据个人自律原则，对诸如安乐死等问题给出不同的回答。因此，我们不能武断地认为，支持或反对安乐死就是对人之尊严这一先验原则的冒犯。这将意味着，宽特教授通过援引黑格尔实践哲学而完成了尊严与多元主义的统一，从而达成一种综合的伦理学。

在此基础之上，宽特教授还借助于西普的工作，明确地指出了黑格尔哲学中还依然活着的部分："（1）客观精神的无所不包的构想，它消除了狭隘的个人伦理视角，并为广泛的运思平衡提供了途径；（2）黑格尔实践哲学具有的整合性的区分性与综合性，它捕捉到所有主要伦理学类型的核心特征；（3）个人自律的社会构想，它不假定个人自律与社会和体制的现实之间存在不可逾越的鸿沟。以及黑格尔哲学中或许已经死去的部分：（4）国家的不完全世俗化，它虽然承认个人的良知自由是不可化约的，但同时却又要求将宗教观念作为不可或缺的内容；（5）与整体的统一理念相关联的'对个体自由权利的削弱'，以及伴随而来的对社会、国家控制机制的放弃；（6）使用基于强目的论前提的终极解释，这最终表达了黑格尔的形而上学优先于政治。"

我认为这种做哲学的方式给我们带来了无限的启迪。就我个人而言，还有如下三个问题需要提出：

第一，我在研究康德的"尊严"思想时，发现它包含着一个内在矛盾，即康德一方面说人拥有尊严仅仅因为他的人性存在，即"人之是"（Menschsein, what he is）："人以及一般而言每一个理性存在者,都作为目的而实存,其存在自身就具有一种绝对的价值。"(Kant: AA Ⅳ, S. 428)另一方面,康德又说人拥有尊严是因为他的道德行动,即人的所为(what he does):"道德性(Moralität)就是一个理性存在者唯有在其下才能是目的自身的那个条件,因为只有通过它,才可能在目的王国中是一个立法的成员。因此,道德和能够具有道德的人性(Menschheit)才是那具有尊严的。"(Kant: AA Ⅳ, S. 435)我想请问宽特教授,康德的这一矛盾是否可以在黑格尔哲学中得到解决?

第二,宽特教授在报告中一方面说,"承认正是在多元的现代文化中的一个有吸引力的原则,尤其是当我们像黑格尔一样将原则安置在所有社会领域时";另一方面又说,"对在个人自律这一优先条件下寻求尊严与多元主义统一的生命医学伦理学"。那么我的问题是,到底是"个人自律"还是在主体间性视野下的"承认"才是追求这种综合性的伦理学最基础性的原则?

第三,宽特教授在报告中批评黑格尔的观点"形而上学优先于政治"乃是其实践哲学的一个限度。我们知道,在明斯特诞生了德国著名的"里德学派"(Ritter Schule),而里德(Joachim Ritter)的代表作就是《形而上学与政治》,我想请问宽特教授究竟如何看待形而上学与政治的关系?

宽特教授对贺念评议及问题的回应:

非常感谢你的评议,我认为你的理解都是非常到位的。我很高兴,你抓住了我认为最重要的一点,就是展示在今天应该如何去做哲学。

你还提了三个重要的问题。我先从第三个问题开始。你们现在从屏幕上看到的画面就是当年里德先生在明斯特大学的办公室,布鲁门伯格(Hans Blumberg)也曾在这工作过。20世纪五六十年代起,在德国有非常轰动的里德学派与法兰克福学派的争论,我认为这场争论的焦点并不是理论理性与实践理性的关系,或者说形而上学与实践哲学之间如何关联,而是我们的实践哲学应该是建立在康德式的个体主义还是亚里士多德的共同体学说之上。在此意义上,里德强调,对于在亚里士多德意义上的政治来说,并不是如费希特的思想所主张的那样,认为理论理性更加重要。里德在其著作与文章中都在呼吁不能乞求从个体性伦理学出发来解决政治问题。所以我认为,里德学派或者哈贝马斯所称的"新亚里士多德学派"最大的贡献在于完成了从个体性视角到共同体视角来理解伦理学的转换。

你的第二个问题是关于"承认"原则与"个人自律"原则的关系。我首先会拒绝一种设定,将"承认"当作一种评估性的原则,实际上只有"个人自律"才是。"承认"对哲学来说,是对社会实践中人的责任该如何安置的阐明,换句话说,我认为"承认"是理解人社会行动的社会性结构最好的钥匙,它是一种阐明性的原则,而不是一种规范性的原则。所以,我认为不能把它们这两种原则放在同一个层面去理解。

你的第一个问题描述了康德的尊严思想中存在的一个矛盾,我也对此持有完全相同的看法。但我认为,这一矛盾实际上是可以解决的。因为说尊严建基于人性或者建基于人格性,就等同于说尊严建基于人的禀赋或者建基于对这一禀赋的执行(exercise of the disposition)。因为如果没有对禀赋的执行,那也就无法描述这一禀赋。所以在此意义上,我们可以通过进一步的解释来帮助康德化解这一矛盾。

在康德的尊严思想中,我想还存在着另一个真正难以解决的更深层次的问题,它也存在于当代德国的生命医学伦理学讨论中,即康德的理论强调人是因为"是理性的存在者"所以具有尊严,但它却不是生物学意义上的,康德头脑中的尊严其实是人格尊严(personal dignity),而不是人的尊严(human dignity),但在当今的生命医学伦理学中,对人的尊严问题进行考量时,都是在生物的人种(biological species)意义上使用"人"这个词。康德一方面强调"理性存在者"并不等同于生物学意义上的人,但另一方面又想将尊严赋予所有作为生物学人种成员的人,这种不一致带来了诸多难以解决的问题,而这确实是在处理尊严问题时一个非常严重的理论问题。

黑格尔其实对此是有清醒意识的,他在《法哲学原理》中仅仅使用了一次"人"(Mensch)这个词,而且还是强烈地批判它,他认为如果不澄清"人"的含义,那么就完全不能从它赢获任何有意义的学说,而如果对"人"的不同含义进行澄清,就会发现它有不同的原则。这就是为什么黑格尔会讲"人格性主体"(personales Subject)和"伦理主体"(sittliches Subjekt),而并不会在人种(human species)意义上使用"主体"概念。

另外,我自己认为在康德哲学中存在;而在黑格尔哲学中可以解决的一个问题,就是:康德没有人格的个体化思想。人格对康德来说就像一个普遍性的数字,所有人都归属于它。而我在论述"personal autonomy"原则时,是强调带着个人自传式生命经验的个体人格的自主,它并不是一个普遍性概念意义上的抽象人格,而关于这一点,黑格尔哲学可以给出更好的回答。

斯多亚派思想评传①

[古希腊] 第欧根尼·拉尔修②（著）

崔延强③（译注）

[译注者按]

本文译自第欧根尼·拉尔修《名哲言行录》第 7 卷。第欧根尼在本卷中分别为早期斯多亚派的芝诺、阿里斯图、赫里洛斯、第奥尼修斯、科莱安特、斯法埃洛斯和科律西波等几位代表人物撰写了生平传记。最有价值的是记载了早期斯多亚派有关语言、逻辑、认知、德性、善恶、宇宙、原因、神明等核心范畴，整体勾勒出基本思想框架，是目前为止我们了解早期斯多亚派哲学的最主要文献。本文主要古典文献缩写说明如下：

M = Sextus Epiricus, *Adversus Mathematicos*（塞克斯都·恩披里柯：《反学问家》）

PH = Sextus Epiricus, *Pyrrhoniae Hypotyposes*（塞克斯都·恩披里柯：《皮浪学说概要》）

DL = Diogenes Laertius, *Vitae Philosophorum*（第欧根尼·拉尔修：《名哲言行录》）

Acad = Cicero, *Academica*（西塞罗：《学园派》）

Fin = Cicero, *De finibus*（西塞罗：《论目的》）

---

① 本文依据 R. D. Hicks, *Diogenes Laertius: Lives of Eminent Philosophers*, London, Hermann: Loeb Classical Library, 1925，从希腊文译出。同时参阅希腊文最新考订本：T. Dorandi ed., *Diogenes Laertius: Lives of Eminent Philosophers*, Cambridge Classical Texts and Commentaries, 2013。还参阅新近英译本：P.Mensch, *Diogenes Laertius: Lives of Eminent Philosophers*, Oxford university Press, 2018; S. White, *Diogenes Laertius: Lives of Eminent Philosophers*, Cambridge university Press, 2021。本文系教育部哲学社会科学后期资助（重大）项目"希腊怀疑论经典《反逻辑学家》译注"（项目编号：22JHQ002）的阶段性研究成果，并作为《反逻辑学家》（商务印书馆，2023）一书的附录出版，引用须注明出处。

② 作者简介：第欧根尼·拉尔修（Diogenes Laertius，约公元 3 世纪），古罗马时代的古希腊哲学史家。他编著的《名哲言行录》共 10 卷，包括 200 余位古希腊哲学家与 300 余篇作品，是了解古希腊哲学不可或缺的古代文献。

③ 译注者简介：崔延强，西南大学副校长、教授、博士生导师，中希文明互鉴中心（中方）主任，主要研究方向为古希腊罗马哲学。

一、芝诺

[1]芝诺，墨纳西阿斯（Mnaseas）或德米阿斯（Demeas）之子，来自塞浦路斯的喀提亚（Citium），一个接收安置腓尼基移民的希腊城邦。如雅典的提摩修斯①在《论生活》一书中所说，他的脖子上有块突出的软骨向一侧歪斜。再者，推罗（Tyre）的阿波罗尼俄斯②说他单薄、瘦长、黝黑，所以某些人，按科律西波在其《格言集》（Paroimia）第一卷的说法，称他是"埃及的葡萄枝"，还说他腿部肥胖、肌肉松弛、体弱无力，所以波萨伊俄斯③在其《宴乐记》中记载，多数宴请他都谢绝。人们说他喜欢吃绿色无花果，喜欢晒太阳。

[2]按前面所述，他曾是克拉特的学生。他们还说，之后他追随斯提尔波④和色诺格拉底达十年之久，正如提摩克拉底⑤在《狄翁》一书中所说，他还听过珀勒蒙的课。赫卡同⑥，还有推罗的阿波罗尼俄斯在其《论芝诺》第一卷中称，他曾问神谕怎样做才能过上最好的生活，神回答如果他与死者有染（sugchrōtizoito）。明白神意之后，他便阅读先贤的著述。

他是这样投奔克拉特门下的。他乘坐的一艘来自腓尼基做紫色染料贸易的船在比雷埃夫斯失事搁浅，于是他走进雅典，坐在一个书摊旁，那年他三十岁。[3]书商正在诵读色诺芬《回忆录》第二卷，他兴奋不已，问这样的人在哪里生活（diatriboien）。此时克拉特恰好路经此处，书商便指着他说"跟着这个人"。从此芝诺便成为克拉特的门生，尽管他在其他方面表现出对哲学的强劲势头（eutonos），但对于犬儒派的无耻（anaischuntia）却是相当矜持。于是克拉特想医治（therapeusai）他的这个毛病，便给他一罐扁豆汤，让他穿过塞拉米科斯市场（Ceramicus）。当看到芝诺羞羞答答、遮遮掩掩，就用手杖敲碎罐子。芝诺迅速跑开，扁豆汤沿着大腿流淌下来，克拉特喊道："为什么跑啊，腓尼基小子？没有东西让你害怕。"

---

① 雅典的提摩修斯（Timotheus），生平不详。第欧根尼引述其《论生活》一书大约有三处。

② 阿波罗尼俄斯（Apollonius，约活动于公元前 50 年），其《论芝诺》一书似乎成为第欧根尼有关芝诺及斯多亚派的主要文献来源之一。

③ 波萨伊俄斯（Persaeus，约公元前 306—前 243 年），喀提亚的芝诺的学生。他被送往马其顿国王安提柯二世（Antigonus II Gonatas）宫廷，替换芝诺。在那里他教育安提柯的儿子并产生重大政治影响。后因指挥军事活动失败而羞愧自杀。

④ 斯提尔波（Stilpo，约公元前 355—前 270 年），麦加拉派哲人，以其辩证法技艺而著称。他的学生包括美涅德摩斯（Menedemus）和喀提亚的芝诺。

⑤ 提摩克拉底（Timocrades，约公元前 3 世纪），拉姆普萨库斯（Lampsacus）人。伊壁鸠鲁主义者美特罗多鲁斯（Metrodorus）的兄弟，短暂做过伊壁鸠鲁的学生，不时重述伊壁鸠鲁的观点，批评其生活方式。

⑥ 赫卡同（Hecaton，公元前 2 世纪晚期），罗德斯岛人，斯多亚派哲人，帕那爱修斯（Panaetius）的学生。他对中期斯多亚派产生重要影响。主要写有伦理学著作，将柏拉图的理论与斯多亚派结合。

[4]此后相当一段时期,芝诺受教于克拉特。当他在这一时期写《国家篇》时,有些人戏称(paizontes)他是在狗尾巴上写的。① 除了《国家篇》,他还写了这些著作:

《论基于本性的生活》

《论动机或论人的本性》

《论感受》

《论义务(Peri tou kathēkontos)》

《论法》

《论希腊人的教育》

《论视觉》

《论宇宙》

《论记号》

《毕达戈拉学说》

《普遍性》

《论表述》

《荷马问题》(五卷)

《论诗的诵读》

另有他的作品:

《技艺篇》

《释惑篇(Luseis)》

《反驳篇》(二卷)

《回忆克拉特》

《伦理学》

这些就是他的著作。最终他还是离开了克拉特,他在刚才提到的这个人的门下长达20年。一些人称他曾言:"当时一次遇难搁浅,今日一段美好航程。"另一些人说他的这句

---

① 即对犬儒派的讽刺。说明早期斯多亚派哲学深受犬儒派的影响。

话暗指克拉特。[5]还有版本说他在雅典度过一段时光,当听到商船失事后说:"命运如此惠顾,把我抛入哲学。"有些人则称他在雅典处置货物,而后转向哲学。

他常徘徊于(anakamptōn)多彩的柱廊(en tēi poikilēi stoai)讲课,此处也称"佩西阿那克斯(Peisianax)柱廊",但"多彩的"(poikilēi)得名于波利诺特斯(Polygnotus)的绘画。其用意还在于寻一方清净之地,因为三十僭主执政时期,正是在这里1 400人被处死。人们云集此处听他讲学,因此他们被称为"廊下人"或"斯多亚人"(stōikoi),其追随者同样如此,但他们开始被叫作"芝诺主义者",正如伊壁鸠鲁在书信中所说。但据伊拉托斯提尼斯①在其《论古代喜剧》第八卷中说,早期一些在此消磨时光的诗人被称作"斯多亚人",正是他们使之名声大噪。

[6]雅典人授予芝诺极高荣誉,乃至托他保管城门钥匙,授之以金冠和铜像。其母邦也如法炮制,率先(hēgoumenous)把他的塑像作为城邦的荣耀。西顿的喀提亚人也竞相声明(antepoiounto)以之为荣,安提柯国王②如来雅典就去听他的课,并时常召唤他去自己的宫廷。他谢绝了这种邀请,派他的一个朋友波萨伊俄斯过去,此人乃德谟特里乌(Demetrius)之子,喀提亚生人,其鼎盛年在第130次奥林匹亚赛会,而此时的芝诺已垂垂老矣。据推罗的阿波罗尼俄斯在《论芝诺》一书中说,安提柯的信是这样写的:

[7]安提柯国王向哲学家芝诺致敬!

在运气和名气上我自认为在你的生活之上,但在理性和教育上,还有在你所获得的完美的幸福上我远不如你。为此我决定请你到我这里来,相信你不会拒绝这个要求。无论如何你都要尽力与我共聚一堂,你要知道你教育的不仅仅是我一个人,而是集结在一起的所有马其顿人。因为显然,一个教育马其顿的统治者并引导他走向德性之路的人,也会为其臣民成为好人提供必要训练(paraskeuazōn)。因为在极大程度上,领袖可能是怎样的,其臣民同样也将会是怎样的。

芝诺做了如下回复:

[8]芝诺向安提柯国王致敬!

---

① 伊拉托斯提尼斯(Eratosthenes,约公元前285—前194年),居勒尼人。希腊数学家、天文学家、文学批评家。继罗德斯岛的阿波罗尼俄斯(Apollonius)担任亚历山大利亚图书馆的主持。
② 安提柯国王(Antigonus Ⅱ Gonatas,约公元前320年—前239年),马其顿国王。

就你执着于真正的意在达致有益的教育,而非群氓的意在颠覆习性的(ēthōn)教育而言,你的好学让我感到满意。凡追求哲学、抵制使某些年轻人的灵魂被弱化的(thēlunei)群氓之乐的人,显然不仅在自然本性上,而且在主观选择上(proairesei)趋向于高贵。高贵的本性助以适度的训练,加以慷慨无私的教导,将易于达致对德性的完美把握。[9]我受限于年老体弱,于今已年满八十,因此无法与你共聚。但我可以向你委派我的同仁(suscholastōn),他们在灵魂上毫不逊色于我,在身体上比我强壮得多。如果与之共处,你绝不会实现不了达致最高幸福的目标。

于是他派了波萨伊俄斯和忒拜人菲洛尼德斯(Philonides)。这两位,伊壁鸠鲁在给他的兄弟亚里士多波鲁斯(Aristobulus)的信中曾提及他们与安提柯共处之事。这里,我想把雅典人通过的有关他的法令描述一下。内容是这样的:

[10]在阿壬尼德斯(Arrhenides)统治时期,在五月二十一日,阿卡曼提斯部族(Acmantis)第十五次轮值会议、主权轮值部族第十三次全体大会,轮值主席之一,克拉提斯托特勒斯(cratistoteles)之子,西波泰昂区的(Xypoteon)希波(Hippon),与共同轮值主席提议表决,阿那开亚区的(Anacaea)的特拉索(Thraso)之子特拉索动议:

鉴于墨纳西阿斯之子,喀提亚的芝诺在城邦长期从事哲学,在其他方面坚持做一个好人,向云集在他身边的年轻人召唤德性和节制,激励他们向往最好的东西,为所有人树立了与其阐述的原理一致的个人生活之典范,[11]因此对公民来说,赞誉墨纳西阿斯之子、喀提亚的芝诺,按照法律为其德性和节制授以黄金桂冠,在塞拉米科为其公费修筑坟墓,或许是有益的和合适的。为了造冠和修墓,公民需要从雅典人当中选出五位监理。公民书记员(grammatea te demou)将把法令镌刻在两块石碑上,并有权把一块立于阿卡德米,把另一块立于吕克昂。监理负责人将分摊石碑所用开支,以便所有人都知道,雅典公民赋予好人以荣誉,无论当他活着还是死后。[12]阿那开亚区的特拉索、阿那弗雷斯特斯区(Anaphlystus)的法埃德洛斯(Phaedrus)、阿卡乃区(Acharnae)的麦冬(Medon)和希帕来特斯区(Sypalettus)的密西忒斯(Micythus)被选出来负责建造。

法令就是这样写的。
卡里斯托斯(Karystus)的安提柯(Antignos)说,芝诺从不否认自己是喀提亚人。当他作为浴室重建的贡献者之一，石碑上的名字被刻成"哲学家芝诺"时，他请求加上"喀提亚的"。他曾为油瓶做过一个中间有洞的瓶盖，经常往里投硬币，以备他的老师克拉特的不时之需。[13]据说他到雅典时至少有 1 000 个塔伦，他将之用于海运放贷。他常吃一小块烤食及蜂蜜，喝很少一点芳香薄酒。他几乎不用男童家仆，有一两回的确用过女童家仆，也是为了不被视为"憎恶女性者"（misogunēs）。他曾与波萨伊俄斯共居一室，当后者给他带回一个笛女（aulētridion），他当即把她领回到波萨伊俄斯跟前。他们说他很容易将就环境（eusumperiphoros），以至于安提柯国王经常给他强行安排一些狂放吵闹的宴乐。一次带他一起去亚里士多科勒斯（Aristocles）一个琴手（kitharōidon）那里赴宴，后来芝诺还是偷偷溜掉。[14]据称，他习惯躲避人群，以至于常坐在凳子的一端，这样最多受到一半烦扰。他不会同两个或三个人以上一起走路。有时还会向围在一旁的人要钱，因为一旦他们担心付钱就不会再来烦扰，这点正如科莱安特在《论铜器》一书所说。当很多人在柱廊里（stoai）围着他时，他会指着位于长廊端头神坛的木栅栏说："曾几何时这个东西在长廊中间，因为碍手碍脚所以被移到私密处。只要你们高抬贵足离开中间，就会给我们带来少点干扰。"

当拉克斯（Laches）之子德谟卡勒斯（Demochares）向他讨好说道，你给安提柯说点或写点任何需要的东西，这个人都会全部答应的。听后，芝诺再也不与此人交往。[15]当芝诺死后，据说安提柯感叹道："我失去一个怎样的听众！"当被问及为何敬仰芝诺时，他说："我赠予他巨大的财富，但他从不傲慢虚浮，也没有显得卑躬屈膝。"

他是一个勤于研究的人，对一切事物精细推论的人。因此，提蒙在《讽刺诗》中这样写道：

> 我看到一个腓尼基老妪，以其阴郁的傲慢，
>
> 贪婪地渴求一切东西；可惜她的柳条篓因太小
>
> 而破损泄露（errei）；她的心智不比一串胡话（kindapsos）更高。

[16]他常与辩证法家菲洛力辩，并一起钻研学问（sunescholazen）。因此，菲洛深受年轻时的芝诺的仰慕，其程度并不亚于对他的导师狄奥多罗。① 如提蒙所说，一群衣不蔽

---

① 斯多亚的逻辑学深受麦加拉学派的影响，尤其是在条件句的真值问题上。狄奥多罗以其善辩闻名，被称作"最富辩证能力的人"（dialektikōtatos），甚至连他的五个女儿也擅长逻辑。据说，他受邀在托勒密宫廷宴会上与斯提尔波论辩，因无法当场解决斯提尔波提出的难题，回去后专文解释这个难题，竟弃绝而亡。狄奥多罗留下了两个重要逻辑定义：（1）一个命题是可能的仅当它现在是真的或将是真的。（2）一个条件句是真的仅当它现在或过去不可能前件为真和后件为假。麦加拉的菲洛是狄奥多罗的学生、芝诺的朋友。他的卓越贡献在于提出了现代意义上的真值表定义：条件句为假仅当前提为真、结论为假。其他三种情况皆为真。参见 B. Mate, *Stoic Logics*, university of California press, 1953, pp.5 – 6。

体、食不果腹之辈围在菲洛身边:

> 他集结了一批下人,
>
> 所有市民中最穷酸、最虚浮之辈。

芝诺本人充满敌意、尖酸刻薄、神色严厉。他极端吝啬,掩盖在精打细算外衣下的是蛮族人的锱铢必较(mikrologia)。如要打击某人,他便暗语道破(periestalmenōs),毫不含蓄内敛,而是拒人千里之外。我是指,比如一次他对一个注重外表打扮的人(kallōpizomenou)说的话。[17]当此人小心翼翼地越过水沟时,芝诺说:"他担心泥巴是对的,因为他未能照照泥巴里的自己。"当某个犬儒派的人说他瓶子里没油了,向芝诺提出请求,遭到拒绝。当此人转身离去时,芝诺让他思考一下两人究竟谁更无耻。他对克莱墨尼德斯(Chremonides)心存爱意,当他和科莱安特与这个人坐在一起时,他站了起来,科莱安特感到吃惊,他说:"我听优秀的医生讲,对欲火最好的治疗是熄灭。"他在宴会上与别人共享一桌,挨着他的那个人用脚踢他们旁边的人,他就用膝盖顶这个人,当此人转过身来,他说:"你知道坐在一旁的人对你是如何感受的吗?"[18]他曾对一个娈童恋者说:"正像一个教师因整天在孩子堆里消磨时光而倒胃口,你们这些人也是如此。"他曾说,刻意雕琢、精准无误的(asoloikōn)言辞类似亚历山大的银元(argurion),除了娱目和像硬币那样滚圆别无长处。而他把相反的表达比作阿提卡的四德拉科马的硬币(tetradrachmois),虽打造得粗糙笨拙(soloikōs),但远比雕琢精美的表述(lexeis)有分量得多。他的学生阿里斯图论辩冗长不当,有时还鲁莽胆大,他说:"这种情况没其他可能性,除非是你父亲喝醉后生了你。"他称阿里斯图为"话匣子"(lalon),而他自己的语言则短小精悍。

[19]有个贪食者(ton opsophagon)几乎不给同桌留下任何东西,有一回上了一条大鱼,芝诺端起来像是要整个吃掉,当这个人看着他时,他说:"如果你连我这次贪食都不能忍受,你想同桌们天天如何感受?"当一个年轻人提出某个超越其年龄段的问题时,芝诺便把他领到镜子前,让他照照,然后问他是否认为像他这种模样的人提出这种问题是恰当的。某人称安提斯泰奈斯①在许多方面令他不满意,芝诺便援引索福克勒斯的用语问他

---

① 这里或许指雅典人安提斯泰奈斯,而不是指著有《哲学家传承录》的活动于公元前 200 年左右的罗德斯岛人安提斯泰奈斯。雅典的安提斯泰奈斯(Antisthenes,约公元前 445—前 365 年),苏格拉底的朋友,据说出席过苏格拉底的审判,他写有苏格拉底的对话,与柏拉图抗衡。第欧根尼认为他创建了犬儒派的生活方式,并专门辑录了其生平思想(DL 6. 1 - 19)。

是否认为有某些可取之处，他说不知道。芝诺说："如果只挑出和记住安提斯泰奈斯说的某些缺点，如果不去尝试捕捉某些优点，难道你不觉得羞耻吗？"

[20]当某人声称他认为哲学家的论述（logaria）应短小精悍，芝诺说："你说的对，如果可能，其遣词也应简短。"当某人向他谈及柏莱谟如何提出某个话题，却讨论另外的话题。芝诺眉头一皱，说道："什么？难道你对他谈的东西不高兴（hegapas）？"他说，一个有感染力的论辩者应当像演员那样声音洪亮、铿锵有力，但嘴巴不能张得很大，这是那些唠叨无为琐事的人的姿态。他说，一个优秀的演说者就像一个优秀的技师，不应留下任何让人们欣赏自己的技艺的余地。相反，听众应如此沉浸于所说的东西本身以至于顾不上记录。

[21]曾有一个年轻人啰嗦了许多事情，芝诺说："你的耳朵掉进舌头里了。"当一个漂亮的人声称他认为智者不应坠入爱河，芝诺对他说："那就没有任何东西比你这个漂亮的皮囊更可悲的了。"他曾说，多数哲学家在多数事情上是无智慧的，但在一些日常琐事上显得却很有学识（eumaeis）。他喜欢引述卡菲西俄斯（Kaphisius）的话，此人曾对一个竭力想把笛子的声音吹大的学生当头棒喝道："笛子吹得好不在于声音吹得大，但声音吹得大在于笛子吹得好。"当一个年轻人相当鲁莽地进行辩论时，他说："年轻人，我真不愿意说我想起了什么（eperchetai）。"

[22]有个漂亮而富有，但其他一无所是的罗德斯岛人，执着地要投身芝诺门下，但芝诺根本不待见他，于是首先让他坐在一条沾满灰尘的凳子上以便弄脏他的外衣，然后让他坐到乞丐的位子上以便与他们的破衣烂衫厮磨。最终这个年轻人还是溜掉了。他说，万事最为不当的是自大，年轻人尤甚。他说，我们不应记住语词和表达，好像享受美食华服那样，而应专心于（ascholeisthai）心灵使用的状态。他说，年轻人在走路、形态和穿着上应端庄得体。他不断引述欧里庇得斯关于卡帕纽斯（Capaneus）的字句：①

[23]尽管他的生活富足，

但并不陶醉于自己的福分（olbōi），

他的欲望（phronema）不比一个穷人更大。

他常说，对于知识的把握没有任何东西比自负更加格格不入，我们也没有任何东西比时间更为必需。当被问及谁是朋友，他说："另一个我。"他们说，有次他惩罚一个偷窃的

---

① Euripides, *Suppliant Maidens*, 861–863. 本段来自阿耳戈斯（Argos）国王阿德剌斯托斯（Adrastus）对卡帕纽斯的描述。

奴隶,当这个奴隶说"我命该(eimarto)偷窃",他说:"你命该挨鞭子。"他把美称为"节制之花",但另有人说他把节制称为"美之花"。一天当他看到一个熟人的奴隶身上有伤痕,说道:"我看到了你愤怒的足印(ta ichnē)。"他曾对一个涂抹香膏的人说:"这是谁,闻起来满身女人气?"当那个皈依他门的第奥尼修斯①问芝诺为什么只不批评他,芝诺说:"因为我不信任你。"他曾对一个爱说大话的年轻人说:"我们之所以长着两只耳朵和一个嘴,就是为了可以多听少说。"

[24]有次他因在宴会上斜躺在那儿被追问原因,于是他给批评者说,去告诉你们的国王,这儿有个知道如何缄默的人。当时责问他的人是来自托勒密王朝的使者,他们想知道从他这里带什么样的口信给国王。他们问他如何看待羞辱,他说:"就像一个使者,在没有得到任何回复的情况下被打发走了。"据推罗的阿波罗尼俄斯称,当克拉特揪着芝诺的领子把他从斯提尔波那里拖回来时,芝诺说:"克拉特,抓住一个哲学家的正确做法是抓住他的耳朵。通过说服,以这样的方式把我拉回来。如果动武,我的身体在你这儿,灵魂却在斯提尔波那里。"

[25]希波珀图斯②说,芝诺曾与狄奥多罗一起度过一段时光,在他那里刻苦钻研(exeponēsen)辩证法。当他取得一定的进步后,非常低调地(hup'atuphias)到了珀勒蒙门下,以至于据称珀勒蒙对芝诺说:"噢,芝诺,不要偷偷摸摸,从花园的窗户溜进,盗走了我的原理,换上了腓尼基的外衣。"一位辩证法家曾向他卖弄所谓"剃刀论证"(toi therizonti logoi)中的七种辩证法图式,③他问此人需要支付多少钱。当听到他要 100 个德拉科马之后,芝诺便给了他 200 个德拉科马。如此好学可见一斑。他们称他首次命名了(ōnomakenai)"义务"(kathēkon)一词,并做了有关该词的论述。④ 再者,他还这样改写赫西俄德(Hesiod)的一行诗句:

　　　　听取有益忠告的人是至善者,

---

① 第奥尼修斯(Dionysius,约公元前 328—前 248 年),斯多亚派芝诺的学生。绰号"改换门庭者"(Metathemenos)第奥尼修斯,称快乐是目的(DL 7. 166—167)。或许来自伊壁鸠鲁派。

② 希波伯托斯(Hippobotus,活动于公元前 2 世纪早期),希腊作家,著有《论哲学流派》,介绍学派理论,梳理师承关系,成为第欧根尼写作的文献来源之一。

③ 当时辩证法家讨论的几种语义悖论。参见 DL 7. 44。

④ 据第欧根尼,"义务"(to kathēkon)一词是由芝诺首次命名的,它源自短语 kata tinas hēkein,即"落到某人身上"或"达乎某人"。它是与自然的安排(kata phusin kataskeuais)相适宜的(oikeion)行为本身(DL 7. 108)。另西塞罗也记述了芝诺对该词的用法,与第欧根尼基本相同(Acad 1. 37)。

独立思考一切的人也是善者。①

[26]因为他说，能兼听和善用良言者优于自己思考一切事物者。因为后者只是善思（suneinai），而善听规劝者付诸（proseinai）行动。

据说，当他被问及作为一个冷峻严肃的人，何以在宴会上十分慵懒散淡（diacheitai），他说："羽扇豆虽苦，但泡久了也会变甜。"赫卡同在其《逸闻录》（tōn Xreiōn）第二卷也谈到芝诺在此类公共聚餐中自由放松（aniesthai）。他曾说："失足比失言好点"；"好事来自小事，但好事无论如何不是小事。"而有人把此话归于苏格拉底。

他忍受力极强、生活至简，常吃生食、着薄衣，因此有诗谈到他：

[27]不管严冬寒风，苦雨绵绵，

还是烈日炎炎，病苦惨淡，

不充数于公共庆典，而孜孜不倦于

传道授业，不管黑夜还是白天。

喜剧家们无意间以诙谐口吻（dia tōn skōmmatōn）谈到他。菲勒蒙②在其《哲学家》一剧这样说：

一块面包，几个干果，喝一点水，

此人便探讨起（pilosophei）新的哲学，

他教的是贫困，收获的是学生。

其他人则把这段诗句归于波西第伯斯③。

他几乎一度成为谚语。有关他的流行说法是：

比哲学家芝诺还要自制。

---

① 本句是对赫西俄德《工作与时日》第293和295行的改写，原句的顺序刚好相反，即独立思考一切的人是至善者，听取有益忠告的人也是善者。

② 菲勒蒙（Philemon，公元前368/360—前267/263年），新喜剧诗人，多数时间生活于雅典。

③ 波西第伯斯（Poseidippus，活动于公元前290年左右），新喜剧诗人，以把做厨师的奴隶搬上舞台作为新喜剧的风格特征。

波西第伯斯也在《改头换面的人》(*Metapheromenos*)一剧中说:

> 于是这在十天里,
>
> 他似乎比芝诺还要有节制。

[28]实际上,在这些德性上,在尊严上,以宙斯的名义,在福祉上,他超过了所有人。九十八岁时他的生命走到尽头,无疾而终。但波萨伊俄斯在《伦理论说集》中说,他是七十二岁那年死的,到雅典是二十二岁。而阿波罗尼俄斯称他领导学校达五十八年之久。他是这样死的:当他离开学校时,摔了一跤,折断了指头。他用手在地上拍打,引用《尼奥伯》(*Niobe*)的一句说道:

> 我来了,你为何还要呼唤我?①

于是,通过自我窒息而亡。

[29]雅典人把他埋葬在塞拉米科斯,授予他前面提到的法令中的那些荣誉,追加了其德性的证言。西顿的安提帕特为他做了这样的墓志铭:

> 这里躺着的是芝诺,亲爱的喀提亚人,他攀上了奥林匹斯山,
>
> 尽管没有把皮立翁山(Pelion)堆到奥萨山(Ossa),
>
> 也没有经受赫拉克勒斯功业之磨难,但他发现了
>
> 自制,通向星空的唯一道路。

第欧根尼的学生,斯多亚派的芝诺多托斯②做了另外一个墓志铭:

> [30]你确立了自足(autarkeian),放逐了傲慢的财富,
>
> 芝诺,以你那灰白而冷峻的眉骨。
>
> 因为你发现了充满阳刚之气的(arsena)原理,
>
> 以你的洞见创立了学派,无畏无惧的自由之母。

---

① 援引米利都的诗人提摩泰俄斯(公元前446—前357年)已遗失的一行诗。

② 芝诺多托斯(Zenodotus,约公元前4世纪人),斯多亚派哲人,居勒尼派第欧根尼的学生。

如果腓尼基是你的祖国,我们为什么还要嫉妒?

如果不是卡德莫斯(Cadmus),①

希腊人从哪里得到字与书?

讽刺诗人阿泰那爱俄斯②以这样的方式谈到了整个斯多亚派:

擅长斯多亚派妙语(muthōn)的人啊,

你们把世间最好的原理珍藏于神圣的书籍,

告诉人们灵魂的德性是唯一的善。

因为唯有它保护人们的生命和城池。

而肉体的快感(hēdupathema),为其他人所爱恋的目的,

只有记忆女神(Mnēmē)的一个女儿才可达致。

[31]我们自己在《长短集》(*pammetros*)③中这样谈到芝诺之死:

喀提亚的芝诺死了,据说是因厌倦于年老悲苦,

通过绝食得以解脱;

还有人说,当他摔倒后用手拍打着地面,喊道:

"我自己来了,你为何还要呼唤我?"

有些人声称芝诺就是以这种方式死的。关于芝诺之死谈的够多了。

马格尼西亚的德谟特瑞俄斯④在其论《同名录》一书中声称,芝诺的父亲墨纳西阿斯作为商旅,经常往返雅典,给孩提时的芝诺带回许多有关苏格拉底的书籍。[32]因而在童年时期他就受过良好的训练。于是当他步入雅典,便投身克拉特门下。他说,似乎当其他学生还在迷茫于(planōmenōn)如何表述自己的观点时,他已确定自己的生活目的。他

---

① 希腊神话中的腓尼基王子,其妹欧罗巴(Europa)被宙斯诱拐。他为寻找其妹来到希腊,并建立忒拜(Thebes)城,做了国王。据说他首次把字母引入希腊。

② 阿泰那爱俄斯(Athenaeus),生平不详,第欧根尼在安提斯泰纳斯、斯多亚的芝诺和伊壁鸠鲁三处引用。

③ 第欧根尼《讽刺诗》(*Epigrams*)的别称,以各种韵律描述了各色闻人名流。"pammetros"一词即"所有韵律"之意。

④ 德谟特瑞俄斯(Demetrius,活动于公元前50年前后),马格尼西亚(Magnesia)人,著有记载同名城市和名人的《同名录》。第欧根尼在本卷中引述三次。

们说,他习惯以刺山柑(kapparin)的名义发誓,正像苏格拉底以狗的名义发誓。有些人,包括怀疑论者(skeptikon)卡西俄斯①及其门生对芝诺进行了多方面指责。首先他们说,芝诺在《国家篇》②的开头宣称普通教育(egkuklion paideian)是无用的,其次他说一切无德者乃是仇人、敌人、奴隶以及与他者不和的人,如父母与子女不和、兄弟与兄弟不和、乡亲与乡亲不和。[33]再者,他在《国家篇》中声称只有有德者才是公民、朋友、亲人和自由人,而对于斯多亚派来说,父子乃仇敌,因为他们没有智慧。同样,他在《国家篇》中明确主张妇女公有,在第二百段他认为不应在城邦建造神庙、法庭和体育场。关于货币,他这样写道:"我们认为货币不应为交换而造,也不应为出行而造。"他还呼唤男女同服,无需遮掩身上任何部位。[34]《国家篇》的确是芝诺的著作,这点科律西波在他的《国家篇》一书中也曾谈到。芝诺还在本书的开端,被冠以"爱的技艺"的标题下讨论了爱欲问题。③ 另外,他在《闲谈录》(Diatribē)中也写了同类话题。如此之多的批评意见不仅来自卡西俄斯,还来自修辞家佩尔伽摩的伊西多洛斯④。后者声称,那些在斯多亚派当中有争议的段落被负责佩尔伽摩图书馆的斯多亚派学者阿泰诺多洛斯⑤从书中删除。当阿泰诺多洛斯被人发觉并身处不利境况时,后来这些段落被处理为对手的观点(antitethēnai)。

[35]有八个叫芝诺的人。第一个是爱利亚的,有关此人我们将在后面一卷介绍。第二个就是现在谈到的。第三个是罗德斯的,写过一卷本的地方史。第四个是历史学家,写过皮鲁斯(Pyrrhus)对意大利和西西里的远征,此外还写过罗马与迦太基的功绩简况(epitomēn)。第五个是科律西波的学生,写的书很少,留下的弟子很多。⑥ 第六个是希罗费洛派(Herophilus)的医生,思想力很强,写作力不强。第七个是语法家,此人除了其他作品,另有格言诗传世。第八个是西顿生人,伊壁鸠鲁派哲学家,思想与阐释清晰流畅。

[36]芝诺有许多学生,其中著名的有德谟特里乌的儿子,喀提亚的波萨伊俄斯,有人说他是芝诺的朋友,也有人说他是安提柯送来做芝诺的文书的一个家奴,他曾是安提柯

---

① 怀疑论者卡西俄斯(Cassius),生平不详。第欧根尼在本卷中引述了他对芝诺《国家篇》的批判。此人或许是医学家盖伦(Galen)提到的批判从相似事例进行推理的皮浪主义者卡西俄斯(Subfiguratio Empirica 4),因此他不会早于公元前 1 世纪皮浪主义复兴的代表埃奈西德穆(Aenesidemus)。

② 有关芝诺及其科律西波的《国家篇》基本观点的记述,又见 PH 3. 200, 205 - 206, 245 - 248。

③ 关于芝诺《国家篇》的反教化思想,可与塞克斯都文本作比较。参见.PH 3. 245 - 269 及 M 11. 189 - 194。

④ 伊西多洛斯(Isidorus),生平不详,来自佩尔伽摩(Pergamum)的演说家。曾攻击阿泰诺多洛斯引述芝诺的段落似乎是不可接受的(DL 7.34)。

⑤ 阿泰诺多洛斯(Athenodorus,活动于公元前 1 世纪),佩尔伽摩图书馆负责人,斯多亚派学者。从第欧根尼本卷记载的有限段落看,阿泰诺多洛斯与芝诺的观点似乎并非完全一致,比如对"所有罪恶都是相等的"这一斯多亚派主流观点持不同看法(DL 7. 121)。

⑥ 这个芝诺应该指的是塔尔索斯(Tarsus)的芝诺,后继承科律西波成为斯多亚派主持。

之子哈勒西奥涅斯（Alcyoneus）的宫廷教师。一次安提柯想考验他，给他报了个假信，说他的财产已被敌人抢走。当他脸色阴沉下来时，安提柯说："你看，难道财富是无所谓（adiaphoron）的吗？①"

他的著作流传下来的有：

《论王政》

《拉戈尼亚政制》

《论婚姻》

《论虔敬》

《忒爱斯特斯（Thyestes）》

《论爱欲》

《劝勉篇》

《闲谈录》

《逸闻录》（四卷）

《回忆录》

《驳柏拉图〈法律篇〉》（七卷）

[37]他的学生还有，弥勒提亚德斯（Miltiades）之子、开俄斯的阿里斯图，他引入了"无差别"或"无所谓"（adiaphoria）观念；迦太基的赫里洛斯②，那个讲述知识是目的的人；第奥尼修斯，一个改信快乐学说者（metathemenos eis tēn hēdonēn），因患有严重的眼疾，故而迟疑于声称痛苦是无所谓的（adiaphoron），其出生地是赫拉科里亚（Heraclea）；还有博斯普鲁斯（Bosporus）的斯法埃洛斯③；法尼阿斯（Phanias）之子、阿索斯（Assos）的科莱安特，学派的继承人，他曾被芝诺比喻为粗糙的蜡板，尽管难以书写，却能保持上面的字迹。斯法埃洛斯，当芝诺死后又成为科莱安特的学生，我们将在有关科莱安特生平中谈到他。[38]据希波珀图斯说，芝诺的学生还有：忒拜的菲洛尼德斯、科林斯的卡里普斯（Kallippus）、亚历山大利亚的波西多尼俄斯、索里（Soli）的阿泰诺多洛斯、西顿的芝诺。

---

① 这里安提柯是用斯多亚的观点调侃波萨伊俄斯的失态。因为斯多亚派主张，除了德性和罪恶，其他东西，如富有与贫穷、高贵与低贱、美丽与丑陋等处于中间状态，都是"无差别的"或"无所谓的"（adiaphoron）。

② 赫里洛斯（Herillus），其生平和观点第欧根尼在本卷专门列出一节介绍。

③ 斯法埃洛斯（Sphaerus，活动于公元前3世纪），斯多亚派芝诺和科莱安特的学生。据西塞罗，他尤其欣赏自己有关"定义"的理论。第欧根尼记述了其主要生平和观点（DL 7. 177－178）。

我决定在芝诺的生平一卷中对所有斯多亚派的原理给予一般性的解说,因为他是学派的创始人。我还给出他撰写的大量书籍,里面谈到所有斯多亚派学人所没有谈到的东西。其一般原理如下,正像我们习惯于对其他哲学家所做的那样,让我们给出其主要观点。

[39]他们说哲学的论述(logos)有三部分。一部分是有关物理的,一部分是有关伦理的,一部分是有关逻辑的。喀提亚的芝诺在其《论理性》中首次做出划分,科律西波在其《论理性》第一卷、《物理学》第一卷中也是如此划分的,阿波罗多鲁斯①和希洛斯(Syllos)在《原理导论》第一卷、尤德洛摩斯②在《伦理学要素》、巴比伦的第欧根尼和③波西多尼俄斯同样如此。阿波罗多鲁斯把这些部分称为"论题"(topos)。科律西波和尤德洛摩斯则称之为特殊的"种"(eidē),其他一些人称之为一般的"属"(genē)。

[40]他们把哲学比喻成动物,把逻辑学比作骨骼和腱,把伦理学比作肉的部分,把物理学比作灵魂。或又把哲学比喻成卵,因为外边的部分是逻辑学,其后的部分是伦理学,最中心的部分是物理学。④ 或把哲学比喻成围起来的田地,其中逻辑学是周围的防护栏,伦理学是果实,物理学是土地或树木。或把哲学比喻成防备良好、按照理性治理的城邦。正如他们某些人所说,没有任何部分与其他部分是可分离的,而是交织在一起的,他们综合传授这些部分。另一些人把逻辑学放在第一,物理学放在第二,伦理学放在第三。这些人当中有芝诺(在其《论理性》一书)、科律西波、阿卡德莫斯⑤和尤德洛摩斯。

[41]据波西多尼俄斯的学生法尼阿斯⑥在其《波西多尼俄斯论说集》一书中称,托勒密的第欧根尼由伦理学开始,阿波罗多鲁斯把伦理学放在第二,帕那爱修斯⑦和波西多尼

---

① 阿波罗多鲁斯(Apollodorus,公元前1世纪),爱菲勒斯(Ephelus)人,斯多亚派哲学家,生活于波西多尼俄斯执掌学派时期。在本卷中第欧根尼提及他写过《原理导论》《物理学》《伦理学》等,同芝诺、科律西波等人的主流观点基本没有区别。

② 尤德洛摩斯(Eudromus),生平不详,斯多亚派哲人,著有《伦理学要素》。

③ 巴比伦的第欧根尼(Diogenes,约公元前240—前152年),科律西波的学生,继承塔尔索斯的芝诺成为学派领袖。公元前156年去罗马游历,促进罗马人对斯多亚派的兴趣。

④ 这里第欧根尼与塞克斯都的记载略有不同。根据后者,伦理学被比喻为"灵魂"和"蛋黄";而根据前者,物理学被比作"灵魂"和卵的"最中心的部分"。

⑤ 阿卡德莫斯(Archedemus,约活动于公元前140年前后),塔尔索斯人。斯多亚派哲人,被认为是巴比伦的第欧根尼的学生。他著有《论虚空》和《论元素》(DL 7.55, 134)。

⑥ 法尼阿斯(Phanias,公元前2世纪),波西多尼俄斯的学生,著有《波西多尼俄斯论说集》,主张哲学教育从物理学开始。前面提到的科莱安特的父亲也叫法尼阿斯(DL 7.37),显然不是同一个人。

⑦ 帕那爱修斯(Panaetius,约公元前185—前109年),罗德斯岛人。继承安提帕特成为斯多亚派领袖。公元前140年左右客居罗马,与罗马执政官Cornelius Scipio Aemilianus有交往,后亡于雅典。

俄斯则由物理学开始。科莱安特声称有六个部分：辩证法、修辞术、伦理学、政治学、物理学和神学。但另外一些人，如塔尔索斯的芝诺，声称这些不是哲学论述的组成部分，而是哲学本身的组成部分。某些人说逻辑学部分可以划分成两种知识，即修辞术和辩证法。而另一些人说还可以划分成定义的形式（eidos）以及准则（kanonōn）和标准，但有些人删除了定义。

[42]他们把有关准则和标准的部分用于真理的发现，因为正是基于这一部分他们裁量表象的差异。定义同样用于真理的辨识，因为对象是通过概念来把握的。修辞术是一种如何在持续性论说中进行优美表达（tou eu legein）的知识，辩证法则是一种如何以问与答的方式进行正确对话（tou orthōs dialegesthai）的知识，因此他们也把辩证法界定为真、假以及既非真又非假的知识。

他们说修辞术本身有三部分：一是商谈性的（sumbouleutikon），一是司法性的（dikanikon），一是赞颂性的（egkōmiastikon）。[43]修辞术可划分成构思、遣词、编排和技巧。修辞性的演说可划分为引言、陈述、反驳和结语。

辩证法可划分成被表示者（sēmainomenōn）和语词（phōnēs）两类论题。① 被表示者这一论题又可分成表象和"意谓"（lektōn），而隶属后者的东西则有命题（axiomaton）、完善的意谓（autotelōn）和谓词（katēgorēmatōn）以及主动与被动，"属"与"种"，同样还有论证、形式、推理以及源自语词或事实的诡辩，[44]其中包括"说谎者辩""说真话者辩""否定者辩""谷堆辩"以及类似的诡辩，无论是有缺陷的、有疑惑的，还是有效的，如"面纱者辩""有角者辩""无人者辩"和"剃刀辩"。

辩证法也包括前面提到的有关语词本身的论题。在这一论题中解释了书面语以及语词的某些构成部分，涉及语法错误、蛮族语、诗体语、歧义语、韵文（emmelous phōnēs）和音律（mousikēs），按某些人的说法，还涉及定义、划分和表达。

[45]他们说，有关推理或三段论的（sullogismon）理论是最为有用的。因为一方面它揭示能提供证明的东西（to apodeiktikon），因而大大有助于论断的正确性（diorthōsin）、有序性和记忆性，另一方面它揭示一种确切可靠的（epistatikon）理解。

论证本身是由前提和结论构成的体系。推理（sullogismon）则是由这些东西构成的可推的（sullogistikon）论证。而证明（apodeixis）则是由把握性较大的东西推证

① 按塞克斯都，斯多亚派认为有三种东西紧密相关：被表示者（sēmainomenon）、表示者（sēmainon）和对象（to tugchanon）。表示者是语词，如"狄翁"这组声音，被表示者是为语词所揭示的事实本身也即语词的意义，对象则是外部存在物，例如狄翁本人（M 8.11—12）。

（perainonta）把握性较小的东西。

表象是灵魂中的印迹（tupōsis），这一名称贴切地借自指环在封蜡表面打上的图案（tupos）。① ［46］表象一种是可理解的（katalēptikē），一种是不可理解的。可理解的，他们称之为事物的标准，它来自真实存在物，并按照真实存在获得印象、留下印迹②。不可理解的，则并非来自真实存在物，或即使来自真实存在物，也不会与真实存在物本身一致。它是不清晰的和不凸显的（ektupon）。

辩证法本身是必需的而且也是一种包含某些特殊德性的德性。"不犯错"（aproptōsia）是一种有关何时给予赞同（sugkatatithesthai），何时不做赞同的智识；［47］"不迷茫"（aneikaiotēs）是一种面对似乎可能之物（to eikos）的理性定力（ischuron logon），以至不会为之所惑。"驳不倒"（anelegxia）是一种论证中的力量，以至不会被它带到相反的立场。"不虚妄"（amataiotēs）是一种把表象诉诸正确理性的习性。他们说，知识本身或是一种确切可靠的理解，或是一种在接受表象过程中不为论证所动摇的习性。③ 如果没有辩证法的沉思，即便智者在论证中也不会不犯错误，因为它使我们辨识真与假，判定可信之物和似是而非的说法，离开它就不存在有条不紊的问与答。

［48］表述中的鲁莽可延展至（diateinein）实际所发生的事情上，因此，那些在处理表象方面缺乏训练的人往往陷入混乱无序和茫然无措。智者没有任何其他办法可以表明自己在论证中是敏锐的、机智的和普遍令人敬畏的，因为能正确对话者也是能正确论辩者，能对所立命题进行究问者也是能对所提问题做出回答者。这正是一个在辩证法方面训练有素者的特征。

这些就是他们在逻辑学方面的主要观点。为了做出以下详细解释，也即他们在入门手册里所涉及的内容，这里我将引用马格尼西亚的第奥克勒斯④在其《哲学家概览》一书中的说法。他是这样说的：

［49］对斯多亚派来说，他们喜欢把有关表象和感觉的论述安排在前面，因为我

---

① 把表象理解为灵魂中的一种"印迹"（tupōsis）是芝诺对表象的经典定义，而科莱安特修正了他的定义，将之理解为一种灵魂的"变化"状态（DL 7. 50）。

② 第欧根尼使用的两个词："获得印象"（enapesphragismenē）和"留下印迹"（enapomemagmenē）和塞克斯都使用的完全一致，可推测两人看到的斯多亚派文本应当相同。参见 M 7. 248, 250, 255, 402, 410, 426。

③ "习性"一词"hexis"，源于动词"echō"（获得、占有），指事物持有某种永久性的同一性的状态（M 7. 102）。

④ 第奥克勒斯（Diocles，约活动于公元前 1 世纪中后叶），来自马格尼西亚（Magnesia）。著有《哲学家概览》（Epidromē tōn philosophon）和《哲学家生平》（Bioi tōn philosophon），成为第欧根尼写作的主要文献来源，有关斯多亚派辩证法的内容（DL 7. 49－82）摘自狄奥克勒斯的《哲学家概览》。

们所由之认识事物真理的标准普遍说来是一种表象，并且因为有关赞同和有关理解与思想的论证，这些先于他者的东西，离开表象是无以确立的。表象前导，而后继之以具有释读能力（eklalētikē）的心智，它用语句（logōi）表达自己由表象所获得的感受（paschei）。

［50］表象（phantasia）与想象（phantasma）有别。因为想象是类似于梦中生成的心灵幻象（dokēsis），而表象则是灵魂中的印迹，也就是变更或变化过程（alloiōsis），正像科律西波在《论灵魂》第二卷中所提出的那样。"印迹"不应被当成类似于指环印出的图案来接受，因为诸多图案在同一时间、同一场所生成是不可能的。表象被认为是一种来自真实存在物，并按照真实存在物获得印象、打上印记、留下印迹的东西，它如此这般以至于不可能来自非真实存在物。①

［51］按他们的说法，表象中一些是可感的，一些是不可感的。可感的是那些由某个或某些感官来把握的表象，不可感的则是那些由心智来把握的表象，比如非有形体以及其他一些被理性把握的东西。可感的表象中一些是由真实存在物生成的，并伴随着顺从（eixsōs）和赞同（sugkatatheseōs），还有一些表象乃是"好像"（hōsanei）由真实存在物生成的幻象（emphasis）。

再者，表象中一些是理性的，一些是非理性的。理性的是那些理性动物获得的表象，非理性的则是非理性动物获得的表象。理性的表象就是"思"（noēseis），而非理性的表象还没有名称。一些表象是技艺性的（technikai），一些则是非技艺性的。但无论如何，一种映象（eikōn）在有技艺者看来是一回事，在门外汉看来是另一回事。

［52］按斯多亚派，感觉被称作一种从灵魂中枢（hēgemonikon）到感官充斥着的气息（pnuma），一种通过感官形成的理解，一种感官的构造，在这个方面一些人生来就是残缺不全的。再者，感官的活动也被称作感觉。按他们的说法，我们通过感官把握白、黑、粗、细，通过理性把握由证明推出的结论。比如，神存在且能预知（pronoein）。在思想对象中，一些是根据直接经验形成的，一些是根据相似性形成的，一些是根据类比形成的，一些是根据位移形成的，一些是根据组合形成的，一些是根据对立面形成的。

［53］根据直接经验形成感觉对象的概念；根据相似性形成与某个身边物近似的东西的概念，比如，由苏格拉底的画像形成苏格拉底的概念；根据类比，一方面通过放大形成某

---

① 这里可与塞克斯都的记载比较（*M* 7. 228, 372; *M* 8. 400; *PH* 2. 70）。

物的概念,如提堤俄斯(Tityos)和独目巨人(Cyclops),一方面通过缩小形成某物的概念,如侏儒族(Pugmaios)。"地心"是根据类比由某个较小的面积形成的概念。根据位移形成的概念,如长在胸上的眼睛;根据组合形成的概念,如马人(hippokentauros);根据对立面形成的概念,如死亡。还有一些概念是根据抽象(kata metabasin)形成的,如"意谓"和空间。某些正义和善的东西的概念则是基于本性形成的。根据缺失形成的概念,如无手的人。这些是他们所主张的有关表象、感觉和概念的基本原则。

[54]他们说,真理的标准是可理解的表象(katalēptikē phantasia),即来自真实存在物的表象,正如科律西波在《物理学》第十二卷中所说,也如安提帕特和阿波罗多鲁斯所说。波爱修①则承认多种标准:心灵、感觉、欲望(orexin)和知识。而科律西波在其《论理性》第一卷中自相矛盾,声称感觉和"前见"(prolepsis)②是标准,而"前见"是与生俱来的一般概念(ennoia phusikē ton katholou)。另外一些早期斯多亚派的人承认"正确的理性"(ton orthon logon)是标准,如波西多尼俄斯在其《论标准》一书中所说。

[55]他们多数人一致认为辩证法的理论应当从言语(phōnē)开始。言语是被敲击的(peplēgmenos)气流,或是合适的听觉对象,正像巴比伦的第欧根尼在《言语技艺》中所说的那样。动物的言语是由本能驱动的被敲击的气流,而人的言语则是一种音节(enarthros),由心智发出,如第欧根尼所说,到十四岁臻于成熟。按斯多亚派,音节是一种有形物,如阿卡德莫斯③在其《论言语》一书,第欧根尼和安提帕特以及科律西波在其《物理学》第二卷所说。[56]因为一切作用者(poioun)是有形的东西,当言语从说者传到听者时的确发生作用。如第欧根尼所说,据斯多亚派,"语词"(lexis)是以字母拼写的(eggrammatos)言语,如"Hēmera"(白天)。"句子"(logos)则是由心智发出的能表意的(sēmatikē)言语,例如"Hēmera esti"(这是白天)。"方言"(dialektos)是一种既可标示希腊人也可标示某种族群特征的语词,或是一种地域性的,即具有某种方言性质的语词。例如按阿提卡方言,"大海"是"Thalatta",按伊奥尼亚方言"白天"是"Hemerē"。

语词的基本元素(stoicheia)是二十四个字母。字母有三种意思,一是语素,一是特征,一是名称,例如 Alpha。[57]语素中有七个元音:a、e、ē、i、o、u、ō;有六个辅音:b、g、d、k、p、t。言语和语词的区别在于言语还包括噪音(ēchos),语词则仅仅是音节。语词与句子

① 波爱修(Boethus,约公元前2世纪),西顿(Sidon)人,斯多亚派哲学家,师从巴比伦的第欧根尼。
② 该词指未经理性审视和逻辑论证的自然形成的一般概念或"前认识",有时根据语境也可译为"常识",是希腊化时代哲学普遍使用的一个概念。参见 M 8. 157, 321, 337, 331a–333a;PH 1. 211, 2. 246;Acad 2. 30。
③ 阿卡德莫斯(Archedemus,约公元前140年),塔尔索斯人。斯多亚派哲人,被认为是巴比伦的第欧根尼的学生。著有《论言语》和《论元素》。

有别,因为句子永远是能表意的(sēmatikos),但语词可以是无意义的(asēmos),如"blituri",句子则不会这样。"说话"(to legein)与"发声"(tou propheresthai)不同,因为声音是被发出的,事实是被说出的,也就是"意谓"(lekton)。

正如第欧根尼在其《论言语》一书中所说,也如科律西波所说,句子有五个部分:专有名称(onoma)、普通名词(prosēgoria)、动词(hrēma)、连词(sundesmos)和冠词(arthron)。安提帕特在其《词与意》一书中又加上了"中间词"(ten mesotēta)。

[58]据第欧根尼,普通名词是表达共同性质的句子部分,比如"人""马";专有名词是表明特殊性质的句子部分,例如"第欧根尼""苏格拉底";正如第欧根尼所说,动词是表示非组合的谓词(asuntheton katēgorēma)的句子部分,或如某些人所说,动词是没有格的变化的(aptōton)句子要素,表示某种系于一个或一些主词的东西,例如"我写""我说";连词是没有格的变化的句子部分,它联结句子各个部分;冠词则是有格的变化的句子要素,它限定名词的性和数,如 ho、hē、to、oi、ai、ta。

[59]句子的德性(aretai)有五个:纯正希腊语、清晰、简洁、恰当、优雅。纯正希腊语(Hellēnismos)是一种语法无错、无含混用法的辞令;清晰(saphēneia)是一种把所思之物以一种易于被认识的方式呈现出来的语词;简洁(suntopmia)是一种只包含澄清对象所必需的东西的语词;恰当(prepon)是一种贴近于(oikeia)对象的语词;优雅(kataskeuē)是一种避免流于俚俗(ton idiōtismon)的语词;在劣等语词中,蛮族语是一种有悖于希腊语良习的用语。语法错误(solokismos)是一种组织不融贯的句子。

[60]正如波西多尼俄斯在其《论语词》引论中所说,诗句(poiēma)是一种对仗性的(emmetros)或韵律性的(enruthmos)语词,带有避免散文体的刻意性。这种韵文如下:

最伟大的土地和宙斯的天空。

而诗(poiēsis)就是能表意的(sēmatikon)诗句,包含对神与人的事迹的模仿(mimēsin)。①

正如安提帕特在《论定义》第一卷中所说,定义是一种完整表达意义的分析性的(kat'analusin)语句。或如科律西波在《论定义》中所说,定义是一种特征的自我指称(idiou apodopsis)。概括(hupographē)是一种提纲挈领地(tupōdōs)介绍对象的语句,或是一种简单发挥定义功能的定义。"属"是关于诸多不可分离的(anapharetōn)概念的集合

---

① 即"诗"(poiēsis)是由"诗行"或"诗句"(poiēma)构成的复合体,还包括歌唱、表演和史诗叙事。

（sullēpsis），例如"动物"，因为它包含所有特殊动物。

［61］概念是心智的想象，它既不是某种事物也不是某种性质，而是"类事物"（hōsanei ti）和"类性质"（hōsanei poion），比如，当马实际上并不存在的时候，我们也会生成马的影像。

"种"是被"属"包含的东西，正像"人"被"动物"包含。最大的"属"是那种没有"属"的"属"，比如"存在"（to on）；最小的"种"是那种没有"种"的"种"，例如苏格拉底。

划分（diairesis）是把"属"分成相近相关的"种"，比如动物中一些是理性的，一些是非理性的。"二分法"（antidiairesis）是根据对立面把"属"分成"种"，比如，根据否定性，存在物中一些是好的，一些不是好的。"再划分"（hupodiairesis）是关于划分的划分，比如，存在物中一些是好的，一些不是好的，不好的东西中一些是坏的，一些是无差别的。

［62］按科利尼斯①，区分（merismos）是把"属"归结为论题，比如，好的东西中一些是有关灵魂的，一些是有关肉体的。

歧义（amphibolis）是在字面上（lektikōs）和严格意义上（kuriōs）按同一用法表示两种或多种对象的语词，以至同一个语词可同时含有多种意思。例如"aulētrispeptōke"一词，因为它一方面可表示"房屋倒塌了三次"，一方面可表示"笛女摔倒了"。②

如波西多尼俄斯所说，辩证法是有关真和假以及既非真也非假的知识，又如科律西波所说，它涉及表示者（sēmainonta）和被表示者。这些就是斯多亚派在有关言语理论中所谈论的东西。

［63］在涉及对象和被表示者这一论题中，他们安排了有关"意谓"的论述，包括完整的"意谓"、命题、推理以及有缺失的"意谓"和谓词，包括主动的和被动的谓词。

他们说"意谓"是根据理性的表象（to kata phantasian logiken）而存在的东西。而"意谓"当中，斯多亚派称，一些是完整的，一些是有缺失的。有缺失的是未完成的表述，例如"写"，因为我们要问"谁写"；完整的是已完成的表述，如"苏格拉底写"。因此谓词被归于有缺失的"意谓"，而命题、推理、问题和询问则被归于完整的"意谓"。

［64］谓词是述说（agoreuomenon）某个主词的东西，或是与某个或某些主词相联结的东西，正如阿波罗多鲁斯及其追随者所说；或是一种有缺失的"意谓"，同某个主格（orthos ptōsis）联结以生成一个命题。谓词中一些是偶性（sumbamata），如"穿过礁石航行"。

---

① 科利尼斯（Crinis），生平不详，斯多亚派哲人，著有《辩证法的技艺》。

② 希腊语单词的书写经常不留空格，由此造成歧义性。比如，aulētrispeptōke 一词，空格之处不同则意思不同。"房屋倒塌三次"（aulē tris peptōke），"笛女摔倒了"（aulētris peptōke）。

［……］一些是主动的，一些是被动的，一些则既不是主动的也不是被动的。主动谓词是那些与某种间接格（plagios ptōsis）结合而生成的谓词，如"听""看""会话"；被动谓词是那些以被动态构成的谓词，如"被听到""被看见"；既非主动也非被动的谓词，如"思想"和"走路"。反身谓词（antipeponthota）是那些在被动谓词中尽管形式上是被动的但具有主动含义的谓词，如"理发"（keiretai），因为"理发师"（keiromenos）在活动中涉及自身。［65］间接格是属格、与格和宾格。

命题是或真或假之物，或是仅当能由自己陈述的完善的对象，如科律西波在《辩证法的定义》中所说："命题是仅当能由自己肯定或否定的对象"，例如"这是白天""狄翁在走路"。命题"axiōma"一词得名于动词"axiousthai"，意味着"确认"或"否认"。因为当说"这是白天"时，似乎"确认"（axioun）这是白天，如果事实上这是白天，则当下的命题为真；如果不是白天，则命题为假。［66］命题与问题、询问、命令、宣誓、祈愿、假设、呼唤以及"类命题"或"准命题"（pragma homoion axiōmati）不同。问题（erōtēma）一方面像命题那样是自我完善的东西，一方面则需要回答，比如"这是白天吗？"它既非真又非假，因此"这是白天"是命题，而"这是白天吗？"是问题。询问（pusma）是这样一种对象，对它不能像对问题那样象征性地（sumbolikōs）回答"是"，而是一定要给出具体答案（eipein），如"他住在这样一个地方"。

［67］命令（prostaktikon）是一种当我们给出指令时所说的东西。例如：

> 你去伊那科斯河（Inachus）。①

宣誓（horkikon）是一种东西［……］呼唤（prosagoreutikon）是一种当呼唤某人时说出的东西，例：

> 最高贵的阿特柔斯（Atreus）之子，
>
> 万民之王，阿伽门农（Agamemnon）！②

"类命题"是具有命题表达形式，但因对某部分过分强调（pleonasmon）或附加情感色彩（pathos）从而超出命题范畴的东西。例如，

---

① 希腊悲剧未名残篇，177 Nauch 2。
② Homer, *Iliad*, 2. 434.

美哉,帕泰农神庙(Parthenon)!

这位牧者好像普里阿摩斯(Priams)之子!①

[68]还有某种犹疑不定(epaporētikon)的东西与命题有别,一旦有人说出这种东西,便表达某种疑惑(aporoiē)。

悲哀与生命是近亲(suggenes)?②

问题、询问以及类似的东西既非真又非假,而命题则或真或假。

命题中某些是简单的,某些不是简单的,正如科律西波派、阿卡德莫斯、阿泰诺多洛斯、安提帕特和科利尼斯所说。简单命题不是由重复的(diaphoroumenou)命题或多个命题构成,例如"这是白天"。非简单命题是由重复的命题或多个命题构成的。[69]由重复的命题构成的,例如"如果这是白天,[那么这是白天]";而来自多个命题构成的,例如"如果这是白天,那么这是亮的"。

在简单命题中有否定句、否认句、缺乏句、直陈句、限定句和非限定句,在非简单命题中有条件句、准条件句、合取句、析取句、因果句及表达更多与更少的比较句[⋯⋯]否定句(to apophatikon)如"并非(ouxi)这是白天"。其中还有一种双重否定句(to huperapophatikon),双重否定乃否定之否定,如"并非(ouxi)这不是(ouk esti)白天",它肯定了这是白天。

[70]否认句(to arnētikon)是由一个否定词项和谓词构成的,例如,"没有一个人(oudeis)在走路"。缺乏句(to stērētikon)是由一个否定前缀和潜在的(kata dunamin)命题构成的,如"此人是无爱心的(aphilanthōrpos)"。直陈句(to katēgorikon)是由一个主格形式的名词和谓词构成的,如"狄翁在走路"。限定句(to katagoreutikon)是由一个主格形式的指示词与谓词构成的,如"这个人(houtos)在走路"。非限定句(to aoriton)是由单数或复数的非限定性词项和谓词构成的,如"某人(tis)在走路","他(ekeinos)在运动"。

[71]非简单命题当中,条件句(to sunēmmenon)是由条件联结项"如果"(ei)联结成的,正如科律西波在《辩证法》以及第欧根尼在《辩证法的技艺》中所说。这个联结项(sundesmos)表明"第二"由"第一"推出(akolouthein),例如:"如果这是白天,那么这是亮

---

① 希腊悲剧未名残篇,286 Nauch。
② 梅南德(Menander)遗失的悲剧诗行。

的。"类条件句(parasunēmmenon),如科利尼斯在其《辩证法的技艺》中所说,是这样一种命题,它由联结项"既然"(epei)联结起来,始于一个命题而终于一个命题。例如:"既然这是白天,那么这是亮的。"联结项表明"第二"由"第一"推出并且"第一"是真实存在的(huphestanai)。[72]合取句(to sumpeplegmenon)是由某个合取联结项构成的命题,例如"这是白天并且(kai)这是亮的"。析取句(to diezeugmenon)则是由析取联结项"或者"(ētoi)构成的命题,例如"或者这是白天或者这是晚上"。这一联结项表明其中一个命题为假。因果句是由"因为"联结起来的,例如"因为这是白天,那么这是亮的。"因为"第一"似乎是"第二"的原因。表达"甚于"(mallon...ē...)的比较命题是由表达"甚"(mallon)的联结项和介于命题之间的联结项"于"(ē)联结起来的,例如"这是白天甚于(说)这是夜晚"。[73]表达"不如"的比较命题(hētton...ē...)则与上述情况相反。例如"这是夜晚不如(说)这是白天"。①

再者,有些命题在真假方面是彼此矛盾的,其中一个是对另一个的否定,比如"这是白天"和"这不是白天"。条件句为真仅当其后件的矛盾命题(antikeimenon)与前件不相容(machetai),例如"如果这是白天,那么这是亮的"这一命题为真。因为其后件的矛盾命题"这不是亮的"与前件"这是白天"不相容。而条件句为假仅当其后件的矛盾命题与前件并非不相容(ou machetai),比如"如果这是白天,那么狄翁在走路"。因为"狄翁不走路"与"这是白天"并非不相容。

[74]"类条件句"为真仅当始于一个真的前件而终于一个由之推出的(akolouthon)后件,比如"既然这是白天,那么太阳在大地之上"。而"类条件句"为假仅当或始于一个假的前件,或终于一个并非由之推出的(mē eis akolouthon)后件,例如"既然这是晚上,那么狄翁在走路",如果这句话是在白天说的。真的因果句乃始于一个真的前件而终于一个由之推出的后件,但前件并非由后件推出,例如:"因为这是白天,那么这是亮的。"因为"这是亮的"由"这是白天"推出,但"这是白天"并非由"这是亮的"推出。假的因果句或始于一个假的前件,或终于一个并非由之推出的后件,或前件由后件推出,例如:"如果这是晚上,则狄翁在走路。"

[75]可信性命题(to pithanon)是一种引向赞同的命题,②例如:"如果某物生出某物,

---

① 比较命题译成汉语的一般句式是"A 比 B 更"(mallon A ē B),或"A 不比 B 更"(hētton A ē B)。这里为了兼顾文本和汉语表达习惯,译作"A 甚于 B"和"A 不如 B"。

② 可信的或有说服力的东西(to pithanon)在希腊哲学中一般指日常生活中的经验判断,也即作为一种行动准则或生活向导,引向一种或然性的赞同,但不具备逻辑推证的必然性。斯多亚派的认识论排斥这种或然性的可信之物,但怀疑派坚持这种东西在生活中的"准则"意义。

则某物就是某物的母亲。"但这一命题为假,因为鸟不是卵的母亲。

再者,一些命题是可能的,一些是不可能的;一些是必然的,一些是不必然的。可能的是那种可被承认为真的命题,如果外部条件与之为真不矛盾的话,如"狄奥克勒斯活着"。不可能的是那种不会被承认为真的命题,如"地球在飞"。必然的是那种既然为真就不会被承认为假的命题,或是那种可被承认为假,但外部条件与之为假相矛盾的命题,如"德性有益"。不必然的是那种既可为真同样也可为假的命题,仅当没有外部条件与之矛盾,如"狄翁在走路"。[76]合理的(eulogon)则是那种具有为真的机会更多(to pleionas aphormas)的命题,如"明天我将活着"。

命题中还有其他差别以及由真及假和由假及真的变化。有关这些东西我们在宽泛意义上予以说明。

如科利尼斯所说,一个论证(logos)是由大前提、小前提和结论组成的。如这样一个论证:"如果这是白天,那么这是亮的;这是白天;所以这是亮的。"大前提(lēmma)是"如果这是白天,那么这是亮的";小前提或附加前提(proslēpsis)是"这是白天";结论为"所以这是亮的"。形式(tropos)是某种论证的图式(schēma logou),例如"如果第一,那么第二;第一;所以第二。"

[77]论式(logotropos)则是论证与形式两者的结合,例如"如果柏拉图活着,那么柏拉图呼吸;第一;所以第二。"论式之所以被引入,是为了在组织较长的论证时,不再重述冗长的小前提和结论,而是尽可能简洁地达致结论:"第一;所以第二。"

论证中一些是无效的或推不出结论的(aperantoi),一些是有效的或是能推出结论的(perantikoi)。无效论证是那种其结论的矛盾式与其前提的结合(sumplokēi)并非不相容的论证,例如"如果这是白天,那么这是亮的;这是白天;所以狄翁在走路。"

[78]在有效论证中,有些是根据它们的"属"以同名方式都被称作"有效的",有些则被称作三段论的(sullogistikoi)①。三段论是那些不证自明的(anapodeiktoi),或被归于某个或某些不证自明的原理的有效论证,例如"如果狄翁在走路,则狄翁在运动;狄翁在走路;所以狄翁在运动。"特殊形式的有效论证是那些并非以三段论方式推出有效结论的论证,例如:"这是白天并且这是晚上为假;这是白天;所以这不是晚上。"不可推演的(asullogistoi)是那些在可信性上与三段论相似但结论却是无效的论证,例如:"如果狄翁是

---

① 三段论(sullogismos)这里指斯多亚派逻辑的五种"不证自明式"之一,或被分析为五种形式之一的论证。其形容词形式为sullogistikos,该词根据语境可译为"推理的""推演的""演绎的"等。根据Philoponus,漫步派和斯多亚派创立的三段论的术语体系不尽相同。参见B. Mate, *Stoic Logic*, University of California Press, 1953, p.135.

马,则狄翁是动物;但狄翁不是马;所以狄翁不是动物。"

[79]再者,一些论证是真的,一些是假的。真的论证是那些由真的前提推出有效结论的论证(hoi di'alēthōn sunagontes),例如:"如果德性有益,那么罪恶有害;而德性有益;所以罪恶有害。"假的论证是那些或具有某个假的前提,或推出的结论是无效的论证,例如:"如果这是白天,那么这是亮的;这是白天;所以狄翁活着。"再者,有一些论证是可能的和不可能的,必然的和不必然的。还有一些论证是不证自明的,因为它们不需要证明。对于它们不同人有不同看法,科律西波派认为有五种,由之构成所有论证。① 这些不证自明式被用于有效论证、三段论及各种形式(tropikōn)。

[80]第一不证自明式是那种其中整个论证由条件句和条件句所由之出发的前件构成,并推出后件的证明形式。例如:"如果第一,那么第二;第一;所以第二。"第二不证自明式是那种由条件句及其后件的矛盾命题得到其前件的矛盾命题这一结论的证明形式,例如:"如果这是白天,那么这是亮的;这不是亮的;所以这不是白天。"因为小前提来自后件的矛盾命题,结论则来自前件的矛盾命题。第三不证自明式是那种由合取句的否定式(apophatikēs sumplokēs)和一个合取肢推出其余合取肢的矛盾命题的论证形式,比如:"并非柏拉图既是死的又是活的;柏拉图是死的;所以柏拉图不是活的。"[81]第四不证自明式是那种由析取句和一个析取肢推出其余析取肢的矛盾命题的论证形式,例如:"或者第一或者第二;第一;所以不是第二。"第五不证自明式是那种其中整个论证由析取句和一个析取肢的矛盾命题构成,并推出其余析取肢的论证形式,例如:"或者这是白天或者这是晚上;这不是晚上;所以这是白天。"

按斯多亚派的观点,真由真推出(hepetai),正像"这是亮的"由"这是白天"推出;假由假推出,正像"这是黑的"由"这是晚上"推出;真由假推出,正如"地球存在"由"地球会飞"推出;但假不能由真推出,因为"地球会飞"不能由"地球存在"推出。②

[82]另外还有一些两难(aporoi)论证,如"面纱者辩""隐藏者辩""谷堆辩""有角者辩"和"无人者辩"。"面纱者辩"是这样一种论证[……]③"并非2为少而3不为少;也并非2或3为少而4不为少,由此直到10;但2为少,所以10也为少"。[……]"无人者辩"(outis)是由一个不定的和一个确定的联结项构成,并拥有小前提和结论的论证。例如:"如果有人(tis)在这里,则他不在罗德斯(Rhodes);有人在这里;所以并非有人在罗德

① 以下五种形式的不证自明式可对比 *M* 8. 224 - 226; *PH* 2. 157 - 158。
② 有关条件句的四种真值情况可对比 *M* 8. 113 - 117。
③ 此处文本缺失,其中包括下下述"谷堆辩"或"连锁推理"(soritai)的引导文字。

斯。"[……]

[83]这些就是斯多亚派在逻辑学领域所谈论的观点,其目的在于竭力强调智者永远是辩证法家。因为所有事物都要通过逻辑学的沉思来辨明,无论是物理学的论题,还是伦理学的论题。如果逻辑学家被认为应当谈论词项的正确使用,那他何以不应当谈论现实活动的正名问题(dietaxan oi nomoi epi tois ergois)?① 再者,有两种习惯用法被归于辩证法的德性之下,一是探究每种存在物是什么,一是探究它被称作什么。他们的逻辑学就是这些东西。

[84]他们把哲学的伦理学部分划分成有关内驱力、善与恶、感受、德性、目的、首要价值(tēs prōtēs axias)、行动、义务、进取与规避等论题。这就是科律西波派的人、阿卡德莫斯、塔尔索斯的芝诺、阿波罗多鲁斯、第欧根尼、安提帕特和波西多尼俄斯做出的二次划分。而作为较早的一代的喀提亚的芝诺和科莱安特,对这一对象并未细分,但对逻辑学和物理学的确做了进一步划分。

[85]他们说,动物的第一内驱力(hē prōtē hormē)在于自我保护,因为自然从一开始就使动物与自身亲近(oikeiousēs),正如科律西波在《论目的》第一卷中所说,那里他声称,对于所有动物,第一亲近之物是自身的构造(sustasis)和对这种构造的自我意识(suneidēsis)。因为自然似乎不可能使动物与自身疏离(allotriōsai),也不可能在创造动物时既不使其与自身疏离也不使其与自身亲近(oikeiōsai)。那么剩下不得不说,当形成动物时自然使其与自身亲近。因此,动物排斥有害之物,趋向亲近之物。②

他们表明,某些人所说的动物第一内驱力在于趋向快乐是错误的。[86]他们称,快乐,如果有的话,则是一种当自然本身寻求并找到与动物的构造相适宜的东西之后所产生的衍生物(epigennēma),正是以这种方式动物嬉戏欢愉、植物含苞待放。他们称,自然没有使植物与动物区分开来,因为在没有内驱力和感觉的情况下自然也会主导植物的生命,甚至在我们身上也会生成某些类似植物那样的过程。当在动物身上增添内驱力,并用之趋向亲近之物时,对它们来说,合乎自然(to kata phusin)就是由内驱力主导(to kata tēn hormēn dioikeisthai)。当理性作为一种更完善的向导被赋予理性动物,对它们而言,据于理性正当地生活即为合乎自然的东西。因为理性是驾驭内驱力的工匠。

---

① 本段文本意思模糊,学者们的断句和理解分歧也较大。

② oikeiōsai(名词形式 oikeiosis)有"亲近""熟悉""恰当""适宜"等意。这里我们根据文本统一译为"亲近",与"疏离"(allotriōsai)构成反义词。本段及其以下有关"第一内驱力"的记述可对照西塞罗《论目的》第三卷有关段落(*Fin* 3.16 – 17)。

[87]因此，芝诺在《论人的目的》一书中率先把目的称作与自然和谐一致地（homologoumenōs）生活，即合乎德性地（kat' aretēn）生活，因为自然引导我们通向德性。科莱安特在《论快乐》，波西多尼俄斯以及赫卡同在《论目的》中也是这样认为的。再者，如科律西波在《论目的》第一卷中所说，合乎德性地生活与根据自然所发生的经验生活①是等同的。因为我们的自然（本性）是整个宇宙的自然（本性）的一部分。[88]因此，目的是顺应自然（akolouthōs tēi phusei）生活，也即合乎自己的自然、合乎宇宙的自然，不做任何共同法律习惯上所禁止的事情，这种共同法律是正确的理性（orothos logos），它充斥于万物，等同于宙斯，这一主宰万物的统帅。这种东西本身构成幸福者的德性和生活的静好（euroian biou）②，仅当一切事情是根据每个人的精神（daimōn）与宇宙主宰者的意愿（boulēsis）相一致的原则做出的。因此，第欧根尼坦诚地表明，目的是一种在选择合乎自然之物过程中的深思熟虑（to eulogistein）。阿卡德莫斯则称，目的是践行一切义务（panta ta kathēkonta）的生活。

[89]科律西波把人们的生活所应当与之顺应的自然理解成既是宇宙共同的，也是专属人类的。但科莱安特认为，只有共同的而非特殊的自然才是人们所应当顺应的（akolouthein）。

他们认为德性是一种和谐一致的状态。它因自身而被选择，并非因某种恐惧或希望，或某种外在的东西而被选择。幸福系于德性，既然德性是一种使我们整个生命和谐一致的灵魂状态。理性动物有时会因外部对象的诱导而逆转（diastrephesthai），有时会因同伴的影响而逆转。但自然所赋予的本初（aphormē）是不会逆转的（adiastrophous）。

[90]一般说来，德性是一切事物的完成状态（teleiōsis），如雕像。再者一些德性是非思辨性的，如健康；一些是思辨性的（theōrēmatikē），如明辨（phronēsis）。因为赫卡同在《论德性》第一卷中说，那些由思辨之物（thōrēmatōn）构成的德性是知识性的（epistēmonikas）和思辨性的，如明辨和正义；而那些被认为从思辨之物所构成的德性延展出来的东西则是非思辨性的，如健康和力量。因为健康恰好是伴随并由作为思辨之物的节制延展出来（parekteinesthai）的东西，就像力量源自拱廊的构造。[91]它们之所以被称作非思辨性的，在于它们并不涉及灵魂的赞同（sugkatatheseis），而是后发的或次生的（epiginontai），甚至在蠢人那里也会发生，比如健康和勇敢。

波西多尼俄斯在其《伦理学》第一卷中表明，德性真实存在的证据在于苏格拉底、第

① 原文：kata empeirian tōn phusei sumbainontōn。
② 原意即"生活的平静流逝"，同样的表述也见于 PH 3.172；Ecl 2. 77. 20 – 21。

欧根尼和安提斯泰奈斯①及其追随者使德性得以改进(prokopē),而恶真实存在的证据在于它是德性的对立面。科律西波(在《论目的》第一卷)、科莱安特、波西多尼俄斯(在《劝勉篇》)以及赫卡同声称,它(我指的是德性)是可教的(didaktēn)。德性之可教,这点由坏人变好是显而易见的。②

[92]帕那爱修斯声称德性有两种,思辨的和实践的;其他人则把德性分成逻辑的、物理的和伦理的;波西多尼俄斯声称德性有四种,科莱安特、科律西波、安提帕特及其追随者甚至声称有许多种。而阿波罗法尼斯③声称只有一种德性,即明辨。

德性中一些是首要的,一些是从属的。首要的有明辨、勇敢、正义和节制。其中特殊形式有宽容、自制、忍耐、敏锐和慎思(euboulia)。明辨是一种有关善、恶以及不善不恶的东西的知识;勇敢是一种应当选择(aireteon)什么,应当规避什么,以及无所谓选择与规避的知识。[……][93]宽容(megalopsuchia)是一种使人超然于物外的知识或习性(hexis),不管是坏的还是好的一视同仁。自制是一种不僭越正当理由的态度,或是一种不屈从于快乐的习性。忍耐是一种坚持什么,不坚持什么,以及无所谓坚持与否的知识或习性。敏锐是一种能够迅速发现应为之举或义务(tou kathēkontos)的习性。慎思是一种如何考量做什么和怎样做以有利于我们的行动的知识。

同样,恶的东西中一些是首要的,一些是隶属它们的。如愚蠢、怯懦、不义和放纵是首要的恶,不自制、迟钝和缺乏慎思(kakoboulia)则是隶属性质的恶。恶是一种对构成其德性的知识的无知。

[94]善,一般说来是某种有益之物所由之产生的东西,特殊意义上它与有益相同或"无异于有益"(ouks heteron ōpheleias)。因此,德性本身和分有它的东西在三种意义上被说成是善的:一是有益之所出;一是有益之所依,如依据德性的行动;一是有益之所为,如分有德性的好人。④

另外,善在特殊意义上还被界定为:"理性之为理性其本性的完全实现。"⑤德性就是这样的东西,而德行(praxeis tas kat'aretēn)和好人则是对德性的分有,其衍生物(epigēnnmata)是愉悦、快乐以及类似的东西。[95]同样,恶当中一些是愚蠢、怯懦、不义,

---

① 这里指犬儒派安提斯泰奈斯(Antisthenes),参见 DL 7.19 注释。
② 本段表明中后期斯多亚派修正了芝诺的立场,主张德性"改进论",认为德性是可教的,有进步过程。
③ 阿波罗法尼斯(Apollophanes,活动于约公元前 250 年),斯多亚派哲人,生于安提奥克(Antioch),是开俄斯(Chios)的阿里斯同(Ariston)的密友,著有《阿里斯同》和《论自然哲学》。
④ 可与塞克斯都的文本比较,参见 *PH* 3.169–171 及 *M* 11.22–30。
⑤ 原文:to teleion kata phusin logikou ōs logikou。

等等,而恶行和坏人则是对恶的分有,其衍生物是沮丧和焦虑以及类似的东西。

再者,善的东西中一些是关乎灵魂的,一些是涉及外部对象的,还有一些既不是关乎灵魂的,也不是涉及外部对象的。关乎灵魂的善是德性和德行;涉及外部对象的善是拥有优良的城邦和善良的朋友及其福祉;既非涉及外部对象,又非关乎灵魂的善是对某人自身而言的好的和幸福的东西。[96]同样,恶的东西中一些是关乎灵魂的,即恶和恶行;另一些是涉及外部对象的,如具有昏庸之邦和愚蠢之友以及此类的不幸;还有一些既不是涉及外部对象的,也不是关乎灵魂的,即对某人自身而言的坏的和不幸的东西。

再者,善的东西中一些是目的性的(telika),一些是工具性的或创制性的(poiētika),还有一些既是目的性的又是工具性的。朋友以及由之带来的有益是工具性的善;胆识、自信(phronēma)、自由(eleutheria)、愉快、喜悦、无痛以及所有德行都是目的性的善。

[97]德性既是工具性的善也是目的性的善。就其使幸福得以实现而言,它是工具性的善;就其充斥于(sumplērousin)幸福以至成为幸福的一部分而言,它是目的性的善。同样,恶的东西中一些是目的性的,一些是工具性的,一些则两者兼具。敌人和来自敌人的伤害是工具性的恶;惊恐、低沉、奴役(douleia)、不快、沮丧、悲痛以及所有不好的活动都是目的性的恶。而两者兼具的恶在于,就其造成不幸而言,是工具性的;就其充斥不幸之中以至成为不幸的一部分而言,则是目的性的。

[98]在关乎灵魂的善当中,一些是习性(hexeis),另一些是状态(diatheseis),一些既非习性又非状态。德性是状态,秉持(epitēdeuma)是习性,活动(energeiai)则既非习性也非状态。一般说来,有些善是混合的(mikta),如拥有优秀的子女和安逸的晚年,而知识则是单一的(haploun)善。有些善是永久性的(aei),如德性,一些则是非永久性的,如愉悦和散步。

一切善是便利的、必需的、有利的、有用的、实效的、美好的、有益的、值得选择的和公正的。[99]便利的(sumpheron)在于它带来这样一些东西以至当它们发生时我们可以受益;必需的(deon)在于它使我们专注于应为之事;有利的(luoiteles)在于投桃报李,乃至所得到的回报超过付出;有用的(chrēsimon)在于它使有益得以使用;实效的(euchrēston)在于它创造令人称赞的实用性;美好的(kalon)在于其自我使用是和谐一致的;有益的(ōphelimon)在于它是一种可使人受益(ōphelein)的东西;值得选择的(haireton)在于它是这样一种东西以至有充分理由对它做出选择;公正的(dikaion)在于它与法律和谐一致并能创生公众交往(koinōnias poiētikon)。

[100]他们称至善(teleion agathon)为美,因为它具备自然所需求的一切特征,或具有

完美的和谐性(summetron)。美的形式有四种:正义的、勇敢的、有序的(kosmion)和知识的(epistēmonikon),因为美的行动(kalas praxeis)正是在这些形式之下完成的。同样,丑的形式也有四种:不义的、怯懦的、无序的和愚蠢的。美,在独一无二的意义上,意味着让拥有者值得赞美,或简单说来是一种值得赞美的善;另外,美意味着一种与其自身活动相适的自然倾向;再者,美还意味着一种美化或赞誉(to epikosmoun),正像当我们说,只有智者是善的和美的。

[101]他们称只有美是善的,如赫卡同在《论善》第三卷以及科律西波在《论美》一书所说。这是德性及其对德性的分有,等于说,所有的善是美的,善实际上等同于(to isodunamein)美,是同一种东西。"既然这是善的,那么这是美的;这是美的;所以这是善的。"他们认为一切善都是相等的(isa),一切善都是绝对(ep'akron)值得选择的,不承认善有程度的宽与严。① 他们说,存在物中一些是善的,一些是恶的,一些既不是善的也不是恶的。

[102]德性,如明辨、正义、勇敢、节制等是善的,其对立者,如愚蠢、不义等是恶的。那些不善不恶的是既非有益也非有害的东西,如生命、健康、快乐、漂亮、有力、财富、美誉、高贵,以及其相反者,如死亡、疾病、痛苦、丑陋、虚弱、贫穷、恶名、低贱等类似的东西,正像赫卡同在《论目的》第七卷,阿波罗多鲁斯在《伦理学》以及科律西波所言。因为他们称这些东西本身并不是善的,而是"无差别的"(adiaphora),归属"倾向选择之物"(proēgmena)。[103]因为,正如热的特性在于产生热而不是冷,因此善的特性在于有益而不是有害;但财富和健康并非有益多于有害;所以,财富和健康不是善的。再者他们还说,既可能用好也可能用不好的东西本身不是善的;财富和健康可能用好也可能用不好;所以,财富和健康不是善的。然而,波西多尼俄斯声称这些东西也属于善的范畴。但赫卡同在《论善》第九卷以及科律西波在《论快乐》中声称,快乐不是善的。因为存在着可耻的快乐,但没有任何可耻的东西是善的。[104]有益是合乎德性的行(kinein)与止(ischein),有害是据于邪恶的行与止。②

"无差别的"(adiaphora)一词有两个意思。一是指无助于幸福和不幸的东西,像财富、名誉、健康、有力及类似的东西。因为没有这些东西也可能过得幸福,如果幸福或不幸

---

① 本段表明斯多亚派的善恶观,即一善俱善,一恶俱恶,所有善或所有恶都是绝对相等的,善或恶无程度上的差异。有关恶无程度差异,参见 DL 7. 120。

② 可对照西塞罗的记载:"我赞同第欧根尼把善定义为本性上完善的东西(natura absolutum)。随之他还把'有益'(prodessert,我们用这个词对译希腊语 ōphelēma)定义为合乎本性上完善的东西的行(motum)与止(statum)。"(参见 Fin 3. 33)。

在于如何使用这些东西的话。另外，那些既不产生趋向性（hormēs）也不产生排斥性（aphormēs）的东西也被称作"无差别的"，如头发是奇数或偶数，伸直或弯曲手指，因此上述第一类东西就不能在这个意义上被称作"无差别的"，因为它是可以产生趋向性和排斥性的。[105]这就是为什么它们当中一些是可取的（eklegetai），一些是不可取的，而一些对于选择和规避来说是等同的。

"无差别之物"当中，一些被称为"倾向选择的"（proēgmena），一些被称为"避免选择的"（apoproēgmena）。①"倾向选择的"是那些有价值的东西（ta echonta axian），"避免选择的"则是那些无价值的东西。首先，他们把某些有助于和谐的生活，也即关涉一切善的东西称为"价值"（axia）；其次，他们把某些有助于合乎自然的生活的能力（dunamis）或用处（chreia）称为"价值"，等于指"财富或健康为合乎自然的生活所带来的价值"；再者，"价值"还是估价者的"价值"，是由熟悉交易的行家所设定的，就像说小麦可以换一倍半的大麦。

[106]"倾向选择之物"是那些有价值的东西，如关乎灵魂的东西，天分、技艺、上进，等等；涉及肉体的东西，生命、健康、有力、良习、健全、漂亮以及类似的东西；涉及身外之物，如财富、名誉、高贵，等等。"避免选择之物"，如有关灵魂方面，无天分、无技艺，等等；有关肉体方面，死亡、疾病、虚弱、恶习、残缺、丑陋以及类似的东西；有关身外之物，贫穷、恶名、低贱，等等。两者都不属于的东西则既非"倾向选择的"，也非"避免选择的"。

[107]再者，"倾向选择之物"一些是因自身而倾向选择的，一些是因他者而倾向选择的，一些是既因自身又因他者而倾向选择的。因自身，如天分、上进，等等；因他者，如财富、高贵，等等；既因自身又因他者，如有力、敏感（euaisthēsia）、健全。因自身，在于它是合乎自然的；因他者，在于它保证一定的使用价值。基于相反的理由，"避免选择之物"也同样适应于这种分析。

他们称"义务"（to kathēkon）②是那种一旦践行就获得正当理由（eulogon）辩护的活动，正如生命中的融贯一致性（to akolouthon），这种现象也延展到植物与动物，因为义务也会在这些东西中被观察到。

---

① 关于"无差别之物"的解读可对照塞克斯都文本，见 *M* 11. 59 – 67。

② 关于斯多亚派的义务观，西塞罗在《论目的》中做了比较详细的解释（参见 *Fin* 3. 20 – 25）。按西塞罗，斯多亚派讲的"义务"或"应为之举"乃发乎自然的驱迫，意在达致与自然的融贯一致，似乎是自然所赋予和规定的先于德性而发生的某种"角色"活动，"就像演员和舞者并非被任意安排一种表演和舞蹈而是一种确定的角色"。但义务活动并非意味着一定能达致这一目的，也即实现最高的善或德性，除非认识到德性没有任何数量的变化，而是一种绝对价值："德性的这种价值是特殊的，它意味着形式（genere）而非程度（crescendo）"，因此达致这一目的就像朝某个目标射箭一样，或许是可遇（seligendum）而不可求的（non expetendum）。

[108]"义务"一词是由芝诺首次以这种方式命名的,它源自短语"kata tinas hēkein",①是一种与自然的安排(kata phusin kataskeuais)相适宜的(oikeion)活动本身。在基于内驱力的活动当中,一些是义务的,一些是有悖于义务的,一些既不是义务的也不是有悖于义务的。

义务活动是那些理性责成(hairei)我们去做的事情,正如尊敬父母、兄弟和城邦,与朋友共处;有悖于义务的活动是那些理性禁止我们去做的事情,比如忽视父母、漠视兄弟、与朋友不和、无视城邦以及此类的事情。[109]既非义务的也非有悖于义务的活动是那些理性既不责成我们去做也不禁止我们去做的事情,比如捡起木棍、手持书写工具或刮刀等。

有些义务活动是无条件的,有些是受条件制约的。无条件的,比如关心健康和感官以及类似的事情;基于条件的,包括自我伤害和放弃财产。有悖于义务的活动同样如此。义务活动中,一些永远属于义务(aei kathēkei),一些则并非永远属于义务。合乎德性地活着永远属于义务,而提问、回答、散步等并非永远属于义务,对于有悖于义务的活动则理由相同。[110]还有某种中间状态的义务,如儿童应服从侍者(tois paidagōgois)。

他们声称灵魂有八个部分:五种感觉、语言部分、思想部分(也即心智本身)以及生殖部分。来自虚假的东西导致心智发生扭曲或逆转(tēn diastrophēn),由之激发诸多情感,构成不稳定的原因。按芝诺,情感(pathos)是非理性的和有悖自然的灵魂运动,或是过度的冲动(hormē pleonazousa)。

据赫卡同在《论情感》第二卷以及芝诺在《论情感》中所说,有四种最高形式的情感:痛苦、恐惧、欲望和快乐。[111]他们认为情感是一种判断(kriseis),如科律西波在《论情感》中所言。因为爱财是一种关于钱是好东西的假设,酗酒、奢靡等也是如此。

痛苦(lupē)是一种非理性的紧张感(sustolē)。其种类包括怜悯、羡慕、嫉妒、好胜、沮丧、烦恼、忧伤、悲痛、焦躁。怜悯(eleos)是对蒙冤者所怀有的痛苦,羡慕(phthonos)是一种因他人有好东西而感到的痛苦,嫉妒(zēlos)是一种因他人手里有自己想要的东西而感到的痛苦,好胜(zelotupia)是一种因他人手里也有自己所拥有的东西而感到的痛苦,[112]沮丧(achthos)是一种心情沉重的痛苦,烦恼(enochlēsis)是一种心绪淤积、缺少空间的痛苦,忧伤(ania)是一种因忧思而产生的绵绵不绝或与日俱增的痛苦,悲痛(odune)是一种肝肠寸断(epiponon)的痛苦,焦躁(sugchusis)是一种心烦意乱(apoknaiousan)、有碍

---

① 即"落到某人身上""达乎某人""切近于某人"等意。

我们整体思考当下情形的非理性的痛苦。

恐惧（phobos）是对坏东西的预期（prosdokia）。以下这些情感可归于恐惧之下：惧怕、畏缩、羞耻、惊诧、惊吓、恐怖。惧怕（deima）是对产生恐惧的恐惧，羞耻（aischunē）是对坏名声的恐惧，畏缩（oknos）是对将来行动的恐惧，惊诧（ekplēxis）是由非常见之物的表象引发的恐惧，［113］惊吓（thorubos）是伴随突如其来的声音产生的恐惧，恐怖（agonia）［是对不明之物的恐惧］。

欲望（epithumia）是一种非理性的冲动（orexis），以下这些东西可归于其名下：渴求、憎恶、好斗、愤怒、爱欲、怨恨、生气。渴求（spanis）是某种受挫的欲望，尽管与对象分离，但为之所吸引，劳而无功地竭力追逐；憎恶（misos）是一种愿某人过得不好的与日俱增的欲望；好斗（philoneikia）是一种涉及门派之见的（peri haireseōs）欲望；愤怒是对那个被认为实施不当的伤害行为的人采取报复的欲望；爱欲（erōs）是某种绝不会涉及有德之人的欲望，因为它是由漂亮的外表赢得爱的关系的欲念；［114］怨恨是一种积怨已久、敌意满腹的愤怒，它等待着爆发的时机，这点有诗表明：①

> 即使一天咽下怒气（cholon），
>
> 来日也会满腔怨恨（koton），直到有个了结。

生气（thumos）是开始阶段的愤怒。

快乐（hedonē）是对某个被认为值得选择的东西的非理性的喜爱，归于其下的是沉迷、幸灾乐祸、愉悦、欢快。沉迷（kēlēsis）是耳目之乐；幸灾乐祸（epichairekakia）是以他人之不幸为乐；愉悦（terpsis）如"转换"（trepsis）②，是灵魂向放松状态的转换；欢快（diachusis）是一种德性的释放（analusis）。

［115］正像一些孱弱被说成是肉体上的，如痛风和关节炎，同样灵魂上也有好虚名（philodoxia）、图快乐（philēdonia）以及类似的孱弱。因为孱弱（arrōstēma）是一种与无力相伴的疾病（nosēma），而疾病是对某个被认为值得选择的东西的强烈欲念。再者，正像肉体被称作一些易发病症，如伤风和腹泻，同样灵魂也有一些易发病症，如嫉妒、怜悯、争斗以及此类的东西。

［116］他们说有三种"好的情感"（eupatheia）：喜悦、敬畏和愿望。他们称喜悦

---

① *Iliad*, 1. 81 - 82。

② 这里是借用两个拼写高度相似的词汇，穿凿附会。

（chara）是与快乐相对的，因为它是合理的喜爱；敬畏（eulabeia）是与恐惧相对的，因为它是合理的规避。智者绝不会恐惧，但他会敬畏。他们说愿望（boulēsis）是与欲望相对的，因为它是合理的冲动。正像一些情感归于首要的情感之下，同样，一些"好的情感"也归于首要的"好的情感"之下。归于愿望之下的是善意、善良、敬意、爱意；归于敬畏之下的是尊敬、纯洁；归于喜悦之下的是愉悦、高兴、欢乐。

［117］他们说智者是无情的（apathē），因为他不会身陷其中。而在另一种意义上，即在麻木不仁（sklēros）、冥顽不化（ategktos）的意义上，愚者也可以被说成是无情的。智者是不自负的（atuphon），因为他对好名声和坏名声一视同仁。还有一种不自负，可以被归为浑浑噩噩（eikaios）之类，这是愚者的特征。他们称一切有德之人是"苦行的"（austēron），不仅自己不与快乐为友（homilein），也不容忍他人做这种事情。该词还有另一种意思，即那种用于治疗而不是用来喝的酒被称作"苦的"。①

［118］有德者通过种种躲避邪恶、彰显真实的善的手段，忠诚于自己的德业并守护着。他们无造作之态（aplastous），因为他们在腔调和外表上剥去了伪饰。他们无庸碌之举（apragmonas），因为他们避免做任何有悖于义务的事情。他们会畅饮，但不会酩酊大醉。他们不会疯狂，尽管有时会因黑色胆汁过多或因谵妄而形成一些异常的表象，这些东西并非合乎选择的理由，而是与自然相悖。智者不会感到痛苦，因为痛苦是灵魂的非理性的紧张状态，正如阿波罗多鲁斯在《伦理学》一书中所说。

［119］他们是神性的（theious），因为他们自身具有某种像神一样的东西（oionei theon）。愚者则是非神性的（atheon）。"非神性"有两个意思，一是与神相对，一是蔑视（exouthenētikon）神性，而这个意思并非涉及所有愚者。有德者是敬神的，因为他们具备有关神的礼法的经验，而虔敬则是供奉神的知识。再者，他们会向神献祭，保持圣洁，以免冒犯神。神赞赏他们，因为他们是神圣的，对神是公正的。只有智者是祭司，因为他们研究献祭、建庙、净化以及其他适合于神的事情。

［120］他们认为，继神之后第二位的是应尊敬父母和兄弟。他们说爱抚子女对智者是自然的，对愚者则并非如此。他们相信罪过是相等的（isa），正如科律西波在其《伦理学研究》第四卷以及波萨伊俄斯和芝诺所说。因为如果一个真理不比另一个真理更是真理，则一个错误也不比另一个错误更是错误；同样，一个欺骗不比另一个欺骗更是欺骗，一个罪过不比另一个罪过更是罪过。因为正像一个距离卡诺普斯（Canopus）100 斯泰底

① "austēron"一词兼有"苦的""苦行的""严厉的""朴素的"等意。

(stadion)的人和一个距其 1 斯泰底的人同样都不在卡诺普斯,因此一个罪过大点的人和小点的人同样都不在正确的路上。① [121]但塔尔索斯的赫拉克利德斯,即塔尔索斯的安提帕特的一个门生和阿泰诺多洛斯声称罪过不是相等的。

他们声称,如无阻碍智者将参加城邦生活(politeusesthai),如科律西波在其《论生活》第一卷所言,因为他将抑制罪过、砥砺德性。他会结婚生子,如芝诺在《国家篇》所说。② 智者不持有意见,也即不会赞同任何错误的东西。他会过犬儒的生活,因为犬儒学说是通向德性的捷径,正像阿波罗多鲁斯在其《伦理学》中所说。在一定条件下他会吃人肉。只有智者是自由人,愚者是奴隶,因为自由(eleutheria)是一种行动自主权(exousia autopragias),被奴役(douleia)是行动自主权的丧失。[122]还有一种被奴役是从属关系上的(en hupotaxei),第三种则既是财产关系上的(en ktēsei),也是从属关系上的,与之相对立的是主人的权力(despoteia),这也是恶的东西。智者不仅是自由人,而且是王者(basileas)。王治是一种不需要做任何解释的绝对统治,只有智者能执掌维系,正像科律西波在《论芝诺的精准用词》一书中所说。他说,统治者必须认识善恶之物,没有任何愚者可以获得这些东西的知识。同样,只有智者能做执政官、法官和演说家,没有任何愚者可以胜任。再者,智者是无过错的(anamartētous),因为他们不会犯错。[123]智者是无伤害性的(ablabeis),因为他们既不会伤害别人也不会伤害自己。他们是无同情心的(eleēmonas),不会原谅任何人。他们永不放宽法律规定的惩罚,因为妥协、怜悯和公平本身是灵魂的卑微软弱,试图假装(prospoioumenēs)善良以替代惩罚。他们从来不会认为惩罚过于严酷。再者,智者不会对那些被认为匪夷所思的事情(paradoxōn)③感到吃惊,如卡戎(Charon)的独木舟④、潮起潮落、地热温泉、火焰喷发。他们还说,有德者不会离群索居,因为他本性上是交往的(koinōnikos)和实践的(praktikos)。为了身体的忍耐力他也会接受锻炼。

[124]他们说智者会祈祷,会向神祈求好的东西,正如波西多尼俄斯在《论义务》第一卷以及赫卡同在《论奇迹》第三卷中所说。他们称友爱只存在于有德者之间,因为其本性

① 本段"一切罪过都是相等的"同前面提到的"一切善都是相等的"(DL 7. 101),清楚地表明了早期斯多亚派不承认善恶有程度差异的绝对价值观。
② 早期斯多亚派的国家观,绝非柏拉图所鼓噪的逻各斯与政治的结合体。"城邦"已不是一个政治概念,而是基于自然律法所构想的"智者"共同体,表达了一种反城邦教化的世界主义理想,这种理想无疑深受犬儒派的影响。有关早期斯多亚派的国家观的记述另参见 PH 3. 245–248。
③ paradoxos 一词在构词意义上指"有悖于观念的"(para+doxos),因此有"悖论的""奇怪的""奇迹的"等意。
④ 卡戎是希腊神话中地府哈德斯(Hades)的摆渡人,专门运送亡灵渡过冥河斯提克斯(Styx)。

相近。他们称友爱是一种生活必需品的共享(koinōnian),因为我们待友如待己。① 他们表明,朋友是因其自身的原因而被选择的,朋友多是好事。愚者中不存在友爱,愚者无友。所有愚蠢的人都是疯狂的,因为他们不是明智的,而是在等同于愚蠢的疯狂状态下做一切事情。

[125]智者善为一切,正如我们说伊丝美尼亚(Ismenias)善奏各色笛音。万物皆备于智者(tōn sophōn de panta einai),因为法律赋予他们绝对的权威性(exousia)。但有些东西被说成在于愚者,正像有些事情被说成在于不公正者。在一种意义上我们说它们在于城邦,在另一种意义上说它们在于使用者。

他们说德性相互继随或互为融贯(antakolouthein allēais),具其一者则具其所有,因其原理(theōrēmata)是共通的(koina),正如科律西波在《论德性》第一卷,阿波罗多鲁斯在《早期物理学家》以及赫卡同在《论德性》第一卷中所说。② [126]有德者既能思辨(theōrētikon)也能践行(praktikon)应为之事。而应为之事就是应选择的、应坚持的、应恪守的和应合理分配的事。因此,如果一个人通过选择做某件事,持之以恒地做某件事,以合理的分配方式做某件事,恪守原则地做某件事,那么他就是明辨的、勇敢的、正义的和节制的。每种德性可被概括为有关自己的某个专属论题,如勇敢关乎应当坚持的东西,明辨关乎应当做的和不应当做的,以及既非应当做的也非不应当做的事情。同样,其他德性也关乎自己的恰当论题。审慎和参悟(sunesis)与明辨相随,律己和秩序则与节制相随,平等和正直与正义相随,坚定和气魄与勇敢相随。

[127]他们相信在德性与罪恶之间没有任何中间状态,而漫步派声称在德性与罪恶之间存在着德业的改进(prokopē)。因为斯多亚派说,正像一根木棍要么是直的要么是弯的,因此一个人必须或是正义的或是不正义的,不存在较正义的和较不正义的,其他德性同样如此。科律西波主张德性是可丢失的,而科莱安特认为是不可丢失的。可丢失的,是因为醉酒和黑色胆汁过多;不可丢失的,是因为确凿可靠的理解(dia bebaious katalēpseis),德性是因自身而被选择的。无论如何我们羞于恶行,好像我们认识到只有美才是善的。德性对于幸福是自足的,正如芝诺以及科律西波在《论德性》第一卷,赫卡同在《论善》第二卷中所说。[128]他说:"如果高尚(megalopsuchia)能使我们超越一切,而高尚是德性的一部分,那么德性对于幸福就是自足的(autarkēs),因为它蔑视一切似乎令

---

① 这里表明斯多亚派主张财产共有。
② 斯多亚派的"德性继随原理",也即一善俱善、一恶俱恶,是对善恶无大小的绝对价值观的解释。

人烦恼的东西。"而帕那爱修斯和波西多尼俄斯说德性不是自足的,称健康、生计、力量也是需要的。

他们认为德性永远处在使用中(dia pantas chrēsthai tēi aretēi),正如科莱安特门派的人所说。因为德性是不会丢失的,有德者无时不在使用处于完美状态下的(ousēi teleiai)灵魂。按科律西波在《论美》一书中所说,正义是本性上的(phusei)而非习惯上的(thesei),法律和正确的理性也是如此。[129]他们认为不应因为观念的分歧而放弃哲学,因为以此为由就会弃绝整个生活,①如波西多尼俄斯在《劝勉篇》中所说。科律西波称基础课业(ta egkuklia mathemata)②是有用的。

再者,他们认为我们与其他动物之间不存在正义问题,因为两者无相似性,如科律西波在《论正义》第一卷以及波西多尼俄斯在《论义务》第一卷中所说。智者会爱上那种由外貌表现出在德性上具有良好禀赋的年轻人,如芝诺在《国家篇》,科律西波在《论生活》第一卷以及阿波罗多洛斯在《伦理学》中所说。[130]爱欲是因美貌而试图结交的冲动,其目的并非在于性爱(sunousias)而是友爱(philias)。他们说忒拉索尼德斯③尽管具有支配所爱之人的权力,但他还是因为她的憎恨而不得不放手。因此爱欲(erōta)即友爱(philias),如科律西波在《论爱欲》中所言,它是不受谴责的(theopempton)。他们称青春之美乃德性之花。

有三种生活,思辨的(theōrētikos)、实践的(praktikos)和理性的(logikos),他们称第三种是值得选择的。因为理性动物是为了思辨和行动被自然有目的地(epitēdes)生成的。他们说智者会出于充足理由(eulogōs)结束自己的生命(exaxein heauton tou biou),或为祖国和朋友,或如果面对极度痛苦、肢体残害或不治之症。

[131]他们认为在智者中妻子应是共有的,因此任何男人可以同任何女人发生关系,如芝诺在《国家篇》以及科律西波在《论国家》中所说,犬儒派的第欧根尼和柏拉图也是这样说的。我们会像父亲那样对所有孩子给予同等的父爱,就会消除对通奸的渴求。最好

---

① 本句显然是针对怀疑派而言的。因为怀疑派试图通过"分歧"这一论式,也即通过建立对立命题之间理据的等效性而否弃哲学。斯多亚派认为否弃哲学意味着否弃整个生活。但怀疑派认为生活恰恰在于否弃各色独断哲学,否弃哲学意味着切断逻各斯与幸福之间虚设的天然联系,意味着跟随现象(phainomenon),守护常识(prolēpsis)。怀疑派认为"不持有任何信念地(adoxastōs)活着"不仅是可能的,而且是幸福与宁静的唯一含义。怀疑论的目的正是在观念上不受烦扰,在不可避免的事情上保持节制(PH 1. 23–24;30)。
② 即希腊化时代的"普通教育科目"(enkuklios paideia),罗马人称之为"自由科目"(Disciplinarum Libri),包含七门,又称"自由七艺"。参见 M. L. Clarke, Higher education in the ancient world (Routledge, 2012), p.2.
③ 忒拉索尼德斯(Thrasonides),米南德(Menander)戏剧残篇中的一位士兵,他爱上了战争中被俘的女奴,但女奴认为他杀死了自己的兄弟,拒绝了他的恩惠,最终从他那里获得自由。

的政制是由民主制、王制和寡头制构成的混合形式。

这些就是他们在其伦理学原理中所讲述的。不限于此,其中还伴有合适的证明,对这些东西我们已做出简要和基本的论述。

[132]他们把物理学的论述划分成以下几个论题:物体、本原、元素、神、限、位置和虚空。这是特殊划分,一般划分可归为三个论题:宇宙、元素和原因。

他们说有关宇宙的论题可划分成两部分。一个部分也为数学家所共同研究,在这一部分中他们探究恒星和行星,如太阳是否像它显得的那样大,月亮是否也是如此,还探究宇宙运行以及此类问题。[133]另一部分仅属于物理学家,从中他们探究宇宙的本体(ousia)是什么,宇宙是生成的还是非生成的,是有生命的(empsuchos)还是无生命的,是有死的还是不死的,是否为神意(pronoiai)所主宰以及其他问题。原因论也分成两个领域。一个领域为医学研究所共有,从中研究灵魂的中枢(hēgemonikon)、灵魂中发生的东西、种子以及类似之物。另一个领域数学家也声称从事研究,比如我们如何看,镜子里的表象的原因是什么,云、雷、虹、晕、彗星等是如何形成的。

[134]他们相信万物的本原有两个,主动者(to poioun)和被动者(to paschon)。被动者是无规定性的本体(ousia),即质料(hulē),主动者是内在于质料的理据或逻各斯(logos),也就是神。因为它是永恒的,通过贯穿所有质料创造(dēmiourgein)每种事物。喀提亚的芝诺在《论本体》,科莱安特在《论不可分割之物》,科律西波在《物理学》第一卷的结尾,阿卡德莫斯在《论元素》,波西多尼俄斯在《物理学论证》第二卷中都提出这个原理。他们声称,本原(archē)和元素(stoicheia)存在着差别,因为前者是不生不灭的,元素则在"宇宙大火"中(kata tēn ekpurōsin)毁灭。再者,本原是非物体性的、无形状的,而元素则是有形状的。

[135]正如阿波罗多鲁斯在其《物理学》中所说,物体(sōma)有三个向度:长、宽、高,它也被称为固体(stereon sōma)。面是物体的限(peras),或是只有长和宽而没有高的东西。波西多尼俄斯在《论天象》第三卷说,这个东西既是概念上的(kat'epinoian)也是实在的(kath'hupostasin)。线是面的限,或是无宽之长,或是只有长的东西。点是线的限,是最小的记号(sēmeion)。

神(theos)、心灵(nous)、命运(heimarmenē)是同一种东西,尽管被冠以许多不同的名称。[136]太初(kat'archas),神凭自身把整个本体(ousia)从气变成水。正像种子(sperma)被包裹在繁衍生息的母体(en tēi gunēi),因此,作为宇宙生殖力的(spermatikon)理性原则或逻各斯也处于这样的湿润状态(en tōi hugrōi),以便使质料活动自如(euergon),易于后续的系列生成。因此，首先生出了四种元素：火、水、气、土。芝诺在《论宇宙》，科律西波在《物理学》第一卷，阿卡德莫斯在一部《论元素》的书中均讲述了这一点。

元素是生成物最初由之生成，最后解体而复归于它的东西。[137]四元素一起构成无规定性的本体(ousia)或质料。火为热，水为湿，气为冷，土为干。而同样的部分也存在于气中。① 火在最高处，被称为"以太"(aithera)，在这种东西中首先生成恒星的表层，然后生成行星的表层。火之后是气，再之后是水，作为万物之基的土，则居于所有东西的中心。

"宇宙"(cosmos)一词有三个意思。一是神本身，即源于整个本体的特殊规定性(ton ek hapasēs ousias idiōs poion)；他是不生不灭的，作为宇宙秩序的创造者或巨匠(dēmiourgos)，他按规定的时间周期把整个本体纳入自身(analiskōn eis heaouton)，然后再次由自身生成。[138]再者，他们还把星辰的有序安排本身称作宇宙。宇宙的第三个意思是前两个的结合。另外，宇宙是整个本体的特殊规定性，或用波西多尼俄斯在其《天象学基础》中的话来说，是由天、地及其内在本性所构成的体系(sustēma)，或是由神、人以及所有因之而生的东西所构成的体系。天是最外边的圆周，里面住着所有神明。

宇宙为心灵和神意所支配，正如科律西波在《论天意》第五卷以及波西多尼俄斯在《论神》第三卷所说，心灵充斥于宇宙的所有部分，犹如灵魂充斥于我们周身，但有的部分多些有的部分少些。[139]它一方面作为张力(hexis)充斥于(kechōrēken)某些部分，如充斥于骨和腱，另一方面作为心智充斥于某些部分，如充斥于中枢。同样，既然整个宇宙是一种有灵魂的和理性的生命体，它也把"以太"作为中枢，如推罗的安提帕特在《论宇宙》第八章中所说。科律西波在《论神意》第一卷以及波西多尼俄斯在《论神》中说天是宇宙的中枢，而科莱安特说太阳是中枢。但科律西波在同一著作中给出较为不同的解释，他说正是"以太"最纯粹的部分，即被他们称作第一位的神，就像充斥于气中之物那样，以可感的方式(aisthētikōs)充斥于所有动物和植物，而以张力的方式(kath'hexin)充斥于土本身。

[140]他们称宇宙是"一"和有限的，具有球面形状，因为这种形状最适合运动，正如波西多尼俄斯在《自然论》第五卷以及安提帕特学派在关于宇宙的著述中所说。宇宙之外四处弥漫着无限的虚空，一种无形之物。无形之物(asōmaton)是那种能被有形物占据但未被占据的东西。宇宙之内没有虚空，而是完全结为一体的(henōsthai)。因为这是天

① 本句的意思比较模糊。"相同的部分"或"同样的部分"(to auto meros)究竟指什么？是指其他三种元素的性质，还是指某一种元素的性质存在于气中？如 R. D. Hicks 的 Loeb 译本和 P. Mensch 的牛津译本，理解成指最后一种元素的性质，即"干"，又如 S. White 的剑桥译本注解为"火"，这些似乎都比较勉强。这里我们照字面意思翻译。

地万物间息息相通(sumpnoia)、紧密相连(suntonia)的必然结果。科律西波在《论虚空》和《自然的技艺》第一卷谈到虚空,阿波罗法尼斯在《物理学》,阿波罗多鲁斯以及波西多尼俄斯在《自然论》第二卷也有论及。此类东西同样都是无形的。①

[141]再者,时间作为一种宇宙运动的间隔也是无形的。过去和未来的时间是无限的,现在的时间是有限的。基于感性认识的论证,他们相信宇宙是可毁灭的,既然它是生成的:凡部分是可毁灭的东西,则整体也是可毁灭的;而宇宙的部分可毁灭的,因为它们相互转化;所以宇宙是可毁灭的。再者,如果某物会变坏,则它是可毁灭的;而宇宙会这样,因为它既会干旱无雨,也会洪水泛滥。

[142]当本体(ousia)由火经过气而转化为水,宇宙便得以生成。然后其粗糙的部分结而成土,其精细的部分化而为气(exaerōthēi),当进一步细化便生成火。基于这些元素的混合,生成植物、动物和其他种类的东西。芝诺在《论万物》(*Peri holou*),科律西波在《物理学》第一卷,波西多尼俄斯在《论宇宙》第一卷,科莱安特以及安提帕特在《论宇宙》第十卷中都谈到宇宙的生成和毁灭。但帕那爱修斯宣称宇宙是不灭的。

宇宙是一种生命物,是有理性的、有灵魂的和有思想的,这点科律西波在《论神意》第一卷,阿波罗多鲁斯在《物理学》以及波西多尼俄斯都有提及。[143]它所以是一种生命物,在于它是一种能感觉、有灵魂的存在。因为生命物比非生命物更好;而没有任何东西比宇宙更好;所以,宇宙是生命物。它是有灵魂的,因为就我们每个人的灵魂是它的一个碎片(apospasmatos)而言,这是显而易见的。但波爱修说宇宙不是一种生命物。芝诺在《论宇宙》第一卷说宇宙是"一",科律西波和阿波罗多鲁斯在《物理学》、波西多尼俄斯在《自然论》第一卷中也是这样说的。正如阿波罗多鲁斯所说,"万有"(to pan)被称为宇宙,或在另一种意义上被说成是由宇宙和外部虚空构成的体系。宇宙是有限的,而虚空是无限的。

[144]星体中恒星随整个天一起运行,行星则以其特殊运动方式运动。太阳按椭圆形(loxēn)轨迹穿过黄道带(dia tou zōdiakou kuklou)运动,同样月球以螺旋式(helikoeidē)轨迹运动。太阳是纯粹的火,如波西多尼俄斯在《天象学》第七卷中所说;它比地球大,如他在《自然论》第六卷中所说;它和宇宙相似,是圆形的,如其追随者们所说。太阳是火,在于它能做火所做的一切;太阳比地球大,在于整个地球被它照亮,天也被它照亮。地球投

---

① 本句文本疑似有歧义。除上述 Loeb 本外,一种考订意见为"位置和意谓同样也是无形的"(einai de kai ton topon kai ta lekta asōmata homoios),一种为"意谓同样也是无形的"(einai de kaita lekta asōmata homoios)。参见 T. Dorandi 评注本,脚注第 1165。

射的圆锥形(kōnoeidē)阴影也可表明太阳较大。由于太阳体积较大,从地球的所有位置都可以看到它。

[145]月球更像是土质的,因为它离地球较近。这些燃烧物和其他星辰都需要获取养分(trephesthai)。太阳需要由宽阔的海洋获取,因为它是有心智的火团;月球则需要由纯净的水获取,因为它是由气混成的,更接近地球,如波西多尼俄斯在《自然论》第六卷中所说;其他星体则由地球获取。他们认为,星体和不动的地球是圆形的。月球自身没有光,而是当被太阳照射时由太阳那里得到光。

当月球在朝向我们这面的太阳前经过时就会发生日食,如芝诺在《论万物》一书中所说。[146]因为显然,当它们交汇时月球逐渐掩盖太阳,将之完全遮蔽,然后退去。这种现象可以拿一盆水来观察。当地球的影子落在月球上就会发生月食。这就是为什么只有满月才有月食。尽管月球每月一次在与太阳径直相对,但由于月球相对于太阳以椭圆轨迹运动,因此就会在维度上发生偏离,要么离得太北要么太南。仅当月球、太阳和黄道带处于同一维度,与太阳径直相对,就会发生月食。当月球位于巨蟹座、天蝎座、白羊座和金牛座,其维度与黄道带齐平,如波西多尼俄斯及其门生所说。

[147]神是不朽的、理性的、幸福之至的、不容一切罪恶的、能预知(pronoētikon)宇宙及宇宙中事物的有生命的存在,但却是无人形的。他是万物的工匠(dēmiourgon),好似万物之父,既是普遍意义上的父,又是其贯穿所有事物的特殊部分的父。根据其能力他被冠以多个名称。他们叫他"Dia"①,是因为万物"由之"(di'hon)而存在;叫他"Zēna"②,就他是生命的(tou zēn)原因或充斥于生命中而言;叫他雅典娜(Athena),是基于其中枢部分延伸至"以太"(aithera)而言;叫他赫拉(Hera),在于他延伸至气(aera);叫他赫淮斯托斯(Hephaestus),在于他延伸至技艺之火(technikon pur);叫他波塞冬(Poseidon),在于他延伸至湿润之物(hugros);叫他德墨忒耳(Demeter)在于他伸展至大地(gē)。同样,他们还通过诉诸其某些内在品性而赋予他另外一些名称。

[148]芝诺说神的本体(ousian)是整个宇宙和天,科律西波在其《论神》第一卷以及波西多尼俄斯在其《论神》第一卷也这样说。安提帕特在其《论宇宙》第七卷称神的本体是气状的(aepoeidē);波爱修在其《论自然》一书中把神的本体说成是恒星的表层。

有时他们把"自然"一词解释为维系宇宙的东西,有时则解释为使大地之物得以生长的东西。自然是一种自我运动的习性(hexis),在规定的时间,按生殖的原则(kata

---

① "Zeus"的因格形式。
② "Zeus"的诗体形式。

spermatikous logous）生成和维系它的产物,造成那些与它的分离物相似的东西。[149]他们说,自然意在使用和快乐,这点在人类的能工巧匠身上是显而易见的。

科律西波在《论命运》,波西多尼俄斯在《论命运》第二卷,还有芝诺以及波爱修在《论命运》第一卷中声称,一切根据命运发生。命运（heimarmenē）是存在者的原因链（aitia tōn ontōn eiromenē）,或是一种由之统治宇宙的原则（logos）。再者,他们说一切神谕都是真实的,如果有神意存在的话。他们依据某些迹象或结果（ekbasis）宣称它是一种技艺,如芝诺所说,科律西波在《论神谕》第二卷,阿泰诺多鲁斯以及波西多尼俄斯在《自然论》第二卷和《论神谕》第五卷中也这样说。但帕那爱修斯说神谕不是真实的。

[150]他们称第一质料（tē prōtē hulē）是一切存在物的本体（ousia）,如科律西波在《物理学》第一卷以及芝诺所说。质料是任何事物所由之生成的东西。本体和质料有两个意思,或指万物的本体和质料,或指特殊事物的。一切事物的本体或质料既不会增加也不会减少,特殊事物的则会增加和减少。按他们的观点,本体是有形的（sōma）和有限的（peperasmenē）,如安提帕特在《论本体》第二卷以及阿波罗多鲁斯在《物理学》中所说。它是被动的或是能受到作用的（pathētē）,如同一个作者所说。因为如果它是不可改变的（atreptos）,则生成之物就不会由之生成,由此可推出它是可无限分割的。科律西波说,分割本身是无限的,[但并非达致无限（eis aperon）]。因为没有任何一种分割可达致无限的,但分割本身是无止境的（akatalēktos）。

[151]正如科律西波在《物理学》第三卷中所说,质料的混合是彻底的,不只是表面的和并列的。因为当把少量的酒倒进大海,它一会儿就与海水混合,直至完全消融。

他们说,存在着某些同情人类和守护人间事物的精灵（daimon）,也存在着英雄,那是有德者的亡灵。

在气的变化上,他们说冬是因太阳远离而导致的地球上方的气的冷却,春是太阳向我们靠近时所产生的气的适度混合（euchrasia）。[152]夏是因太阳向北移动所导致的地球上方的气的受热,秋是因太阳从我们这里回归。[风是气的流动,由其发出的方位]得到不同的名称。其生成的原因在于太阳对云的蒸发。虹是来自充满水气的云对光的反射,或如波西多尼俄斯在《天象学》中所说,是太阳或月亮的某个片段在一片水分充盈的和空心的云中持续显现的映象（emphasia）,正像在镜子里照出的圆弧。彗星（komētēs）、"胡子星"（pōgōnia）和"火把星"（lampadia）①是升腾至"以太"区域的较厚的气所形成的火焰。

---

① 彗星一词希腊语原意是"长头发"（komētēs）,或称"长头发星",与"胡子星"和"火把星"同指彗星的表现形态。

[153]流星是一束在气中快速运行的闪亮的火焰,呈现出长尾状的映象。雨是一种由云到水的转化,一旦由太阳从大地或大海汇聚起来的水分无法被全部蒸发;当它遇冷叫作霜;冰雹是被风吹破的冻云;雪是来自冻云的潮湿物,如波西多尼俄斯在《自然论》第八卷所说;闪是一束相互摩擦或被风吹断的燃烧的云,如芝诺在《论宇宙》中所说;雷是来自云层相互摩擦和断裂的噪声;[154]霹雳是当云层相互摩擦或被风吹断时以巨大力量直击地面的一束烈焰,另一些人称之为一团猛力下降的厚厚的火状的气。台风(tuphōna)是一种强烈的风状的巨大霹雳,或是一种由断裂的云生成的烟状的风(pneuma);飓风(prēstēra)是一种被风与火断开的云。当风灌入大地的空心部分,或被困于大地之中,就会发生地震,如波西多尼俄斯在第八卷中所说。其中有些是震动,有些是地裂,有些是滑坡,有些是沸腾咆哮。

[155]他们认为宇宙的构造如下:居于中间的是地球,作为宇宙的中心;此后是环状的水,以地球为同一个中心,因此地球在水中;水之后环绕着气。天上有五个"圈",其中第一个是每每可见的北极圈;第二个是夏至线,第三个是平分线,第四个是冬至线,第五个是不可见的南极圈。它们叫作"维"(parallēloi)在于它们永远不相交,但可围绕同一个轴心进行刻画。"黄道带"(zōdiakos)是椭圆形的,由于它穿过纬线。地球上有五个"带":[156]第一个是北极圈以外的北极,因极寒而不可居;第二个是北温带;第三个因酷热而不可居,叫作热带;第四个是南温带;第五个是南极,也因极寒而不可居。

他们认为自然是一种技艺之火(pur technikon),有条不紊地进行生成,也即它是一种火的和技艺性的气息(pneuma)①;灵魂是可感知的[自然],是我们与生俱来的(sumphues)气息,因此灵魂是一种有形物(soma),死后持续存在(epimenein)。但灵魂是可灭的,尽管以动物灵魂为其一部分的整个宇宙灵魂是不灭的。[157]喀提亚的芝诺,安提帕特在《论灵魂》中以及波西多尼俄斯声称,灵魂是一种热的气息(pneuma enthermon),我们因之而活(empnoos)②、为之而动。科莱安特声称所有灵魂都可持续存在(epidiamenein),直至宇宙大火。而科律西波认为只有智者的灵魂如此。

他们说灵魂有八个部分:五种感觉、我们内在的生殖原则、语言和理性。③ 我们之所以"看",仅当介于视觉器官和存在物之间的光以锥形延伸(enteinomenos),如科律西波在

---

① "pneuma"一词原指"风""呼吸""气息"等,常音译为"普纽玛",斯多亚派将之理解为火与气相交融的神圣之气,充斥宇宙万物,构成"自然"生生不息的理性原则。

② "empnoos"一词的字面意思是"呼吸""有普纽玛",引申为"有生命""存活"。

③ 又见 DL 7.110。

《物理学》第二卷以及阿波罗多鲁斯所说。气的锥尖部分位于视觉器官，锥底则位于视觉对象。因此，所见之物通过延展的气犹如借助一根拐杖传递给我们。

[158]我们之所以"听"，仅当介于说者和听者之间的气以球状方式受到震动，然后产生气浪、敲击耳鼓，正像池塘里的水被投进去的石头激起层层波澜。我们之所以发生睡眠，仅当在灵魂的中枢部分感觉的紧张程度得以放松。他们把气息的转换（peri to pneuma tropas）归为种种感受的原因。

他们说"种子"（sperma）是能够生成与其分离物同种的东西的东西。人的种子，那种随潮湿物一起由人体排出的东西，按其父代的混成原则同灵魂部分混合。[159]科律西波在《物理学》第二卷中说，它是一种本体意义上的气息①，因为这点从撒播到地里的种子来看是显而易见的，一旦变老就不再繁育（puetai），其生殖能量显然已被蒸发（diapepneukuias）。那些斯法埃洛斯派的门生说，种子源于整个肉体，因为无论如何它生成了肉体的所有部分。他们宣称雌性的种子是无生殖力的（agonon），因为它是松弛、稀疏而多水，如斯法埃洛斯所说。中枢（hēgemonikon）是灵魂最权威的部分（ton kuriōtaton），从中生成表象和内驱力，由此发出言语。它位于心脏。

[160]有关物理学的这些论述就我们而言似乎足够，既然我们要保持文字的恰当比例。斯多亚派中某些有别于他者的观点如下。

二、阿里斯图

开俄斯的"秃头"阿里斯图，外号"塞壬"②。他说，德性的目的在于过一种对所有介于善恶之间的东西持无差别态度（adiaphorōs）的生活，不仅在它们之间不做区分，而且把所有这些东西视为等同的。③ 智者好像优秀的演员，无论戴上忒耳西忒斯（Thersites）的面具还是阿伽门农（Agamemnon）的，都会恰当地演好每个角色。他否弃物理学和逻辑学的论题，声称前者超越了我们，后者则与我们无关，只有伦理学的论题与我们相关。[161]他说，辩证法的论证好像蜘蛛网，似乎展示出某种技艺，但却是毫无用处的。他不像芝诺那样引入多种德性，也不像麦加拉派那样以多个名字去称呼一种德性，而是根据相对性（kata to pros ti）看待德性。通过传授此类哲学，并在昔诺萨尔格斯（Cynosarges）举行论

---

① 原文"pneuma kata ten ousian"，即本原意义上的种子，处于潜能状态而非现实的生命物。
② 塞壬（Siren），希腊神话中一半女身、一半鸟身的海妖，以其迷人的歌声诱惑航海者，使其成为海妖的牺牲品。阿里斯图获此外号，或许来自其论辩术的说服力。
③ 参照 DL 7. 104－107 有关斯多亚派对"无差别"的解释。

辩,他大大增强了影响力,以至被称作学派的创始人。至少,密勒提亚德斯(Miltiades)和狄菲勒斯(Diphilus)被称为阿里斯图主义者。他是一位极有说服力的和善于取悦大众口味的人。因而提蒙称之为:

> 一个秉承了阿里斯图家族狡黠的血统的人。

[162]马格尼西亚的第奥科勒斯称,当他遇到柏莱谟之后,便改换门庭(metetheto),而此时正值芝诺长时间卧病不起。他最为关注的斯多亚派原理是"智者不持有意见(adoxsaston)"①。波萨伊俄斯为了反驳这一原理,就让双胞胎兄弟中的一个把一笔钱存放在阿里斯图那里,然后又让另一个去要回。阿里斯图陷入迷惑(aporoumenon),因而被驳倒。他竭力反对阿尔克西劳。一次,当他看到一只长子宫的形状怪异的公牛时说道:"唉,这给阿尔克西劳提供了一个反对显明事实的证据。"[163]针对某个声称"无物可知"的学园派的人,他说:"难道你没看到坐在你旁边的人吗?"当此人否认时,他说:"谁弄瞎你的双眼?谁剥夺了你的火炬之光?"

归于他名下的著述如下:

《劝勉篇》二卷
《论芝诺原理》
《对话集》
《讲稿》六卷
《智慧七讲》
《谈爱欲》
《虚名记》
《笔记》二十五卷
《回忆篇》三卷
《逸闻录》十一卷
《驳演说家》
《对阿莱克西努斯(Alexinus)的反驳的反驳》

---

① 智者不持有意见,即智者不赞同任何虚假错误的东西(参见 DL 7.121),因为他拥有知识而非纯粹的意见,因此可以分辨真假,永远不会有错。

《驳辩证法家》三卷

《致科莱安特的信》四卷

帕那爱修斯和索西格拉底①称,只有书信是他本人的,其他作品均属于漫步派的阿里斯图。[164]传说,他因秃顶而饱受太阳的暴晒,并由此而亡。我曾以抑扬格诗句予以调侃:

阿里斯图啊,为何在你又老又秃的时候
还要把脑门交给太阳来观照(katoptēsthai)?
因所寻求的热量超过需要,
结果你极不情愿地找到了冰冷的冥府哈德斯。

另外有个阿里斯图,来自尤里斯(Iulis)的漫步派学人;还有一个阿里斯图,雅典艺人;第四个是悲剧作家;第五个是哈莱(Halae)人,修辞术入门的作者;第六个则是亚历山大利亚的漫步派学人。

三、赫里洛斯

[165]迦太基的赫里洛斯说目的是知识,也即永远过一种把一切诉诸知识、不为无知所误的生活。知识是一种在接受表象过程中不为论辩所颠覆的(anupoptōton hupo logou)心灵习性(hexin)。有时他说不存在绝对的目的,目的是根据条件和对象而变化的,就像同一块铜,或成为亚历山大的雕像,或成为苏格拉底的雕像。他还区分了目的和"从属性目的"(hupotelida),对于后者即便不是智者也可以追求,而前者只有智者才能达致。介于德性与罪恶之间的东西是无差别的或是无所谓的(adiaphora)。他的作品尽管寥寥数语,但却充满力量,里面包含一些矛头直指芝诺的篇章。

[166]据说,在他孩童时代有不少爱慕者,为了驱赶这些人,芝诺强迫赫里洛斯剪掉头发,于是他们作鸟兽散。

其著述如下:

《论训练》

---

① 索西格拉底(Sosicrates,约公元前2世纪中叶),克里特人,历史学家。撰有多种哲学家生平传记及克里特史。在其著述中强调哲学的师承关系。

《论情感》

《论理解》

《立法者》

《助产士》

《对手》

《教师》

《注疏者（Diaskeuazōn）》

《校正者（Euthunōn）》

《赫尔墨斯》

《美狄亚》

《对话篇》

《伦理命题［……］》

四、第奥尼修斯

"改换门庭者"（Metathemenos）第奥尼修斯称快乐是目的，因为他不堪眼疾之缠扰。他遭受如此大的痛苦，以至于不愿声称痛苦是无所谓的（adiaphoron）。

他是赫拉克利亚本地人泰奥凡特斯（Theophantus）之子，据第奥科勒斯说，他最初是同邦人赫拉克利德斯①的学生，然后师从阿莱克西努斯和美涅德摩斯②，最后追随芝诺。

［167］起初他热爱文学，着手创作各种形式的诗，之后采用阿拉图斯③的表达方式，竭力效仿此人。当他背弃芝诺之后便投奔居勒尼学派，常光顾妓院，毫无遮掩地体验其他快乐。当他活到80岁时绝食而亡。

以下著作归属于他：

《论无欲》二卷

《论训练》二卷

① 赫拉克利德斯（Heraclides），彭提科斯（Ponticus）人，公元前4世纪漫步派学者。其生平见 DL 5.86 - 94。
② 阿莱克西努斯（Alexinus），麦加拉派学者。美涅德摩斯（Menedemus，约公元前339—前265年），伊莱特里亚（Elektrian）学派的创建者。其生平见 DL 2.125 - 144。
③ 阿拉图斯（Aratus，约公元前315—前240年），索里（Soli）人，著有关于星象的辩证法诗《论现象》。

《论快乐》四卷

《论财富、感恩和复仇》

《论与人交往》

《论好运》

《论古代君王》

《论美誉》

《论蛮族习俗》

以上这些是持不同观点者。而继承芝诺的是科莱安特,关于他我们必须予以讨论。

五、科莱安特

[168]科莱安特,法尼阿斯之子,阿索斯当地人。据安提斯泰尼斯在《师承录》(Diadochos)一书称,他最初是一位拳击手。按某些人的说法,他怀揣仅有的 4 个德拉科马来到雅典,当遇到芝诺便极为真诚地投身哲学,并坚守同一种原则。他以吃苦耐劳闻名,因极其贫穷而不得不打工糊口。晚上在菜园里担水浇菜,白天在论辩中刻苦练习。为此他被称为“担水工”(Phreantlēs)。据说他被带进法庭接受质询,如何能以如此良好的品性生活。当传唤为其担水的菜园主和为其煮饭的店主作证后,他被释放。[169]最高法庭感到满意,决定嘉奖他 10 个迈那,然而芝诺不准他接受。传说,安提柯国王赠予他 3 000 个德拉科马。有次他带着一帮青年人去看节目,一阵风把他的罩衫剥开,人们看到他竟没穿内衣,为此雅典人鼓掌喝彩,正如马格尼西亚的德谟特瑞俄斯在《同名录》中所说。他也为此受到人们的赞誉。他们说,安提柯国王在听课时问他,为什么他要担水,对此他回答说:“我只是担水? 难道我不锄地? 难道我不浇菜、不为哲学做一切事情?”因为芝诺以这种方式训练他,要求上交收入的一小部分。[170]一次芝诺捧了一堆铜板来到弟子们中间,说道:“一个科莱安特,如果他愿意,能够养活另一个科莱安特;而那些具备养活自己条件的人却指望从他人那里获得生活必需品,尽管他们可以优哉悠哉地(aneimenōs)从事哲学。”因此,科莱安特被叫作“第二个赫拉克勒斯”。他虽然刻苦,但无天赋,非常愚笨。为此,提蒙这样描写他:

这是谁,像只公羊在人群中穿梭游荡?

一个半生不熟的咬文嚼字者,从阿索斯滚下来的胆怯的圆石。

他经得起同窗（summathētōn）的冷嘲热讽，容忍他们把自己呼作"驴"，他声称只有自己才能够挑起芝诺的重担。[171]一次他被人指责胆小怕事，他说："正因如此我才几乎不犯错误。"他喜欢自己致富的生活方式，声称在别人玩球（sphairizousin）的时候，自己在刨坚硬而贫瘠的土地。他经常苛责自己，当阿里斯图听到后问："你在指责谁？"他笑着说道："一个有白头发但无智慧的老叟。"当有人说阿尔克西劳不做应做之事（ta deonta），他说："不必苛责他。因为即使他口头上否定义务（kathēkon），行动中也会肯定。"阿尔克西劳说："不要奉承我。"对此科莱安特回敬道："说真的，我吹捧你在于表明你说的是一回事，做的是另一回事。"

[172]当有人问科莱安特应当给他的儿子什么忠告时，科莱安特引用《厄拉克特拉》中的诗句，说道：

安静，安静，你的脚步要轻。①

当一个拉哥尼亚人（Lakōnos）称艰苦即善，科莱安特很高兴，说道：

你的血统优良，亲爱的孩子。②

赫卡同在《逸闻录》中记载，一个外貌英俊的青年说："如果某人拍一下肚子（gastēr）意味着吃饱肚子（gastrizei），那么某人拍一下大腿（mēros）就意味着有一腿（mērizei）。"科莱安特说："小伙子，有你的一腿吧。类似的词汇不总是表达类似的事情。"一次与某个年轻人对话，他问道："你看得见吗？"当年轻人点头后，他说："为什么我看不见你看得见？"

[173]诗人索西泰俄斯（Sositheus）在剧场中对着在场的他说：

就像一群牲口，被科莱安特的愚蠢拉着。

他不动声色（epi tautou schematos），对此听众感到吃惊，他们一面喝倒彩，一面把索西泰俄斯赶下台来。之后当诗人为自己的冒犯向他道歉时，他欣然接受，声称既然第奥尼修斯和赫拉克勒斯被诗人愚弄都没有生气，他对偶然的中伤感到恼怒则是荒唐的。

---

① Euripedes, *Orestes* 140.
② Homer, *Odyssey* 4. 611.

他曾说,来自漫步派的那些人类似竖琴,尽管可以奏出妙音,但却听不到自己。据说,当他声称,按芝诺的说法,"品性(ēthos)是可以通过长相(ex eidos)来把握"时,一个脑袋灵光的年轻人把某个在乡下干粗活的娈童带到他面前,要他描述一下品性。科莱安特踌躇良久(diaporoumenon),打发这个人走开。当此人转身离去,他打了几个喷嚏。"有了,"科莱安特喊道,"他有女人气!(malakos)"[174]他曾对一个自言自语的隐者说:"你不是在和一个坏人说话。"有人苛责他年纪大了,他说:"我很想离开,但仔细一想自己各方面都很健康,可以写,可以读,于是又留了下来。"他们称,由于缺钱买不起纸草(chatia),他把自己所听到的芝诺的观点写在陶片和牛的肩胛骨上。这就是他的品性,因此能够继承学校,尽管芝诺有许多其他知名的弟子。

他留下一些非常优秀的著作,其中有:

《论时间》

《论芝诺的自然研究》二卷

《赫拉克利特解释》四卷

《论感觉》

《论技艺》

《驳德谟克里特》

《驳亚里斯塔库斯》

《驳赫里洛斯》

《论内驱力》二卷

[175]《古代篇》

《论神》

《论巨人》

《论婚姻》

《论诗人》

《论义务》三卷

《论精明》

《论感恩》

《劝勉篇》

《论德性》

《论天赋》

《论高尔基博斯》

《论嫉妒》

《论爱欲》

《论自由》

《爱的技艺》

《论荣誉》

《论名声》

《政治家篇》

《论意愿》

《论法律》

《论审判》

《论规训或论教育（Peri agōgēs）》

《论理性》三卷

《论目的》

《论美》

《论行动》

《论知识》

《论王政》

《论友爱》

《论宴会》

《论男女德性是同一的》

《论玩弄诡辩的智者》

《逸闻录（Peri chreiōn）》

《讲稿》二卷

《论快乐》

《论特性》

《论疑难》

《论辩证法》

《论式或论题》

《论谓词》

这些就是他的著述。

[176]其死亡的方式是这样的：他得了严重的牙龈肿痛，根据医嘱绝食两日；病情好转之后，医生允许他恢复日常饮食，但他拒绝接受，而是声称自己万事已备(proōdoiporēsthai)，所剩之日继续绝食直至死去。据某些人说，其享年与芝诺相同，他追随芝诺十九个年头。

我是这样调侃他的：

与其赞美科莱安特，不如赞美冥王哈德斯，

当看到他垂垂老矣，实在不忍心拒绝他，

一个担了大半辈子水(antlēsanta tou biou)的人，

在死人堆里得到最后的歇息。

六、斯法埃洛斯

[177]如前所述，博斯普鲁斯的斯法埃洛斯，在芝诺死后成为科莱安特的学生。当他在论辩上取得长足进步后，便前往亚历山大利亚，投奔托勒密国王菲洛帕特(Philopator)。一次在一场关于智者是否持有意见(doxasein)的论辩中，斯法埃洛斯声称他不持有。国王想驳倒他，命人把一些蜡做的石榴放到桌子上。斯法埃洛斯上当了，于是国王喊道，他对虚假的表象给予赞同(sugkatatetheisthai)。对此斯法埃洛斯进行机智的反驳，声称他所赞同的东西并非它们"是"(eisin)石榴，而是它们之为石榴是有充分理由的(eulogon)。"可理解的表象"(katalēptikēs phsantasia)与"有充分理由的表象"(tou eulogou)不同。针对墨奈西斯特拉图斯(Mnesistratus)指责他否认托勒密是国王[……]，他反驳道："如果托勒密如此这般(toiouton onta)，那么他是国王。"

[178]他写有如下著作：

《论宇宙》两卷

《论元素》

《论种子》

《论运气》

《论最小的部分》

《反原子和影像》

《论感官》

《赫拉克利特五讲》

《关于伦理命题的安排》

《论义务》

《论动机》

《论情欲》二卷

《论王政》

《论拉哥尼亚的政制》

《论莱库古（Lycurgus）和苏格拉底》三卷

《论法律》

《论神谕》

《关于爱的对话》

《论爱的哲学》

《论相似性》

《论定义》

《论习性（Peri hexeōs）》

《论反驳》三卷

《论理性》

《论财富》

《论名声》

《论死亡》

《辩证法的技艺》二卷

《论谓词》

《论歧义》

《书信集》

七、科律西波

[179]科律西波，阿波罗尼俄斯之子，索里人，或如亚历山大在其《师承录》中所说，塔

尔索斯人,科莱安特的学生。之前他曾练习长跑,后来,如第奥科勒斯和多数人所说,做了
芝诺或科莱安特的学生。在科莱安特活着的时候,科律西波离开了他,在哲学上成为一个
非同凡响的人物。他极有天赋,在各个方面出乎其类,乃至在多数观点上与芝诺,当然也
与科莱安特相左。他常对后者说,只需给出原理,论据他自己来找。每当与科莱安特发生
争论,他都后悔不已,于是不断引用这段诗句:

> 在所有其他方面我天生是一个有福之人,
>
> 除了科莱安特,这是我的梦魇(ouk eudaimonō)。①

[180]他在辩证法方面如此出名,以至于多数人认为,如果诸神那里有辩证法,也不
外乎是科律西波的辩证法。他有丰富的论证材料,但并未确立恰当的论证形式
(katōrthōse)。他的刻苦程度无人堪比,这点由其为数超过 705 部的著作可以表明。他通
过不断重复相同的原理来增加数量,记录所有想到的东西,做出大量的修正,引证诸多的
经典,以至于在他的一部著作中几乎抄录了欧里庇得斯的整部《美狄亚》(Medea)。当某
个捧着他的这本书的人被问及读的是什么,此人回答:"科律西波的《美狄亚》"。

[181]雅典的阿波罗多鲁斯在其《原理汇要》一书中意在表明,伊壁鸠鲁凭一己之力,
无需引证所完成的著作在数量上远远超过科律西波,因此用他的话说,"如果有人试图把
科律西波著作中所有引述的多余部分剔除,页面将剩下一片空白"。阿波罗多鲁斯如是
说。又据第奥克勒斯,一位在其身边侍奉的老妪说,他一天可以写 500 行。赫卡同说,他
投身哲学是因为他从父亲那里继承的财产被王室没收充公。

[182]他的身材瘦小,这点可由塞拉米科斯市场(Ceramicus)的塑像表明,他几乎被周
边的骑手塑像遮住。因此,卡尔内亚德称之为"马革"(Crypsippus)。一次他被某人指责
没有随众人去听阿里斯图的课,他回敬说:"如果随大流,我就不会从事哲学了。"针对某
个攻讦科莱安特,在其面前耍弄诡辩论(sophismata)的人,他说:"不要让长者从较严肃的
事上分心,此等把戏就向我们年轻人施展吧。"还有一次,某个请教问题的人单独与之安静
地会话,当看到一帮人走来便开始慷慨激昂起来(philoneikein),他说:

> 我的兄弟,你的眼神开始焦躁不安(tarassetai),

---

① 诗句源于 Euripides, *Orestes* 540 - 541。

瞬间变得疯狂，尽管刚才心智完全正常。①

[183]他在宴会上通常会保持安静，尽管两腿来回穿梭，因而女仆说道："只有科律西波的腿醉了。"他相当自负，以至于当有人问："我应当把儿子托付给谁?"他回答："给我!因为如果我能想象出有谁比我更好，我就跟他学习哲学。"因此，这行诗据说就是用来描述他的：

只有他是有呼吸的生灵(pepnutai)，其他皆为瞬间即逝的影子；

又

如果没有科律西波，就不会有斯多亚。

最后，正如苏提翁②在其著作的第八卷所说，他加入了学园派，同阿尔克西劳和拉希德斯(Lacydes)一起从事哲学。[184]这就是之所以他一方面反对，一方面又捍卫伦理习性(sunētheia)的原因，甚至还使用学园派的方法讨论体积和数的问题。

赫尔米普斯(Hermippus)说，一次科律西波在奥德翁(Odeon)讲课时受学生之邀参加一个祭礼(thusia)。在那里喝了几杯未混合的葡萄酒，感到一阵眩晕，五天后便离开人世，享年73岁，在第143次奥林匹亚盛会那年，如阿波罗多鲁斯在其《编年史》中所说。我做了以下调侃他的诗句：

当贪婪地吞下酒神巴克科斯(Bacchus)
科律西波头晕目眩，他无暇顾及
斯多亚，也无暇顾及他的母邦和他的灵魂，
而是直奔冥府哈德斯。

[185]但有些人说他因狂笑而亡。当一头驴吃了他的无花果，他对老妪说："给这头

---

① 诗句源于 Euripides, *Orestes* 253－254。
② 苏提翁(sotion，公元前2世纪)，亚历山大利亚人，漫步派哲学史家。著有13卷本《哲学家师承录》。其作品成为第欧根尼以及基督教神学家泰奥德勒图斯(Theodoretus)和尤西比乌斯(Eusebius)的主要文献来源。

驴来点原汁葡萄酒冲一冲。"然后一阵狂笑而终。

他似乎是一个相当自负的人。尽管写了如此多的著作，但没有把任何一本献给国王。他满足于仅有的一个老妪侍奉自己，正如德谟特瑞俄斯在其《同名录》一书所言。当托勒密写信请他自己来或派人来宫廷，斯法埃洛斯去了，但科律西波却漠然处之（perieide），派他的外甥阿里斯托克莱翁（Aristocreon）和菲洛格拉底（Philocrates）去，并特意教育他们。据上面提到的德谟特瑞俄斯记载，他是第一个敢于在吕克昂（Lyceum）露天办学的人。

[186]另一个科律西波是来自可尼多斯的医生。关于此人，厄拉希斯特拉忒斯①说他欠下了巨额债务；再有一个是前者的儿子，托勒密国王的医生，因诽谤罪被拉出去处以鞭刑；还有一个科律西波是厄拉希斯特拉忒斯的学生；还有一个是《农书》（Geōrgika）的作者。

这位哲学家还提出这样一些论证："对无奥秘知识的人（amuētos）讲授奥义（ta mustēria）是不虔敬的；而祭司长（hierophantēs）向无奥秘知识的人讲授奥义；所以祭司长是不虔敬的。"再者，"凡不在城里的东西就不在家里；城里没有井；所以家里也没有井"。再者，"有一个头，而且这个头你没有；的确有一个你没有的头；所以你没有头"。[187]再者，"如果某人在麦加拉，他就不在雅典；的确有一个人在麦加拉；所以没有一个人在雅典"。再者，"如果你说某种东西，就要经过你的嘴巴；你说马车；所以马车经过你的嘴巴"。还有，"如果你没有丢失某种东西，你还拥有它；你没有丢失角；所以你有角"。一些人说这些论证属于优布里德。

有人指责科律西波以淫秽下流、难以启齿的言词写了很多东西。在《论古代自然哲学家》中他海淫海盗地改写了有关赫拉和宙斯的段落，在 600 行附近他描述了那些如果不怕把嘴搞脏则无人能说得出口的东西。[188]他们说他把这个故事改写得极为淫秽，即使他将之作为自然哲学大加吹捧，但其言词更适合于妓女而非神明。这样的故事未被文献目录家所记载，没有在柏莱谟和乌普西格拉底（Hypsicrates）那里发现，甚至也没有在安提柯那里找到，这是他杜撰出来的。在《国家篇》中他说人们可以与母亲、女儿、儿子性交。在《论并非因自身而被选择的东西》的开篇他讲了同一观点。在《论正义》第三卷 1 000 行左右，他鼓噪人们应当吃死人。在《论生计》一书，他说应首先考虑智者何以谋生。[189]"那么，他为什么要谋生（poristeon）？ 如果是为了活着，而活着是无所谓的或价值无别的（adiaphoron）；如果是为了快乐，而快乐本身也是无所谓的；如果是为了德性，而德性之于

---

① 厄拉希斯特拉忒斯（Erasistratus，约公元前 315—前 240 年），著名医生，理性派医学代表。参见 *M* 8. 188, 220。

幸福是自足的(autarkēs)。谋生的手段也是荒唐可笑的。例如,靠国王豢养,你就不得不屈从于他;靠朋友接济,友爱就会明码标价;靠智慧供养,智慧就会有报酬。"这些就是对他的批评意见。

他的著述久负盛名,我决定将之分门别类,归于不同形式。其著述如下:

1. 逻辑学

《逻辑论题》

《哲学家之反思》

《辩证法的定义,致美特罗多鲁斯》六卷

《论辩证法的名称,致芝诺》一卷

[190]《辩证法的技艺,致阿里斯塔戈拉斯》

《可信性条件句,致第欧斯居里德斯》四卷

2. 逻辑学有关论题

第一组

《论命题》一卷

《论非简单命题》一卷

《论合取句,致阿泰那德斯》两卷

《论否定句,致阿里斯塔戈拉斯》三卷

《论直陈句,致阿泰诺多洛斯》一卷

《论缺失性语句,致泰阿勒斯》一卷

《论非限定句,致狄翁》三卷

《论非限定句的差别》四卷

《论时间命题》二卷

《论完成时(suntelikōn)命题》二卷

第二组

《论为真的析取句,致高尔基皮德斯》一卷

《论为真的条件句,致高尔基皮德斯》四卷

[191]《选择,致高尔基皮德斯》一卷

《答融贯性（peri akolouthōn）》一卷

《论三个词项的命题，再致高尔基皮德斯》一卷

《论或然性命题，致克利托斯》四卷

《答菲洛的意义说》一卷

《论何为假命题》一卷

第三组

《论命令句》二卷

《论疑问句》二卷

《论询问句》四卷

《疑问句和询问句简论》一卷

《回答简论》一卷

《论探究》二卷

《论回答》四卷

第四组

《论谓词，致美特罗多鲁斯》十卷

《论主格与从格，致菲拉尔克斯》一卷

《论完善谓词（peri sunammatōn），致阿波罗尼德斯》一卷

《致帕西勒斯，论谓词》四卷

第五组

[192]《论五个格》一卷

《论按限定主题的表述》一卷

《论衍生语义（peri paremphaseōs），致斯泰萨格拉斯》二卷

《论普通名词》二卷

3. 有关语词及其所构成的语句的逻辑论题

第一组

《论单数和复数的表述》六卷

《论语词,致索西盖奈斯和亚历山大》五卷

《论语词的不规则性,致狄翁》四卷

《论涉及言语的"谷堆辩"(tōn soritōn)》三卷

《论语病(peri soloikismōn)》

《论病句,致第奥尼修斯》一卷

《有悖于日常用法的语句》一卷

《语词,致第奥尼修斯》一卷

第二组

《论语言的要素和表述》五卷

《论表述的组织》四卷

[193]《论表述的组织和要素,致菲利普》三卷

《论语言的要素,致尼西亚斯》一卷

《论相对表述》一卷

第三组

《答反对划分者》二卷

《论歧义,致阿波拉斯》四卷

《论歧义句式(peri tōn tropikōn amphiboliōn)》一卷

《论条件句式中的歧义》二卷

《答潘多伊德斯的〈论歧义〉》二卷

《论〈歧义问题入门〉》五卷

《歧义问题概略,致爱毕格拉底》一卷

《为〈歧义问题入门〉提供的条件句》二卷

4. 关于论证与论证形式的逻辑论题

第一组

《论证与论证形式的技艺,致狄奥斯居利德斯》五卷

[194]《关于论证》三卷

《关于论证形式的构成,致斯特萨格拉斯》二卷

《形式化(tropikōn)命题之比较》一卷

《关于自我指涉(antistrephonton)论证与条件句》一卷

《致阿伽同或论系列问题》一卷

《论何种前提能够与一个或多个其他前提推出某个结论》一卷

《论结论,致阿里斯塔戈拉斯》一卷

《关于同一论证构成多种形式》一卷

《答关于同一论证构成可推的和不可推的形式的反驳》二卷

《答关于推理分析的反驳》三卷

《答菲洛的〈论推理形式〉》一卷

《逻辑条件句,致提摩克拉底和菲洛马特斯:证明和图式引论》一卷

[195]第二组

《关于有效论证,致芝诺》一卷

《论第一不证自明式推理,致芝诺》一卷

《论推理分析》一卷

《关于多余论证,致帕西罗斯》二卷

《论推理原理》一卷

《推理引论,致芝诺》一卷

《推理形式引论,致芝诺》三卷

《论基于假的图式(schēmata)的推理》五卷

《通过分析为不证自明式的推证》一卷

《推理形式研究,致芝诺和菲洛马特斯》一卷(疑似伪作)

第三组

《论变化的论证,致阿泰那德斯》一卷(伪作)

[196]《有关中项(mesotēta)变化的论证》三卷(伪作)

《答阿美尼亚斯的〈析取句〉》一卷

第四组

《论假设,致麦雷吉尔》三卷

《基于法律的假设论证,再致麦雷吉尔》一卷

《假设论证引论》二卷

《假设论证原理》二卷

《赫德洛斯〈假设论证〉解析》二卷、

《亚历山大〈假设论证〉解析》三卷(伪作)

《论解释(peri ektheseōn),致拉奥达马斯》一卷

第五组

《"说谎者辩"引论,致阿里斯托克莱翁》一卷

《"说谎者辩"论证入门》一卷

《论"说谎者辩",致阿里斯托克莱翁》六卷

第六组

《答认为命题既为假又为真的人》一卷

[197]《答由切分(dia tēs tomēs)解决"说谎者辩"的论证的人,致阿里斯托克莱翁》二卷

《非限定句(ta aorista)不可切分的证明》一卷

《答对切分非限定句的反驳的反驳,致帕西勒斯》三卷

《按古人的方式解决,致狄奥斯居里德斯》一卷

《论"说谎者辩"的解决方式,致阿里斯托克莱翁》三卷

《希杜勒斯的假设论证的解决方式,致阿里斯托克莱翁和阿波拉斯》一卷

第七组

《答声称"说谎者辩"的论证前提为假的人》一卷

《论否定句,致阿里斯托克莱翁》二卷

《否定论证练习》一卷

《论渐变论证(para mikron),致斯泰萨格拉斯》二卷

《关于设定的论证和"沉默者辩"(hesuchazontōn),致奥奈特》二卷

[198]《论"面纱者辩"(peri tou egkekalummenou),致阿里斯托布罗斯》二卷

《论"逃逸者辩"(peri tou dialelēthotos),致雅典那德斯》一卷

第八组

《论"无人者辩"(peri tou outidos),致麦奈格拉底》八卷

《论由非限定句和限定句构成的论证,致帕西罗斯》二卷

《论"无人者辩",致爱毕格拉底》一卷

第九组

《论诡辩,致赫拉克利德斯和波利斯》二卷

《论辩证法的疑难,致狄奥斯居里德斯》五卷

《答阿尔克西劳的方法,致斯法埃洛斯》一卷

第十组

《驳日常用法,致美特罗多鲁斯》六卷

《为日常用法辩,致高尔基皮德斯》七卷

逻辑学论题还包括游离于上述四种分类之外的 39 种,它们是分散孤立的逻辑研究,难以纳入已列出的主题。其所有逻辑学著作共计311 部。

[199] 1. 伦理学理论:关于伦理概念的清晰性(diarthrōsis)

第一组

《伦理学论纲,致泰奥波罗斯》一卷

《伦理学论题》一卷

《伦理学原理的可信性前提,致菲洛马德斯》三卷

《文雅(asteios)的定义,致美特罗多鲁斯》二卷

《粗鄙(phaulos)的定义,致美特罗多鲁斯》二卷

《价值居中者(anamesos)的定义,致美特罗多鲁斯》二卷

《血统(kata genos)的定义,致美特罗多鲁斯》七卷

《有关其他技艺的定义,致美特罗多鲁斯》二卷

第二组

《论相似性,致亚里斯多克勒斯》三卷

《论定义,致美特罗多鲁斯》七卷

第三组

《论对定义的错误反驳,致拉奥达马斯》七卷

[200]《定义的可信性,致狄奥斯居里德斯》二卷

《论种与属,致高尔基皮德斯》二卷

《论划分》一卷

《论矛盾,第奥尼修斯》二卷

《有关划分、属和种及其矛盾的可信性》一卷

第四组

《论词源学,致第奥科勒斯》七卷

《词源学问题,致第奥科勒斯》四卷

第五组

《论谚语,致芝诺》二卷

《论诗,致菲洛马特斯》一卷

《论应如何读诗》二卷

《答批评者,致狄奥多罗》一卷

[201]2. 伦理学论题：关于共同理性以及由之生成的技艺和德性

第一组

《驳映像(anazōgraphēsis),致提摩纳科斯》一卷

《论我们如何言说和思想每种事物》一卷

《论概念,致拉奥达马斯》二卷

《论设定,致裴多纳科斯》三卷

《对"智者不持有意见"(to mē doxasein)的证明》一卷

《论理解、知识和无知》四卷

《论理性》二卷

《论理性的运用,致莱普提纳斯》

— 83 —

第二组

《论古人对辩证法及其证明的认同,致芝诺》二卷

[202]《论辩证法,致阿里斯托克莱翁》四卷

《关于对辩证法家的反驳》三卷

《论修辞术,致狄奥斯居里德斯》四卷

第三组

《论习性(peri hexeōs),致克莱翁》三卷

《论技艺和无技艺,致阿里斯托克莱翁》四卷

《论德性的差异,致狄奥多罗》四卷

《论德性之为性质》一卷

《论德性,致波利斯》二卷

3. 伦理学论题: 关于善和恶

第一组

《论美好与快乐,致阿里斯托克莱翁》十卷

《对"快乐不是目的"的证明》四卷

《对"快乐不是善"的证明》四卷

《论所谓的[……]》①

---

① 原文至此中断,科律西波的完整书目没有保存下来。据推测,本卷的遗失部分还应包括对若干晚期斯多亚派学者的生平与观点的介绍。

文艺复兴时期的斯多亚哲学①

［英］约翰·塞拉斯②（著）

吴琦燕（译）梁中和（校）③

【摘要】古代斯多亚哲学在文艺复兴时期既有追随者也有批评者。早期的人文主义者，如彼特拉克和科洛西奥·萨卢塔蒂，他们以对西塞罗和塞涅卡的阅读为基础，赞美了斯多亚哲学的许多方面。塞涅卡吸引了很多人文主义者的关注，成为各种传记和评注的主题。然而，斯多亚哲学也有其批评者，从采取伊壁鸠鲁观点的洛伦佐·瓦拉，到捍卫其柏拉图立场的马西里奥·斐奇诺。而希腊作家如第欧根尼·拉尔修和爱比克泰德的复原和翻译则扩展了关于斯多亚哲学的知识。尽管早期的人文主义者将斯多亚主义与西塞罗和塞涅卡联系在一起，但后人又使芝诺和克利希波斯重返中心。即使塞涅卡与圣保罗的通信被认为是伪造的，他也依然很重要，还是吸引了伊拉斯谟、约翰·加尔文和贾斯图斯·利普修斯的关注。因为利普修斯，斯多亚哲学的命运发生了戏剧性的变化。他的《论一致性》创立了后来被称为新斯多亚主义的学说，他在1604年出版的两本斯多亚主义手册，首次或多或少地汇集了斯多亚哲学所有的现存证据。与他同时代的米歇尔·德·蒙田和纪尧姆·杜维尔用地方语言呈现了斯多亚派的思想，并重新强调了斯多亚主义的实践取向。17世纪早期，亚当·布尔修斯、卡斯帕·西奥普斯和伊萨克·卡索邦与利普修斯一起进行了一系列的学术研究。这整个时期的一个持续主题是斯多亚主义与基督教的兼容性，到这一时期结束时，它们全然断开了联系，为18世纪斯多亚主义作为一种唯物主义和无神论的形式的出现铺平了道路。

【关键词】斯多亚主义，人文主义者，伊壁鸠鲁主义，唯物主义，无神论

---

① 本文选自 M. Sgarbi ed., Encyclopedia of *Renaissance Philosophy*, Springer, 2020。
② 作者简介：［英］约翰·塞拉斯（John Sellars），著名古代哲学学者，主要研究斯多亚哲学，他目前是伦敦大学皇家霍洛威学院的哲学准教授（Reader），伦敦国王学院的客座研究员（亚里士多德古代评注项目副主编），牛津沃尔夫森学院成员。他对推动现代斯多亚哲学复兴发挥了重要作用。
③ 译校者简介：吴琦燕，四川大学哲学系外国哲学专业研究生；梁中和，四川大学哲学系教授、博士生导师，主要研究方向为希腊哲学和文艺复兴哲学。

引言

古代斯多亚主义哲学学派在公元前 300 年由芝诺在雅典建立,并在其继任者克兰特斯(Cleanthes)和克利希波斯(Chrysippus)的领导下发展起来。到了公元前 1 世纪,雅典学派不复存在,但其思想已在罗马闻名。雅典斯多亚学派的作品在古代后期不再流传,西塞罗在其哲学著作中对斯多亚学派思想的广泛讨论,成为早期斯多亚学派哲学最早且最重要的记录。

在罗马,斯多亚主义吸引了许多追随者,其中塞涅卡可能是最重要的,还有他相识的其他一些人,包括科努图斯(Cornutus)、卢坎(Lucan)和珀修斯(Persius)。大约在同一时期,穆苏尼乌斯·鲁弗斯(Musonius Rufus)在罗马发表了关于斯多亚主义的演讲,而他最著名的学生爱比克泰德(Epictetus),继续在尼科波利斯(Nicopolis)建立了一所哲学学校,在那里爱比克泰德的学生阿里安(Arrian)记录了他老师的演讲。爱比克泰德对马可·奥勒留(Marcus Aurelius)产生了重要影响,奥勒留很可能在 170 年左右创作了《沉思录》,这是现存最新的斯多亚文本。

斯多亚学派将神等同于自然(或者带有普纽玛渗透着的自然),将神的天意等同于命运,他们将其称为自然中的原因秩序。他们认为,人类灵魂是自然界中神圣普纽玛(pneuma)的一部分,本质上是理性的。他们把快乐、欲望、痛苦和恐惧的情绪看作错误判断的产物,并教导人们去消灭它们。他们主张要在美德的指引下,过一种与自然和谐的生活,而美德被定义为一个状况良好的灵魂。他们主张只有美德是天生的善,与之相反,恶是唯一天生坏的东西。外在财物和事物状态可取与否,这取决于它们能否促进一个人的自我持存,但它们不会有助于一个人的幸福,因为美德是幸福唯一的必要且充分的条件。

传承与断裂

在拉丁语世界中,斯多亚学派的思想主要通过西塞罗、塞涅卡和教会神父的作品而闻名,如拉克坦修(Lactantius)、杰罗姆(Jerome)和奥古斯丁(Augustine)。进一步的信息资料来源包括波埃提修(Boethius)、卡尔狄乌斯(Calcidius)和奥卢斯·格利乌斯(Aulus Gellius)。在 13 世纪对亚里士多德的兴趣爆发之前的 12 世纪,彼得·阿贝拉德(Peter Abelard)和索尔兹伯里的约翰(John of Salisbury)等哲学家,都在参与取自这些资料的斯多亚学派的思想研究工作。虽然原则上可以在相当广泛的哲学主题上复原斯多亚派的思想,但在实践中重点往往仍停留在伦理学领域。这些哲学家都认真地参与了斯多亚派伦理思想的研究工作,其中有两个最值得注意的例子,分别是彼得·阿贝拉德(在他的《文集》*Collationes* 中)和罗杰·培根(Roger Bacon)(在他的《道德哲学》*Moralis philosophia* 中)。在这两个例子中,塞涅卡和西塞罗毫无疑问是信息和灵感的主要来源。

文艺复兴时期对斯多亚主义研究的参与延续了这种方式,至少在开始的时候是如此。斯多亚派思想的全系列古代证据变得唾手可得还需要一段时间,直到 16 世纪,最重要的希腊资料才被出版。第欧根尼·拉尔修(Diogenes Laertius)的《名哲言行录》(*Vitae philosophorum*)第七卷中对斯多亚学说的重要描述,虽然在 1433 年就被翻译成拉丁语,并于 1472 年首次印刷出版,但希腊文本直到 1529 年才出版。同样,爱比克泰德的《道德手册》(*Enchiridion*)在 1450 年和 1479 年被翻译成拉丁语,并于 1497 年首次印刷出版,但希腊文本直到 1529 年才出版。以《道德手册》为基础的阿里安的《爱比克泰德论说集》(*Dissertationes Epicteti*)于 1535 年首次印刷出版,马可·奥勒留的《沉思录》则于 1559 年出版。希腊语的其他关键资料包括斯托拜乌斯(Stobaeus)、普鲁塔克(Plutarch)、菲洛(Philo)、塞克斯图斯·埃皮里库斯(Sextus Empiricus)、盖伦(Galen)和希腊那些亚里士多德的评注者,特别是阿芙罗蒂西亚的亚历山大(Alexander of Aphrodisias)和辛普里丘(Simplicius)的作品中所包含的材料。

关于斯多亚伦理学与基督教教义的兼容性,以及塞涅卡与基督教的关系(由杰罗姆对他和他与圣保罗的所谓的通信的评价)的争论一直持续到 16 世纪。这些争论在贾斯图斯·利普修斯 1584 年的《论一致性》(*De constantia*)中达到高潮,在其中利普修斯(Justus Lipsius)试图调和斯多亚派和基督教的教义。关于古代斯多亚主义的知识逐渐增多,当利普修斯将其汇集到他于 1604 年出版的两本斯多亚哲学资料集时,这些知识也被转变了。利普修斯的学术标志着中世纪和文艺复兴早期对斯多亚主义的接受明显破裂。如果没有利普修斯的工作,诸如莱布尼茨(G. W. F. Leibniz)和皮埃尔·贝尔(Pierre Bayle)等作者后来对斯多亚主义的讨论是不可能的,他们对斯多亚主义作为一种哲学体系的了解依赖于利普修斯的工作。

革新的方面

文艺复兴早期对古拉丁文本的兴趣,再次引起了人们对斯多亚主义的关注。最重要的早期人物是彼特拉克(Francesco Petrarca, 1304—1374)。彼特拉克对斯多亚主义的了解与他中世纪的前辈们没有什么不同,都主要来自塞涅卡和西塞罗。如果有区别的话,那就是他对材料的处理方法。他对古罗马的特殊兴趣和他的实践哲学观点结合在一起,使他比大多数学术哲学家对待这些作者更加严肃。在《论自我与他人的无知》(*De sui ipsius et multorum ignorantia*)中,彼特拉克认为亚里士多德的《尼各马可伦理学》是一本枯燥的伦理理论教科书,他更欣赏西塞罗、塞涅卡和贺拉斯(Horace)鼓舞人心的道德准则①。他对哲学的态度明显是苏格拉底式的,他将哲学看作良善生活的艺术,这使他对塞涅卡的《道德书简》(*Epistulae*)和西塞罗的《图斯库路姆论辩集》(*Tusculanae disputationes*)等作品中的斯多亚派的治疗实践特别感兴趣。这在他 1350 年写的最大篇幅的哲学著作《两种命运的补救方法》(*De remediis utriusque fortunae*)中表现得最为明显。② 在这个文本中,他为好运与厄运提供了一系列的补救措施:在第一卷,为了调和幸福与对所有表面上的财物(从健康到死后的名声)的欲望,"理性"(Ratio)同"快乐"(Gaudium)和"希望"(Spes)进行辩论;而在第二卷,"理性"与"悲伤"(Dolor)和"恐惧"(Metus)进行辩论,讨论诸如疾病、贫困、丧亲和死亡等表面上的恶。"理性"试图抑制的这四类情感,取自西塞罗在《图斯库路姆论辩集》中斯多亚派对情感进行分析的描述。在该书中,快乐(laetitia)和欲望(libido)被定义为无论是现在还是未来对好事物的信念,而痛苦(aegritudo)和恐惧(metus)被定义为无论是现在还是未来对不好的事物的信念。这种斯多亚派的对话形式,受到了一篇和作品的标题相似的题为《论机运的补救》(*De remediis fortuitorum*)的短文的启发,这篇短文被认为是塞涅卡写的(但现在被认为是伪造的)。虽然彼特拉克各种补救措施的内容借鉴了广泛的资料,但总体结构和目标绝对是斯多亚派的。③

斯多亚主义的影响也可以在彼特拉克 1347 年的《我的秘密》(*Secretum*)中看出。在奥古斯丁和彼特拉克本人的对话中,奥古斯丁扮演了一个更年长、更智慧的老师,为彼特拉克提供了一个基督教化的斯多亚式启发法的心灵疗法。他认为,年轻的彼特拉克当下的不幸终究是他自己的错,而他自己也有能力逃脱。奥古斯丁指出,"唯有美德才能让心灵快乐"④,所以我们不应该被外部事物干扰,这呼应了相当标准的斯多亚派学说。他接着提议,只有斯多亚学派符合理性的生活,才能治愈年轻的彼特拉克当下的痛苦。彼特拉克再次引用了西塞罗的《图斯库路姆论辩集》第 3 章第 24—25 节,对情感进行了斯多亚派

① 参见 Petrarch, *Invectives*. Marsh David ed. and trans., Cambridge, MA:Harvard University Press, 2003, p.315。

② 参见 Petrarch, *Opera quae extant omnia*. Basel:Henrichus Petrus. 1554. Petrarch, *Petrarch's remedies for fortune fair and foul*. Conrad H. Rawski trans., 5 vols. Bloomington, IN:Indiana University Press, 1991。

③ 详见 Panizza, *Stoic psychotherapy in the Middle Ages and Renaissance*:*Petrarch's De remediis*. In *Atoms*, *pneuma*, *and tranquillity*:*Epicurean and Stoic themes in European thought*, M. J. Osler ed., Cambridge:Cambridge University Press, 1991, pp.39 – 65。

④ 参见 *Secretum* I.3.1; Petrarch, *My secret book*. Mann Nicholas ed. and trans., Cambridge, MA:Harvard University Press. 2016, pp.16 – 17。

的分析,情感被认为是理性生活的主要障碍。

鉴于奥古斯丁是对话的中心人物,考虑到他对彼特拉克的显著影响,讨论还包括一些非斯多亚派的学说,彼特拉克仔细地将他的斯多亚主义基督教化。例如,认为灵魂被身体污染①并且必须摆脱其粗劣才能升天②。年轻的彼特拉克暗指奥古斯丁所持的恩典学说,他主张人不能从自己身上期待什么,只能从上帝那里。虽然奥古斯丁承认恩典的作用,但他仍坚持彼特拉克的困难完全在他自己的控制之下。③ 但这部作品的最终结论更多地归功于奥古斯丁的学说,而不是斯多亚主义:彼特拉克克服他对一个女人的爱的方法,最终不是通过斯多亚派理性的心理治疗,而是以一种更健康的激情,即上帝之爱。④

在《两种命运的补救方法》和《我的秘密》中,彼特拉克都大量引用了西塞罗的作品,同时他也是塞涅卡的热切读者。他赞赏塞涅卡的作品,但对这个人有所怀疑,部分原因是他阅读了苏维托尼乌斯的尼禄的生平。在他1348年致敬塞涅卡的信函中⑤,彼特拉克称赞塞涅卡是最伟大的道德哲学家,并声称每天都在读他的书。然而,他也质疑了塞涅卡与尼禄的关系,以及他所认为的判决中的各种错误。彼特拉克对塞涅卡的哲学和他的生活之间的这种不匹配感到不安,在更严厉的批评者那里,这可能会被视为伪善⑥。

虽然彼特拉克的作品广泛借鉴了斯多亚主义的拉丁语资料,但他并没有试图直接捍卫或拥护斯多亚主义。相比之下,他曾经的希腊语老师塞米纳拉的巴拉姆(Barlaam,1290—1348)写了一篇短的文本,概述了斯多亚学派的伦理学,并明确从漫步学派的批评中为其辩护。巴拉姆的《斯多亚学派伦理学》(*Ethica secundum Stoicos*)⑦可以说是现存最早的斯多亚派学术的例子。巴拉姆声称自己借鉴了广泛的斯多亚派的资料,尽管他没有说出它们的名字。

这部作品被分为两卷。第一卷回答了"幸福是什么?"的问题,并将其定位于美德和

---

① 参见 *Secretum* I.15.1；Petrarch, *My secret book*, Mann Nicholas ed. and trans., Cambridge, MA：Harvard University Press, 2016, pp.56 - 57。

② 参见 *Secretum* I.8.3；Petrarch, *My secret book*, Mann Nicholas ed. and trans.,Cambridge, MA：Harvard University Press, 2016, pp.34 - 35。

③ 参见 *Secretum* Ⅱ.1.1；Petrarch, *My secret book*, Mann Nicholas ed. and trans., Cambridge, MA：Harvard University Press, 2016, pp.64 - 65。

④ 参见 *Secretum* Ⅲ.5.2；Petrarch, *My secret book*, Mann Nicholas ed. and trans., Cambridge, MA：Harvard University Press, 2016, pp.166 - 167。

⑤ 参见 *Familiares* XXIV.5；Petrarch, *Letters on familiar matters*, S. Bernardo Aldo trans., 3 vols. New York：Italica Press, 2005, pp.322 - 325。

⑥ 详见 James Ker, *The deaths of Seneca*, New York：Oxford University Press, 2009, pp.314 - 317。

⑦ 参见 C. R. Hogg, *Ethica secundum Stoicos*：*An edition, translation, and critical essay*, PhD Thesis, Indiana University, 1997。

道德的行为中,并且他反对漫步学派的观点,即幸福需要除美德之外的其他东西。第二卷提出"幸福在于什么?"的问题,他认为幸福在于一个人的灵魂处于良好状态,不受情感干扰。在这里,巴拉姆反对漫步学派情感适度的学说。在这种背景下,他概述了不同层次的情感障碍之间的区别,这可能记录了斯多亚派学说的其他未知要素①,他有可能接触到了在君士坦丁堡期间丢失的斯多亚派材料。理想的心灵状态是恒常的(constantia)。这需要三样东西:对诸善与诸恶的真判断、精神的平静和仁慈的意愿。② 当它们的三个对立面,即错误的判断、精神的黑暗和邪恶的意志出现时,最糟糕的状态就会发生。③ 在这些极端状态之间,还有六个更多等级的,由这三种因素的缺失或在场的不同组合形成的情感障碍。在介绍了这个额外的未知材料后,巴拉姆随即介绍了西塞罗(早期概述过的)叙述中关于四种情感障碍的著名记述,并解释了这两种记述是如何相符的。巴拉姆的论述相对不为人知,但却是这一时期斯多亚派伦理理论为数不多的专业讨论之一。

科洛西奥·萨卢塔蒂(Coluccio Salutati,1331—1406)与斯多亚主义有着复杂的关系,他是佛罗伦萨人文主义发展的关键人物。在其思想发展的早期,萨卢塔蒂就采用了泛化的斯多亚派立场,灵感来自他对塞涅卡的阅读。他对塞涅卡的散文和悲剧都有了解,但他认为它们是两个不同作者的作品。④ 在他的作品中,他称赞诸多宽泛意义上的斯多亚派思想,但他不总是点名提及斯多亚学派。⑤ 他最重要的著作《赫拉克勒斯的苦役》(De laboribus Herculis),受到塞涅卡的《疯狂的赫拉克勒斯》(Hercules Furens)的启发,在其中,萨卢塔蒂公开拥护了斯多亚主义,超过所有其他的古代哲学流派,因为他认为它最接近真正的美德。⑥ 此外,他将崇高定义为美德的产物而非高贵的出身⑦,含蓄地支持斯多亚学派的主张,即真正的善只是来自美德,并呼应了西塞罗讨论的著名的斯多亚派悖论。

然而,他也敏锐地意识到,需要根据基督教教义来限定他对斯多亚主义的钦佩。和巴拉姆一样,萨卢塔蒂认为人特有的善是由美德引导的生活。然而,与巴拉姆不同的是,他

---

① 参见 C. R. Hogg, *Ethica secundum Stoicos*: *An edition*, *translation*, *and critical essay*. PhD Thesis, Indiana University, 1997, p.9。

② 参见 *Ethica* II.5; Hogg, C. R. *Ethica secundum Stoicos*: *An edition*, *translation*, *and critical essay*. PhD Thesis, Indiana University, 1997, p.116。

③ 参见 C. R. Hogg, *Ethica secundum Stoicos*: *An edition*, *translation*, *and critical essay*, PhD Thesis, Indiana University, 1997, p.117。

④ 参见 *Epistolario* III.8; Coluccio Salutati, *Epistolario*, Novati Francesco ed., 4 vols. Rome: Forzani., 1891 - 1911, I: 150 - 155。

⑤ 参见 Ronald G. Witt, *Hercules at the crossroads*: *The life*, *works*, *and thought of Coluccio Salutati*. Durham, NC: Duke University Press. 1983, pp.63 - 65。

⑥ 参见 Coluccio Salutati, *De laboribus Herculis*, B. L. Ullman ed., 2 vols. Zürich: Thesaurus Mundi. 1951. 1: 311。

⑦ 参见 Berthold L.Ullman, *The humanism of Coluccio Salutati*, Padua: Editrice Antenore. 1963, p.73。

否认这完全处于一个人的控制之下。并且他在 1369 年的一封信中暗示,好生活不仅需要美德,而且需要上帝的恩典。① 同年,萨卢塔蒂在与彼特拉克的通信中,其温和的、基督教化的斯多亚主义风格呼应了彼特拉克的观点。

萨卢塔蒂后半生开始批评斯多亚主义,并公开承认转变了早期的想法。1400 年,在他的儿子去世后,一位善意的通信者,弗朗西萨·萨巴雷拉(Franceso Zabarella),根据萨卢塔蒂本人之前所接受的斯多亚派原则,寄来了一封安慰信。但在丧亲之痛之后,他不再认为这些论点令人信服,于是他以长篇的攻击回应了这种斯多亚式安慰的尝试。② 萨卢塔蒂质疑这种说法,即因为只有美德是善,罪恶是恶,所以死亡不是一种恶。他认为虽然在道德上死亡不是恶,但它仍然是一种真正的恶,因为它是对生命之善的剥夺。萨卢塔蒂转而支持亚里士多德,称他为"哲学家的王子",同时谴责"斯多亚主义者的冷酷和无法实现的逻辑推理"③。西塞罗所宣告的各种形式的斯多亚学派的哲学安慰,对安慰心灵没有任何作用;只有时间的流逝才能治愈。萨卢塔蒂的悲伤经历教会了他一些惨痛的教训。他在这封信中对斯多亚主义的否定,似乎主要是对西塞罗在《图斯库卢姆论辩集》中概述的斯多亚疗法的攻击。但西塞罗本人其实对早期斯多亚派提出的冷酷而技术性的观点的有效性持怀疑态度。④ 相比之下,萨卢塔蒂早期对斯多亚主义的热情,更多依赖于塞涅卡对其思想的修辞性表达,他经常称赞塞涅卡是最伟大的道德哲学家。⑤

这种对塞涅卡的崇拜,萨卢塔蒂绝不是一个人。塞涅卡在中世纪和文艺复兴早期的声誉,很大程度上是因为杰罗姆在他的《名人传》(De viris illustribus)中的判断,该判断经常被转载到包含塞涅卡作品的手稿中。⑥ 虽然杰罗姆的评论很简短,但隐隐肯定了塞涅卡和圣保罗之间通信的真实性,并且他对塞涅卡适度生活的美德特征做了评论(continentissimae vitae fuit)。薄伽丘在蒙特卡西诺修道院发现了保存的塔西佗《编年史》的手稿后,人们对塞涅卡的生活兴趣大增;如果说杰罗姆将塞涅卡描述为等同于圣保罗的

① 参见 Epistolario Ⅱ.18; Coluccio Salutati, Epistolario, Novati Francesco ed., 4 vols. Rome：Forzani., 1891－1911, Ⅰ：110。
② 参见 Epistolario Ⅻ.4; Coluccio Salutati, Epistolario, Novati Francesco ed.,4 vols. Rome：Forzani., 1891－1911, Ⅲ：456－479; Jill Kraye, Cambridge translations of Renaissance philosophical texts, Ⅰ：Moral philosophy, Cambridge：Cambridge University Press, 1997, pp.179－191。
③ 参见 Coluccio Salutati, Epistolario, Novati Francesco ed., 4 vols. Rome：Forzani., 1891－1911, Ⅲ：463; Jill Kraye, Cambridge translations of Renaissance philosophical texts, Ⅰ：Moral philosophy. Cambridge：Cambridge University Press, 1997, p.182。
④ 参见 Tusculanae disputationes Ⅳ.9; De finibus Ⅳ.7。
⑤ 如 Epistoloraio Ⅱ.2; Coluccio Salutati, Epistolario, Novati Francesco ed., 4 vols. Rome：Forzani., 1891－1911, Ⅰ：57, 参照 Berthold L. Ullman, The humanism of Coluccio Salutati, Padua：Editrice Antenore, 1963, p.87。
⑥ 参见 James Ker, The deaths of Seneca, New York, NY：Oxford University Press, 2009, p.182。

异教徒,那么塔西佗则将他的死亡描述为与苏格拉底一样的英雄式的殉难。薄伽丘在他1373—1374 年对但丁《神曲》的评论(*Divina Commedia*)中借鉴了这两种说法。但丁将塞涅卡作为一个未受洗的异教徒安置在地狱边境。① 薄伽丘试图将塞涅卡从这一命运中解救出来,他认为塞涅卡与圣保罗的通信表明,使徒保罗将塞涅卡视为基督徒,而杰罗姆也证实了这一判断。新发现的塔西佗的证词,表明了塞涅卡的死并不是真正的自杀,而是尼禄下令执行的死刑,虽然是塞涅卡自己亲手执行的。不仅如此,根据薄伽丘的解读,塞涅卡打开血管的水池变成了一个洗礼池,塞涅卡死前在其中接受了洗礼。② 因此,塞涅卡可以得到拯救。许多写作者对这些问题进行了阐述,并写下了他们认为的塞涅卡的生平,其中最重要的是加斯帕里诺·巴尔齐扎(Gasparino Barzizza,1360—1431)、西科·波伦顿(Sicco Polenton)、詹诺佐·曼内蒂(Giannozzo Manetti,1396—1459)和保罗·庞皮利奥(Paolo Pompilio)③。

　　其中最早的加斯帕里诺·巴尔齐扎不仅写了塞涅卡的传记,还写了对《道德书简》和与圣保罗的通信的评论。虽然他对塞涅卡的评论从未出版,但他的传记经常被收录在塞涅卡 15、16 世纪版本的作品中,但这些评论被缩短了,并且要么是匿名的,要么被误认为是波伦顿的。④ 这些作品是他 1407 年至 1421 年间在帕多瓦大学讲授塞涅卡时所作。在他的斯多亚传记中,巴尔齐扎认同薄伽丘,声称塞涅卡在死前一刻接受了洗礼,并进一步声称塞涅卡的血与水的混合构成了血的洗礼,即殉道。⑤ 在他对《道德书简》的评论的导言中,他将塞涅卡与苏格拉底相比,称赞他在指导如何将理论付诸实践方面,是古代哲学家中的佼佼者。⑥ 塞涅卡的道德哲学既提供了灵魂的药物,也提供了精神的指导,这是其他古代写作者无法比拟的。⑦ 塞涅卡的地位事实上高于所有其他希腊和拉丁作家,是因为他的哲学专注于如何好好生活的实际问题。⑧ 巴尔齐扎在事业生涯的末期,将注意力转移到了西塞罗身上,忽略了塞涅卡,但这并不意味着他放弃了被视为生活实践指南的斯

---

① 参见《地狱篇》*Inferno* Ⅳ.141。

② 参见 Giovanni Boccaccio, *Boccaccio's expositions on Dante's Comedy*, Papio Michael trans., Toronto:University of Toronto Press, 2009, pp.234 – 235。

③ 参见 Letizia A. Panizza, *Gasparino Barzizza's commentaries on Seneca's letters*, Traditio 33:1977, p.317;详见 Letizia A.Panizza, Biography in Italy from the Middle Ages to the Renaissance:Seneca, pagan or Christian? *Nouvelles de la Republique des Lettres 2*,1984, pp.:47 – 98。

④ 参见 Letizia A. Panizza, *Gasparino Barzizza's commentaries on Seneca's letters*. Traditio 33:1977, p.337。

⑤ 参见同上书, 第 323 – 324 页。

⑥ 参见 Gasparino Barzizza, *Comentarii in Epistolas Senece:Prohemium. Appendix Ⅲ to Panizza*, 1977, p.352。

⑦ 参见同上书,第 352 – 353 页。

⑧ 参见同上书,第 349 页。

多亚主义。在西塞罗的其他作品中,巴尔齐扎为《论义务》(De officiis)做了演讲和写作,并将西塞罗作为斯多亚主义者来介绍。①

在詹诺佐·曼内蒂那里,我们发现塞涅卡的生活与苏格拉底的生活相称,这明显效仿了普鲁塔克的《希腊罗马名人传》。对曼内蒂来说,塞涅卡是拉丁哲学家的王子②,是最伟大的道德哲学家③。他是圣保罗的朋友,而且不仅是现在归于塞涅卡的那些作品的作者,也是一系列后来被判定为伪作的其他作品的作者(例如布拉加的马丁写的《论四主德》,De quattuor virtutibus),也包括塞涅卡父亲的修辞作品。曼内蒂在他的传记中引用了许多异教徒和基督教作家,从普鲁塔克和塔西佗到拉克坦修、杰罗姆和奥古斯丁。他明确地将塞涅卡描述为斯多亚派,支持他的观点胜过其他哲学学派,他甚至认为塞涅卡是斯多亚学派的大师和领袖(magister et princeps)④。曼内蒂还为塞涅卡辩护,反对对他的行为的批评,如他的巨额财富,他表明一种"漠不关心"的财产拥有并不违背斯多亚学说。⑤ 这种对塞涅卡哲学实践价值的关注,以及巴尔齐扎、曼内蒂和其他人对其行为的持续辩护,突出了这一时期被斯多亚主义吸引的许多人接近它的方式,不是将其作为一个抽象的理论体系,而是作为一种哲学的生活方式。然而,在其他地方,曼内蒂对斯多亚派的安慰的好处持怀疑态度。⑥

然而,随着塞涅卡的文本越来越受关注,塞涅卡的命运也发生了变化。对于彼特拉克、萨卢塔蒂和曼内蒂等人文主义者来说,"塞涅卡"这个名字与道德散文和书信集联系在一起,还和包括与圣保罗的通信在内的一系列短文、修辞作品和悲剧集相关联。虽然有些人认为这个道德论者与悲剧作家是不同的人,但这些说法在修辞作品被确定为塞涅卡父亲的作品之前,已经存在好一段时间了。而这些讨论的核心无疑是与圣保罗通信的真实性问题。第一个挑战其地位的人是1440年代的莱奥内罗·埃斯特(Leonello d'Este),这可能是受到人文主义者瓜里诺·委罗内塞(Guarino Veronese)的启发。但他也可能被洛伦佐·瓦拉(Lorenzo Valla)在1420年代写的一部现已失传的作品取代其先手地位。⑦

瓦拉本人并未信奉过斯多亚主义。在他的《论快乐》(De voluptate)中[该作于1431年

---

① 参见 Letizia A. Panizza, *Gasparino Barzizza's commentaries on Seneca's letters*. Traditio 33：1977, pp.303 – 304。
② 参见 Giannozzo Manetti, *Biographical writings*, Stefano U. Baldassarri and Rolf Bagemihl ed. and trans., Cambridge, MA：Harvard University Press, 2003, pp.164 – 165。
③ 参见同上书, 第 244 – 245 页。
④ 参见同上书, 第 266 – 267 页。
⑤ 参见同上书, 第 270 – 271 页。
⑥ 参见 Mark McClure Morford, *Stoics and Neostoics：Rubens and the circle of Lipsius*, Princeton, NJ：Princeton University Press, 1991, pp.100 – 103。
⑦ 参见 Letizia A. Panizza, *Gasparino Barzizza's commentaries on Seneca's letters*. Traditio 33：1977, pp.334 – 336。

首次完成,1433 年扩充为《论真善》(*De vero bono*),最终改名为《论真假之善》(*De vero falsoque bono*)],他比较了斯多亚派和伊壁鸠鲁派关于快乐和美德的观点。最终,瓦拉选择了一种基督教化的快乐主义的形式,在此过程中,他还概述并批评了斯多亚派的立场。尽管斯多亚派声称要遵循自然本性,但他们却试图通过克服我们自然的情感来改变自然。① 此外,他们针对不幸的补救措施也未能起到作用。悲伤的解药不是顺从,而是其相反面:喜悦、快乐和欢愉。② 斯多亚派的美德不能培育幸福;相反,就像美杜莎的脑袋一样,把人们变成了大理石。对瓦拉来说,快乐和痛苦是人类生活的必要组成部分,而斯多亚主义没有接受这一基本事实。另外,瓦拉在他的《辩证法整体修正》(*Retractatio totius dialecticae*)中描述了可能会被基督教读者所称赞的斯多亚派学说的内容:认为世界是上帝为了人类而创造的,并且人类的灵魂在死后仍然存在。③ 这两种说法都涉及对古代证据的片面解读,这至少说明,对瓦拉来说,这仅仅表示只是在某些时候,一些异教哲学家得到了一些正确的东西。

人文主义者波乔•布拉乔利尼(Poggio Bracciolini,1380—1459)因为与瓦拉长期的文学纷争而被人们铭记。他不同意瓦拉关于斯多亚主义的价值的看法。在他于 1440 年左右创作的对话《论真贵族》(*De vera nobilitate*)中,他让他的朋友尼科洛•尼科利(Niccolò Niccoli)支持斯多亚派的主张,即真正的贵族源自其美德而不是外在财物。④ 斯多亚的主题也出现在波乔的《论命运的无常》(*De varietate fortunae*,1447)和《论人类的悲惨境遇》(*De miseria humanae conditionis*,1455)中。他的朋友莱昂•巴蒂斯塔•阿尔贝蒂(Leon Battista Alberti,1404—1472)在自己的对话中也提到类似的话题,特别是美德可能为命运的变迁提供某种保护的方式。在这篇文章中,波乔和阿尔贝蒂都跟随彼特拉克,转向斯多亚主义,特别是塞涅卡,寻求哲学上的安慰。⑤

塞涅卡并不是唯一一个作品在古代末期幸存下来的斯多亚主义者。在这一时期,重新发现希腊文本的渐进过程,使另一位罗马斯多亚主义者的作品得以重见天日:爱比克

---

① 参见 Lorenzo Valla, *On pleasure*, *De voluptate*, A. Kent Hieatt and Maristella Lorch ed. and trans., New York:Abaris Books, 1977, pp.72 - 73。

② 参见同上书, 第 140 - 141 页。

③ 参见 Lorenzo Valla, *Dialectical disputations*, Brian P. Copenhaver and Lodi Nauta ed. and trans., 2 vols. Cambridge, MA:Harvard University Press, 2012, I:100 - 3。

④ 参见 §69; Poggio Bracciolini, G. F. *De vera nobilitate*. Davide Canfora ed., Rome:Edizioni de Storia e Letteratura, 2002, p.30。

⑤ 关于阿尔贝蒂详见 Schöndube, Matthias. Leon Battista Alberti, Della tranquillità dell'animo:Eine Interpretation auf dem Hintergrund der antiken Quellen. Berlin:De Gruyter, 2011。

泰德的《道德手册》(*Enchiridion*)。这篇短文大概在 1450 年被尼科洛·佩罗蒂（Niccolò Perotti, 1429—1480）翻译成拉丁文，后来在 1479 年又被安吉洛·波利齐亚诺（Angelo Poliziano, 1454—1494）翻译成拉丁文。这两种翻译都以西里西亚的辛普里丘的新柏拉图主义式的《道德手册》评注为标准进行解读。佩罗蒂连同《道德手册》一道翻译了辛普里丘评注的前言，并且在教皇的委托下准备翻译整个评注。① 波利齐亚诺利用评注来补充他有缺陷的《道德手册》的希腊手稿，并且在解释文本时也主要求助于此。在他写给洛伦佐·德·美第奇（Lorenzo de' Medici）的献词中，以及一封写给巴尔托洛梅奥·斯卡拉（Bartolomeo Scala）的捍卫爱比克泰德的信，波利齐亚诺追随辛普里丘，将爱比克泰德的《道德手册》与柏拉图的《阿尔喀比亚德前篇》(*First Alcibiades*) 联系起来。斯卡拉对爱比克泰德和其他斯多亚主义者的批评之一，重现在他的《关于安慰的对话》(*Dialogus de consolatione*) 中，即他们否认身体的价值②。波利齐亚诺没有挑战这一主张，而是跟随辛普里丘的论证，提出像柏拉图一样，爱比克泰德认为人类本质上由理性的灵魂构成，而身体不过是灵魂的工具。波利齐亚诺继续得出其他一些与柏拉图学说相似的结论，尽管爱比克泰德自己没有陈述这些，但《道德手册》将它们全部视为已给定的。波利齐亚诺在信中处处声明爱比克泰德是一个斯多亚主义者；但是整封信的指向表明这位斯多亚主义者在许多方面都表现为一个柏拉图主义者。正如他所说，"我们的斯多亚主义者，使用柏拉图主义的观点作为他的盾牌勇敢地战斗着"③。简而言之，信奉柏拉图主义的人可以轻松地接受《道德手册》，即使它的作者恰好是一个斯多亚主义者。虽然两位译者都钦佩爱比克泰德④，但他们都对斯多亚主义没有更广泛的兴趣。

　　一方面，对爱比克泰德的这种兴趣扩大了读者可获得的斯多亚材料的范围，增加了新翻译的将希腊斯多亚文本转到熟悉的拉丁文本中。然而，另一方面却又并非如此。因为爱比克泰德和塞涅卡一样，是一位晚期罗马斯多亚主义者，他的作品侧重于实践的道德指导。诚然，西塞罗的读者可以了解很多关于克利希波斯和希腊化时期的斯多亚学说，但要

---

① 参见 Oliver, Revilo Penleton. *Niccolo Perotti's version of The Enchiridion of Epictetus*. Urbana：University of Illinois Press，1954，p.25。

② 参见 Bartolomeo Scala, *Essays and dialogues*, Renée Neu Watkins ed. and trans., Cambridge, MA：Harvard University Press，2008，pp.94－95。

③ 参见 Eugenio Garin, *Prosatori latini del Quattrocento*, Milan：Riccardo Ricciardi Editore，1952，p.924；Jill Kraye, *Cambridge translations of Renaissance philosophical texts*, I：*Moral philosophy*. Cambridge：Cambridge University Press，1997，p.198。

④ 佩罗蒂称他为最高贵的哲学家；参见 Oliver, Revilo Penleton. *Niccolo Perotti's version of The Enchiridion of Epictetus*, Urbana：University of Illinois Press，1954，p.68。

更全面地了解早期斯多亚主义,需要接触更广泛的希腊哲学言论资料。弗朗西斯科·费勒弗(Francesco Filelfo,1398—1481)接触过此类资料,他在君士坦丁堡待了很多年,精通古希腊语,并将希腊手稿带回了意大利。有人认为,他的对话录《论流亡》(De exilio)模仿了西塞罗的《图斯库卢姆论辩集》,也许还有塞涅卡的安慰主题的作品。① 然而,费勒弗的作品中最引人注目的斯多亚主义者,不是塞涅卡和西塞罗,而是芝诺和克利希波斯;他讨论的斯多亚学说,与我们现在知道的斯多亚主义的希腊创始人联系在一起,而不是后来的罗马倡导者。根据他的资料,他告诉了我们他所引用的芝诺和克利希波斯作品的标题。事实上,他非常严格地遵从他的资料来源,详细讨论的许多斯多亚学说的篇章,都或多或少是对塞克斯都·恩披里柯(Sextus Empiricus)片段的翻译。② 但他还使用第欧根尼·拉尔修和普鲁塔克的《道德论集》(Moralia)的材料弥补了对塞克斯都的过度依赖。

鉴于对话的主题是流放,费勒弗对斯多亚派对待外部环境的态度特别感兴趣。这使得他不止一次地叙述了斯多亚学派的"冷漠"(adiaphora)理论③。早期的斯多亚学派(veteres Stoici)与基督的追随者(Christi imitatores)结盟,他们都不关心物质财富。拥有美德的(斯多亚派基督徒)智者一无所求,因此面对命运的变迁总是平静的。④ 费勒弗利用斯多亚主义、犬儒学派和基督教对贫穷的赞扬,作为反对美第奇家族过度享乐的论战的一部分论据。

对于像斐奇诺这样的作家来说,指出斯多亚伦理学和基督教教义之间的共同点相对容易。然而,要将斯多亚物理学和形而上学与教会的教义调和起来则困难得多,这是马西里奥·斐奇诺(Marsilio Ficino,1433—1499)在他的《柏拉图神学》(Theologia Platonica)开篇指出的一点。⑤ 斐奇诺在该书中通过运用理性来证明灵魂的不朽,他认为这是人类幸福的基础。他概括的新柏拉图主义形而上学涉及五个层次:形体、品性、灵魂、天使和上帝,人类灵魂位于中心,将自然结合在一起。⑥ 古代的原子论者只相信其中的第一层。斯多

---

① 参见 Francesco Filelfo, *On exile*, Jeroen De Keyser ed., W. Scott Blanchard trans., Cambridge, MA：Harvard University Press, 2013, ix。

② 参照 *De exilio* Ⅰ.227－9 和 *Adversus mathematicos* ⅩⅠ.190－4; *De exilio* 2.95－106 与 *Adversus mathematicos* ⅩⅠ.22－38; De exilio Ⅲ.23－6 与 *Adversus mathematicos* ⅩⅠ.3－17。

③ 参见 *De exilio* Ⅱ.112－13 Francesco Filelfo, *On exile*, Jeroen De Keyser ed., W. Scott Blanchard trans., Cambridge, MA：Harvard University Press, 2013, p.260. De exilio Ⅲ.23－5; Francesco Filelfo, *On exile*, Jeroen De Keyser ed., W. Scott Blanchard trans., Cambridge, MA：Harvard University Press, 2013, pp.324－326。

④ 参见 *De exilio* Ⅲ.69－70; Francesco Filelfo, *On exile*, Jeroen De Keyser ed., W. Scott Blanchard trans., Cambridge, MA：Harvard University Press, 2013, p.362。

⑤ 参见 Marsilio Ficino, *Platonic theology*, James Hankins ed., Michael J. B. Allen trans., 6 vols. Cambridge, MA：Harvard University Press, 2001－6。

⑥ 参见 *Theologia Platonica* Ⅰ.1; Marsilio Ficino, *Platonic theology*, James Hankins ed., Michael J. B. Allen trans., 6 vols. Cambridge, MA：Harvard University Press, 2001－6, I：16－17。

亚学派和犬儒学派承认自然中存在一种积极的品质或力量,达到了第二层,但他们也没有承认一个永恒不变的人类灵魂的存在。① 斯多亚学派的灵魂内在于物质中,会分裂和变化,因此不可挽回地堕落了。② 斯多亚学派还将这个自然中的灵魂等同于上帝,斐奇诺反对这一点,因为这样使上帝依赖于他据称渗透着的物质。③ 虽然斐奇诺关于斯多亚主义的评论很简短,但很重要,因为它们是试图表达斯多亚学派和柏拉图-基督教形而上学之间根本不相容的最初尝试之一。

斐奇诺以理性的理由证明灵魂不朽的柏拉图主义者的尝试,在几十年后,被亚里士多德主义者彼得罗·彭波那齐(Pietro Pomponazzi,1462—1525)提出了挑战,他在《论灵魂不朽》(*De immortalitate animae*)中认为,不可能提供这样的证明。尽管彭波那齐是一个坚定的亚里士多德主义者,但他也利用了斯多亚派的观点。为了回应人们对于否认灵魂不死会动摇死后惩罚的可能性,从而破坏道德行为的担忧,他按照斯多亚派的思路论证说,美德是自己的回报,而罪恶是自己的惩罚。④ 他还指出,塞涅卡是一个认为灵魂有死的人,同时他也在道德上保持正直,其动机正是斯多亚学说宣称的"只有美德才是幸福,而罪恶是痛苦",并且他只追求那些有利于美德的外在事物,回避那些阻碍美德的事物。⑤ 在后来的作品中,彭波那齐说得更清楚,他说同意斯多亚派关于灵魂有死的观点并没有什么坏处。⑥

斐奇诺和彭波那齐的观点之间的对比值得强调,为当时和之后关于斯多亚主义更广泛的争论提供了一个窗口。对斐奇诺来说,斯多亚主义因其形而上学而受到损害,因为人类的幸福最终取决于一个不朽灵魂的存在。相比之下,对彭波那齐来说,斯多亚主义的伦理是独立的,独立于灵魂的本性而保持吸引力。不仅如此,将其与灵魂有死的信念结合起来的事实可能表明,斯多亚主义的唯物主义和其他类似的立场,不应该仅仅因为道德理由而被拒绝。在这一点上,彭波那齐预示了后来关于道德无神论者的可能性的辩论。关于

---

① 参见 *Theologia Platonica* Ⅰ.1;Marsilio Ficino, *Platonic theology*, James Hankins ed., Michael J. B. Allen trans., 6 vols. Cambridge, MA:Harvard University Press, 2001 - 6, I:14 - 15;cf.Ⅱ:124 - 5。

② 参见 *Theologia Platonica* Ⅰ.3;Marsilio Ficino, *Platonic theology*, James Hankins ed., Michael J. B. Allen trans., 6 vols. Cambridge, MA:Harvard University Press, 2001 - 6, I:28 - 9。

③ 参见 *Theologia Platonica* Ⅳ.1;Marsilio Ficino, *Platonic theology*, James Hankins ed., Michael J. B. Allen trans., 6 vols. Cambridge, MA:Harvard University Press, 2001 - 6, I:258 - 9。

④ 参见 *De immortalitate animae* 14;Pomponazzi, Pietro. Traité de l'immortalitéde l'âme — Tractatus de immortalite animae. Thierry Gontier ed. and trans.,Paris:Les Belles Lettres, 2012., pp.180 - 1。

⑤ 参见 *De immortalitate animae* 14;Pomponazzi, Pietro. Traité de l'immortalitéde l'âme — Tractatus de immortalite animae. Thierry Gontier ed. and trans.,Paris:Les Belles Lettres, 2012., pp.202 - 5。

⑥ 参见 Pomponazzi, Pietro. Il fato, il libero arbitrio e la predestinazione. Vittoria Perrone Compagni ed. and trans., 2 vols. Turin:Nino Aragno Editore, 2004, Ⅱ:892 - 5。

斯多亚主义,这两位哲学家都在一场关于斯多亚学派体系中伦理学和物理学的相互依赖性的长期争论中提出了开放的立场。

此外,彭波那齐也参与了该体系的其他部分,在他死后出版的《论命运:关于自由意志和宿命》(*De fato, de libero arbitrio et de praedestinatione*,1567)中,他为斯多亚派的决定论辩护,反对古代漫步学派的阿芙罗蒂西亚的亚历山大的批评,认为斯多亚派的理论比亚里士多德主义的立场和基督教的神圣天意教义,更为一致和连贯。① 他使用了像亚历山大这样的希腊亚里士多德主义评论者的材料[尽管是 1516 年吉罗拉莫·巴戈利诺(Girolamo Bagolino)的拉丁文翻译],这也标志着关于斯多亚学说的古代信息资料的复原又前进了一步。

尽管有这些小小的进步,在 16 世纪初,塞涅卡仍然是斯多亚学派中最著名的,是被参考的关键材料。到 1501 年,他的作品已经被印刷了超过 70 次。② 许多人以各种方式参与他的作品,再版和撰写评论。其中最重要的是德塞德里乌斯·伊拉斯谟(Desiderius Erasmus,1467—1536)、加尔文(Jean Calvin, 1509—1564)和利普修斯,尽管塞利奥·塞昆多·库里奥(Celio Secondo Curione)和马克·安托万·穆雷特(Marc-Antoine Muret)也可能是其中之一。

伊拉斯谟两次编辑了塞涅卡的作品,分别在 1515 年和 1529 年。他对自己第一次的工作感到不满意(或者更准确地说,是其合作者的工作),于是决定准备第二版。③ 伊拉斯谟并不想像薄伽丘和巴尔齐扎试图做的那样拯救塞涅卡。塞涅卡不是基督徒,不应该被当作基督徒来解读。尽管有杰罗姆的观点支撑,伊拉斯谟还是拒绝了与圣保罗通信的真实性,部分原因是基于与塞涅卡的其他作品的风格比较。书信虽然仍然被收录在他的两版《塞涅卡文集》中,但 1529 年他在序言中讨论了其可疑性。文艺复兴早期的基督教化的塞涅卡形象不再站得住脚,这不可避免地对斯多亚主义的更广泛接受产生了影响。④

在他的作品中,伊拉斯谟毫无顾忌地批评斯多亚学说和斯多亚圣人的理想化形象。

① 参见 Pomponazzi, Pietro. Il fato, il libero arbitrio e la predestinazione. Vittoria Perrone Compagni. ed. and trans., 2 vols. Turin: Nino Aragno Editore., 2004, 1: 414－17; with Jill Kraye, *Stoicism in the philosophy of the Italian Renaissance*. John Sellars ed. *The Routledge handbook of the Stoic tradition*, Abingdon: Routledge, 2016, pp.133－44。

② 参见 F. R. Goff, *Incunabula in American libraries: A third census of fifteenthcentury books recorded in North American collections*, New York: The Bibliographical Society of America, 1964, pp.555－8。

③ 参见 Desiderius Erasmus, *Opus Epistolarum*, P. S. Allen et al. ed., 12 vols, Oxford: Clarendon Press, 1906—58, Ⅷ: 26－7。

④ 参见同上书, Ⅷ: 40－1。

例如,在《愚人颂》(*Praise of Folly*,写作于 1509 年,出版于 1511 年)中,他嘲笑斯多亚派对情感的消极态度,认为情感反而可以作为道德良好行为的指导和激励。斯多亚派圣人的形象是"一种人的大理石雕像,没有觉知和任何人类的感觉"①。虽然像塞涅卡这样的斯多亚主义者的作品中仍然有有价值的道德指导,但拒绝那些与基督教教义相冲突的学说是很重要的。伊拉斯谟在这一时期对斯多亚主义的接受的贡献在于,有效地纠正了一些意大利人文主义者要消除斯多亚主义和基督教思想差异的企图。这形成了朝向复兴古代斯多亚主义本身的重要一步。

类似的情况也可以在约翰·加尔文的作品中看到,尽管他更关心的是斯多亚派的物理学,而不是伦理学。加尔文的智识事业开始于 1532 年出版的对塞涅卡的《论仁慈》(*De clementia*)的评注,在序言中,他从塞涅卡近来的批评者那里为其作风和哲学进行了辩护。他认为在伦理学领域,塞涅卡是最高统治者(*potissimum regnat*),在罗马哲学和文学领域,他的地位仅次于西塞罗,阅读他的作品既对人有益也让人快乐。② 然而,加尔文与斯多亚主义最重要的接触是在后来,斯多亚派的命运主题在他后来的作品中一直困扰着他。特别是他一再将自己对神圣天意的看法与斯多亚派的立场拉开距离,以削弱对他本人是斯多亚主义者的指控。加尔文在《基督教教义》(*Institutio Christianae religionis*)中表明,他自己的学说与斯多亚主义不同,因为他不同意斯多亚派的观点,即自然中存在着联系万物的必然性③。相反,他坚持认为上帝是所有自然事件的主导者。加尔文对这些关于斯多亚物理学和神学争论的贡献,集中在两者之间的精确差异上。事实上,这种观点与塞涅卡自己的立场差别不大④,特别是被奥古斯丁所解释的那种⑤。这在他 1552 年的《论神的永恒预定》(*De aeterna Dei praedestinatione*)中尤其明显,加尔文在其中重复了塞涅卡的观点,即上帝"总是意愿同一事物,这是对他的永恒的赞美"⑥。他对斯多亚的命运的反复争论的确是有必要的,因为他自己的立场与他们的立场是如此接近。⑦ 他的论点与其说与斯多亚主义相关,不如说与斯多亚主义者的当代形象相关,这种形象淡化了他们对神圣天意的

---

① 参见 Desiderius Erasmus, *Opera omnia*, IV：3 *Moriae encomium*, Clarence H. Miller ed., Amsterdam：Huygens Instituut and Brill, 1979, p.106。

② 参见 Jean Calvin, *Calvin's commentary on Seneca's De Clementia*, FordLewis Battles and André Malan Hugo ed. and trans., Leiden：Brill. 1969, pp.10 – 13。

③ 参见 Jean Calvin, *Institutio Christianae religionis*, Strasbourg：Wendelinum Rihelium, 1539, p.265。

④ 参见 De beneficiis VI.23.1。

⑤ 在 De civitate Dei V.8 中。

⑥ 参见 Jean Calvin, *Opuscula omnia in unum volumen collecta*, Geneva, 1552, p.934。

⑦ 尽管在其他主题上,如情感,他的批评更多;亦参见《基督教要义》Institutio Christianae religionis III.8.9；Jean Calvin, *Institutes of the Christian religion*, Ford Lewis Battles trans., 2 vols. London：SCM Press, 1961, pp.708 – 711。

信奉。无论怎样,加尔文对这些关于斯多亚物理学和神学辩论的贡献,主要集中在斯多亚主义和各种形式的基督教教义之间的明确差异,这标志着领会斯多亚主义本身的又一步。

这些关于斯多亚主义和基督教之间的关系,以及斯多亚派命运的确切本质的争论,都是贾斯图斯·利普修斯(Justus Lipsius,1547—1606)作品中的重要主题。类似伊拉斯谟和加尔文,利普修斯也因其对塞涅卡的编辑工作而被人们铭记。然而,对他来说,这已是他事业末期为他长期迷恋的斯多亚主义所树立的最后的纪念碑。利普修斯是文艺复兴时期(或自古以来的任何其他时期)中少数公开自称为斯多亚主义者的人之一。然而,他仍是一名基督徒,并且他努力解决两种世界观在多大程度上可以调和的问题。他在他的 1584 年出版的《论一致性》中首次应对了这个问题。这篇安慰性的对话以斯多亚学派的主张开始,即人类的痛苦终究是我们判断的产物,而不是外在事件。接着提出了反对外在恶存在的理由:它们是上帝强加的,它们是必要性和命运的产物,它们事实上有利于我们,它们既不严酷也不异常。① 其中很多内容都是从塞涅卡那里获得了灵感,尤其是关于表面上的恶的事件实际上对我们有利的主张,重复了塞涅卡的《论天意》(De providentia)中发展出的论点。利普修斯对话中最具哲学意义的部分是对命运的讨论,他借鉴了斯多亚学派的命运论,又与之保持距离,就像半个世纪前加尔文所做的一样。利普修斯的明确路线是,斯多亚的命运应该根据基督教的教义进行改造,然后才能被接受。斯多亚学派立场的问题在于,它使上帝服从于命运,坚持永恒的自然原因,否认偶然性,并对我们的意志施加强力。② 然而,利普修斯的叙述细节又表明,他认为斯多亚派和基督教的命运观点之间没有很大的争议,斯多亚派的立场可以不加改动地被接受。③

20 年后的 1604 年,利普修斯重新审视了这个话题,这一次他明确地接受了斯多亚派的命运观,讨论的核心是塞涅卡的《论天意》5.8 节中有问题的一个段落,那里似乎暗示了上帝自己也被命运所束缚。利用塞涅卡的其他段落和奥古斯丁的权威判断,利普修斯认为斯多亚派并没有使上帝服从于命运;相反,命运是上帝旨意的表达。并且如果命运对上帝来说也是不可避免的,那只是因为他的完美意味着他永远不会改变主意。④ 虽然塞涅卡有时表达这一点的方式显得笨拙,但斯多亚学派的理论没有什么需要修改的地方。正如奥古斯丁所说,任何表面上的冲突都只是言语上的差异。

---

① 参见 Justus Lipsius, *De constantia libri duo*, Leiden: Christopher Plantin, 1584, p.38。
② 参见同上书,第 65 页。
③ 参见 John Sellars, Stoic fate in Justus Lipsius's *De constantia and Physiologia Stoicorum*, *Journal of the History of Philosophy* 52, 2014, 657–63。
④ 参见 Justus Lipsius, *Physiologiae Stoicorum libri tres*, Antwerp: Plantin-Moretus, 1604, pp.31–2。

关于斯多亚命运观的第二次更具决定性的讨论,出现在利普修斯1604年出版的《斯多亚派自然学》(*Physiologia Stoicorum*)中,该书是当年出版的两本专门讨论斯多亚主义的书之一。《斯多亚派自然学》和《斯多亚哲学导论》(*Manuductio ad Stoicam philosophiam*)①都被认为有助于对塞涅卡的研究,利普修斯同时也在编辑塞涅卡的全部作品(一年后于1605年出版)。在这两本书中,他从广泛的希腊文和拉丁文资料中收集了斯多亚主义的古代证据,按主题将其排列,并添加了他自己的解释评注。② 在这两本书中,读者第一次可以或多或少地在一个地方,获得关于斯多亚主义作为一个哲学体系的所有古代证据。这标志着文艺复兴时期古代斯多亚主义复兴的一个分水岭。

利普修斯的所有作品都是用拉丁文写的,供学者使用。在他准备这些的同时,还有其他被斯多亚主义吸引的写作者,他们是第一批用地方语言介绍斯多亚思想的人。其中最早的一位是米歇尔·德·蒙田(Michel de Montaigne,1533—1592)。他非常喜欢阅读罗马斯多亚学派(塞涅卡、爱比克泰德)的作品,以及关于早期斯多亚主义丰富资料来源(西塞罗、普鲁塔克)的文本。阅读斯多亚派材料无疑对他产生了重要的影响,但他从未像利普修斯那样成为斯多亚主义的倡导者。即便如此,在他的《随想录》(*Essais*)中也可以看到斯多亚主义的影响。例如,在《随想录》1.14,他把爱比克泰德的一句话作为主题,即人们不是受事物的困扰,而是被他们对事物的判断所困扰。③ 他通过诉诸人们在这些主题上的多样性观点来支持斯多亚学派关于死亡、痛苦和贫穷本身不是罪恶的主张:有些人为了更高的理想而接受死亡或痛苦;有些人没有财富比有财富更幸福,包括他自己。尽管他大体上承认伊壁鸠鲁的主张,即痛苦是可能发生在某人身上的最糟糕的事情,但他紧接着又对此进行限定,说我们这样想的唯一原因,是我们在评估我们的福祉时,高估了身体而忽视了灵魂的重要性。④ 他赞同地引用了西塞罗在《图斯库路姆论辩集》⑤中对斯多亚派情感理论的描述,即悲痛不在于自然,而在于我们的意见。⑥ 在否认财富的价值时,他引用了塞涅卡《道德书简》⑦的话,同时也借鉴了他自己的经验。他的结论呈现了一个直截

---

① 参见 Justus Lipsius, *Manuductionis ad Stoicam philosophiam libri tres*, Antwerp:Plantin-Moretus, 1604; *Physiologiae Stoicorum libri tres*, Antwerp:Plantin-Moretus, 1604。

② 详见 Jason Lewis Saunders, *Justus Lipsius*:*The philosophy of Renaissance Stoicism*, New York, NY:The Liberal Arts Press, 1955。

③ 参见 Enchiridion 5。

④ 参见 Michel de Montaigne, *Oeuvres completes*, Albert Thibaudet and Maurice Rat ed., Paris:Gallimard, 1962, pp.56 – 7。

⑤ 参见 *Tusculanae disputationes*, Ⅲ.71。

⑥ 参见 Michel de Montaigne, *Oeuvres completes*, Albert Thibaudet and Maurice Rat ed., Paris:Gallimard, 1962, p.61。

⑦ 参见 Epistulae LXXIV.4。

了当的斯多亚派观点：每个人的闲适或贫乏（l'aisance et l'indigence）取决于他们的意见。健康、名声和财富等外部事物只有我们赋予它们的价值。财富对我们无害也无益，只有我们的灵魂才是我们幸福或不幸的原因。① 虽然在他的讨论中从未提到斯多亚主义的名称，但他有意借鉴了斯多亚的文本以发展自己的观点。然而，对蒙田来说，这里和其他地方的最终裁断，取决于与他自己的经验有多大的一致性。只有在斯多亚派的观点与他自己的观点一致的情况下，他才会对这些观点表示赞同。

法国人纪尧姆·杜维尔（Guillaume du Vair, 1556—1621）介于利普修斯和蒙田之间。他和利普修斯一样，在哲学上信奉斯多亚主义，并且主要受到爱比克泰德而非塞涅卡的影响。和蒙田一样，他用地方语言写作；他首次将爱比克泰德的《道德手册》翻译成法语（1585 年译，1591 年出版）。他的作品《论在公共灾难中的坚定与安慰》（De la constance et consolation es calamitez publiques）于 1594 年出版，对应利普修斯的《论一致性》提供了一个地方语言版本。当时他最重要的作品是 1585 年的《斯多亚学派的道德哲学》（Philosophie morale des Stoïques）。杜维尔在给读者的开篇致辞中说，他在这部作品中呈现了他翻译的爱比克泰德中的相同材料，但他进行了将其拆散并以更系统的方式重新编排的尝试②，其结果更有条理，但远不是技术性的；杜维尔在其中贯穿了斯多亚伦理学的核心学说，涉及外在事物的作用，情感，以及按照理性、美德和自然生活的必要性。

现代学者经常将这一时期斯多亚主义的复兴称为"新斯多亚主义"，以表明它与古代斯多亚主义的不同之处。③ 人们常常声称"新斯多亚主义"不同于"斯多亚主义"，它涉及对斯多亚学说的各种修正，旨在使其被基督教受众接受。根据这种说法，"新斯多亚主义"的创始人是利普修斯。然而，我们所看到的基督教化的斯多亚主义版本早在利普修斯之前就已经很普遍了，而且他对斯多亚主义的描述的细节，总体上是忠实于古代斯多亚的。即便如此，这个标签还是确立了，并且经常被用于利普修斯、杜维尔和其他在 16 世纪末和 17 世纪初受惠于斯多亚主义的许多人④，比如皮埃尔·查伦（Pierre Charron, 1541—1603）、弗朗西斯科·德·奎维多（Francisco de Quevedo, 1580—1645）和雨果·格罗提乌斯（Hugo Grotius, 1583—1645）。这些新斯多亚派都在明显的基督教背景下借鉴和改编了

---

① 参见 Michel de Montaigne, *Oeuvres completes*, Albert Thibaudet and Maurice Rat ed., Paris：Gallimard, 1962, p.67。

② 参见 Guillaume Du Vair, *De la sainte philosophie*, *Philoosphie morale des Stoïques*, G. Michaut ed., Paris：Vrin.1945, p.61。

③ 亦参见 Gerhard Oestreich, *Neostoicism and the early modern state*, Cambridge：Cambridge University Press, 1982；Mark McClure Morford, *Stoics and Neostoics*：*Rubens and the circle of Lipsius*, Princeton, NJ：Princeton University Press, 1991；Jacqueline Lagrée, *Le néostoïcisme*, Paris, Vrin, 2010。

④ 参见 Jacqueline Lagrée, *Le néostoïcisme*, Paris, Vrin, 2010, 20-1。

斯多亚派的思想，就像前几个世纪里的其他人所做的那样。如果说有区别的话，这只是反映了文艺复兴早期和晚期斯多亚主义读者所处的完全不同的文化背景：14 世纪末的意大利不同于 17 世纪初的北欧。

影响与遗产

利普修斯的斯多亚手册于 1604 年出版，随后他编写的塞涅卡作品于 1605 年出版；次年他就去世了。在那 10 年里，还出版了一些其他的早期斯多亚学术著作。在波兰，亚当·布尔修斯（Adam Bursius）在他的《西塞罗辩证法——主要源于斯多亚学派观点》（*Dialectica Ciceronis … maxime ex Stoicorum sententia*, 1604）中，对斯多亚派的认识论和逻辑学进行了全面研究。在此他涵盖了从逻辑的说明及其在斯多亚体系中的地位，到认识论（Aisthêsis、katalêpsis、sunkatathêsis），再到模态逻辑和斯多亚的三段论的主题。虽然只是关于西塞罗文章的评论，但布尔修斯在讨论中充分利用了广泛的希腊文和拉丁文资料，包括第欧根尼·拉尔修、普鲁塔克、盖伦和希腊的亚里士多德评注者。布尔修斯的书对同年出版的利普修斯关于斯多亚伦理学和物理学的手册形成了自然的补充，尽管它的知名度可能低得多。次年，伊萨克·卡索邦（Isaac Casaubon）出版了他编写的著名的斯多亚派诗人珀修斯的作品①，其中包括对斯多亚派学说许多方面的讨论的大量评论文章。卡斯帕·西奥普斯（Caspar Scippius）的《斯多亚道德哲学要义》（*Elementa philosophiae Stoicae moralis*, 1606）于次年印刷出版。西奥普斯是一位德国人文主义者，曾与利普修斯通信，论证斯多亚道德哲学的教育益处，试图改革天主教教育，特别是挑战耶稣会的亚里士多德课程。他呼应彼特拉克，将亚里士多德的道德理论与斯多亚的实践哲学作了对比，认为前者只是教人什么是善，后者则是训练人们变得善。斯多亚哲学不是沉思性的，而是像音乐和医学一样，是一种必须付诸实践的技艺。因此，掌握这门技艺不仅需要研究哲学学说，还需要进行精神的训练。② 他还声称，斯多亚主义实际上比亚里士多德的学说同基督教更加兼容。因此，在寻找道德教育的基础时，斯多亚主义应该比亚里士多德更值得选择。③ 就在几年后，丹尼·海因修斯（Daniel Heinsius）在他的演讲"论斯多亚哲学"中赞扬了斯多亚主义。④ 这个文本并不是对斯多亚学术的真正贡献，只是对斯多亚智慧的一种

---

① 参见 Casaubon. I. *Auli Persi Flacci Satirarum Liber*, Paris：Ambrosium & Hieronymum Drovart, 1605。

② 参见 Caspar Scioppius, *Elementa philosophiae Stoicae moralis*, Mainz：Ioannis Albini. 1606, 18r。

③ 详见 Jill Kraye, *Teaching Stoic moral philosophy*：*Kaspar Schoppe's Elementa philosophiae Stoiciae moralis* (1606). In *Scholarly knowledge*：*Textbooks in early modern Europe*, E. Campi et al. ed., Geneva：Droz, 2008, pp.249 - 283。

④ 参见 Daniel Heinsius, *Orationes*, Leiden：Ludovic Elzevir, 1612, pp.131 - 192。

推荐。尽管如此,这也反映了 17 世纪初对斯多亚主义兴趣的增加。① 于是,此时斯多亚主义的所有相关希腊文和拉丁文资料都易于印刷,而且有一个小小的但不断扩大着的二级文献群,为读者提供了关于斯多亚错综复杂的体系的指南。同时,利普修斯、杜维尔和蒙田的作品的流行也在继续提醒读者,斯多亚主义也提供了关于如何生活的非常实用的指导。

文艺复兴时期对斯多亚主义兴趣和复兴的最重要遗产,是确认了斯多亚哲学和基督教教义最终是不相容的。这件事的确认是由许多人对塞涅卡的文本进行的语言学工作奠定基础的,最终区别开了塞涅卡与其父,区别开了这位道德论者与悲剧作家,并判断出了一系列次要作品为伪作。最重要的是否认了塞涅卡与圣保罗之间通信的真实性。关于塞涅卡的古代传记的复原并不总是讨喜的,这对塞涅卡作为原基督教圣徒的中世纪形象是个挑战。然而,因为关注点从晚期罗马斯多亚派的道德论者,转移到了雅典斯多亚派的芝诺和克利希波斯的学说,最终这一问题由此得到了解决。随着所有可用的证据或多或少在手,还越来越多地被筛选分类,读者们可以清楚地知道,尽管存在许多关于上帝和天意的谈论,但雅典斯多亚派和他们同时代的伊壁鸠鲁派一样,都是唯物论者。当他们谈论上帝,他们仅仅指称自然。虽然他们谈论天意,但这也仅仅是机械的命运的代称。随着 17 世纪的思想发展,"斯多亚学派"成为反对托马斯·霍布斯②和斯宾诺莎③等哲学家的滥用术语。更早的关切也留存着:借鉴奥古斯丁传统的哲学家,如布莱斯·帕斯卡(Blaise Pascal)和尼古拉斯·马勒布朗士(Nicolas Malebranche),他们对斯多亚主义持严厉批评的态度,分别攻击了爱比克泰德和塞涅卡,因为他们声称人类的幸福是在个人的能力之内,不需要上帝的恩典。而到了 18 世纪,斯多亚主义已经成为无神论的一种形式④,也是现代异教的典型⑤。杰出的启蒙哲学家德尼·狄德罗(Denis Diderot)就既钦佩塞涅卡的异教美德,又欣赏斯多亚主义的唯物论和无神论。如果没有文艺复兴时期的语言学工作和哲学辩论,所有这些都是不可能发生的。

---

① 参见 Giovanni Santinello, *Models of the history of philosophy*:*From its origins in the Renaissance to the 'Historia philosophiica'*,Dordrecht:Kluwer, 1993, p.131。

② 由 Bramhall 提出,见 John Bramhall and Thomas Hobbes, *The questions concerning liberty*,*necessity*,*and chance*. London:Andrew Crook, 1656, p.195。

③ 由 Vico 提出,见 Giambattista Vico, *Principi di scienza nuova*, 3rd edn. Naples:NellaStamperia Muziana.1744, 1:116。

④ 参见 Christopher Brooke, *Philosophic pride*:*Stoicism and political thought from Lipsius to Rousseau*, Princeton, NJ:Princeton University Press, 2012, pp.127 – 148。

⑤ 参见 Peter Gay, *The Enlightenment*,*an interpretation*:*The rise of modern paganism*, New York:Knopf, 1966, pp.295 – 304。

Stoicism in the Renaissance

John Sellars

【Abstract】 The ancient philosophy of Stoicism found both admirers and critics during the Renaissance. Early humanists such as Petrarch and Coluccio Salutati admired many aspects of Stoic philosophy, based on their reading of Cicero and Seneca. Seneca attracted much humanist attention and was the subject of biographies and commentaries. However Stoicism also had its critics, from Lorenzo Valla, adopting an Epicurean point of view, to Marsilio Ficino, defending his own Platonic position. The recovery and translation of Greek authors such as Diogenes Laertius and Epictetus expanded knowledge of the Stoa. Whereas early humanists associated Stoicism with Cicero and Seneca, later generations returned Zeno and Chrysippus to centre stage. Seneca remained important, even after the correspondence with St. Paul was dismissed as spurious, and attracted the attention of Erasmus, Jean Calvin, and Justus Lipsius. It was with Lipsius that the fortunes of Stoicism changed dramatically. His *De constantia* founded what has come to be called Neostoicism, while his two Stoic handbooks published in 1604 brought together for the first time more or less all the surviving evidence for Stoic philosophy. His contemporaries Michel de Montaigne and Guillaume Du Vair presented Stoic ideas in the vernacular and re-emphasized the practical orientation of Stoicism. The early seventeenth century saw a flurry of scholarly studies by Adam Bursius, Caspar Scioppius, and Isaac Casaubon alongside those of Lipsius. Throughout the period a continual theme was the compatibility of Stoicism with Christianity; by the end of the period they were firmly disconnected, paving the way for eighteenth-century presentations of Stoicism as a form of materialism and atheism.

【Keywords】 Stoicism, Humanists, Epicurean, Materialism, Atheism

克利西波斯的属己学说与斯多亚主义自然哲学

陈斯一 ①

【摘要】斯多亚学派的属己学说是斯多亚伦理学的重要组成部分,其理论意义相当于柏拉图和亚里士多德的活动论证,体现出一种典型古希腊式的追问人类本性从而论证人类德性的伦理学思路。本文通过分析克利西波斯的属己学说,并联系斯多亚主义自然哲学和宇宙论的整体框架,以便澄清克利西波斯对于人在宇宙中的地位和使命的理解,力图揭示出斯多亚伦理学的独特取向。

【关键词】斯多亚主义,克利西波斯,属己,自然,技艺

引言:从活动论证到属己学说

在斯多亚学派的伦理学中,"属己"(οἰκεῖος)概念发挥着极为重要的作用。斯多亚主义者认为,自然万物都具有"属于"自身的本性,这种本性会促使事物追求"属于"自身的目的和善,人也不例外。因此,要理解人的目的和善,并由此出发论证人类生活的伦理规范,我们就需要研究人区别于其他事物的属己本性。这种追问属己本性和属己之善的伦理学思路是古希腊伦理学的固有传统,比如在柏拉图和亚里士多德的伦理学论述中,我们也经常能够读到"οἰκεῖος"一词,它虽然尚未成为专有概念,但是已经被广泛使用,而且是论证不可或缺的组成部分。例如,在《理想国》第一卷的尾声,柏拉图提出了著名的活动论证②来为德性辩护,他说,正如眼睛如果缺乏它"特有的德性"(οἰκείαν ἀρετήν)就无法良好地履行它的"活动"(ἔργον),人的灵魂想要良好地履行它的"诸活动"(ἔργα),也需要拥有"专属于它的德性"(οἰκείας ἀρετῆς)。③ 一般认为,柏拉图的这个论证是亚里士多德在《尼各马可伦理学》第一卷第七章提出的更加著名的活动论证的前身。和柏拉图一样,亚里士多德也在人类的"活动"和人类灵魂的"德性"之间建立

---

① 作者简介:陈斯一,北京大学外国哲学研究所研究员,北京大学哲学、宗教学系长聘副教授,山东大学古希腊思想研究中心客座研究员。

② 该论证围绕"ἔργον"这个概念展开,常被称作"功能论证",然而,笔者认为"ἔργον"不应译为"功能",而应译为"活动"。

③ 柏拉图:《理想国》,353b – e,整个论证参阅 352d – 354a。本文的引文除特别注明,其余皆为笔者的翻译。

起本质关联,最终将幸福定义为"灵魂的符合德性的现实活动"。① 在其论证中,虽然亚里士多德使用"ἴδιος"而非"οἰκεῖος"来指人"独特"的活动和德性,但是在第六卷第二章对于活动论证的回顾和概括中,他谈到"任何事物的德性都是相对于它的特有活动(τὸ ἔργον τὸ οἰκεῖον)而言的"。② 由此可见,在自然万物之中追问属于人的独特本性,进而基于人的独特本性,推论出人为了实现符合自身本性的善应该如何生活,这是古希腊伦理学的一贯思路。在这个意义上,斯多亚学派的属己学说是对古希腊伦理学传统的一种继承和发展。

不过,若仔细对比斯多亚属己学说和相对应的传统学说的具体论述,我们会发现一些重要的区别,由此亦可窥见希腊化伦理学与古典伦理学的一些关键差异。我们不妨遵循学术界的主流意见,将亚里士多德的活动论证视作古典伦理学追问人类本性的典范。亚里士多德论证的大前提是,"对于任何具有活动的事物而言,它的善都在于以符合德性的方式完成它的活动",从这个大前提出发,要得出最终的幸福定义,实际上只需要两个逻辑步骤,那就是首先确定人是具有活动的,其次确定人独有的活动是什么。为了完成第一个步骤,亚里士多德使用了两个类比:

> 那么,是否木匠和皮革匠具有某种活动或者实践(ἔργα τινὰ καὶ πράξεις),人却没有,难道人天性就不具备活动(ἀργὸν πέφυκεν)吗? 或者,是否正如眼睛、手、足和身体的各个部分显然都具有某种活动,我们应该认为,人也同样具有某种额外于所有这些活动的活动?③

尽管没有使用"οἰκεῖος"一词,但是亚里士多德的论证目标显然是"人具有专属于自身的独特活动",不过,也正因为如此,这两个类比论证是备受诟病的。从工匠(人能够从事的职业)和器官(人身体的部分)具有专属于它们的独特活动,在逻辑上并不能推论出人就其自身而言也具有专属于自身的独特活动。不过,亚里士多德接下来将人之为人特有的活动确定为灵魂中"具有理性的部分"和"能够听从理性的部分"相互配合的活动,这能在很大程度上弥补上一个论证步骤的不足,因为我们得知,人之为人的特有活动并非一

---

① 亚里士多德:《尼各马可伦理学》,1097b22 - 1098a18,在最终的定义中,"现实活动"(ἐνέργεια)一词的词根就是"活动"(ἔργον)。
② 亚里士多德:《尼各马可伦理学》,1139a16 - 17。
③ 亚里士多德:《尼各马可伦理学》,1097b28 - 33。

种被限定在具体领域内的活动（例如工匠的活动），也并非某种工具性的活动（例如眼睛的活动），而是体现出人类理性本质的活动方式。① 换句话说，亚里士多德提到工匠和器官的用意恰恰是想要说明人虽然像工匠和器官那样具有活动，但是人的活动不同于工匠和器官的活动。纵观整部《尼各马可伦理学》，我们会发现，这一点实际上非常重要：亚里士多德认为人类本质活动是目的在自身之中的实践，而非工具性的制作，因此，工匠的活动尽管展现了技艺的智慧，但是这种活动并非人类的本质活动；进一步讲，人类本质活动的最高可能性就是目的在最高程度上内在于自身的理智沉思，这是哲学家纯粹个人的自足活动，而不是服务于政治共同体的活动，例如公民和政治家的活动，因此，最高的人类活动无论如何也不能被类比于器官的活动。

如果我们以亚里士多德的上述论证及其伦理学总体观点作为古典伦理学的代表，考察斯多亚学派的属己学说及其伦理学指向，会发现在亚里士多德的论证中仅仅起到类比作用的"工匠"和"器官"，在斯多亚思想中将会成为实质性的伦理学和自然哲学观念：在某种意义上，人类伦理规范就是一种自我制作的技艺，而人在宇宙中的地位确实可以类比于器官在身体中的地位，这是因为宇宙本身既是一个自我制作的神圣工匠，也是一个至大无外的理性生命体。有学者指出，斯多亚哲学体系的内在统一性要远远胜过柏拉图、亚里士多德的古典哲学体系②，这使得斯多亚伦理学与斯多亚自然哲学和宇宙论紧密结合在一起，这反过来决定了斯多亚伦理学的独特主张。因此，想要深入理解斯多亚学派的属己学说并充分把握斯多亚哲学家心目中专属于人类的本性和德性，我们必须从斯多亚自然哲学和宇宙论的整体架构出发。

本文将以斯多亚主义者克利西波斯（Chrysippus）的属己学说为例，细致分析其阐述属己学说的论证文本，尤其是"οἰκεῖος"一词以及其他相关词汇（总称为"οἰκεῖος"语汇）的运用，并联系斯多亚学派的自然哲学原理和宇宙论学说，力图澄清斯多亚学派属己学说的伦理主张和伦理规范。

一、斯多亚学派的属己学说：以克利西波斯为例

斯多亚学派的属己学说主要见于三种文本：第欧根尼•拉尔修在《名哲言行录》中对

① 亚里士多德实际上将人特有的活动界定为实践理性和欲望的互动，也就是选择；人在本性上是一种具有选择的存在。见陈斯一：《从政治到哲学的运动：〈尼各马可伦理学〉解读》，上海：三联书店，2019 年，第 15—16 页。
② 这里提到的"统一性"并非对于学说优劣的判断，而是对于理论结构的描述。关于斯多亚哲学的统一性，参考 Katerina Ierodiakonou," The Stoic Division of Philosophy", *Phronesis* Vol. 38, No. 1（1993）, pp.57—74。

克利西波斯观点的概括；西塞罗的《论善恶之极》(*De finibus bonorum et malorum*)①第三卷；斯多亚主义者希洛克勒斯(Hierocles)的阐述。本文将集中分析第一种关于克利西波斯的论述，因为西塞罗和希洛克勒斯的论述与自然哲学关系不大，且更加侧重属己学说的社会政治方面。克利西波斯的论述聚焦于人作为个体生命的自然本性，并且更明确地揭示出属己学说的自然哲学和宇宙论背景，因而更加符合本文的论题。第欧根尼·拉尔修的概括全文如下：

斯多亚学派提出，动物的首要冲动是自我保护，因为从一开始，自然就让它归属于自身($oικειούσης\ αὑτῷ\ τῆς\ φύσεως$)。正如克利西波斯在《论目的》第一卷所言："对于每种动物来说，首要的属己之物($πρῶτον\ οἰκεῖον$)就是自身的构成以及它对此的感知"。这是因为自然既不可能令一个动物自身与自身疏远($ἀλλοτριῶσαι\ ...\ αὑτὸ\ <αὑτῷ>$)，也不可能造出它来，却既不令它归属于自身，也不令它疏远于自身。因此，我们只能认为，自然造出动物是让它归属于自身($οἰκειῶσαι\ πρὸς\ ἑαυτό$)，这就是为什么动物避开对它有害的东西，追求对它合适的东西($τὰ\ οἰκεῖα$)。

有些人主张，动物的首要冲动是追求快乐，斯多亚学派认为这种观点是错误的。这是因为快乐只是一种副产品，当且仅当自然凭靠自身而追求并获得生命所需之物，快乐才会出现，如动物在欢快嬉闹或植物在繁茂生长时。他们还说，自然对待植物和动物并无差别，因为它也管理($οἰκονομεῖ$)植物的生命，尽管它们没有冲动和感官，正如在我们身上也存在某种植物性的现象。但由于动物拥有额外的冲动，并且凭靠冲动而四处追求对它们合适的东西，对它们来说，遵从自然的管理($διοικεῖσθαι$)就意味着遵从冲动。又由于理性依据更加完美的安排而被赋予理性的存在，遵循理性的生活就被正确地认为是符合自然的，因为理性就像工匠($τεχνίτης$)一般附加在冲动之上。②

让我们仔细分析上述引文。从整体逻辑来看，克利西波斯的思路和柏拉图、亚里士多德完全一致，即首先确定人的独特本性（这是引文的主要任务），然后依据人的独特本性推论出人为了实现符合自身本性的善而需要何种德性（这是第欧根尼·拉尔修在后文中

---

① 关于该著作标题的翻译，参见[古罗马]西塞罗：《图斯库路姆论辩集》，顾枝鹰译，上海：华东师范大学出版社，2022年，第329页。

② 第欧根尼·拉尔修：《名哲言行录》，7.85－86，笔者的翻译。

概括的斯多亚伦理学的主要内容)。不过,克利西波斯的论述有一个明显的特点,那就是对于"οἰκεῖος"以及相关词汇的运用。柏拉图和亚里士多德也使用"οἰκεῖος"语汇来表达人所"特有"的活动和德性,而在克利西波斯笔下,"οἰκεῖος"语汇的意义变得更加丰富,几个同词源形容词和动词的字面义和引申义被交织在一起,成为核心的论证线索。

首先,克利西波斯认为动物的首要冲动是自我保存,而在这一则简单的论述中,他相继使用了动词"οἰκειούσης"和"οἰκειῶσαι"、名词化形容词"οἰκεῖον"和"οἰκεῖα"来组织他的论述。① 克利西波斯提出,动物之所以会产生自我保存的冲动,是因为自然"让它归属于自身",这里的谓语"让……归属于"是通过动词"οἰκειόω"的分词"οἰκειούσης"和不定式"οἰκειῶσαι"来表达的。动词"οἰκειόω"的基本含义是"让……归属于自己",它的词根是"οἰκεῖος",而这个词本身又源自名词"οἶκος"("家"),故其基本含义为"自家的",引申为"属己的""合适的"。在克利西波斯的行文中,"让……归属于"的主语是"自然",宾语包括直接宾语"它"和间接宾语"自身",二者指的都是动物,该动词的结果便是,自然让动物归属于它自身,即"它自身的构成以及它对此的感知"对于动物来说成为"首要的属己之物"(πρῶτον οἰκεῖον),既然如此,动物就会自然而然地追求对它而言"合适的东西"(τὰ οἰκεῖα),这种追求所体现的就是自我保存的冲动,也就是动物的本性。

经由初步的分析,我们已经能够看出克利西波斯和柏拉图、亚里士多德在"οἰκεῖος"语汇用法上的区别:后两位通常运用"οἰκεῖος"语汇来描述事物的本性,他们会说动物"特有"(οἰκεῖον)的活动是自我保存,而克利西波斯则运用"οἰκεῖος"语汇来解释事物何以具有这种本性,比如动物的首要冲动之所以是自我保存(在这样描述动物本性的时候并未使用"οἰκεῖος"语汇),是因为自然让它"归属于"(οἰκειούσης、οἰκειῶσαι)自身,从而使得它对于它自身而言成为"属己之物"(οἰκεῖον),它为保存这属己的自身而追求对它而言"合适的东西"(τὰ οἰκεῖα)。也就是说,"οἰκεῖος"语汇在柏拉图和亚里士多德那里是描述性用语,而在克利西波斯这里是解释性用语,具有了更加重要的理论地位,并且通过动词和名词化形容词的配合,"οἰκεῖος"语汇将"自然""动物的本性""动物的行为"等观念串联了起来,成为贯穿性的概念线索。我们看到,整个论述思路的关键起点在于作为主体的自然,尽管克利西波斯在此处并未以一种拟人的方式谈论自然,也没有明确将自然

---

① 在语法上,"οἰκεῖον"和"οἰκεῖα"是形容词"οἰκεῖος"的中性单数和复数,不过在古希腊语的用法中,中性形容词往往可作为名词使用,是名词化形容词,故笔者分别译为"属己之物"和"合适的东西"。

理解为某种造物者,但是自然作为"οἰκειόω"之主语的地位是毫不含混的。

其次,在引文第二段中,克利西波斯看似开启了新的话题(反驳"动物的首要冲动是追求快乐"),实则是在进一步阐述动物的本性,并利用快乐的话题引出对于人类本性的伦理学论述。动物的首要冲动不在于追求快乐,而在于自我保存,快乐只是在成功实现自我保存的过程中出现的副产品,例如动物吃饱喝足之后会欢快嬉闹,该现象的本质并不是"动物为了欢快嬉闹而进食饮水",而是"动物为了生命健全而进食饮水,随带享受快乐"。为论证该观点,克利西波斯对动物和植物进行比较:植物没有冲动和感官,无法享受快乐,但是植物显然也会为了自我保存而追求对于它们合适的东西,比如枝叶向着阳光生长、根系朝着土壤深处延伸。事实上,在动物和人类身上也存在植物性的生命活动,例如各种激素的分泌和调节、毛发和指甲的生长等,这些生命活动也都不包含快乐的感受,但同样是为了生命的自我保存。尽管在这个段落中,克利西波斯没有再频繁使用"οἰκεῖος"语汇,但是他希望传达的正是:在"οἰκεῖος"语汇所表达的生命活动的层面,"自然对待植物和动物并无差别,因为它也管理(οἰκονομεῖ)植物的生命",这句话的关键是动词"οἰκονομεῖ",它的词根为"οἶκος",因而也属于"οἰκεῖος"语汇,其字面意义为"管理家务"。克利西波斯接着说,动物遵从自我保存的冲动就是在"遵从自然的管理"(διοικεῖσθαι),此处"διοικεῖσθαι"也是以"οἶκος"为词根的动词,其字面意义几乎与"οἰκονομεῖ"完全相同,故笔者同样译为"管理"。克利西波斯对于"管理"这个以"自然"为主语的规范性观念的使用表明,第二段引文的论述不仅将动物和植物的本性统合在"οἰκεῖος"语汇所表达的生命活动之中,而且更加明确地将自然的主体地位也纳入"οἰκεῖος"语汇的意义系统之内:动植物的本性都在于追求"τὰ οἰκεῖα",从而保存它们的"πρῶτον οἰκεῖον"。之所以如此,是因为自然让它们"归属于"(οἰκειούσης、οἰκειῶσαι)自身,而这就是自然对于它们的"管理"(οἰκονομεῖ、διοικεῖσθαι)。如果我们将论述还原为"οἰκεῖος"语汇所携带的意象("家""自家"),那么两段论述的区别可以被表述为:在第一段论述中,尽管是自然赋予生命以本性,但是每个生命都是自身的"家",它归属于自身、保存自身、追求对自身而言合适的东西,因为这一切都是它"自家的";而在第二段论述中,自然成了"家"的主人,自然赋予生命以自我保存的本性,这一点被表述为自然在"管理家务",每个生命保存自身的"小家"服从于整个自然对"大家"的管理。正是通过对于"οἰκεῖος"语汇的推进和扩展,克利西波斯为他的属己学说提供了一个整体性的目的论自然观:一切生命都追求各自的属己目的,其根源在于作为整全的自然追求它自身的属己目的。

最后,克利西波斯从植物、动物过渡到人,整个过渡被描述为生命以不断叠加的方式来实现各自的属己目的。植物不带感官欲求地追求属己之物,动物凭靠"额外的冲动"而更加主动地"四处追求"属己之物,人则"依据更加完美的安排"而被赋予了理性,因此,人应该凭靠理性去追求属己之物。在保持形式上的共通性的同时,克利西波斯也揭示出人与其他生命的区别,尤其是与动物的区别,而这里的关键在于人应该如何面对冲动:动物遵循冲动的生活是符合自然的,但是这仅限于动物;植物符合自然的生活无需冲动,而人符合自然的生活应该超越冲动,"因为理性就像工匠(τεχνίτης)一般附加在冲动之上",所以作为伦理主体的人应该像工匠把木头制作成桌子、把石头雕刻成神像那样,运用理性去"形塑"冲动,在自己身上培育出德性,而这才是人的属己之物。显然,从动植物到人,生命依据其本性而追求的属己之物发生了从"自我保存"到"德性"的飞跃,不过,克利西波斯的论述维持着"所有生命皆追求属己之物"这个贯穿全体自然秩序的形式原则,从这个原则出发论证人的独特本性和独特目的。这种论述思路的合理性仍然在于,克利西波斯已经在两段引文的主体部分运用"οἰκεῖος"语汇建立了一个以属己为核心的目的论自然观,包括人在内的所有生命都需要通过追求各自的属己目的来服从自然整全的属己目的。同时,也正是利用这个目的论自然观的语义系统,克利西波斯在保持不同生命之间形式共通性的同时,最终通过一个绝伴的比喻凸显出人与其他生命的实质差异性:在人身上,理性与冲动的关系就像是工匠与原材料的关系,也就是说,在自然秩序中,从植物、动物上升到人的层次,就必然需要通过技艺来成全自然。人的自然生命内在包含了技艺的维度,以至于可以说,在伦理的意义上,人就自然而言是一种技艺的动物。① 在克利西波斯的比喻中,作为喻体的技艺是工匠制作桌子或神像之类的产品,而作为本体的技艺则是人塑造自身的灵魂而制作出德性,或者把自身的生命塑造为一种对于人而言符合自然、拥有至善的生命。人之所以需要通过理性的技艺来完善自然的本性,就是因为在整个自然秩序中,理性对于人而言是真正属己的。

至此,我们已经能够发现克利西波斯的属己学说与柏拉图和亚里士多德的活动论证的重要差异:柏拉图和亚里士多德仅仅在通常意义上使用"οἰκεῖος"一语,用以界定人独特的本性和德性,这种界定无需明确以关于自然整体的哲学理论为前提,而在克利西波斯的论述中,对于人的独特本性和德性的界定,最终取决于作为"οἰκεῖος"语汇之主体、以管理家务的方式管理着所有生命的自然。正如朗和赛得利(A. A. Long & D. N. Sedley)所

---

① 正如在政治的意义上,"人就自然而言是一种城邦的动物"(亚里士多德:《政治学》,1252b30-31)。

言,斯多亚属己学说的"论证力量源自关于自然之整体的目的论预设,而这等同于所有个别自然的总和与它们的创生或组织原则"。① 因此,想要深入理解克利西波斯的属己学说,我们首先需要理解斯多亚主义自然哲学和宇宙论的基本框架。

二、斯多亚学派的自然哲学:作为神圣工匠和理性生命的宇宙

在其影响深远的论文《希腊思想中作为工匠的自然》中②,索伦森(Friedrich Solmsen)分析了从柏拉图、亚里士多德到斯多亚学派的自然观,他指出,柏拉图在《蒂迈欧篇》中提出作为造物主的神圣工匠概念,这是一种从外部塑造自然的理智原则,而亚里士多德一方面反对柏拉图的创世论,另一方面继承了柏拉图理解自然秩序的技艺模式,并将技艺模式以去理智化的类比方式引入自然内部。③ 最终,斯多亚学派将柏拉图的理智造物主观念和亚里士多德关于技艺与自然的内在类比结合起来,形成了一种神圣理智自我制作的宇宙论。索伦森的分析是非常准确的,不过,斯多亚学派宇宙观的另一个特征同样值得重视,那就是将宇宙严肃地理解为一个理性的动物。正如哈姆(David Hahm)正确指出的,"芝诺的斯多亚宇宙生成论以下述信念为前提:宇宙是一个活的动物,以动物生成的方式生成"。④ 由于宇宙是至高无上的,因而宇宙必然是有理性的生命,又由于宇宙是至大无外的,因此,宇宙不是由别的生命,而是由自己生育出来的。由此可见,在斯多亚学派看来,宇宙既是一个自我制作的神圣工匠,又是一个自我生育的理性生命体。笔者认为,这种宇宙观是斯多亚属己学说的自然哲学基础。

让我们首先分析宇宙作为生命体的方面。第欧根尼·拉尔修保存了斯多亚学派对于宇宙生成的阐述:"正像在动物的繁衍中种子($\sigma\pi\acute{\epsilon}\rho\mu\alpha$)有湿润的媒介,在宇宙的湿气中,作为宇宙孕育($\sigma\pi\epsilon\rho\mu\alpha\tau\iota\kappa\acute{o}\nu$)之原理的神仍留在湿气中作为施动者,根据自身来调节质料以便进行下一步的创造。接着他首先生育($\acute{\alpha}\pi o\gamma\epsilon\nu\nu\acute{\alpha}\nu$)四种元素……"⑤基于他对斯多亚宇宙生成论和同时代古希腊生物学(尤其是亚里士多德生物学)的详尽比较,哈姆指

---

① A. A. Long & D. N. Sedley, *The Hellenistic Philosophers*, Vol. 1: Translations of the Principal Sources, with Philosophical Commentary, Cambridge University Press, 1987, p.351.

② Friedrich Solmsen, "Nature as Craftsman in Greek Thought", *Journal of the History of Ideas*, Vol. 24, No. 4 (1963), pp.473 – 496.

③ 关于柏拉图和亚里士多德在自然观和技艺观方面的比较,参考陈斯一:《从柏拉图的容器到亚里士多德的质料》,《清华西方哲学研究》,2019 年第 1 期。

④ David Hahm, *The Origins of Stoic Cosmology*, Ohio State University Press, 1977, p.82.

⑤ [古希腊]第欧根尼·拉尔修:《名哲言行录》,马永翔,赵玉兰,等译,长春:吉林人民出版社,2003 年,第 457 页,部分字句有调整。

出,斯多亚学派对于"种子"和"湿气"等观念的提及确实深受当时生物学的影响,而且从上述引文的措辞来看(特别诸如"孕育"和"生育"这样的语汇),斯多亚主义者确实试图运用生物繁衍的理论来解释宇宙的生成。① 在《蒂迈欧篇》中,柏拉图也曾使用生育的模式来解释宇宙的生成,他提出永恒完美的"理智模型"是父亲,出自必然性的"容器"或"空间"是母亲,而宇宙是二者生育的孩子。② 不过,宇宙的生育对于柏拉图来说是一个比喻,对于斯多亚学派来说则是现实。进一步地讲,在柏拉图的比喻中,"父亲"和"母亲"作为宇宙生成的原则都外在于宇宙这个"孩子",但是在斯多亚学派的思想中,这三者是合而为一的,宇宙是自我孕育和生成的生命体。

为了更深入地理解这一点,我们需要转入斯多亚宇宙论的另一个方面:宇宙是自我制作的神圣工匠。让我们回到第欧根尼•拉尔修的叙述。在提到斯多亚学派对于宇宙生育过程的解释之前,他已经交代了斯多亚主义自然哲学的根本原则,"宇宙有两种原则:主动原则和被动原则。被动原则是没有性质的实体,即质料(ὕλην);而主动原则是内在于这种实体的理性,即神(θεόν),因为他是永恒的,并且在整个质料范围中作为工匠创造出(δημιουργεῖν)所有的个别事物"。③ 从这段话可以看出,斯多亚学派认为宇宙的生成是一位神圣的工匠将原初质料制作成所有个别事物的过程,这些个别事物的总和就是宇宙。这种宇宙生成论和柏拉图在《蒂迈欧篇》中提出的创世论在根本理念上是一致的,但是斯多亚主义者特别强调神和质料的统一性,二者作为宇宙的主动原则和被动原则是一体两面的。神就"内在于"质料,因此,神将质料制作成个别事物的过程就是一个"自我制作"的过程。这个过程的第一步就是第欧根尼•拉尔修随后谈到的"作为宇宙孕育之原理的神……生育四种元素"。

根据第欧根尼•拉尔修的概括,斯多亚主义者认为神作为孕育者从自身所是的质料中生育出四大元素,同时,他们又认为神作为工匠将自身所是的质料制作成个别事物,四大元素就是个别事物的切近质料,而作为质料的元素成为个别事物的过程,就是神通过生育和制作而赋予它们以各式各样的形式的过程。由此可见,在斯多亚学派的自然哲学中,生育模式和技艺模式是阐述宇宙生成论的两个角度,二者是相互配合、合二为一的。事实上,运用技艺模式来解释生物繁衍是亚里士多德生物学的思路④,斯多亚主义者在这方面

① Hahm, *The Origins of Stoic Cosmology*, p.57 ff.
② 柏拉图:《蒂迈欧篇》,50d。
③ [古希腊]第欧根尼•拉尔修:《名哲言行录》,马永翔,赵玉兰,等译,长春:吉林人民出版社,2003年,第456页。部分字句有调整。
④ 参阅亚里士多德:《论动物的生成》,2.4.738b9-21;4.1.766a15,771b18-23。

深受亚里士多德的影响,同时,他们又将这种思路和柏拉图的创世论结合了起来,将亚里士多德原本用于解释动植物生成的理论拓展成了一套宇宙生成论,从而完成了技艺模式和生育模式对于宇宙论的整体性内在化渗透:宇宙既是自我制作的工匠,又是自我生育的生命。①

　　然而,不同于亚里士多德的是,斯多亚主义者认为宇宙作为一个整体是有理性的。根据西塞罗在《论诸神的本性》(*De Natura Deorum*)中的记载,芝诺提出两个论证来证明宇宙是有理性的:首先,有理性的存在要优越于没有理性的存在,宇宙是最优越的存在,因此宇宙是有理性的;其次,没有理性的存在不能生育出有理性的存在,宇宙生育出了有理性的存在,因此宇宙是有理性的。第二个论证对于本文关心的问题来说至关重要,芝诺还用一个生动的类比来增强这个论证的力度:如果从橄榄树上长出了笛子和竖琴,我们就一定会认为橄榄树是具有音乐知识的,既然如此,生育出理性存在的宇宙当然是有理性的。② 尽管橄榄树长出乐器是一个反事实的假设,但是芝诺想要表达的意思是,虽然橄榄树并不能长出乐器,但是宇宙确实生育出了人,因此,虽然橄榄树没有音乐知识,但是宇宙确实具有理性。由此可见,芝诺不光认为包括人在内的自然万物都是由宇宙生育而出的,而且将宇宙和人的关系完全类同于树木和枝叶的关系——宇宙是一个有机整体,人是宇宙的一部分,正如器官是生命体的一部分。③ 芝诺的观念在斯多亚学派的第二任领袖克里安西斯(Cleanthes)那里得到了更明确的表述:"灵魂渗透整个宇宙,我们分参了其中一部分,因此也具有灵魂。"④同时,怀疑论者塞克斯都·恩彼里克(Sextus Empiricus)保存了这样一则斯多亚派论证:正如当我们看到美丽的铜像,就会认为它是由某个匠人所造,当我们看到宇宙整体之美,我们也应该认为它是由渗透于全宇宙的神圣力量所创造的。⑤ 这个从技艺出发的论证与芝诺、克里安西斯从生命出发的论证相互配合,共同强调宇宙作为整体是有理性的。

　　在笔者看来,本节的分析印证了朗和赛得利的洞见:克利西波斯属己学说中的"自然"既是"所有个别自然的总和",也是"它们的创生或组织原则",因为作为整体的自然或宇宙既是一个将所有个别生命作为器官囊括于自身之中的生命体,又是一个设计与安排

---

① 正如朗和赛得利所言,"神的生命历史和他所创造的世界的历史是完全合一的"。(Long & Sedley, *The Hellenistic Philosophers*, p.277)

② 西塞罗:《论诸神的本性》,2.22。

③ Hahm, *The Origins of Stoic Cosmology*, pp.136 - 138.

④ *Stoicorum Veterum Fragmenta* 1.495.

⑤ *Stoicorum Veterum Fragmenta* 2.311.

总体自然秩序的神圣工匠。将这种宇宙论与克利西波斯的属己学说结合起来,我们就能澄清斯多亚伦理学的自然哲学根基与斯多亚自然哲学的伦理学意义。

三、斯多亚属己学说与斯多亚自然哲学的关系

首先,让我们分析斯多亚思想中宇宙作为理性生命体的伦理意义。我们已经在克利西波斯的属己学说中看到,作为整体的自然是"οἰκεῖος"语汇的主体,它让动植物和人以各自不同的方式"归属于"自身,并像统治家务一样"管理"所有的生命。结合斯多亚主义自然哲学对宇宙的实际理解,我们应该认为,克利西波斯的用语并非仅仅是修辞。西塞罗在《论诸神的本性》中这样概括斯多亚学派的自然目的论:"大地出产的作物和水果是为了动物,动物是为了人(马是为了运输、牛是为了耕地、狗是为了狩猎和守卫),而人的出现是为了观看和模仿自然,人并不完美,而只是完美整体的极小部分。"①卡尼阿德斯(Carneades)甚至提出,斯多亚主义者认为,"猪之所以被生出来,其自然目的就是被屠宰和吃掉,当这件事完成了,猪就实现了其自然目的并由此获益"。② 这种说法听上去很荒谬,但是如果我们认真对待斯多亚主义自然哲学的宇宙观,我们就不得不承认,这很有可能就是斯多亚学派的严肃观点。既然宇宙作为整体是一个生命体,那么"人屠宰并吃掉猪"这件事,就只是这个生命体内部的某种类似新陈代谢的自然进程罢了。斯多亚主义者确实是这样认为的:"只有宇宙是自足的,因为只有它在自身之中拥有它的一切所需,通过其各部分之间的相互转化,它从自身就能获得营养和生长。"③斯多亚学派的自然目的论并非人类中心主义的,而是宇宙中心主义的;猪是宇宙的一部分,而宇宙的总体理性为猪设定的自然目的就是让它在必要的时候被人吃掉,从而被转化为宇宙的另一部分;在这个过程中,猪和人实际上都只是宇宙实现其总体理性安排的环节。

让我们从斯多亚学派的宇宙中心主义自然目的论回到克利西波斯的属己学说。克利西波斯提出自然赋予植物、动物、人以各自的属己目的,其中,动植物追求自我保存,而人应该遵循理性、追求德性。本文第一节已经指出,尽管克利西波斯在论述形式上维持"一切生命都在自然的管理下追求属己目的"的共通原则,但是动植物的属己目的和人的属己目的存在实质差异,而经由对斯多亚主义宇宙论的探讨,我们现在发现,在动植物的属己目的和自然整体的属己目的之间也存在明显的张力,例如,猪的属己目的是自我保存,然

---

① 西塞罗:《论诸神的本性》,2.37 - 39。
② 卡尼阿德斯的这个说法见于波菲力的记载,波菲力:《论节制》,3.20.1, 3。
③ *Stoicorum Veterum Fragmenta* 2.604.

而自然却安排它成为人的食物。不过，这种张力与其说暴露了斯多亚哲学的自相矛盾，不如说反映出斯多亚学派的独特思路。自然对于动植物的总体安排与人超越于动植物的追求相互呼应：自然让猪成为人的食物，一方面是让猪的自我保存服从于人的自我保存，另一方面也要求人超越自我保存的目的而追求更高的目的。猪无需也无法追求高于自我保存的目的，它只是消极地被纳入外在于它的更高目的，但是人可以积极地追求高于自我保存的目的，也就是德性，这种更高目的既内在于人又外在于人，因为德性的源泉是理性，而理性是人与高于人的宇宙共享的属己原则。在克利西波斯看来，人的属己目的与动植物的属己目的存在根本的差异，动植物的"小家"服从自然对于宇宙之"大家"的管理，唯有人的"小家"开有一扇通往"大家"的门。斯多亚伦理学最根本的规范性原则是"追求与自然相一致的生活"，这里的"自然"既指属于人的自然，也指属于宇宙的自然，因为这两种自然对于人而言都是属己的："我们的个体自然是整个宇宙自然的一部分，而这也就是为什么目的可以被定义为与自然相一致的生活的原因，换言之，这种生活既与我们人类的自然相一致，也与宇宙的自然相一致。"①

斯多亚学派要求人的自然与宇宙的自然相一致，这种伦理学规范的自然哲学基础一方面在于宇宙和人一样都是理性的生命，另一方面在于宇宙秩序与人类德性都需要某种理性技艺对于某种质料的塑造。克利西波斯的属己学说提出，动物符合自然的生活是遵循感官冲动的生活，而人符合自然的生活是遵循理性的生活，因为"理性就像工匠一般附加在冲动之上"。此处对"工匠"的提及也并非仅仅是修辞，而是克利西波斯的严肃观点。② 首先，斯多亚伦理学一贯倾向于从技艺的角度理解德性，例如："智慧、节制、正义、勇敢都是关于某些事物的科学和技艺（τέχνας）"③，"正确的理性和德性，就是关于整个人生的技艺（τέχνην）"。④ 斯多亚主义者不仅将德性理解为一种技艺，而且认为，和其他技艺一样，德性作为技艺也是通过赋予某种质料以某种形式来发挥作用的，这里的质料指的是人身上的感官冲动，而形式指的是符合德性的良善生活。⑤

进一步地讲，与德性技艺相关的质料和形式，实际上是内在于宇宙的神圣技艺在人身上的体现。上文谈到，斯多亚宇宙论的两个根本原则是原初质料与内在于原初质料的神，

---

① ［古希腊］第欧根尼·拉尔修：《名哲言行录》，马永翔，赵玉兰，等译，长春：吉林人民出版社，2003 年，第 438 页。部分字句有调整。

② 在柏拉图和亚里士多德笔下也存在"德性的技艺"的表述，但仅仅是一种修辞，参阅柏拉图：《理想国》，500d；亚里士多德：《政治学》，1329a20。

③ *Stoicorum Veterum Fragmenta* 3.95.

④ *Stoicorum Veterum Fragmenta* 3.560.

⑤ *Stoicorum Veterum Fragmenta* 3.491，此处明确提到了"德性的质料"（ὕλην τῆς ἀρετῆς）。

神既是制作宇宙的工匠,又是宇宙的形式,克利西波斯又称之为渗透于宇宙的"灵气"(πνεῦμα),并认为宇宙中的万物都是因为分有灵气而得以维持自身的形式:灵气在非生命体中表现为"质地"(ἕξις),在植物中表现为"自生"(φύσις)①,在动物体内表现为"灵魂"(ψυχή),在人类身上表现为灵魂的"主人"(ἡγεμονικόν)。② 质地、自生、灵魂及其主人都是各自所属事物的形式,规范着各自所属事物的质料。对人而言,灵魂的主人指的就是理性,这意味着理性作为人的形式规范着人身上的质料,其伦理学含义就是德性对冲动的规范,而在自然哲学的层面,这种规范就是神对原初质料的规范在人身上的表现,正是在这个意义上,德性技艺是宇宙技艺的一部分。当斯多亚主义者说冲动是德性所面对的质料,而良善生活是德性致力于建构的形式,他们并非只是在提出一种类比,而是实实在在地将宇宙整体的形式质料关系"缩放"到人的身上。不仅如此,由于人和神分享理性,人类灵魂的主人同时也是全宇宙的主人③,而另一方面,人身上同时也具有动物性的冲动,因此,理性规范冲动实际上就是人身上与神共享的部分规范人身上与动物共享的部分,在这个意义上,德性的技艺将人的属己本性"打开",让人的灵魂秩序通达全宇宙的自然秩序。上文谈到,斯多亚主义者认为"猪被人吃"是宇宙安排的总体自然秩序的一个环节,而在伦理学的层面,更重要的是人类灵魂的自然秩序:人不仅应该吃猪,更重要的是,人身上的神性应该通过专属于人的德性来规范人身上的兽性,这是对人而言的属己秩序,也是对宇宙而言的属己秩序。正是由于人的自然大于其自身,人的属己本性在于人与宇宙共享的理性,因此,唯有通过德性的技艺才能实现人的自然本性。

结语:符合自然的生活

本文从克利西波斯的属己学说出发,通过分析这位斯多亚主义哲学家运用"οἰκεῖος"语汇的方式,揭示出作为整体的自然在属己学说中发挥的主体作用,进而联系斯多亚学派的自然哲学和宇宙论,澄清斯多亚属己学说关于人性和德性的伦理学阐述。和柏拉图、亚里士多德的古典哲学一样,斯多亚伦理学的根本思路是在自然万物之中追问属于人的独特本性,进而基于人的独特本性,推论出人为了实现符合自身本性的善而应该如何生活,就此而言,斯多亚学派的属己学说和柏拉图、亚里士多德的活动论证发挥着类似的理论作

---

① 在斯多亚学派的用语中,专属于植物的灵气也被称作"φύσις",此系"φύσις"的狭义用法,因为这个词的原始含义就是"植物的生长"。为了区别于"φύσις"的广义用法(译为"自然"),笔者将其狭义用法译为"自生"。

② John Sellars, *Stoicism*, University of California Press, 2006, pp.104 - 105.

③ 斯多亚主义者只有在谈论理性存在(人和宇宙)时才会使用"主人"一语,他们认为宇宙整体的"主人"是所谓"以太",而"以太"实际上是纯度最高的理性灵气(第欧根尼·拉尔修:《名哲言行录》,7.139)。

用,体现了古希腊伦理学在根本思路上的一脉相承。

然而,不同于柏拉图和亚里士多德,或者说,通过综合柏拉图创世论和亚里士多德的自然观,尤其是通过生物学的宇宙论化和技艺模式的整体性内在化,斯多亚学派提出了一种独特的宇宙中心主义目的论:宇宙本身既是一个自我制作的神圣工匠,也是一个至大无外的理性生命体。本文的论证揭示出,唯有在这个自然哲学和宇宙论的框架中,我们才能真正理解斯多亚视角下人在宇宙中的地位和使命,从而把握克利西波斯属己学说的实质意义:通过德性对于冲动的技艺规范,实现个人生命和宇宙生命的协同一致。

归根结底地讲,斯多亚伦理学认为人应该模仿宇宙,因此,伦理学需要宇宙论作为前提和基础。实际上,亚里士多德也在一定意义上认为人应该模仿作为宇宙本原的神,但是由于他对神和宇宙的理解和斯多亚学派迥异,因而他的伦理学也和斯多亚伦理学存在本质差异。亚里士多德并不认为作为整体的宇宙是一个生命体,也不认为宇宙万物是由神圣工匠制作出来的,当然也就不会认为宇宙是有理性的,所以人应该模仿的不是宇宙。同时,虽然亚里士多德认为宇宙的第一推动者是具有理性的神,但是他心目中的神并非造物主;神的理性是纯粹的沉思活动,神"推动"万物的方式并非运用理性"创制出"万物或者"生育出"万物,而是凭借自身完美的沉思活动,作为"被欲求"和"被模仿"的对象而引发天体运行,进而造就其他自然事物的运动和自然秩序的形成。① 因此,对于这样一位神的模仿并非任何人都能够做到的,也并非人人都应该去尝试的,而是专属于哲学家,只有哲学家才能在最高的层面过符合自然的生活。斯多亚哲学将神作为神圣工匠和理性生命渗透于全宇宙,与此相应,斯多亚伦理学也将"模仿神/宇宙"视作人人都能够、至少人人都应该去追求的符合自然的生活。

The Oikeiosis Doctrine of Chrysippus and
the Stoic Natural Philosophy

CHEN Siyi

【**Abstract**】 The oikeiosis theory is an important doctrine of Stoic ethics, which is theoretically parallel to

---

① 亚里士多德的神是作为目的因而非效力因来推动宇宙的,参考 T. M. Forsyth, "Aristotle's Concept of God as Final Cause", *Philosophy*, Vol. 22, No. 82 (1947), pp.112–123。

the ergon argument of Plato and Aristotle, and reflects the typically Greek way of questioning human nature in order to demonstrate human virtue. This article offers a detailed analysis of the oikeiosis doctrine of Chrysippus and argues that, this doctrine should be viewed from the perspective of Stoic natural philosophy and cosmology. The author attempts to clarify Chrysippus' conception of the place and the role of human being in the whole cosmos, and make clear the theoretical orientation of Stoic ethics.

【Keywords】 Stoicism, Chrysippus, Oikeiosis, Nature, Art

从批判到治理：斯多亚学派论奴隶制①

徐　健②

【摘要】斯多亚哲人通常都拒绝古典哲学中的身心二元论和灵魂划分，所以他们起码在原则上会否定奴隶制本身及其与政治和谐之间的合符性。为此，早期斯多亚哲人区分了三种奴役，并提出摆脱道德奴役从而实现道德自由最为重要，而这又取决于人的理性。他们认为，神圣的理性为人类所共享，因此所有人是自然平等的，尽管最终只有圣贤才具备完美的智慧，从而才是彼此和谐相处的世界城邦公民。后来，中期和晚期斯多亚哲人承接了这一论断，甚至视常人为潜在的世界城邦公民。但与此同时，他们通过强调"命运"，接受了奴隶制的实际存在而转向具体的奴隶治理问题，最终承认了奴隶制与现实政治的和谐之间的关联。分析罗马对希腊哲学的态度可以发现，这一思想转变的根源在于斯多亚学派就像珀律比俄斯那样开始歆慕罗马的霸权及其背后的政制。

【关键词】斯多亚学派，奴隶制，自然平等，罗马霸权

据柏拉图所述，在人的灵魂中，非理性部分要像奴隶服从主人一样服从理性部分，同样地，人的身体也应这般服从人的灵魂本身；而在正义的理想城邦里，生产者阶级要像奴隶般地接受哲人-王的统治。③但亚里士多德修正说，灵魂统治身体是专制的，而理性部分支配非理性部分则是共和式的，并且君王与主人不可类比；他还说，有些人凭自然就适合被奴役，得听从自由人的命令。④可见，从自然上讲，柏拉图和亚里士多德并非无条件地赞成任何的奴役形式，他们只认可以善恶尊卑为准绳的奴役，因为这种奴役是使具有等级结构的古典城邦得以维持乃至和谐的必要条件。

反观希腊化罗马时代的大多数斯多亚哲人，他们不仅拒绝了身心二元论，还反对灵魂

---

① 本文为教育部人文社会科学研究青年基金项目"斯多亚政治哲学残篇的编译、集注和义疏"（项目编号：17YJC720030）、贵州省哲学社会科学规划一般课题"廊下派残篇研究"（项目编号：20GZYB35）、中国博士后科学基金面上资助项目"古希腊罗马时期的世界大同思想研究"（项目编号：2018M641662）研究成果。

② 作者简介：徐健，贵州大学公共管理学院、东盟研究院副教授，贵州基层社会治理创新高端智库研究员，天津师范大学政治与行政学院博士后，主要研究方向为希腊化罗马哲学。

③ ［古希腊］柏拉图：《蒂迈欧篇》，谢文郁译，上海：东方出版中心，2021年，34c，44d；《理想国》，王扬译注，北京：华夏出版社，2012年，447b7，590c-d。

④ ［古希腊］亚里士多德：《政治学》，吴寿彭译，北京：商务印书馆，1965年，1252a1-1255b15。

划分。按照他们的学说,灵魂和身体虽是不同的"物体",但却彼此完全"混合"(krasis);同时,灵魂本身是一个不可划分的统一体,它的非理性官能最终源于其中的"主导官能"(hēgemonikos)或曰"推理官能"。①这样就可以设想,他们起码在原则上会拒绝奴隶制本身,否定奴役与政治和谐之间的合符性。

一、早期斯多亚学派:奴隶学说及其批判

据第欧根尼·拉尔修的《名哲言行录》(7.121 - 122),早期斯多亚学派这样来界定奴役与自由:

> 唯有智者(sophon,或译为"圣贤")是自由的,而恶人都是奴隶,因为自由是一种独立行事的权力,而奴役则是无法独立行事。还有一种奴役指处在一种从属状态,而第三种指处在一种被占有(ktēsei)和从属的状态;与这最后一种(hēi)相反的是专制(despoteia),但它同样也是一种恶。②

在自由的定义中,"autopragia"(独立行事)这个关键词在斯多亚学派之前可能仅现于托名柏拉图的《释词》(Definition,411e)中。而且可能只有斯多亚学派会用"hupotaxis"(从属)这一少见的名词来阐释奴役,虽说其动词形式"hupotattō"在希腊化时期以后很普遍。③看起来,斯多亚学派关于奴役和自由问题的论述很有原创性。由于该学派创始人芝诺(Zeno of Citium,公元前约 333 年—前 262 年)在《政制》(Politeia)中非常强调这一问题,很可能是他最先开启了相关的讨论;而紧接着,斯多亚哲学的集大成者克利西波斯(Chrysippus of Soli,约公元前 282 年—前 206 年)很可能在《论和谐》(Peri homonoias)里解释了自己老师的观点。④现在,笔者将逐一解析拉尔修文本里三种类型的奴役。

首先,从第一句话中可以看到道德奴役,它与道德自由相对。圣贤能够成为自由人而免于这种奴役,乃因其能够自主地行动。在斯多亚学派看来,圣贤拥有正确理性(right reason),无论何时何地都能遵守神法或自然法;但这种法则也内在于人的心灵,所以他

---

① A. A. Long, D. N. Sedley, *The Hellenistic Philosophers*, Cambridge: Cambridge University Press, 1987, 48C, 53H, 53K.

② [古希腊]拉尔修:《名哲言行录》,徐开来,溥林译,桂林:广西师范大学出版社,2010 年。译文有改动,依据 D. Laertius, *Lives of Eminent Philosophers*, R. Hicks, trans. Cambridge, MA: Harvard University Press, 1925。

③ A. Erskine, *The Hellenistic Stoa*, London: Cornell University Press, 1990, pp.48 - 49.

④ A. A. Long, D. N. Sedley, *The Hellenistic Philosophers*, Cambridge: Cambridge University Press, 1987, 67B, 67Q.

遵循宇宙之自然就是听从自己内心的道德之声。①所以，芝诺会说："一个人让充满空气的囊袋浸没于水中，要比迫使某善人违背自己的意志去做任何他不想做的事来得更容易。"②反之，恶人已被外在的因素所败坏，尽管他们本来也有自然的理性能力。他们无视神圣的法则，被有关中性物（indifferents）的错误意见所奴役，也就是错把金钱、死亡、地位等东西当作善或恶的东西，因为德性上的善或恶是唯一的善或恶。③就像克利希波斯所说，这些人或者因恐惧而畏缩，或者屈服于奖惩，或者拜倒在其他此类事物跟前——这一切"征服并奴役"了他们。④上述大体勾勒了第一种奴役，我们将会看到，它是我们把握其他两类奴役的出发点。

其次，据希腊的学述作家斯托拜乌斯（Stobaeus，约公元 5 世纪）记述："恶人不可信任、反复无常并怀有敌意看法，在他们之间没有友爱，而是存在着由外部强迫（exōthen anagkais）和意见（doxais）所产生的其他某些联盟与结合。"⑤单从表述上就能看出，这是早期斯多亚学派的看法。"外部强迫"意味着一种外在的奴役状态，所以第二种奴役关系定然属于"其他某些联盟与结合"。然而它的形成还需要"意见"，亦即败坏之人针对中性物所作的不当评价。因此，作为从属状态的奴役在某种程度上为道德奴役所决定，并且容易看出，它并非涉及世间所有从属关系。

最后，早期斯多亚学派的第三种奴隶显然符合亚里士多德对自然奴隶的界定："任何人在本性上不属于自己的人格，则自然而为奴隶；任何人既然成为一笔财产，就应当成为别人的所有物；这笔财产就在生活行为上被当作一件工具，这种工具是和其所有者可以分离的。"⑥所以说，这种奴隶乃是传统意义上的动产奴隶（chattel slave）。不仅如此，第三种奴役还明显隶属于第二种奴役，理由在于：除开占有性，二者都具有从属性之特征。这点大概会为克利希波斯所认可。他宣称，"奴隶和奴仆（oiketou）之间有个区分：释奴（apeleutherous，或译为"自由民"）仍是奴隶，但没有免于被占有的人是奴仆。他说'奴仆是被占有所标定的奴隶'"。这里的奴仆应指动产奴隶，而奴隶则指作为从属者的奴隶；奴仆又被塞涅卡《论恩惠》3.22 中的克利希波斯视作"perpetuus mercenarius"（终身雇工）。"perpetuus"表明了"ktēsis"这一特性；而"mercenarius"则可以对应"hupotaxis"，虽然所含

---

① ［古罗马］西塞罗：《论共和国》，王焕生译，上海：上海人民出版社，2006 年，3.33。

② A. A. Long, D. N. Sedley, *The Hellenistic Philosophers*, Cambridge: Cambridge University Press, 1987, 67N.

③ ［古希腊］拉尔修：《名哲言行录》，徐开来，溥林译，桂林：广西师范大学出版社，2010 年，7.102－107。

④ H. von Arnim, *Stoicorum Veterum Fragmenta*, Leipzig: K. G. Saur Verlag, 1964, 3.473.

⑤ Ibid., 3.630.

⑥ ［古希腊］亚里士多德：《政治学》，吴寿彭译，北京：商务印书馆，1965 年，1254a14－17。

的内容要更加宽广些。①概言之，和作为从属状态的奴役一样，动产奴役亦受道德奴役的影响。

拉尔修文本的最末一句最是难解。其中，"hēi"这个与格单数的关系代词明显指代第三种奴役，因此"专制"乃该奴役的相对者；实际上，这样的表达亦与传统教诲相合。不过，对早期斯多亚学派来说，专制和动产奴役均是恶，均是反理性或反自然的。既然道德奴役很显然也是如此，那么作为从属状态的奴役又该怎样呢？早期斯多亚学派主张，在圣贤城邦（city of sages）或宇宙城邦（cosmos-city）中，所有智慧的公民之间完全平等，没有任何从属关系；而智者只能说服而不得强迫现实城邦中的常人向善。②可见，第二种奴役也是背离德性原则的。总之，早期斯多亚学派拒斥一切形式的奴役。

但是，唯有道德奴役完全取决于个人的心智，而另外两种奴役则很大程度上受制于外在的命运安排；同样地，只有道德自由绝对依赖我们心灵的力量，而其他类型的自由从根本上讲必然超出我们的权能。所以，第二种和第三种奴役本身乃中性的。二者之所以被视为恶，可能是因为它们需依凭第一种奴役，虽说非道德性的自由本身自然要比非道德性的奴役更可取，或者说前者是"更可取的中性物"（preferred indifferent），就像生命、富裕、名誉本身要比它们的同属中性物的对立面来得更可取。③甚至能够想象，圣贤成为非道德层面的奴隶。不过严格地讲，鉴于心灵自由能够部分地影响外部性自由，那么即使圣贤沦落至此也不会如败坏之人那般去扮演这种奴隶的角色，"芝诺纠正了索福克勒斯的诗句：'谁与僭主做买卖，就是奴隶，即便去时是自由人'，并改写如下，'就不是奴隶，如果去时是自由人'"。④所以，真正重要的乃是让灵魂免遭奴役。早期斯多亚哲人芝诺多托斯（Zenodotus）曾赞颂芝诺的学派乃"镇定自若的自由之母"（atrestou mater eleutherias），⑤这里他明显指的是道德自由。

总而言之，早期斯多亚学派驳斥了奴役的正当性。并且，至少芝诺必定是一个奴隶都没有的。⑥在早期斯多亚哲人们看来，每个人在自然上就共享神圣的理性，所以理应彼此平等。他们努力教诲所能教诲之人免于道德奴役；可即使如此，他们也主张施以说服

---

① A. Erskine, *The Hellenistic Stoa*, London：Cornell University Press，1990，p.50.
② 徐健：《廊下派如何缔造"世界主义"？》，《海南大学学报（人文社会科学版）》，2021 年第 5 期。
③ ［古希腊］拉尔修：《名哲言行录》，徐开来，溥林译，桂林：广西师范大学出版社，2010 年，7.104 - 107。
④ A. A. Long, D. N. Sedley, *The Hellenistic Philosophers*, Cambridge：Cambridge University Press，1987，p.67.
⑤ ［古希腊］拉尔修：《名哲言行录》，徐开来，溥林译，桂林：广西师范大学出版社，2010 年，7.30。
⑥ ［古罗马］塞涅卡：《哲学的治疗》，吴欲波译，包利民校，北京：中国社会科学出版社，2007 年，第 162 页。

而非强制，当然，必要的谎言在说服的过程中仍是允许的。① 不过，最终智慧与否仍会造成人与人之间的重大分别。世界公民只能是全体圣贤，而既然他们已同等获得充分的智慧，那么他们无疑就能在巨型城邦中和谐共处，因为据斯多亚学派的定义，"和谐是共同善的知识"②。

二、中期和晚期斯多亚学派：转向奴隶治理

自帕奈提俄斯（Panaetius of Rhodes，约公元前 185 年—前 110 年）以来，斯多亚学派开始进入与罗马共和国和罗马帝国互动的阶段，两种情境下的斯多亚学派可分别称为中期斯多亚学派和晚期斯多亚学派。从根本上讲，他们仍然否定任何形式的奴役且愿意助人臻达道德自由，但是，他们也接受了实践中的人类不平等境况——在西塞罗的《论义务》3.89 中，帕奈提俄斯的学生赫卡同（Hecaton of Rhodes）甚至暗示了圣贤在条件允许的情况下可以豢养奴隶。另外，据《论义务》1.41：

> 我们应该记住，甚至对处于最下层的人也得保持公正。现在，最下层的地位和命运是奴隶的地位和命运，有些人关于奴隶的提议是很对的，他们要求像使用雇工那样使用奴隶，即让他们劳动，同时给予他们应得的报偿。③

既然西塞罗在《论义务》1.4 - 10 处承认自己的这部书尤其是前两卷深受帕奈提俄斯的《论合宜功能》（Peri tōn kathēkontōn）影响，④那么不妨推测，这段话很可能源于帕奈提俄斯。帕奈提俄斯貌似借用了克利希波斯所说的"终身雇工"，但将其置于罗马的法律或契约情境之下。⑤如果说该词最初被用来指称第三种不义状态下的奴隶，那么帕奈提俄斯则用它来表示主人当依契约精神来对待这种奴隶，其中并不牵涉奴役本身正义与否的问题。实际上，塞涅卡也是这般使用这个词的：倘若雇工的劳作超过合同的规定，那他就是在施与恩惠，同样，当奴隶在对主人的善意方面超出自己的身份界限时，恩惠也就出现了，而此时，主人应以感激相报。还有，作为帕奈提俄斯最著名的学生，珀赛多尼俄斯

---

① H. von Arnim, *Stoicorum Veterum Fragmenta*, Leipzig: K. G. Saur Verlag, 1964, 3.177, 3.554, 3.677.
② ［英］斯科菲尔德：《廊下派的城邦观》，徐健，刘敏译，北京：华夏出版社，2016 年，第 70 - 73，175 - 177 页。
③ ［古罗马］西塞罗：《论义务》，王焕生译，北京：中国政法大学出版社，1999 年。依据 Cicero, *De officiis*, tr. by W. Miller, Cambridge, MA: Harvard University Press, 1913，译文有改动。
④ 西塞罗以"officium"（义务）来译"kathēkontōn"（合宜功能）。
⑤ ［古罗马］西塞罗：《论义务》，王焕生译，北京：中国政法大学出版社，1999 年，1.21 以下。

(Poseidonius of Apamea,约公元前 135 年—前 55 年)亦接受了人与人之间的奴役状态,而只拒绝残酷地处置奴隶。他在阐述西西里奴隶战争时说,关键是怎样避免出现这类起义,而这意味着罗马人在权力的使用上要有所节制,对待奴隶要有责任感,就像家中的主奴关系亦得如此维护;而且,他也这样处理了罗马行省比提尼亚(Bithynia)的马里安德尼(Mariandyni)农奴与赫拉克里亚人(Heracleots)的关系问题。①

至于晚期斯多亚学派,释奴爱比克泰德劝诫那些主人对奴隶要懂得宽容,希耶罗克勒斯(Hierocles)认为主人有义务换位思考奴隶的处境,而罗马帝王奥勒留则把奴隶与亲属友朋、导师、诸神等并举,时刻提醒自己要友善和公正地对待他们。②

概言之,斯多亚学派开始探讨关于奴隶的具体治理问题,而不再强烈地批判奴隶制。这或许和古典灵魂论的引入有关,可这至多能解释珀赛多尼俄斯,可能还有帕奈提俄斯的情况,因为中期斯多亚哲人尤其是珀赛多尼俄斯对柏拉图主义颇为青睐。③更合理的解释在于斯多亚学派的统摄万物的命运,或者说严苛的决定论(determinism)。对中期以后的斯多亚学派来说,由于命运已为现实中的国家尤其是罗马安排了奴隶制度,哲人在政治实践中就有理由接受这样的事实。相应地,当时斯多亚学派的作品特别地强调所谓的角色理论:世界上的任何人都需演好自己的角色,而角色则由命运排定。更重要的是,珀赛多尼俄斯、帕奈提俄斯还有塞涅卡都曾明言奴隶制的根源在于命运。④总而言之,倘若说早期斯多亚学派认为道德败坏也在第二和第三种奴役中有一定作用,那么之后的斯多亚学派貌似只是凸显命运在其中的决定性影响。

现在,斯多亚学派只是要求以人道(humanitas)或博爱(philanthrōpia)的方式来对待奴隶。这两个词在公元前 2 世纪以降的斯多亚文献中频繁出现。复合词"phil-anthrōpia"可直译为"爱人类",或许最早为埃斯库罗斯在《被缚的普罗米修斯》第 12 行中所使用,以描述提坦神普罗米修斯的不敬宙斯之罪。但斯多亚哲人们认为凡人不仅可以拥有也应当拥有这种普遍的善意。受他们的影响,西塞罗等罗马人以"humanitas"这一著名的拉丁术语

① [意]莫米利亚诺:《外族的智慧》,晏绍祥译,北京:生活·读书·新知三联书店,2013 年,第 45-47 页。
② [古希腊]爱比克泰德:《爱比克泰德论说集》,王文华译,北京:商务印书馆,2009 年,1.13;I. Ramelli, *Hierocles the Stoic*, tr. by D. Konstan, Atlanta: Society of Biblical Literature, 2009, 4.661.2;[古罗马]奥勒利乌斯:《沉思录》,王焕生译,上海:上海三联书店,2010 年,5.31。
③ A. A. Long, D. N. Sedley, *The Hellenistic Philosophers*, Cambridge: Cambridge University Press, 1987, 65G.
④ [古罗马]塞涅卡:《哲学的治疗》,吴欲波译,包利民校,北京:中国社会科学出版社,2007 年,第 105 页;[古罗马]西塞罗:《论义务》,王焕生译,北京:中国政法大学出版社,1999 年,1.41;A. Erskine, *The Hellenistic Stoa*, London: Cornell University Press, 1990, p.198.

来反映"philanthrōpia"的含义。①

我们自然要问：善待奴隶究竟是为了其他人还是为了奴隶自身？就把奴隶视为人类的一员而言，它起码传达出对奴隶之人格的尊重。但从上文中能够看出，它或许还有助于维护主人或国家的统治和德性。就这一方面来说，论述最详者非尼禄的导师、晚期斯多亚哲人塞涅卡莫属。②他认为，虐待奴隶或许会致使其逃跑甚或死亡，以至主人蒙受经济损失；它甚至还可能引起奴隶的反叛，使得主人遭到控告乃至谋杀。所以说，罗马的祖传规矩值得称颂：将主人称作"家父"（patrem familiae），将奴隶称为"家人"（familiares）；制定有关主奴共餐的节日；容许奴隶在家里表达建议和求取荣誉；还说"家是小型的共和国"。其中最末一点不仅反映出奴隶应当且有必要在家中具有一定意义上的权利，还暗示出国家的稳定和安宁也需要某种程度上尊重奴隶。不过，仍是基于安全的考虑，奴隶要是犯了罪，其所受之惩治就该比普通罪人所受的更加严厉。由此可以窥见，罗马斯多亚学派承认奴隶制与现实政治的和谐之间的关联。

三、罗马的霸权与斯多亚学派的转向

据文献显示，经过中期斯多亚学派或深受中期斯多亚影响的西塞罗的改造，早期斯多亚的世界主义（cosmopolitanism）理想在共和或帝制罗马变得更加"人道"了：智者是作为统治者的世界公民，而常人则是作为被统治者的潜在世界公民。③因此，虽然中期和晚期斯多亚哲人转向了奴隶治理，但他们不可能彻底放弃早期斯多亚学派对奴隶制本身的批判性立场。看来，前文仅从学理内部来解释斯多亚学派的这一转向恐怕是不够充分的，毕竟世界主义被公认为是整个斯多亚学派的核心主张。难道还有学理之外的理由？

公元前155年，当时的斯多亚学派领袖巴比伦的第欧根尼（Diogenes of Babylon，约公元前240年—前152年）、怀疑主义学园派领袖卡尔涅阿德斯（Carneades，约公元前213—前129年）以及漫游派领袖克里托拉俄斯（Critolaus，约公元前200年—前118年）因公务代表雅典出使罗马。其间，卡尔涅阿德斯在罗马元老院以怀疑派惯用的方法发表了有关正义的讲辞。头一天他翔实论证正义，而第二天则反驳自己原先的看法，认为明智

---

① M. L. Clark, *The Roman Mind*, New York, London: W.W. Norton & Company, 1968, pp.135 – 139.
② ［古罗马］塞涅卡：《强者的温柔》，包利民等译，王之光校，北京：中国社会科学出版社，2005年，第64－65,79页；Seneca, *Naturales quaestiones*, T. H. Corcoran trans., MA, Cambridge: Harvard University Press, 1971, 1.16; Seneca, *Epistulae morales*, R. M. Gummere trans., MA, Cambridge: Harvard University Press, 1953, 4.8, 47.2 – 9, 47.14, 107.5.
③ 徐健：《廊下派如何缔造"世界主义"？》，《海南大学学报（人文社会科学版）》，2021年第5期。

(sapientia)之人的行事动机不在于正义,而在于利益。并且,他把第二场演讲词中的观点延伸至罗马的争战和统治层面,说罗马的征服也无非是逐利之举。据悉,老卡图(Cato Maior)因忧心青年人不再服从律法和官长而要求将这些使节们,特别是卡尔涅阿德斯逐出罗马。①虽说罗马人为了强国之宏图而对希腊哲学渴慕已久,但正如古典学家莫米利亚诺所讲,"在罗马,希腊化意味着对统治秩序的尊重"。②

罗马的霸权深深地影响着希腊哲人们的政治思考,著名史家珀律比俄斯(Polybius)首当其冲。公元前168年,罗马在彼得那战役(battle of Pydna)中灭了马其顿王国,而珀律比俄斯作为希腊人质之一被送往罗马。羁留期间,他跻身于"斯基皮奥(P. C. Scipio)圈子",而帕奈提俄斯和西塞罗也是这个罗马政治核心圈的要员。在公元前150年获释后,珀律比俄斯开始撰写其巨著《罗马兴志》(Historiai),他折服于罗马的"大一统",并发现成功的秘诀在于它的混合政制,尤其在于相对稳定的贵族阶级。

珀律比俄斯的主张也体现在帕奈提俄斯和珀赛多尼俄斯身上,因为师徒二人应该都曾暗示过罗马从因权力过于集中而易于败坏的王政转变为以贤人阶级为核心的法治共和国的必然性和必要性;③珀赛多尼俄斯甚至赞赏过罗马对西班牙的征服,并续写了珀律比俄斯的《罗马兴志》④。因此,既然他们接受了罗马当时的作为整体的政制,那么他们容忍作为罗马政制之经济基础部分的奴隶制也就不难理解了。相比之下,早期斯多亚学派仅仅抱持智慧城邦的愿想,而没有明确而融贯地阐述过自己倾向何种可实践的或次好的政制。⑤而晚期斯多亚学派继承了中期斯多亚学派的那种顺应时势的姿态。随着奥古斯都开启了罗马的帝制时代,斯多亚哲人们满意于内战结束后的和平气象,转而支持罗马的君主政制——塞涅卡甚至多少批评了小卡图(Cato the younger)和布鲁图斯捍卫共和自由的决心和行动。⑥相应地,他们也就继续大谈罗马的奴隶治理问题了。要知道,自罗马共和国晚期以来,奴隶起义已然成了罗马统治者们的一块心病。

---

① [古罗马]西塞罗:《论共和国》,王焕生译,上海:上海人民出版社,2006年,3.20-21;[古希腊]普鲁塔克:《希腊罗马名人传(上册)》,陆永庭等译,北京:商务印书馆,1990年,第370-372页。
② [意]莫米利亚诺:《外族的智慧》,晏绍祥译,北京:生活·读书·新知三联书店,2013年,第16-29页。
③ [古罗马]西塞罗:《论义务》,王焕生译,北京:中国政法大学出版社,1999年,2.41-42;Seneca, Epistulae morales, R. M. Gummere trans., MA, Cambridge: Harvard University Press, 1953, 90.5ff.
④ [意]莫米利亚诺:《外族的智慧》,晏绍祥译,北京:生活·读书·新知三联书店,2013年,第31-65页。
⑤ [古罗马]西塞罗:《论法律》,王焕生译,上海:上海人民出版社,2006年,3.13-16;[古罗马]塞涅卡:《哲学的治疗》,吴欲波译,包利民校,北京:中国社会科学出版社,2007年,第75-76页。
⑥ [古罗马]塞涅卡:《强者的温柔》,包利民等译,王之光校,北京:中国社会科学出版社,2005年,第161-163,229页;[古希腊]爱比克泰德:《爱比克泰德论说集》,王文华译,北京:商务印书馆,2009年,1.29.9-10,3.13.9;[古罗马]奥勒利乌斯:《沉思录》,王焕生译,上海:上海三联书店,2010年,1.14,4.33-34。

From Criticism to Governance: The Stoics on Slavery

XU Jian

【**Abstract**】 Stoic philosophers generally rejected the mind-body dualism and the soul division in classical philosophy, so they denied slavery itself and its compatibility with political concord, at least in principle. For this reason, the early Stoic philosophers distinguished three kinds of slavery and argued that it is most important to get rid of moral slavery and achieve moral freedom, which in turn depends on human reason. They thought that divine reason is shared by all human beings, and therefore all human beings are naturally equal, although in the end only the sages have perfect wisdom and are thus citizens of the world city living in concord with each other. Later, the middle and late Stoic philosophers took up this assertion, even seeing ordinary people as potential citizens of the world city. But at the same time, by emphasizing "fate", they accepted the actual existence of slavery and turned to the specific issue of slave governance, and finally recognized the correlation between slavery and the concord of actual politics. Through the analysis of Roman attitude towards Greek philosophy, we can find that the root of this change of thought lies in the fact that the Stoics, like Polybius, began to admire Roman hegemony and the regimes behind it.

【**Keywords**】 Stoics, Slavery, Natural Equity, Roman Hegemony

爱比克泰德论愤怒①

于江霞②

【摘要】通常认为,斯多亚派不仅主张根除任何意义上的激情,而且否定不自制现象,这在他们对愤怒的绝对否定与尽心防治中体现得尤为明显。然而这一"定论"在爱比克泰德这里却有待推敲与澄清。确如早期斯多亚派一样,爱比克泰德也认为愤怒不是灵魂多元论视域下的不自制(即欲望在与理性的斗争中胜出),而是在我们意愿范围之内的错误判断与选择。但他同时强调,未经充分锻炼的人同样可能陷入一种"宽泛意义上的不自制":或因鲁莽急躁而屈从未经审查的印象,赫然而怒;或在经历不同信念或判断之间的冲突后愤气填膺。在如何对待愤怒问题上,他确实反对任何意义上的怒气以及任何情况下的以怒制怒,因为愤怒于人于己都无益;但对于发怒之人,他却主张予以"同情"、报之宽容,因为这正是我们的"情"与"责"之所在。

【关键词】爱比克泰德,愤怒,激情,理性

一、引言

愤怒是怎样一种体验? 我们是不是常常双手一摊或拍着胸脯③说,"我实在控制不了自己","我没压住火",或者低下脑袋说,"我不该发这么大火……"? 在某种意义上,柏拉图与亚里士多德的道德心理学将我们这种日常体验理论化了。④ 他们把灵魂分为理性、血气(怒气)与欲望,或理性与欲望。⑤ 按照这类心灵模式及其解释,我们之所以发怒,是因为理性受到心灵的某个非理性部分(或能力)的奴役,因此,愤怒本质上就是一种我们

---

① 本文系陕西省社会科学基金项目"德性与技艺:古希腊德性伦理学及其当代论争研究"(项目编号:2022C005)与中央高校基本科研业务费专项资金项目"斯多亚派情感论研究"(项目编号:1301032506)的阶段性成果。

② 作者简介:于江霞,陕西师范大学哲学学院副教授,主要研究领域为古希腊哲学(尤其是斯多亚哲学)、比较哲学。

③ 从医学上讲,愤怒据说与心、手等器官尤为相关。中文有"怒指""怒气填胸""怒火中烧""心头起火"等词语。

④ 关于柏拉图与亚里士多德的心灵模式如何影响现代语言,参见 A. A. Long, *From Epicurus to Epictetus: Studies in Hellenistic and Roman Philosophy*, Oxford: Oxford University Press, 2006, pp.378–379。

⑤ 通过将愤怒规定为一种欲望,亚里士多德抛弃了柏拉图的灵魂三部分说(柏拉图在《理想国》中将灵魂的非理性部分进一步分为怒气与欲望),但他仍将欲望视为一种与理性(能力)相区别的独立能力。与亚里士多德不同,斯多亚派认为理性有自己的意志和动力,因而不需要独立的非理性部分。参见 Teun Tieleman, *Chrysippus' On Affections: Reconstruction and Interpretations*, Leiden: Brill, 2003, pp.275–276。

在有人做了错误或不义的事情时无法控制的非理性反应,即不自制(*akrasia*)现象。① 换言之,愤怒就好像是一种受外物或异己力量所推动的被动行为,极易失控。不仅如此,大多数人还倾向于认为存在一种适度的、合乎理性与正义的愤怒。因此亚里士多德有言,"那些在应当发怒的场合不发怒的人被看作是愚蠢的,那些对该发怒的人、在该发怒的时候也不以适当方式发怒的人也是愚蠢的"(*EN* 1126a 3 – 5)。② 伊壁鸠鲁主义者菲洛德谟则区分了两种不同形式的愤怒:不自然的愤怒(*thumos*)基于错误、空洞的信念,是过度、恶的、具有破坏性的;而自然的愤怒(*orge*)涉及对伤害的恰当评估与对事物本性的正确判断,是适度、好的、必要的;前者为愚人的愤怒,后者则是贤哲的愤怒。③

然而,作为古代情感理论的异端,与柏拉图、亚里士多德不同,斯多亚派认为灵魂是一个不可分割、完全理性的单一统一体,即主导部分(*hegemonikon*)。源于其对灵魂非理性部分或力量的否定,斯多亚派针锋相对地指出,激情(*pathos*)反映的是个体错误地看待、评价事物与情境的心灵状态,无"适度"可言;它一定是理性自身主动所为,即"在我们控制之内"。

然而,愤怒真的是一种(理性)可控的恶吗? 果真不存在亚里士多德、伊壁鸠鲁派所承认的适度、自然的愤怒(如义愤,righteous anger)吗? 如果不对不义之事诉诸愤怒,那么有没有一种更有益、有效的替代方式(尤其是情感上的)? 如果有,我们又该如何戒除愤怒及其相关的行为倾向? 古代哲学家曾就这些问题进行过激烈的争论。在斯多亚派方面,晚期代表人物爱比克泰德对此所做的独特而全面的思考尤为值得反复品读与深入发掘。

二、愤怒何以是可控的?

众所周知,作为因愤怒而误入歧途,并展现出极为复杂的心理活动的著名戏剧人物,美狄亚是斯多亚派最喜欢的神话范例之一。欧里庇得斯的复仇名篇《美狄亚》曾为很多

---

① 一般认为,亚里士多德对"*akrasia*"做了最经典的界定:行为人背弃其当下的正确理性或更好的判断而按照欲望行动。

② 亚里士多德:《尼各马可伦理学》,廖申白译注,北京:商务印书馆,2003 年。本文用 *EN* 指亚里士多德的《尼各马可伦理学》(*Nicomachean Ethics*);用 DL 指拉尔修的《名哲言行录》(*Lives of Eminent Philosophers*);用 Diss. 指爱比克泰德的《论说集》(*Discourses*),用 Ench.指爱比克泰德的《手册》(*Manual* 或 *Handbook*);用 *Ep.*指塞涅卡的《道德书信》(*Letters on Ethics:To Lucilius*);用 Phld. *Ir.*指菲洛德谟的《论愤怒》(*On Anger*);用 LS 指朗(A. A. Long)与塞德利(D. N. Sedley)编辑的《希腊化时期哲学家资料选编》(*The Hellenistic Philosophers*,2 Vols,Cambridge:Cambridge University Press,1987)。文中的翻译参考了相关的中英译本。

③ Phld. *Ir.* 37.20ff.,40.7,40.10;Phld. *Ir.* 38.18 – 22,33ff.

斯多亚主义者所仿写、改编与引用,例如塞涅卡著有同名作《美狄亚》,第三代掌门人克利希波斯(Chrysippus)据说曾予以全文引用。深受克利希波斯影响的爱比克泰德在其《论说集》中也曾大量援用了欧里庇得斯的《美狄亚》①,其分析既在整体上与传统斯多亚派的核心主张相一致,又在部分学说上有所补充、发展,从而显示出自身的独到之处。

爱比克泰德指出,美狄亚的问题不在于被激情或其他某种外在的力量所支配,而在于在自己利益或真正的善这一问题上做出了错误判断。因为人绝不会心里觉得做某件事情对自己有利,而不去做。②

> [美狄亚]她是怎么说的呢? 她说:
>
> "我明白自己干的是什么样的恶事,但是,我的怒气(thumos)支配了我的决定。"
>
> 因为她觉得发泄自己的感情、报复丈夫比不杀自己的孩子更有利。
>
> "对,但是她想错了"。
>
> 那么,请你明明白白地告诉她,她想错了,这样她就不会这样做了。如果你不告诉她,她除了按自己认为正确的想法去做以外,还能怎么样呢? 确实没有别的办法了。③

这一段特别引用了欧里庇得斯的《美狄亚》中的对白(1078—1079),而这一对白恰巧也曾被克利希波斯所援引与讨论,④一直以来争议甚大。按照爱比克泰德的解释,美狄亚认为发泄怒气和报复丈夫伊阿宋比不杀孩子更有利,因此杀死自己的孩子以报复伊阿宋是正确的做法。然而,这实际上是针对自己利益的严重误判⑤;她所赞同的其实是一种错误的印象(phantasiai),由此产生的怒气使得她明明想要对自己最有利的东西,但却最终选择了对自己最不利的东西。这就进一步证实了苏格拉底的论断:人虽然皆欲求善,但往往因为不能认识善而最终没有选择善。

当然,很多人都不同意爱比克泰德对美狄亚的行为动机的分析。美狄亚给他们(例如哲学家兼医生盖伦)的感觉与印象是,她是在怒气(即一种不同于理性的情感或欲望)的控制

---

① 如 *Diss.* 1.28.6, 2.17.19 和 4.13.14。
② 爱比克泰德:《爱比克泰德论说集》,王文华译,北京:商务印书馆,2009 年。以下引文皆引自此书,个别地方稍做改动。
③ *Diss.* 1.28.7 – 8。
④ 参见 Galen, *De placitiis Hippocratis et Platonis* 3.3.13 – 16; 4.6.19 – 24。
⑤ A. A. Long, *Epictetus: A Stoic and Socratic Guide to Life*, New York: Oxford University, 2002, p.250.

下做出如此可怕的恶事。这一点尤其可以从她的"我的怒气支配了我的决定"（θυμὸς δὲ κρείσσων τῶν ἐμῶν βουλευμάτων）一语中得到印证。换言之，人们可能会跟亚里士多德一样倾向于认为，愤怒是一种不自制现象，美狄亚由于激情控制、战胜了其理性能力，所以才做出了一个错误或更坏的决定。

然而爱比克泰德追随盖伦曾猛烈抨击的克利希波斯，坚持认为，美狄亚内心中其实存在着关于自己利益的对立信念或印象，但自己最终被更有力的、错误的信念所驱使（即错误地认为自己受到了伤害，报复是恰当的）。虽然她并不是故意地违抗理性，但正是由于没有意识到这一点（即自己在违抗正确的理性），所以她才会说出"我的怒气支配了我的决定"等类似的话。在这个问题上，爱比克泰德显然再次回到了苏格拉底的理智主义命题：无人故意作恶，行为人总是受对他有益的东西驱使，尽管大多数人大多时候实际上都是以一种错误的和自欺的方式被驱使。与苏格拉底一样，爱比克泰德坚定地认为，对任何人真正有益的事必须与道德上正确的事一致。① 同时他也坚持了"任何外在之物或发生之事都不是善或恶的"这一斯多亚派的基本价值论立场，以及该学派对激情的经典定义：激情即是过度的冲动，一种非理性、不自然的灵魂运动。② 任何人都不会背离他所拥有的信念或知识而去行事。这一主张背后更为基本的预设是，在做出同意的那一刻，所有人都不可能不去做他们当下认为是好的或最好的事情，尽管他们可能事后会因改变主意而后悔（metameleia）。因此严格来说，不可能出现意志（或意愿）本身的软弱，因为意志所欲求的一定是善的事物。我们人类只有一个最根本的愿望，那就是幸福。③ 我们只能在摇摆不定或固执己见等意义上说心灵是软弱、无知的，因为它最终没有同意正确、理性的欲求。

换言之，爱比克泰德也承认，这种内心的不同信念之间的冲突同样揭示了心灵的软弱。借助于"呕吐与消化"的隐喻，他批评了那些知道并希望正确行事，但最终依然错误行事的人：如果一个原理被当作"纯理论"来学习而不能被完全消化，那么当需要按照这个原理行事时，我们就有可能"吐"掉它，从而不能摆脱激情。④ 也就是说，我们在行动时可能会把之前视为正确的原理看成是错误的，即不是按照正确的原理行事，反而按照错误的意见或判断行动。借用英伍德（Brad Inwood）、特伦布莱（Michael Tremblay）等人的说

---

① Ibid., pp.76－77, pp.98－100; Marilynn Lawrence, "Akrasia and Enkrateia in Simplicius's Commentary on Epictetus's Encheiridion", *The Neoplatonic Socrates*, edited by D. A. Layne & H. Tarrant, Philadelphia: University of Pennsylvania Press, 2014, pp.131－132.

② DL 7.110.

③ Christopher Bobonich & Pierre Destrée (eds.), *Akrasia in Greek Philosophy: From Socrates to Plotinus*, Leiden: Brill, 2007, introduction, xvii.

④ *Diss.* 4 6.15－16.

法,这实际上是一种宽泛意义上的不自制(akrasia),与亚里士多德宽泛意义上的软弱(astheneia)或急躁(propeteia,即在排除欲望干预的意义上)相似。① 不同于严格意义的不自制,它不是根源于欲望(或怒气)与理性之间的冲突,而是涉及我们的不同信念或判断之间的冲突。

由于这种内心冲突或认知困难,我们经常会陷入与"美狄亚之怒"相似的错误推理中。正如爱比克泰德质问道,你为什么生小偷的气? 因为你非常重视他们从你这里偷走的东西。如果你不再重视你的衣服,你就不会生小偷的气了。类似的,如果不过于看重你的妻子的美貌,你就不会对奸夫生气。如果你没有清楚地认识到这些东西不是你权能之内的事情,也不是什么好善之物,那么你该生自己的气,而不是生别人的气②,因为你根本不知道人类真正的善之所在。或者用爱比克泰德的特有术语说,你没有正确运用你的印象,因而做出了错误的价值判断,并且错误地欲求或回避了某些事物。爱比克泰德声称,阿伽门农和阿基里斯正是因为依自己的印象行事,所以做出了很多坏事,遭受了很多不幸。③ 同样,整部《伊利亚特》不过就是印象及其运用,即人错误运用印象、做出错误判断的表现或结果。如果墨涅拉俄斯认为失去这样的妻子对他有利,那么我们失去的不仅是《伊利亚特》,而且还有《奥德赛》。④

总之,在爱比克泰德看来,人之所以发怒,就是因为没有正确认识到事物的本性及其价值,进而进行合理的欲求或回避。按照斯多亚派的行动哲学,一个行为是由印象(phantasia)、同意(sunkatathesis)、冲动(horme)、行动四个先后发生的要素构成:先是行为者的感知把握了具有命题内容或概念化形式的印象;然后行为者基于自己的解释、评估而对这个命题("lekta")作出同意;之后作为同意行为的冲动产生,并引起行动。⑤ 一个完全理性的人不会在没有检查印象的情况下就做出同意。只有当确定印象所呈现的内容真实反映了客观事物或情况时,理性之人才会对该印象做出赞同,并最终走向行动。因此,愤怒是完全可控、可避免的;既然它在我们的意愿之内,我们就必须为其造成的一切后果负责。如果不能认清这一点,不从自我而从他物中寻求原因,并执意欲求不可控之物,或者总是指望别人或命运以某种特定的方式对待我们,那么就会陷入过度的冲动或反应,如

① Brad Inwood, *Ethics and Human Action in Early Stoicism*, Clarendon Press, Oxford University Press, 1985, pp.132–133,尤其是 Michael Tremblay, "Akrasia in Epictetus: A Comparison with Aristotle", *Apeiron*, 2020,53 (4), pp.397–417. 第五小节的写作特别受益于特伦布莱的讨论。
② *Diss.* 1.18.12.
③ *Diss.* 1.28.31.
④ *Diss.* 1.28.12–13.
⑤ LS 33I, 53P–S.

愤愤不平、寻机报复,进而造成对自己的伤害以及其他恶果。然而,这无非是错上加错:我们对世界与人的本性的认识错误变成了我们怨天(神)尤人的理由。这种迁怒、怀恨与报复显然是理性(自我)所为,尽管它可能因为"过度"、"失控"、偏执与摇摆等而表现出"无理性"的特点。

三、为什么不存在"义愤"？

但问题是,对于以上偷窃、奸淫,甚至杀子复仇等违法犯罪、罪大恶极之事,如果我们无半点怒气,是否就是自然的、公正的? 相关行为人难道不应该受到谴责与惩罚吗? 这就牵涉到一个古老且富有争议的问题:面对不仁不义之事仍保持不怒不气,是不是无正义感的表现? 即所谓的"义愤"是否存在? 亚里士多德及其追随者的态度很明确:一个从来不发怒的人将不会自卫,自己和朋友受侮辱都无怒色、怒气是奴性的表现(*EN* 1126a7 - 8)。现代人还认为,愤怒不仅与自己的公正德性相关,而且还具有一定的公共效应与社会功能——愤怒是一种通过情感来记录或理解世界上的不公正的手段。①

面对论敌的诸多质疑,斯多亚派有很多反驳,爱比克泰德在《论说集》中的回应尤具特色。这种独特性不仅体现在其术语的选择上,而且更表现在其态度、思想与方法上。他坚持斯多亚派的"拒绝一切激情"这一传统立场,旗帜鲜明地号召,"我们不应因有人犯错而生气(*chalepainein*)"②(即第 1 卷第 18 章的标题),不管他们如何罪大恶极,违背人伦,如同美狄亚那样。因为这于人、于己都是不义的,相反,不愠不怒恰恰体现出我们的不动心与内心的自由。

首先,爱比克泰德认为,我们的怒气不可能伤害到他人(如果这是我们的目的),也不可能体现我们对于犯错者的正义。犯错的本质是什么? 从犯错者的角度看,其行为是因其在道德上的无知所致,因为没有人知恶而作恶,而且唯有这些错误认识才可能伤害他。③ 爱比克泰德反复强调,这些人之所以误入歧途,是因为他们在最重要的事情上做出了错误的判断,即不能区分好的、坏的与中性的东西。④ 从受害者角度讲,对应于上文的"生自己的气"这一提议,爱比克泰德提出了一个极为反常识的观点:如果我们自己高估

---

① Amia Srinivasan, "The Aptness of Anger", *Journal of Political Philosophy*, 2018, 26 (2), pp.123 - 144.

② 与"*orge*"相比,"*chalepainein*"更为温和。由此也可以看出,相对于其师鲁弗斯(Musonius Rufus)等其他斯多亚主义者,爱比克泰德对愤怒的态度更为严格。参见: W. V. Harris, *Restraining Rage：The Ideology of Anger Control in Classical Antiquity*, Cambridge, MA：Harvard University Press, 2001, p.117.

③ *Diss*. 4.5.28.

④ *Diss*. 1.18.

了财富、名誉、身体等的价值(因此我们的道德与认知状态其实与罪犯无异),那么我们不仅给罪犯提供了诱人的机会,而且还给他们树立了坏榜样,因此我们在某种意义上也要为此负责!①

其次,愤怒会直接伤害我们自己,因而体现了对自己的不义。如上所言,对不义之人发怒折射出了我们类似的心态与品格。我们不仅同样持有错误的善恶观念,而且没有认识到"别人的选择与行为在我们的权能之外"这一点。爱比克泰德将这种状态视为一种心灵疾病:如果一个人不仅因自己深陷贫困、被盗被欺而懊恼怨恨,而且还因别人的违法犯错而愤愤不平,那么这个人的心灵其实已经处于一种患病的状态。他由于道德上的无知而无法做出正确的判断与选择,并因此成为激情之奴。长此以往,循环往复,他只会使自己的心灵(意愿或意志选择,*proairesis*)②受到更深的伤害。因此无论在何种意义上,愤怒都是于己无益的。

再次,相反,选择不嗔不怒却是有益的,因为这体现了我们的自由。爱比克泰德反复申明,我们并不是激情的被动受害者,因为所有的激情都是我们意志判断与自愿选择的结果。不管我们的心灵经历过怎样的斗争、撕裂与摇摆,激情这种心灵活动都完全在我们的权能之内。具体到愤怒这一冲动与行为,我们完全是自由地做出决断,并且因选择不发怒而体现出对于外事外物的超脱与自由,尽管这些外事外物在本质上并不在我们控制之内。

概言之,在对人的动机与行动进行分析的基础上,爱比克泰德指出,我们从来没有任何合理的理由发怒,因此根本不存在任何意义上的"义愤"。愤怒也不会教会我们任何技艺,尤其是指导我们过一种好生活的生活技艺。③ 与传统斯多亚派相比,他似乎对愤怒的态度更为严格,即对任何具有怒色、怒容、怒意的心态与行动都保持了高度的警惕。但悖论的是,如我们将要看到的,他在如何面对不义之人(包括发怒之人)的问题上又表现出非同寻常的温和立场。

四、制怒之道:传"情"但不动情

如果不是迁之以怒气,那么应该如何对待不义之事与不义(或发怒)之人呢? 我们应该如何避免成为各种版本的美狄亚、阿基里斯④,并以正确的态度对待他们? 总体而言,

---

① A. A. Long, *Epictetus*: *A Stoic and Socratic Guide to Life*, New York: Oxford University, 2002, p.251.

② *Diss*. 2.10.27.

③ *Diss*. 1.26.7.

④ 当然与美狄亚不同,阿基里斯毕竟经历了短暂的治愈。参见 Helen Cullyer, "Chrysippus on Achilles: The Evidence of Galen de Placitis Hippocratis Et Platonis 4.6 – 7", *Classical Quarterly*, 2008, 58 (2), p.545.

针对激情的预防与治疗,斯多亚派的建议就是获得实践理智(*phronesis*)(以及好的情感),即关于整体生活的艺术,因为唯有如此,我们才能在特定情况下明善恶,做合乎自然的合宜之事。具体而言,就如何避免或治疗愤怒而言,早期斯多亚派在生理(芝诺)与信念(克里安提、克利希波斯)层面都提出了不少具体策略。①

有趣的是,爱比克泰德不只是消极地主张不动怒,他还建设性地提出了一种传"情"策略。但这里的"情"竟然不是斯多亚派所倡导的好的情感(*eupatheiai*)②,而似乎是其传统上所反对的一种激情:怜悯(*eleein*)。对于美狄亚,爱比克泰德甚至这样建议:

> 既然这样,你为什么还要对他气愤不已呢?因为这个可怜的女人在理解什么是最重要的事情上犯了错误,所以从人变成了毒蛇。如果是这样,你为什么不可怜她呢?既然我们可怜盲人和瘸子,那么,为什么就不能可怜同情那些在主导部分上瞎了眼和瘸了腿的人呢?③

然而,在正统斯多亚派看来,我们既不能因为别人的恶而发怒,也不能因为别人的任何境遇而感到可怜、悲伤等,"哀其不幸,怒其不争"并不是正确的作为,尽管以这种"激情对激情"的方式可能在某一时刻、在某种程度上有利于缓解这一激情,避免更大的恶。因此,他们不仅主张压制自己的欲望与保持心灵的平静,而且还主张对他人的遭遇和处境保持某种"冷漠"(即"stoic")。因此,在斯多亚派的哲学教导与日常话语中从来不会出现"我为你感到高兴""我为你感到难过",④甚至"我想替你出气"等类似表达。如此说来,爱比克泰德这里所主张的怜悯及其表现出的温和立场是不是与斯多亚派的传统主张相矛盾?莫非他在这里也采用了塞涅卡所提出的"以激情制激情"(即"以恶制恶",*Ep*.13.12)的方法,即便这一方式有很大的局限性?⑤

---

① 据说创始人芝诺就对此极感兴趣。他性情暴躁、面色严峻(DL 7.16),所以会通过饮用一定量的酒来使自己平和下来,以变成一个更易相处的人(*QAM* 4.777 kühn)。参见相关讨论: Teun Tieleman, *Chrysippus' On Affections*: *Reconstruction and Interpretations*, 2003, Leiden: Brill, pp.154,165 - 166。

② 按照斯多亚哲学,对应于四大类激情,存在三种好的情感,即愉悦(*chara*)、希望(*boulesis*)和谨慎(*eulabeia*)(其中痛苦没有与之对应的好的情感)。

③ *Diss*. 1.28.9.

④ A. A. Long, *Epictetus*: *A Stoic and Socratic Guide to Life*, New York: Oxford University, 2002, p.244.

⑤ 很多研究都表明,这种方法并非塞涅卡的原创。关于伊壁鸠鲁治疗方法对塞涅卡的可能影响,参见 D.H. Kaufman, "Seneca on the Analysis and Therapy of Occurrent Emotions", *Seneca Philosophus*, M. L. Colish & J. Wildberger ed., Berlin/Boston: De Gruyter, 2014, pp.111 - 133。除伊壁鸠鲁之外,我们还可以找到其他可能的渊源,如柏拉图。此外,犬儒学派创始人第欧根尼与亚里士多德都曾实践或提出过类似的方法,虽然他们主要是用来治疗他人的激情。

首先我们需要搞清楚的是,爱比克泰德这里所言的"怜悯"是否就是激情意义上的怜悯? 在这一点上,爱比克泰德在他处做了更清楚的教导与说明:面对一个因为孩子离开自己或失去财产而悲伤地哭泣的人,你在认清他为什么如此悲伤难过的基础上可以同情他,甚至跟他一起悲伤地哭泣,但是需要小心的是,"不要在自己的内心里也这样悲伤地哭泣"①。也就是说,爱比克泰德只是建议我们在语言、神态上"表达"同情(以达到慰藉等目的),但绝不允许我们在内心里表示赞同。我们需要做到的是"外化而内不化",并逐步深入对方的内心,正如爱比克泰德惯以"激情"十足的说话方式督促听众反省自身一样。② 因此可以初步地说,爱比克泰德这种"只传神情而不动激情"的做法并没有违背斯多亚派的传统主张。不过,他确实对其进行了创造性的阐释与发展,他坚信人绝不同于冰冷无情的雕像!②(Diss. 3.2.4)具体而言,当面对一个欲发怒的人或当自己遇见不公而欲发怒时,爱比克泰德认为我们可以在情感上做到以下几点。

第一,把自己放在对方的位置上,基于欲动怒或心烦意乱的人所遭受的那些表面上的"不幸"或"不公",在"不动心"(apatheia)的意义上在语言、神情上予以安慰。爱比克泰德指出,即使是贤哲也不可能对突如其来、意想不到的事件无动于衷,例如突然传来的可怕声音和危险消息等。这一反应类似于斯多亚派通常所言的未经理性同意、只有身体反应的前激情(propatheia)。贤哲显然不会对这种印象进行同意,因为这些事情并不可怕。因此,正如我们会"情"不自禁地跟着别人大笑、落泪,所谓的怜悯实际上只是表面上的(尽管是自然的),而不是发自内心、经理性认可的。尽管如此,贤哲可以基于这种与一般人所共享的最初印象而对(进一步)陷入激情的一般人予以某种"同情的理解"。

第二,内在地拒绝对方的状况在客观上是"坏的或不公的"这一印象,以防陷入真正的不幸。在予以"同情的理解"的同时,需要小心的是,我们绝不能在信念上认同对方,而是应该在内心深处对自己说:并不是发生的这件事情使他发怒,而是由于这个人对这件事情的认识和看法所致。③ 与前激情不同,愤怒及其后果是自己(的意愿)造成的,而不是直接起因于某个事件。④ 但我们不能因自己的意愿而成为某个事件或情境的奴隶。⑤

第三,除予以同情外,宽容地对待不义之人。爱比克泰德建议他的学生对强盗、奸夫

① Ench. 16.
② A. A. Long, From Epicurus to Epictetus: Studies in Hellenistic and Roman Philosophy, Oxford: Oxford University Press, 2006, p.382; Margaret Graver, Stoicism and Emotion, Chicago: University of Chicago Press, 2007, p.207.
③ cf. Ench. 16.
④ 详见 A. A. Long, Epictetus: A Stoic and Socratic Guide to Life, New York: Oxford University, 2002, pp.253 - 254。
⑤ Diss. 4.1.59.

等表现出近乎温和的宽容：

> 人最大的不幸是不能拥有对自己最重要的东西，而对每个人来说，最重要的东西就是正确的意愿。无法拥有这样的东西，［这对他来说已经够不幸的了，］为什么你还要向他发脾气呢？①

不仅如此，爱比克泰德甚至拒绝对这些人处以极刑：他们只是混淆了好坏，杀死这样的瞎子与聋子不是无人性的吗？② 同理，对于愤怒，尤其是一怒之下酿下大灾大祸的人，我们同样不能以怒制怒。如朗（A. A. Long）所阐释的，既然我们无法控制任何超出我们意志范围的事情，那么我们就不应该教训别人应该如何对待自己，甚至当他们拿我们的东西时（这些东西并非真正在我们权能之内）也不应该发怒。③

这里更重要的哲学问题是，宽容的基础是什么？它在何种意义上对我们有益？这就涉及斯多亚派的核心学说之一：责任（kathekon）学说。根据这一学说，虽然我们无法控制他人的意志，动不动怒只有他们本身才能决定，但是我们对我们的人类同胞负有责任。④ 这种责任作为我的身份建构的一部分而影响着自我之善。爱比克泰德解释道：对自我与他人之间关系（作为"我"的某些身份）的处理也受制于我的意愿，但它不取决于别人怎么对我，他们是谁以及如何独立于我，而取决于我怎么处理与他们的关系，因而是一种我对他们，而非他们对我的单一关系。⑤ 因此，按照爱比克泰德的观点，一个健康的灵魂必须以博爱和社会责任，而不是某种过度的冲动为动机。愤世嫉俗不仅是错误的，而且是没用的，也不会带来社会的进步。⑥ 而要成就一个健康的灵魂，首要之务就是将自我唯

---

① *Diss.* 1.18.8.

② *Diss.* 1.18.5－7.

③ A. A. Long, *Epictetus：A Stoic and Socratic Guide to Life*, New York：Oxford University, 2002, p.252.

④ 于江霞：《技艺与身体：斯多亚派修身哲学研究》，北京：北京大学出版社，2021 年，第 231－232 页。根据西塞罗的记载，帕奈提乌在论述合宜行为（"*officium*"又译"责任"或"义务"，对应于希腊词"*kathekon*"）时曾提出了四角色（*personae*）理论，即认为一个合宜行为的判定取决于一个人是否能将其具有的四个角色扮演好，即人共有的理性、个体特质（例如人在性格、身体上的差异）、所处情境（如运气、机遇）造就的偶然身份（如社会地位、财富），以及职业与生活方式的选择（《论义务》1.107－117）。后来爱比克泰德延续之，但在更高的人性层面发展了这一将人格与伦理责任相关联的四角色理论（尤其是 *Diss.* 1.2, 1.10, 3.4, 4.12）。在这里，理性显然是成就普遍之我的原因，也是支撑人与人之间的"*sympatheia*"（共通感）的根本，这属于我与他的"共同特性"。但其他三个角色及其所内涵的社会关系、责任要求也现实地参与我们的身份建构，使我们更清楚地认识到"我们是谁"，"怎样做是恰当的"（*Diss.* 4.12.16）。

⑤ A. A. Long, *Epictetus：A Stoic and Socratic Guide to Life*, New York：Oxford University, 2002, pp.236－237.

⑥ W. O. Stephens, *Stoic Ethics：Epictetus and Happiness as Freedom*, London/New York：Continuum, 2007, p.159.

一地认同于意愿（而不是身体或外在物），寻求自我的善。唯有如此，人才能够扮演好自己的各种角色，履行好各种责任，即服务于公共的善。①

可见，与传统斯多亚派的愤怒思想相比，爱比克泰德确实发展出了很多贴近常识但不失温情的新颖见解。当然，外在的"传神情"只是权宜之计或次优选择，爱比克泰德并没有止步于此。对于犯错者而言，我们的责任首先体现在我们对其行为的态度上，即不愠不怒。其次，我们还有责任引导、说服他们改变其错误信念，消除暴躁的脾气。从一般意义上说，一个人要养成求真、自制的品格，必须靠教育与训练。作为一个伟大的教育家，爱比克泰德强调，这种训练最好从小做起，从细处着眼，其中最重要的部分就是要检验（dokimazein）和评判（diakrinein）自己的印象：正如未经检验的生活是不值得过的，未经检验的印象是不能接受的②。在如何与印象做斗争的问题上，爱比克泰德尤为强调习惯的重要性。③ 具体而言，这将是一个通过在生活中持续实践（meleten）和训练（askesin）④而改变信念的再习惯化过程。要深入理解这一点，我们就必须要考察"急躁"这种行为倾向。

五、戒除急躁

爱比克泰德还反复强调，我们总体上要仔细检查自己的印象并养成习惯，任何时候都拒绝鲁莽地给出我们的同意。确实，直觉与经验告诉我们，鲁莽急躁之人似乎更爱或更易发怒。

亚里士多德曾特别谈到怒气上的不自制，并强调这不是严格意义上的不自制（即欲望上的不自制），而是类比或限定意义上的不自制。⑤ 因为怒气在某种意义上是听从理性的，尽管它因本性"热烈、急躁"（thermotita kai tachytita）而没听清就行动。亚里士多德还指出，不自制有软弱（astheneia）与急躁（propeteia）两种表现形式。"软弱的人进行考虑，但不能坚持其考虑所得出的结论"⑥；急躁的人"由于受激情（pathos）的宰制而不去考虑"⑦，但事后会后悔——他即使有考虑，也是在事后。⑧ 由于在行动时把理性抛之脑后，所以急躁的

---

① *Diss*. 1.19.13.

② *Diss*. 1.20.7,3.12.15.

③ "如果你不希望自己脾气暴躁，那么，你就不要助长自己的这个恶习，不要给它添加任何可以让它得以发展增长的东西：首先，你要保持平静，数数自己有多少天没有生气了。'我过去曾经每天都发脾气，后来每两天发一次脾气，再后来是每三天、四天发一次脾气。'假如你居然可以三十天没发脾气，那么，你就该祭一祭神［，向他表示一下感谢］。一个习惯只有慢慢逐渐开始减弱，然后它才可能最终完全消除。"（*Diss*. 2.18.12－13）

④ *Diss*. 2.9.13.

⑤ *NE* 7.4.

⑥ *NE* 1150b20－21.

⑦ *NE* 1150b21.

⑧ Richard Kraut，"Aristotle's Ethics"，*The Stanford Encyclopedia of Philosophy*，edited by Edward N. Zal-ta & Uri Nodelman，2022.

人只能顺从印象。①

这似乎暗示急躁与愤怒有某种重要关联。② 如果是这样，那么如何对待急躁可能对于我们理解与治疗愤怒具有重要意义。尽管常被怀疑派指责为"急躁"，但斯多亚派其实同样关注急躁的防与治。比如，拉尔修在谈到斯多亚派如何强调辩证法的重要性时说，"仓促草率的回答会影响到正在发生的事情，以至于让那些对印象缺乏经验的人陷入混乱和臆想之中。"③ 按照斯多亚派，在认知之前就表现出急躁和进行同意是卑劣之人（*phaulos*）的特征。④ 善良、完美和有德性的人不会急躁（*aproptosia*），因为他们在认识与理解之前不会予以同意。⑤

爱比克泰德更是特别考察了急躁这种行为倾向，并且在很多方面可以与亚里士多德相对照。按照他的教导，所谓急躁，就是未经审视与检查印象，在"没有任何尺度和标准"⑥的前提下，即在没有充分的知识或理解的情况下匆忙地按照印象而行动⑦。虽然我们总是欲求善，并去做自己相信为善的事情，但是由于自身的各种原因，我们经常会急躁地行事，甚至诉诸怒气。我们不妨采用一个类比来加以说明：在高中的数学考试中，急躁会使自己的小聪明一无是处，并致使考试成绩很差。在检查完每一个错误后，我发现大多都是粗心、急躁所致。自己一方面会捶胸顿足，陷入深深的自责，甚至生自己的气；另一方面则担心这是否已经是自己的一种习惯，甚至是品性，很难改掉。⑧

怎样认识与界定"急躁"呢？ 显然，急躁不属于前激情（因为它可以避免，前激情则难以避免），⑨也不同于激情，而是更近似于习性（*hexis*），或者说作为一种习性的倾向（*eukataphoria*）。⑩ 急躁虽然不是激情，但却易于导向愤怒，即容易使人不假思索地同意相关于愤怒的两个判断。反过来，频繁的发怒（即不按正确理性行事）则可能会间接地强化

---

① *NE* 1150b27 - 28.

② 当然，愤怒与暴躁（*orgilotes*）的关联更直接。

③ 第欧根尼·拉尔修：《名哲言行录》，徐开来，溥林译，桂林：广西师范大学出版社，2010 年。

④ LS 41G5.

⑤ 斯多亚派对"*aproptosia*"的定义是，"在认知之前不予同意的倾向"（LS 41D）。

⑥ *Diss.* 1.28.30.

⑦ cf. *Diss.* 1.28.31；2.1.10；3.22.104；4.4.46；4.8.1；4.13.5.

⑧ 因为当时的我认为，如果不是习惯（后天，很难改）与能力（天生，无法改）问题，我似乎还有很大余地进行弥补。

⑨ Ricardo Salles，"Epictetus on Moral Responsibility for Precipitate Action"，*Akrasia in Greek Philosophy：From Socrates to Plotinus*，C. Bobonich & P. Destrée ed.，Leiden：Brill，2007，p.251.

⑩ 根据斯托拜乌斯（Stobaeus）："易病（*euemptosia*）是一种容易陷入激情，陷入一种违背自然的活动的倾向（*eukataphoria*），如抑郁、暴躁、恶毒、急躁等。易病也发生于其他违背自然的行为，如盗窃、通奸和暴力，小偷、违法者和通奸者就是由此得名。"（LS 65S1）

这种恶习,毕竟急躁与暴躁的相似特征都在于"躁"①。因此爱比克泰德强调,我们对于在自己意愿之内的事情应该持有自信、谨慎等好的情感,而不是胆大妄为、肆无忌惮、恬不知耻。② 急躁的重要特点就是妄为、随意、胡来,③而愤怒也是恣意妄为④。而且正如愤怒,急躁经常也与后悔联系在一起。

最重要的是,它们都表现出某种意义上的不自制或无法自控,其原因都是行为人随印象而动或不善于处理印象,同意了非把握性印象⑤。更具体地说,急躁可能是引起愤怒的一个重要原因,即急躁之人未经考虑,而同意了错误的、非把握性(acataleptic)、不理解的印象。这促使行为人陷入一种无知、不一致的心灵状态(即表现出不自制),从而极易怒火中烧,并一时无法自控。

按照斯多亚派,印象即灵魂中的印记,刻印在心灵上的、来源于实在对象并与对象本身相一致的一些印象则是把握性印象(kataleptic phantasia)⑥。众所周知,"把握性印象"是斯多亚派的真理标准和认识论根基。贤哲同意的是把握性印象,而卑劣之人(phauloi)则同意的是非把握性印象——这种未经良好训练的印象容易将人带向混乱(akosmia)和粗心大意(eikaiotes)。⑦ 所以爱比克泰德会强调,"哲学家首要的、最重大的职责就是检验印象,认清印象,未经检验的印象绝不采用"。⑧ 印象的正确运用彰显了实践理智,产生出好的情感,相反则导致激情与恶的产生。

我们之所以急躁,就是因为在对印象的处理上出现了问题。首先,我们可能因不能扎实地掌握理论知识而无法形成把握性印象,虽然我们可能认为自己已经充分掌握了理论知识。所以,当分析我成绩不好的原因时,数学老师会说,"学得还不够扎实,还没有完全消化相关原理、定理"。其次,我们可能学习了相关的课程,并拥有正确的理论知识,但如果不够谨慎仔细,我们仍可能轻率妄为地把一些印象视为把握性的,并采取与我们的理论承诺相反的行为。⑨ 进一步说,我有可能还是训练得不够——做题做少了。或者用爱比克泰德的话说,我在锻炼印象这一点上做得不够。正因如此,我的数学成绩极不稳定、忽

---

① *Diss.* 2.18.5.
② *Diss.* 2.1.9－11.
③ *Diss.* 1.28.30.
④ 塞涅卡在《论愤怒》中对这一点进行了更细致的刻画。
⑤ *Diss.* 1.28.31;LS 41D.
⑥ DL 7.45－46.
⑦ DL 7.48; LS 31B; cf. LS 46G, part.
⑧ *Diss.* 1.20.7.
⑨ 参见 Michael Tremblay, *Theory and Training in Epictetus' Program of Moral Education*, Queen's University, 2021, p.17, 又见 *Diss.* 2.1.10－12。

好忽坏。正如博埃里(Marcelo D. Boeri)所言,一个充满激情的行为人的心理状态(如摇摆不定等)解释了为什么那些没有接受过印象训练的人会草率断言并转向混乱和粗心大意。① 由于粗心是我应当而且能够避免的,②因此我必须为自己的坏成绩负责,正如急躁之人必须为自己的急躁负责。

六、结语

综上所述,对于愤怒这种激情,爱比克泰德在继承传统斯多亚派的核心观点的基础上进行了重要革新,并以一种既严格又宽容的复杂态度而在整个学派中独树一帜。一方面,他总体上坚持了早期斯多亚派的激进主张,即坚决否定任何形式的愤怒,坚持认为愤怒不是严格意义上的不自制行为(即欲望在与理性之间的对峙中获胜),而是在我们意志范围之内的错误判断与选择。因此,发怒之人必须为其后果负责。另一方面,他在某种意义上顺应常识道德与尊重自然情感,并在此基础上承认,未经充分锻炼的人同样可能陷入一种"宽泛意义上的不自制":或因鲁莽急躁而屈从未经审查的印象,赫然而怒;或在经历不同信念或判断之间的冲突后愤气填膺。这同样表征了心灵或理性的软弱。对此,我们需要依靠实践与习惯的力量对激情进行治疗,并对急躁等倾向进行纠正。此外,爱比克泰德也坚决反对任何情况下的以怒制怒,强调愤怒于人于己都无益。但对于行恶(包括发怒)之人,他却主张予以"同情"、报之宽容,促成其观念的转变。这正是我们的"情"与"责"之所在。由此,爱比克泰德实际上为"情"的存在与培育留下了空间:人皆有"情"且皆欲求善,但前提在于真正地认识善。

Epictetus on Anger

YU Jiangxia

【Abstract】 It is generally believed that Stoics not only reject passions in any sense, but also deny the phenomenon of *akrasia*, which is particularly evident in their rejection of anger and their consistent effort in

---

① M. D. Boeri, "The Presence of Socrates and Aristotle in the Stoic Account of Akrasia", *Metaphysics*, *Soul*, *and Ethics in Ancient Thought*: *Themes From the Work of Richard Sorabji*, R. Salles ed., Oxford: Clarendon Press., 2005, p.402.
② 关于这一点的详细论证,参见 Ricardo Salles, "Epictetus on Moral Responsibility for Precipitate Action", *Akrasia in Greek Philosophy*: *From Socrates to Plotinus*, C. Bobonich & P. Destrée ed., Leiden: Brill, 2007, pp.257‒263。

anger management. However, this standard explanation needs to be further scrutinized and clarified in Epictetus. In this paper I want to argue, like earlier Stoics, that Epictetus did believe that anger is not an instance of *akrasia*, as defined in the framework of psychological pluralism (i.e., desire wins against reason in the battle between the two), but is a matter of misjudgment and choice. However, he emphasized that under-trained people can also fall into a "broad sense of *akrasia*". They may be precipitant and succumb to unexamined impressions, or experience conflicting beliefs and judgments, both of which may result in angry outbursts. On the issue of how to deal with anger, he is indeed opposed to anger in any sense or in repaying anger for anger, because anger is not beneficial to others or himself. But for those who are angry, he advocates sympathy and tolerance, because this is exactly where our "emotion" and "responsibility" lie.

【**Keywords**】Epictetus, Anger, Passion, Reason

欲望结构和伦理行动

——精神分析伦理学和康德的对话

张　念①

【摘要】　康德为道德实践颁布公理法则,让道德主体成为可能,并承担欲求的职能。在康德结束的地方以及碰触过但忽略的关键问题上,精神分析继续开拓"欲求"的边界,从临床经验中,逆向侦测出欲望结构的拓扑图形。在行动如何可能,以及法则内化如何可能的问题上,与康德的"主体""意志""良善"和"绝对义务"概念展开对话,试图表明,"自由"不应该托付给哑然的本体,由意志自由护航的"义务"的强制力不是理性的单独表象,在场的"身体"总在悖论中遭遇"驱力",而"主体"的裂隙,恰恰同时成全了"欲求"和"行动"。

【关键词】　道德主体,行动驱力,义务强制,邻人位置

康德在《纯然理性批判》中宣称,只有理性能容忍悖论,因为理性自身不能证明真伪,必须追随另外的事物。但"第一批判"的任务主要是处理科学方法的先验条件和判断形式,即康德自己也承认的认知活动和道德实践的裂隙,尽管他以"第三批判"予以补救。如果我们留意的话,就会发现在康德那里,先验辩证被先验分析抑制住了。因此,作为理论家的拉康,必须把康德道德理性中提出的"欲求的职能"转化为欲望辩证,指出绝对义务目的的异质性,进而行动为何如此这般地发生了。因此,根本而言这是对形而上学的精神分析,这个细致工作体现在拉康讲座七《精神分析的伦理学》中,通过他对亚里士多德和康德伦理学的"症状性"阅读表明,"至善"和"绝对律令"的"负片"是"始源关系"与"欲望"。在理性限度之内,既然正题和反题都同时成立,理性悖论被精神分析读作"绝爽的悖论"(paradox of Jouissance),而悖论(paradox)作为妄想型精神分裂症状(paranoia),其升

---

① 作者简介:张念,同济大学人文学院教授,博士生导师,主要研究方向为女性主义理论、政治哲学和文化理论。

华就是科学理论活动。①

回想一下"第二批判"定理三中那著名的命题：如此行动，是指你意志的格律同时也作为普遍立法的一条原则被把握。② 这里涉及绝对性问题，更关键的是行动—立法必须连读。就古典伦理知识而言，亚里士多德的幸福论要求"必须幸福，不能犯错"；就伦理法则而言——如同科学话语里的公理和公式——康德的普遍适用性是为了担保经验性运用的"合法则性"，即绝对正确，并呼应亚里士多德；而具有天主教背景的拉康，针对先验绝对性问题，把圣·奥古斯丁的神爱表述"爱不会阻拦"这个命题激进化——没有存在论的否定性——转移到精神分析的欲望场域（topos），其范例就是"骑士"或"唐璜"。非常值得注意的是，理性悖论究竟容忍了什么呢？拉康的回答是：马克思—列宁、弗洛伊德—拉康、（信仰）骑士爱—（肉身）唐璜爱、左派傻瓜—右派无赖总是打包结对而来。拉康的伦理思想就在这些对子的裂隙中产生，针对这些对子予以症状性分析，他把扭结放置在康德和萨德比邻而居这个位置上：就绝对性而言，萨德是康德的伙伴，道德律令和欲望丛林共在，但是康德需要萨德，反之则不成立。③

一、道德主体的定位

从康德的先验主体职能图表来看，情感主体（feeling）和理性主体（reason）共享着合目的性法则，前者有对象但关乎自身的快与不快，以艺术为范导；后者无对象，是对象自身，以道德为范导，或自由理念表现在道德行为中。因此，在康德认知科学体系里，客观逻辑在此遭遇麻烦：我自身和对象自身的罅隙，或者说这两者跃出了主客体关系，无法在主客体认知法则之中获得确定性。如果实践理性主体所遵从的绝对义务法则就是其目的性所在，那么道德律令就没有中介，在此，自明性就是黑格尔所说的信仰的直接性，"在伦理实体"之中直接地说出真言，当然更关键的是声音从哪里来，被谁所听到。黑格尔以犹太律法中有关财产权为证，④从纯粹的

① 关于升华概念，拉康在弗洛伊德的基础上所有推进，后者更偏向社会价值的认同，而拉康通过巴洛克绘画，注意到"变形"问题，从而在感官知觉层面深化"表象"概念。Lacan, Maiginal Comments, from *The Ethics of Psychoanalysis*, 1959 - 1960, Jacques-Alain Miller ed., Dennis Porrer trans., New York：Norton Company, 1997.
② Kant, *Critique of Practical Reason*, Mary Gregor trans., Cambridge University Press, 2015, p.28.康德接下来谈到几何学，尽管他是指根据命题画出三角形，但是进一步的问题是，这个立法行动如同第一次画出一个规范的三角形，这是胡塞尔在《几何学的起源》中提及的问题，然后才是原则的应用。
③ 拉康的原意是：康德与萨德为伴，萨德站在"邻人"的位置。关于康德和萨德道德议题比较分析的完整研究文献，见 Lacan, Kant with Sade, fron, *Ecrits*, Bruce Fink trans., New York：Norton Company, 2006。
④ Hegel, *Phenomenology, of Spirit*, A. V. Miller trans., Oxford University Press, 1977, pp.251 -262.黑格尔在立法的理性和试法的理性章节，通过对说出真言和爱邻如己两个律令的分析，指出理性宣示受认知条件的限制，"无主之物"在找"主人"，如犹太人的神在找选民。

"事物本身"(matter in hand)提炼出"为它存在"(being-for-other),在传统的自在自为、内在性和外在性之外增添了新的理性形式的项目,而"汝不得偷盗"之所以得到宣称——说出来的,不是写下来的——是建立在所有权之上,即将"事物本身"的普遍性诉诸每一个人,成为个体性的内容,那么这条律令实际上就成了某种规定或中介,其思维形式的纯粹性出现了两可性:道德主体可以自在自为地把某种我意愿的规定确定为法则,也可以不这样做,一旦法则遭遇"作为试法的理性"(如约伯和安提戈涅),那么主体就踏上否定性的非伦理的道路。① 不是说绝对性受到挑战,关键在于绝对性的起源问题,如黑格尔对康德公案②的有力反驳:在不得侵吞他人财产的律令面前,保持道德实践一致性时,我们必须质问:由于"事物本身"的为它性,原本的普遍的无主之物为何总是要被占取和享用?人怎么成为物的主人?或,人怎么能够成为物的主人?总之,从普遍法则到法则的个体性内化是怎么达成的?

那么,何为"为它存在",这神秘而模糊的"为它存在",之于黑格尔,是通过"自我意识"的概念——主奴辩证的场所——解决大写主体"我"的悖论。为了保持这概念的真理,即自我意识的自身确定性,"为它存在"渗透进了个体性之中,我自身就是对象自身,我既是主体,也是客体,并保持内在的差异性张力,辩证法才可开动起来。那么,我们有理由认为,即使萨特的存在主义试图通过"自为性",把"自在性"实现出来,伦理上萨特坚持让他者自由——黑格尔的为它存在——但行动个体依然是不透明的,萨特依然对"神秘他者"——常常以情欲状态中的女人为例——感到绝望。对此,波伏娃的女性主义哲学对伦理困境的补救之道是:互为他者,那么两个个体之间的伦理性就被弱化了。

无论黑格尔那坚固的自我意识,还是萨特的行动自由,依然没有解决道德主体作为欲求职能的问题:可欲的是可知的吗?可欲的处在知识系统之内吗?这集中在康德先验图表所显现的困难之中:如果"我们能做什么"的实践理性或伦理行动,作为欲望(desire)的职能,可见行动是欲望的代理。施动者或行动者(agent)作为欲望的效能,道德主体满足的是理性对象自身或自由理念自身。用精神分析的话说就是:我做,它满足,让自明性法则得到满足,即合目的性。但康德不关心是什么内容让法则满足,他在意的是法则的普遍

---

① Ibid., p.262.关于安提戈涅,可参见拉康《精神分析伦理学》讲座"美的效能"章节,黑格尔和拉康尽管论证的方法不同,一个是辩证法机枢的否定性,一个是欲望拓扑学或图形学对裂隙位置的勘察,但理论工作的方向是一致的,即不仅要指出悖论,还要给出理由和严格的分析。

② 康德公案:在没有任何证据和任何人知情的前提下,一个人是否可以侵吞过世朋友寄存在其处的财产。如果贪财是我的准则,同时要符合理性法则形式,即我的准则普遍适用于一切他人,那么康德的结论是,寄存—信托就会覆灭,合法占取的所有权就会消失。见 Kant, *Critique of Practical Reason*, Mary Gregor trans., Cambridge University Press, 2015, p.25。

适用,类似于可套用的几何公理,在经验层面基于"趋利避害"和"己所不欲,勿施于人"的常识,有害的内容就可以避免了。但难题在于,适用于人类自身活动的立法原理,毕竟不同于设定公理的纯粹理性活动,初始法则来自人的行动。黑格尔认为,在伦理行动之初,是某种善好的内容(a good)填充了道德形式——这里包含具体的行动、目的和个别性——正如犹太民族,碰巧把他们在意的所有权规定性内容上升为"汝不得偷盗"的律法。

在观念论传统中,形式和内容的逻辑同一性依然是不充分的,如果行动先于律法,那么初始行动就不是原则的结果,即康德所说的作为欲望职能的普遍的道德主体。初始行动执行的是欲望律令,显然更优先的问题是欲望的概念图式如何可能?

实际上,黑格尔已经发现了善好目的背后的操作手段,通过删除坏的、危险的内容,实践理性法则就被原初行动启示出来了。但是,他强调律法首先是在某个实存的集体之中得到承认和规定,就是说相互承认已经内在于初始法则了。黑格尔认为,立法仅仅是为了解决意识戏剧的冲突。如果我们把他的意识戏剧读作精神分析的欲望冲突,就能理解最初的"有个意识"怎么走向"我是我"的绝对精神和绝对地知。要么全体行善,要么全体作恶,如康德的论证,善或恶,在始源处如同选项,我们发现绝对律令的经验运用并非康德所演绎的共同成就的好或共同毁灭的坏,反而是对他人作恶怎么变成了对自己有利,反之,对自己有利的也有可能对他人有害。这个利弊到底是怎么衡量的? 这里的核准很难通约为法则形式,大写的善也不可能等同于诸个小善的合并,如同功利主义所认为的那样,在拉康看来,善、利、好涉及欲望主体的结构形式,大写的善不可测度也无法定性。

显然"事物自身"的"物"和我们可以反复评估掂量的对象物不同,《精神分析伦理学》讲座开篇论及"物"的问题,这是其全部议题展开的基座。

> 我把"物"看作所指之外的东西(beyond-of-the-signified)。作为"物"的效能以及与其情感关系的效能,主体和"物"保持着距离,并先于压抑,在某种原初情态(primary affect)所赋予特征的情感关系中建构起自身。①

---

① Lacan, Maiginal Comments, from *The Ethics of Psychoanalysis*, 1959–1960, Jacques-Alain Miller ed., Dennis Porrer trans., New York: Norton Company, 1997, p.54.拉康根据克莱因"好客体"理论,即自我理型(小婴儿)最初的投射对象是妈妈的乳房,即在阉割—压抑之前的原初情感关系。在欲望图示中,拉康更关注"母亲"的位置,"保持距离"是为了给分裂主体定位,并回应弗洛伊德"父亲"位置的主体效用。

"物自身"不可触及,不可表象,但这个距离恰恰担保了"善"是可欲的。一方面,我们不要忘记拉康是黑格尔的读者,后者在《小逻辑》论及"物"(das ding)的章节中,专门区分了"性质"和"物性"。从认识论角度,定性是说"不同于他物"的一般化差别,而"差异"则涉及"物"的"特殊性",和"奇异""陌异性"相关。另一方面,受海德格尔的启发,如果"对象自身就是对象",①这已经暗示了"自在物"的效能,那么拉康就将"至善"放置在知识界限的边界处。在追求大写"善"的征途上,主体会遭遇诸多的"善",或者说这个好那个好——正如黑格尔说的财产权是犹太民族认为的好,开启了左派右派的意识形态战争——从语言结构的转喻层面上看,可欲的对象不断置换,形成能指的环串——一个小环套着另一个小环,环状形容的是暂时性的圆满——能指环链之下是奔涌的无意识,因此可表征的诸个的好不是对象自身,而是大写"善"的效能,或者是为欲望的必然性所支付的筹码,被主体当作了善本身,从而回应康德法则的规定性和自由无限性的鸿沟。

既然理性自由或欲望是以悖论的形式提出的,去要求拥有那并不存在的事物,那么理性悖论在临床上的表现就是妄想症状:无中生有,创造对象。"物"不可表象指的是知识理性范畴内的表象,但这个"对象自身"不等于绝对的空,如海德格尔论及的"壶的馈赠"和"物的物化",在存在论意义上,他其实要表达的是"无"的慷慨。在精神分析这里,"自我/无意识"作为"原初情态"如同别样的先验感性形式,使得身体—自我(body-ego)成了想象性空间,或者想象的场所,这一点受到精神分析克莱因学派的支持:原初的完美对象是母亲的乳房,给小婴儿带来彻底的满足感,"母亲身体"作为自我理型的投射,使得欲望行动的驱力(trieb)区别于我们常说的本能。本能冲动的对象是固着的,而满足欲望的对象则是漂移的,翻译成哲学语言就是同一性的不可能。问题不是如康德那样,以最高理性拦截异质杂多的"偏好任性",以便设定意志的自足自治(autonomy of will),关键是要回答"偏好任性"的冲动如何可能?在精神分析看来,大写的"善"恰恰是这个删除行为的普遍的象征记号,登录"大他者",而删除不等于消失,它们会以"小他者"、诸善、这个好那个好的形式复现。

由此,理性—元父—禁令删除了原初—完美对象,并将"完美对象"拔高到了"物"的位置,随后就出现了目的和对象的混淆,并通过设置目的获得虚假的对象性满足。精神分析在此综合存在论和结构主义语言学的方法,澄清道德主体的现实,或"人性的实情"总是和"物",和环绕"物"所产生的幻想比邻而居:

---

① [德]海德格尔:《物》,《海德格尔选集》(下卷),孙周兴选编,上海:生活·读书·新知三联书店,1996。

在所追寻的得到核验之前,有某种东西已经建立起了它的目的、目标和导向。正如弗洛伊德所言:最初直接的现实检验目标,并非和主体对自己所表征的现实的知觉对象一致,反而是去重新寻找这个对象,去确定它依然在场一样。

主体的整个进程就是围绕着"物"来定位的,在任何情况下,都是最初的外部的"物"或陌异的、充满敌意的"物"。显然这个进程的探测形式在寻找的参照点究竟和什么相关呢?——和欲望的世界相关。①

这与黑格尔"试法的理性"很接近,目的不可对象化,行为的目的就是行为本身。非要自己去设定对象化目的,人们就以为约伯和安提戈涅疯掉了,因为这两位发现了目的和对象的区别,孤绝地展开核验行动。如果弄清楚了欲望的结构,那么精神分析要侦测的就是这个"律法"背后的"他者",或"大他者",黑格尔说核验目的是"反伦理"的——更准确地说,初始程序是反伦理的——接近精神分析说的道德实践的"负片",我们才可以获得道德主体清晰完整的面貌。

欲望机制恰恰是围绕着这个"物—空—位"被组织运作起来,不是以神秘幻化去取代表征,而是从实际的效能逆向侦测到欲望的辩证法,精神分析才可明确自己的道德目的:不是根据大写法则,或者亚里士多德关于幸福科学中的德性教诲,而是根据欲望自身的法则,避开"内心的灾难"——精神分析师是神经症痛苦最忠实的见证者——合理安排并组织起自身的本能与冲动,毕竟判断行为和行为判断是伦理学的基本效能:

如果存在一种精神分析的伦理学——这是一个开放的问题——在某种程度上,分析以某种方式所提供的某些在场的事物,作为我们行为的尺度,无论多么微不足道,至少可以这样宣称。②

尺度或法则是指可通用的,而非常态的症状行为怎么可能具有道德理性的分量?拉康在此要抗辩的是,"立法行动"所宣示出的法则背后,遵从的是"你的欲望",并且和先验理性一样,具有同样的绝对的强制力。

关于原初行动的问题,康德其实并没有回避。如此行动的同时,他宣示了一条普遍适

① Lacan, Maiginal Comments, from *The Ethics of Psychoanalysis*, 1959－1960, Jacques-Alain Miller ed., Dennis Porrer trans., New York: Norton Company, 1997, p.52.
② Ibid., p.311.

用的法则,称之为"理性事实":

> 我们可以把这个奠基法则的意识叫作理性事实,这不能从先行的理性质料推论出来,比如从自由意识(不是事先给定的),相反,理性事实如先验综合命题,将其自身强加于我们身上,不可直观,既非纯粹的又非经验的……考虑到法则是给定的,为了避免误解,我们必须注意理性事实不是经验性的,而是纯然理性的独一事实,作为原初的立法行动,它宣告自身。①

纯然"理性事实"就涉及起源问题了,"意识"和应然的理性方法原理不同,就是说,原初行动和一种宣告同时发生了,实际上是两个行动,一个是"如先验综合命题"一样的自发的强制性行为,另一个是通过人宣告完满和喜悦。原初行动和宣告(善,满足)的声响同时发生,在康德的时代意味着他和神学抗辩的强硬头脑,即自由不是外在神意给定的,区别于自然必然性,自由是人通过行动宣告出来的。但更关键的是此处的悖论:原初行动的自由不是事先给定的,也"不是经验性",因为无法则可运用,那么,道德法则显然来自一个原初的"非法"的行动。相应地,精神法分析的叙事就是"弑父","父亲死了",但其后的意义链条需要这个"空—位",拉康改进了弗洛伊德的"以父之名",更精确地表述为:无—父之名(No/Name-of-the-Father)。

"不可直观",但可以听见。根据康德给出的著名实践公案:在绞刑架面前,性行为被毫不犹豫地放弃,但"真言"(truthfull)宣告的是"在自身之中的自由"——宣誓就是单纯的关乎自身的声响活动——有可能战胜死亡。在此,"真言"的绝对性需要进一步澄清,拉康以犹太十诫为例:诫命是从高处砸下来的声音,"汝不得撒谎","我"总是处在亏欠的位置,愧疚和赊欠才是伦理的发生之所,所以他才说"善"是人支付亏欠的筹码。

二、伦理行动的驱力

在《精神分析伦理学》讲座中,拉康通过深化悖论—妄想的裂隙,并基于临床经验,展开"主体—伤口"的分析性缝合工作。借用康德的表述,讲座七更关心初始的伦理行动如

---

① Kant, *Critique of Practical Reason*, Mary Gregor trans., Cambridge University Press, 2015, p.28. 既非先验的又非经验的"理性事实",我们只能在精神分析的框架内理解为欲望行动,对"理性事实"更为激进也更康德化的解读是,"人人在其自身之中"都有自我"革命"的能力。参见 Terri Pink, Autonomy and the moral order, from *German philosophy*, *1760-1860*, Cambridge University Press, 2006, pp.59,63。

何可能。在此,"先验法则"在精神分析的术语里被置换成"初始程序",即法则如何生成? 如何被理性之人(康德的主体)接纳从而诉诸行动? 黑格尔的回答是没有纯然的道德形式,否则内容的好坏都成立,初始的伦理行动只能被有意义的正当善好的内容所填充,而恶或错误的必然性被黑格尔转化成否定性的逻辑元素,毕竟黑格尔的思考对象是历史内容。那么,精神分析只需从黑格尔那可能好也可能坏的"内容填充"接着质询:被删除的坏的内容在欲望结构中的位置如何?

对此,康德的解决之道有点含糊,他认为善好是可欲的,但善好不可能先行于实践法则,因为善好的事物带给人情感上的喜悦,而邪恶的事物让人感到不悦和痛苦,但情感又是经验性的。善好可以是实践法则的基础,快与不快的情感体验则是手段。但我们不要忘记康德也是"第三批判"的作者,快与不快涉及关乎自身的感性判断。既然法则是行动出来的,那么就行动而言,要么是善的,要么是恶的:

> 实践理性的对象仅仅是那些善的和恶的事物。善的事物被理解为欲求能力的对象,恶的事物被理解为拒斥能力的对象,然而,两者都与某个理性原则保持一致。①

这里的"欲求"和"拒斥"是基督教"自由选择"意志的翻版,只不过后者用意在于"拒斥"尘世的能力。就概念对象而言,受理性原则担保,康德给出定理:我愿,我就能。我愿,我就能(行善)。而反题尽管也和理性原则一致:我不愿,我就不能(作恶),那么恶行就是不可能的。我们可以得出的结论是,恶行只能出于自相矛盾:我在做着一件自己不愿意的事情。所欲求的就是好的,康德在此和斯宾诺莎保持一致,几何学式的论证严密得无可挑剔。非常有意思的是,康德用那条简明的实践理性法则是为了限定"意志"(will)的选择问题,或不纯粹——当然基于他在哲学上的启蒙使命——处理同样的问题,精神分析也承认欲望只说着"yes",但疑难在于"欲望"围绕"物性"的空—无定位——康德也承认欲望无对象——其锚定点活跃而飘忽,既然可欲的和拒斥的都遵从理性原则,而无关乎经验性的具体对象,那么初始行动本身和善恶无关,正如实践法则无关乎善恶,满足逻辑的同一性即可。作为欲望行为(神经症)的见证者,基于意识/无意识,意愿/无意愿的辩证法,精神分析将问题转化为:同一性如何可能? 对此拉康才说,善是用来兜底的,或"善的效用"。他以第一个裁剪布料[法文"textile"(织物)和"texte"(文本)同根]的

① Kant, *Critique of Practical Reason*, Mary Gregor trans., Cambridge University Press, 2015, p.40.

圣-马丁为例,指出伦理学中从亚里士多德到奥古斯丁,系统性的劝善就成了"言语对文本的惊人废止","善"成了抵挡欲望洪流的堤坝,岂不对立于康德所说"喜悦圆满"吗?

我们所关心的善的问题,首先是在和律法的关系中得到表述的。另一方面,没有什么比躲在自然法及其和谐的暗示背后,回避善的问题更具诱惑性的了,而精神分析恰恰是要对此予以阐释。日常经验向我们证明的是主体的防卫,并在追寻善的道路上持续地揭示他们自身。但我要补充的是,在一种始源形式中,这仅仅是主体部分地以托词来伪装自己。整个分析经验不过是邀约其欲望的泄露……首先什么都没有改变,因为弗洛伊德的指针总是指向快乐的注册簿。[①]

"我愿,我就能",这是非常激进的实践定理,如果我们把"will"读作"wiling",就会发现"意志"还是一种"愿力"(古英语中的"rather"),或者说是欲望行动。在话语层面,精神分析对康德的悖论性的翻转恰恰在于"我不愿,我却能"——和康德不同的是,精神分析对这个前置的先验"我"予以悬隔,或神经症口中的"我"有待分析——拉康认为"不愿"所拒斥的正是被圣-马丁裁剪掉的虚无织布。裸身居住在衣服——语言里,但裸身不是纯粹自然,裸身令人兴奋。因为"立法"行动涉及初始原则,没有任何对象或目标,这也是动机(motive)和驱力的差别。精神分析在临床上观察到的歇斯底里症状处在拒斥现成的符号化的快乐对象的位置上,并为自己立法,就是为自己创造另外的对象,"拒斥"和"立法"同在。而在康德那里是要如何应付欲望"杂多"的问题:

> 行为一方面归属于自由法则而不是自然法则,因此也是理智存在者的举动,但另一方面作为感官世界中的活动,行为属于显象,实践理性规则的发生只能遵从知性范畴,但并非如知性范畴的理论运用那样,将感性直观的杂多先行放在一个意识之下,而仅仅是为了将欲望的杂多先行服从于实践理性的道德律令,或纯粹意志的意识统一体。[②]

我们可以把"欲望杂多"精神分析式地,或行为拓扑式地理解为"欲望标靶"的漂移,

---

① Lacan, Maiginal Comments, from *The Ethics of Psychoanalysis*, 1959 – 1960, Jacques-Alain Miller ed., Dennis Porrer trans., New York: Norton Company, 1997, p.221.

② Kant, *Critique of Practical Reason*, Mary Gregor trans., Cambridge University Press, 2015, p.55.

康德也深知行为的麻烦就在于"我—愿"，和认知活动不同的是，后者是根据知性法则去规定对象，内在于理性自身；而行动，因其无对象的直接性，用康德的话说是没有时—空形式的"不充分的直观"——精神分析将此翻译成"幻想"——因此，这个"意识统一体"来自"别处"，不是自然，而是来自感性领域的"意志"，这也是自由范畴和自然范畴的区别：

> 先行的实践概念与至上的自由原则相关，并且同时成为可知的，不必等候直观以便获得意义。值得注意的是，它们（实践）自身制造了关涉意志偏好的现实，与理论概念无关。①

在"制造现实"的过程中，"偏好"是一种行为定向，与冲动同在。古希腊的很多节庆就关乎冲动本身，更何况希腊词"ethos"讲出的习性，如同衣物的内里，是为了区别于无机物，一种隐晦的"自身性"表达。而"冲动对象"则是现代人制造出来的，康德明白，这深渊般的自身性或自发性，需要得到伦理法则（ethic law）的规范，从而捍卫理性的至上主权。冲动不是自然领域的本能——弗洛伊德的术语"驱力"（trieb）——其自身无法在固定的"现实"对象那里得到满足，具体"对象"只不过是为"想象性的满足"提供固着点。"偏好"定向所锚定的"固着点"和认知主体的"对象"稳定性不同，因此，康德使用"意识统一体"来指称这种区别——偷换神的概念——之于拉康，这个"统一体"就是"物"。"统一体"的效能，在经验心理学领域就是指常态，或作为某种防卫机制的"自我"（ego）——一种平衡机制，这让人想到亚里士多德的"中道"——区别于康德自主自控自洽的主体。而常态核准出自临床经验对"病态""倒错"和"偏差"的认知——这也是一般医学常识——读取症状的工作能走多远，"常态"的边界就可以推进到多远，从而抵抗力就有多强大。

"意识统一体"限定行为主体，而行为中的个体往往是：我愿，但我做不到；我不愿，但我去做了。如何处理"我愿"和"我能"的分裂性冲突，对此，一般往往笼统地理解为人性的复杂。当然，康德意识到了这个问题，他晚期的著作《判断力批判》和《道德形而上学》（有的英译为"伦理形上学"），专注于"愉悦/恐怖"和"德性伦理"——尽管他在"第二批判"中反驳了亚里士多德的德性论，斥指为说教——顾及感性世界秩序之中的显像问题，来思考判断和行动。

尽管康德非常警惕心理学的"自然"倾向，更何况他在《历史哲学论文集》中不得不坦言，现代人的"天性"因残酷竞争被扭曲了，但无论如何，康德的意志概念和精神分析欲望

---

① Kant, *Critique of Practical Reason*, Mary Gregor trans., Cambridge University Press, 2015, p.55.

概念的近似,在《道德形而上学》基始那著名的开篇部分就显露出来了:

> 除了良善意志,在世界之中,甚至在世界之外,如果没有限定,我们就不能设想任何事物的善……良善意志并非因其某种效果或成就而为善的,也并非因其适用于达成某种目的而为善的,良善意志仅仅因其自身的愿力(volition,意志力)自在自为地是善的,它是无可比拟的最高价值,高于所有偏好的总和所带来的一切。①

这里提到两种情况,一种是经验性被限定的"诸善",可以被了解和习得;另一种"良善意志","至善"之所以大写,和地球引力差不多。因此,"愿力"如果是矢量的话,意志的指向就是"空—无",考虑到"世界之中"的感官限定性,必须有实践理性法则与其配套,从而避免毁灭的灾难。"理性主体"或"自我"必须紧紧握住"意志"飞奔的缰绳——这样才良善?如牛顿,发现重力,但力本身不可知,只能通过法则公式了解其运动规律——"自主"或"自律"其实就以理性目的为由,操作这台"意志"或"欲望"的动力装置,两者互为中介,而行为(can)——尽管康德将其划拨到法权利的领域——用康德的话说,属于显象世界。对此,精神分析看到的是"症状"。

"显象"被"第一批判"死死地扣留在知识起步的领地,而意志自由的王国只能被"设想","良善意志"仅凭自身建立起因果序列——这让人想到斯宾诺莎的神正论——超越感官,引发敬重。这些"设想"被实践理性法则所限定,从而区别于妄想,那么,实践理性在哪里显现为"如此行动"的必然性呢?

> (实践理性)在涉及感官世界方面是一种否定性的思想:它不为意志的规定性提供理性法则,只有在这一点上是肯定的——自由作为一种否定的规定性,与一种肯定的能力结合的时候,即与一种理性根据、一种意志、一种必然如此行动的能力结合的时候,这时,行动原则和理性根据的基本建构保持一致,这就是说,以作为公理法则的普遍有效性为条件。②

重点不在"意志",而在于一种"否定的规定性"嵌入了自然之中,超感官的事物和感官世界具有关联性。康德当然知道这关系本身有着破坏、毁灭、干预、打断和介入的力量,

---

① Kant, *Groundwork of the Metaphysics of Morals*, Mary Gregor trans., Cambridge University Press, 2006, pp.7-8.
② Ibid., p.62.

而"普遍有效"自洽的法则形式为此筑起安全栅栏,他关心的是自由王国的秩序。可见,康德亦如弗洛伊德一样的理性主义者,必须在"危险"之中保持平衡感,前者以思辨的方式,后者守住生命能量内外投注的平衡状态。而自由自身无法成为思辨的对象,仅存几何公理般的理型(理念形式),那么,以自由之名和精神分析"以父之名"其实是同构的。康德放弃对关联性的进一步分析,他留下的难题是:

> (公理法则的普遍有效性)只不过是参照知性世界,把理性设想为可能有效的根据,设想为意志规定的原因。在此某个诱因是匮缺的;而智力世界的理念自身不得不成了这个诱因,或者是理性原初感兴趣的事物;但要懂得这样的问题,恰恰是我们做不到的。①

有两个问题值得注意,一个是智力世界的科学活动驱力受"纯然理性"导引,这就是从妄想狂到科学家的升华;另一个是"理性原初"的感兴趣的对象"缺失"了,那么精神分析就从原初关系出发,把康德的"理性"读作精神分析大写的元父,两者都承认某种原初关系。关键不是自由是否可以成为思辨对象——自由在康德这里如临界点,或者既是终极目的,也是起始的扭结——而是需进一步勘察是否在可知与不可知的槛界位置,原初关系中那个"遗失对象"是否可以在分析经验中显现。拉康认为可以的,只不过是通过"变形"显现,比如"邻人"。

三、邻人/伙伴:绝对义务的真理位置

为了进一步解决行动驱力问题,康德导入了"绝对义务"概念。但就行动而言,"良善意志"仅凭自身,意味着伦理行动只能是自我强制,那么就有两种对立的内在强制力在行动者这里交战:

> 义务概念就是一种根据法则驱迫强制的自由选择概念。这种强制要么是外在强制,要么是自我强制……(自我)强制运用于理性的自然存在者,运用于不那么圣洁的人的时候,哪怕他们认识到法则的威力,也往往会被违逆法则的愉悦所诱惑;即使遵从法则行事了,也心有不甘(这与偏好针锋相对)。然而正因为人是道德自由的存在,义务概念就关涉到他意志(诱因驱力)强制的内在规定,那么义务概念只能包含

---

① Kant, *Groundwork of the Metaphysics of* Morals, Mary Gregor trans., Cambridge University Press, 2006, p.65.

自我强制（尽管这是法则单独的表象）；因此，驱迫（哪怕是外部的）只能与自由选择的能力统一起来。①

　　自然天性和理性法则两股势力性质不同，但同样具有内在强制力。那么，"不那么神圣的人"必须判断自己是否有抵抗天性驱力的能力，并即刻知道"法则"所告诉他的无条件"应该去做的事"。在这里提到两种愉悦：一种是违逆法则的"萨德式"愉悦，另一种是对抗天性的"康德式"愉悦。在精神分析的欲望图示中，二者同构，或总是结对而来。

　　不像纯粹的神圣的理性存在者，"人"的杂质就是他的"天性"，是履行义务的"障碍"。那么归根到底，要战胜什么"天性"呢？这里多出来的环节就是"判断"，首先要辨认"愉悦的诱惑"——在第三批判，愉悦是由自然对象引发的关乎自身的肯定判断——然后才下判断：我能战胜。既然康德意识到了对立交战的双方，他也承认"事物概念的可能性"（不自相矛盾即可）并不足以担保"事情本身的可能性"（概念的客观现实）。因此，就事情本身来说，"德性义务"作为一种力量，"通过它能够克服的障碍才可以被认识到"。与其说障碍，不如说是所谓主客观分裂，或主体性破裂的结果。

　　如果在"德性"和"天性"的二元对抗中添加"物性"的项目，那么对立就变成了结构性的问题，并且从还原角度来看，我们得到这样的序列：德性—天性—物性。康德说的"障碍"之于精神分析，就处在邻人的位置得以显现，"萨德"是"康德"的邻人。从康德谈论"自我的幸福"与"他人的幸福"来看，他的"邻人观"和基督教没有多大区别，是基于对称的"相似性"，而更多的时候，往往用"同一性"取代了"相似性"，或两者经常混淆。

　　另外，康德依然在形而上学传统中，认为本体（noumena）只能单独被理性把握和表征，有时他说是"神圣表象"。人受到（外）感官的局限，只能以仿佛相似说出"物自身"。"物自身"是哑然的，而第一次"说"，就是摩西听到的律令是以声音的形式传达，而声音在精神分析里是欲望的身体根据之一。因此，"超感官"的神圣表象得以显现，依然要求助于"身体"，求助于人的知觉中心。更何况没有身体，我们就无法设想任何行为，更不用说行为的再现了。对于精神分析来说，"强制"并非理性单独的表象，因为身体在场。

　　那么首先要解决的就是：伦理学如何持有"伙伴"？② 如何找到"伙伴"，进而指出两

① Kant, *The Metaphysics of Morals*, Mary Gregor trans., Cambridge University Press, 1991, p.186.
② *Lacan*, *Encore*, 1972-1973, Bruce Fink trans., Norton Company, 1998, p.87.在此，拉康重申他在讲座七里意犹未尽之言，"神经症不是倒错，他们只是梦想着成为倒错者，这很自然，因为他们想持有伙伴"，接下来他指出康德和萨德的倒转（pervert）关乎伦理学如何持有他们的伙伴（partner），保持悖论，事情就会改变并展露生机，康德说理性容忍悖论，这是理性的威力。

个理论向度:一个是真理的真理(负片)和法则的法则(负片);①另一个就是基于性化身体的爱欲活动所引发的"女性性态"问题(feminine),②进而在讲座 20《还要》中得到进一步的澄清?因此,讲座七和讲座 20 必须连读,拉康的伦理思想才展现出其全貌,并且分析家得出了结论:性差异作为伦理学的补救之道。之于形态,精分眼里的伦理学类似俄罗斯套娃,或者拉康在这个讲座中提到的:一个空抽屉套着另一个空抽屉的"物"(Das Ding)的装置艺术。之于方法,拉康受"还原论"的影响,这体现在贯通整个讲座的"物性"问题上,但康德伦理法则的施动者(agent)得到保留,区分出作为效能的主体和作为欲望主体的大他者,使得伦理—欲望主体的行动拓扑图得到更细致的呈现。尤其是希腊式的爱欲(eros)和基督教的神爱(agape)这个对子的映照模型,受到两性欲望伦理非对称性的扰乱,"性别之伤"制造了伦理行动的僵局并开启了另外的可能性。由此,从亚里士多德"善"的幻象到康德绝对律令的空—形式(判断形式),从幸福论到坚持同一性的自明,在拉康看来,这两位的理念和形式,目的设定和前提设定都无法充分回答必须如此行动的伦理学根源。

用康德的话说:行动如何可能,在《道德形而上学》中是以"德性义务"的概念予以回应的,尽管其第二批判完成了行为准则的根据立法,但内在于哲学传统的"形式"和"质料"问题需进一步推进。义务的绝对性受同一性逻辑的担保,导致了主体和他者的镜像关系即对称性。之于康德,仅就道德理性形式而言,"人成为自己的目的"必须以律令的方式颁布,不再需要进一步证明了。然而伦理学有质料—对象的进入,就产生人的诸多德性。在行动时,进入律令形式的是人"内心的声音"(良知),进入义务目的形式是行动之人应当将"他的目的"当作对象,这样一来,诸个德性义务的基础就是"坚定的倾向",那么,伦理学就不可能彻底清除情感的取向:

> (情感)取向是一种内在的道德实践的完善。在人之中一种立法意愿的练习,并且依赖与其意志相应的行动能力,对此施加影响的情感,可以被称为道德情感,一种

---

① 主体职能的形式和欲望主体结构的区分,前者是认识论的,即科学基于效用的目的构建的形式或范畴,后者是记忆主体,无意识的储存器,遏制认识主体对杂多感觉经验的删除,即"ego"和大写"I"的区分。在《道德形而上学》中,康德用"+"和"-"两个符号分别标记"有德性"和"无德性",前者指道德决心,后者指道德匮乏即软弱,他就是不愿回到基督教的"有罪说":就存在论而言,即"亏欠"优先。

② 从精神分析的角度,女性气质并非男性气质的对称物,女人只不过是在父权象征系统中登录,这里的"质"仅仅是一种记号,和认识论的本质规定性无关。弗洛伊德称之为"质的记号"。德里达在《性差异:本体性差异》一文中更进一步阐明,这是本体性差异的"记号"。

特殊的感觉,道德感尽管以幻想的方式被滥用,如(苏格拉底的守护神)先行于理性或省略了理性判断。这依然是一种道德的完善性,即某人可以让他的对象成为任何个别的目的,当然也是某种义务。①

"苏格拉底的守护神"(daimon)在古希腊是指在人的背后护佑人的神灵。这个站在人的"背面"的"伙伴",不是镜像关系,是相邻关系,而这个邻近性本身无法对称,因为它在人的"背面"。之于康德,"爱邻如己"的爱,是指"行善"作为绝对义务,和施为的对象无关;持续"行善",随后可能对施为的对象产生爱,接着他说爱是在"他人的完善中"(another's perfection)感到欣喜的直接性。自我强制的义务法则和"对象无关",无法感知,但须得"爱"那不可直观、不可表象但实存着的"邻人—他者"。在此,"完善"或"满足"的悖论产生了,即如何在"他者"的愉悦—完善中,获得爱的直接性。拉康认为康德认出了欲望的形象,但是又以"善"的名义将其摧毁,受到折损的恰恰就是"义务目的"的纯粹性:

> (义务)法则让邻人的绝爽处在这样的位置:作为见证来平衡义务的意义。那须得径直奔向的真理义务为我保留了绝爽的本真位置,哪怕这个位置是空的;还是应该弃绝我自身,堕入谎言,强制自己以善来替换欲望法则,命令自己反复无常?或是为了避免背叛邻人而出卖同伙,还是躲在同伙的背后放弃我的绝爽。②

"爱邻如己"的邻人即自我,我与自身的关系处在"倒错"的位置,在"背面",是"负片",或者说是萨德的"坏"为习惯延宕的现代人哈姆雷特松绑。萨德的文学隐喻滞留在欲望的丛林,"消灭欲望对象"的残暴行为遵从理性法则。一场谋杀"自身性"的行为拉开现代性序幕,其结果是现代主体彻底的无能和伦理勇气的丧失。相邻和陌异在一起,相像和对称性、对象化在一起,主体被劈成两半,而"精神裂析"就作为方法,为德勒兹的思想铺展了道路。萨德正是那个径直走向虚空位置的人,他的过错在于仅仅活在"表象的世界",其分量等同于仅仅活在理性知识世界,所以福柯才说,这是17世纪古典主义走向现代知识型的文学时刻。为什么《词与物》的"表象世界"是从堂吉诃德起笔,到萨德结束?表象世界的终结,同时也意味着形而上学的帷幕落下了。

---

① Kant, *The Metaphysics of Morals*, Mary Gregor trans., Cambridge University Press, 1991, p.192.

② Lacan, Maiginal Comments, from *The Ethics of Psychoanalysis*, 1959–1960, Jacques-Alain Miller ed., Dennis Porrer trans., New York: Norton Company, 1997, p.190.

"落幕"并不意味着消失,而是会变幻面目重新到来。康德非常清楚"爱"的直接性:"人为自己立法","在自身之中听从自由",说的是义务法则一刻也没有停止内化。但作为奠定现代知识体系原理的宗师,用拉康的话说,他"反复无常"。康德把"理念自由"交给不可知的本体界,又把"行动自由"托付给"在自身之中"的律法。尽管"第三批判"给出了精湛的感性论,让我们看到"情感"恢宏的交响,从有条件愉悦的品味判断到无条件目的论判断,自然必然性的威力与超感官的自由平起平坐,感官世界和超感官的形上世界其实相互依存,拉康要挽留这个"邻人"的位置,与其说是超感官,不如说是感官自身就具备强大的僭越能力。

因此,伦理行动和欲望结构具有关联性。"物自身"可以从"我自身"的结构性问题,从欲望主体的法则出发,"物自身"才散播为"我自身","我自身"映照为"她自身""他自身";另外现代人误入"选择自由"的歧途,感谢康德将"自由意志"改写成"意志自由",已然从理论上为我们扫除"选择"的魔障。选择本身是道德力量的匮缺,拉康作为分析师,在灵魂(心理)事件的现场发现"善"之名和"父之名"的相同功效。不是说我们择善如流,恰恰是"诸善"的冲突引发了社会历史和个体心理的灾难。没有拣择,这正是希腊人意识到的混沌"灵魂"和"德性"显现,形上和表象必须结对而来。在人性和非人性的交汇口,科学无言以对,而"真理"则得到扩建。

Desire Structure and Ethical Action
— Dialogue between Psychoanalytic Ethics and Kant

ZHANG Nian

【Abstract】 Kant promulgates axiomatic laws for moral practice, making the moral subject possible as agent of the faculty of desire. Where Kant ended and on the key issues touched but ignored, psychoanalysis continued to push the boundaries of "desire", and from clinical experience, reversely detected the topology of desire structure. Dialogue with Kant's concepts of "subject", "will", "GOOD" and "absolute duty" on how action is possible, and how internalization of law is possible, trying to show that "freedom" should not be entrusted to the dumb noumena. The compulsive force of the "duty" escorted by the freedom of the will is notsole representation of reason, the "body" present always encounters the "trieb" in the paradox of reason, and the split of the "subject" precisely fulfills the "desire" and "action" at the same time.

【Keywords】 Moral Subject, Action Drive, Obligatory Compulsion, Neighbor's Position

上帝与恶

——从自由意志的角度看路德二元的上帝观①

周小龙②

【摘要】路德坚决否定人的自由意志,主张人的意志必然犯罪。伊拉斯谟指出,路德的观点会不可避免地导致一个结论:人类意志的犯罪源于上帝的意旨。路德接受了这个推论。本文认为,路德接受这个推论,绝非故意与伊拉斯谟立异而将自己置于困境,而是符合路德神学的整体构想。本文以《论意志的捆绑》为基本文本,从自由意志的视角,以哲学重构为基本方法,分析路德二元的上帝观,试图从路德神学的整体构想来理解,为什么路德能够接受恶来自上帝这一指责。本文将表明,将恶归结于上帝的意旨,为路德倡导"唯信称义"准备了前提。

【关键词】自由意志,恶,上帝观,隐藏的上帝,信仰

导言:问题的提出、文献综述和研究方法

神义论是基督教神学思想的重要问题。在通常的神义论版本中,上帝是正义的,恶则来源于魔鬼和人类的自由意志。因此,承认人具有一定程度的自由意志,这往往会被认为是维护上帝的正义的必要前提。但是,在路德的神学中,人是没有自由意志的,恶则来自上帝的意旨,这在神学史上是非常奇怪和独特的。在《坚持遭利奥十世最近谕令谴责的所有马丁·路德的信条》(*Assertio omnium articulorum M. Lutheri per Bullam Leonis X novissimam damnatorum*,以下简称《坚持信条》)中,路德了提出三个命题:自由意志不能行善;自由意志除了犯罪以外,对其他任何事情都不能产生益处;自由意志只是虚有其名,我们所行的一切,都是由于完全的必然性而发生。最终路德断定,人的自由意志必然犯罪。③ 此

---

① 本文为中国博士后第72批面上资助项目"施莱尔马赫的辩证法思想研究"(资助编号:2022M723681)与国家社科基金后期资助项目"费希特与早期浪漫派的存在问题研究"(项目编号:22FZXB012)阶段性成果。
② 作者简介:周小龙,中山大学哲学系博士后、助理研究员,主要研究方向为德国古典哲学、基督教神学和中西哲学比较。
③ Martin Luther, *Assertio omnium articulorum M. Lutheri per Bullam Leonis X novissimam damnatorum*, in: *D. Martin Luthers Werke: kritische Gesamtausgabe (Weimarer Ausg.)*, Bd.7, Weimar: H. Böhlau, 1897.

后,伊拉斯谟在《论自由意志》(*De libero arbitrio diatriby sive collatio*)①中指出,路德的这些主张会不可避免地导致一个令人难以接受的推论:人类的恶通通来自上帝。② 路德把伊拉斯谟这个推论接受了下来。人类意志的恶来自上帝,这恐怕是路德神学中独特的也是令人费解的观点。本文的研究重点,就是对路德这一思想的分析和考察。

在通常的神学思想中,恶来自魔鬼与人的自由意志对上帝的背离。对于路德而言,人没有任何自由意志,人的意志背离上帝是因为人类服从魔鬼的统治,因此人类的恶来自魔鬼的意志。这样,路德神学就需要解决一个棘手的问题:人类的恶到底来自上帝还是魔鬼? 这个问题的实质,是如何看待魔鬼和上帝的关系。很多学者都注意到,比起中世纪的魔鬼观念,在路德的神学思想中,魔鬼起了不可忽视的作用,具有不可小觑的重要地位。③ 为了能够更加融贯地解释路德的思想体系,学界主要采取了以下三种路径。

(1) 坚持上帝的公正、怜悯和仁慈,把人类意志的罪归结为魔鬼的作为。奥本迪克(Harmannus Obendiek)仔细分析了在路德思想中恶魔所起的作用:职掌死权,引诱亚当,试探基督,使人骄傲,等等。④ 按照这种理解,人类意志是上帝与魔鬼的战场,魔鬼使人类的意志必然犯罪,上帝的恩典使人类意志必然向善。这种立场被神学家蒂利希(Paul Tillich)进一步引申。在蒂利希看来,路德除了认为人类的意志是上帝与魔鬼的战场,还把整个人类历史解释为魔鬼与上帝的斗争的过程。人类历史的终点便是上帝战胜魔鬼。⑤ 此外,洛瑟(Bernhard Lohse)在他著名的《马丁·路德的神学》中指出,在路德作品中魔鬼是独立的存在物,而不仅仅是一个比喻。他与蒂利希一样,认为路德强调人类历史

---

① 在此,"意志"对应的拉丁文是"arbitrium"。但是一般而言,"arbitrium"更多的是决定(decide)、选择(choice)的意思。通常来说,与意志(will)相对应的拉丁文是"voluntas"。伊拉斯谟与路德著作的标题所用的词都是"arbitrium",但是从实际内容来看,二者表达的意思却有本质的不同。圣路易斯 55 卷本《路德全集》英译本注意到了这两个拉丁文的区别,但为了适应约定俗成的结果,仍然将路德的著作翻译成"the Bondage of Free Will"。同样地,鲁普(Rupp)的英译本(翻译了伊拉斯谟和路德两位的著作)也注意到了这个差别,虽然在标题上仍然从旧,但是在行文中,更多的是将"arbitrium"翻译成"choice"。这并非简单的翻译问题,还关涉到如何理解路德与伊拉斯谟争论的实质。本文之后将在适当的地方将问题的实质揭示出来。本文对此的处理方法是:除了两部著作的标题分别翻译成《论自由意志》和《意志的捆绑》之外,"arbitrium"和"voluntas"分别翻译成"抉择"和"意志"。

② Erasmus von Rottendam, *De libero arbitrio*, in: *Ausgewählte Schriften*, Bd.4, Herausgegeben von Werner Weizig, 3. unveränderte Auflage, Darmstadt: Wissenschaftliche Buchgesellschaft, 2006.

③ 比如德国学者巴特(Hans-Martin Barth)就把魔鬼置于路德神学的整体思路中去考察,并断定魔鬼在路德神学中有举足轻重的地位,参看 Hans-Martin Barth, *Der Teufel und Jesus Christus in der Theologie Mrtin Luthers*, Göttingen: Vandenhoeck & Ruprecht, 1967.

④ Harmannus Obendiek, *Der Teufel bei Martin Luther: eine theologische Untersuchung*, Berlin: Verlag Furche, 1931.

⑤ Paul Tillich, *A History of Christian Thought: from its Judaic and Hellenistic Origins to Existentialism*, New York: Simon & Schuster, Inc., 1968, p.249.

是上帝与魔鬼斗争的过程。① 这种解释路径主张路德坚持了二元论的立场。这种解释路径的形成与路德作品中魔鬼的突出地位是分不开的。（2）坚持上帝的公正、怜悯和仁慈，而把魔鬼解释成上帝达到神圣目的的工具。这种解释路径可以分为几个层次：上帝在一切之中运行，因而上帝也在魔鬼中运行；魔鬼使人类犯罪，因而上帝使人犯罪；上帝是公正、怜悯和善良的，魔鬼是上帝的工具，因而上帝使人犯罪是为了达到好的目的。保罗·阿尔托依兹（Paul Althaus）指出，在路德的思想中，上帝利用魔鬼实现善好的目的，人即使在身体和精神不幸的情况下，也不能像摩尼教那样，认为这些事物还有其他来源。上帝总是善意和公正的，尘世的不幸只是为了更大更好的目的。② 因此，人类的意志必然地犯罪，这是上帝用来实现他的怜悯的手段。蒂利希认为，按照路德的观点，整个人类的苦难，包括希特勒和纳粹，都与上帝有着莫大的关系，万物都是上帝的面具，一切背后都站有上帝，那么人类的犯罪也是上帝驱动的。但是上帝的目的总是好的。③ 工具论的立场既维护了上帝的尊严，又避免了二元论的解释，最终演变成了人们最愿意接受的解释路径，但同时，就其对路德神学的解释力而言，问题也是最大的。（3）认为路德神学不能通过理性去理解，坚持路德神学中"隐藏的上帝"（Deus absconditus）的视角，规避二元论和工具论解释的困难。霍尔（Karl Holl）的理解很具有代表性。他指出，新柏拉图主义把恶理解为善的缺乏，中世纪对恶的解释延续了新柏拉图主义的立场，但这种思路并不适合路德。这其实肯定了第一种解释方案的基本立场。他同时也指出，如果"人的意志必然地犯罪"是上帝的旨意，那么，为什么正义、怜悯和仁慈的上帝会惩罚自己所行的恶，这是人的理性没法解释的事情。④ 这种解释路径往往把"隐藏的上帝"当作路德神学的神秘主义特征而不再继续深入挖掘其背后的意涵。

很多学者往往把两种或三种理解糅合在一起，而很少仔细辨别这些解释的相互龃龉之处。上述的三种解释路径都有文本的依据，都符合路德某个时间段、某部著作的讲法。但是，每种解释路径都有明显的缺陷。第一种方案把路德的思想解释成为二元的，但只是简单地认为，这种二元表现为魔鬼与上帝的对立，却没有进一步分析魔鬼与上帝的辩证关系。这种彻底的二元论也无法解释为什么上帝最终会战胜魔鬼。而且，彻底的二元论解释并不能很好地化解路德神学的困难。第二种方案看似最圆融、最合理，但是在某种程度

---

① Bernhard Lohse, *Martin Luther's Theology：its historical and systematic development*, Translated by Roy A. Harrisville, Minneapolis, MN：Fortress Press, 1999.

② ［德］阿尔托依兹：《马丁·路德的神学》，段琦、孙善玲译，南京：译林出版社，1998 年，第 161 页。

③ Paul Tillich, *A History of Christian Thought*, New York：Simon & Schuster, Inc., 1968, p. 249.

④ Karl Holl, *Gesammelte Aufsatze zur Kirchengeschichte*, Tübingen：J.C.B. Mohr, 1927, pp.46 - 49.

上代表的是路德的对手伊拉斯谟的观点,被路德彻底地批评。这种解释方案仍然以理性推理的方式来看待路德的上帝观,与路德的主张背道而驰。第三种方案非常符合路德自己的思考方式,但没有很好地解释"隐藏的上帝"和"显明的上帝"的具体内容及其相互关系,也没有理清魔鬼在这个图景中的地位,或者说没有很好地揭示路德的上帝观念存在的张力和困难。为了能够理解路德上帝观念的实质,本文试图吸取这些解释方案的合理性,并努力规避其存在的问题。尽管上述三种解决方案各不相同,究其目的,都是为了圆融地解释路德的思想观念,维护路德神学的合理性。本文采取不同的策略,即以分析的、批判的视角,揭示路德上帝观念的张力,不预设和期待最后的融贯结论。

本文以路德的《论意志的捆绑》(De servo arbitrio)为核心文本,以自由意志为基本入手点,集中探讨路德的二元上帝观及其理论困难,并试图将其与路德神学的整体构想结合起来。之所以选取自由意志这一视角,是因为:(1)路德把意志看成魔鬼与上帝的战场,又把人类意志的犯罪归结于上帝的旨意,因此,从自由意志的视角,我们能够很好地考察人类犯罪与魔鬼和上帝的关系;(2)路德接受人类意志的恶来自上帝自身这一观点,是以他接受"人的意志必然地犯罪"这个观念为前提的,路德的意志观是探索其上帝观的绝佳入手点;(3)从这个角度也可以看出路德与他之前的神学家就同一个问题采取的不同解决方案,从而揭示路德神学的独特性。本文之所以选取路德与伊拉斯谟争论的产物作为主要的文本依据,是因为:(1)这部书是路德关于自由意志这个主题论述最为集中,也最为系统的论著。这样,本文以点带面,将路德整个关于自由意志与上帝观念关系的看法系统地揭示出来。(2)在反驳伊拉斯谟的过程中,路德更加谨慎地对"人类意志必然作恶""上帝作恶"等命题进行论证,从而代表了路德最严肃的看法。(3)路德在论证的过程中,为了应对伊拉斯谟的挑战,做出了许多创造性的解释,比如上帝(隐藏的上帝)与上帝之道(显明的上帝)的区分、上帝赏罚的预定论,等等。这些创造性的解释对后世的神学产生了巨大的影响,使得我们不得不认真对待。

本文正文部分分成四节。第一节把焦点集中在伊拉斯谟与路德关于自由意志的分歧上。伊拉斯谟想要证明人具有抉择(arbitrium)的自由,从而为人追求古典德性准备人性论基础。路德从救赎角度出发,不但否定人在得救上的自由意志(voluntas),而且否定人的自由抉择的能力。这一节将凸显路德"人的自由意志必然犯罪"这一命题。第二节集中探讨人的意志之罪与上帝以及魔鬼的关系,将以"上帝使法老的心刚硬""犹大卖主"为案例,指出路德在断言"人类意志的恶来自上帝"时存在的张力。这一节将进一步从魔鬼在路德神学中的作用,分析魔鬼与上帝各自对人的自由意志犯罪所起的作用。前两节基本阐明了"上帝使人的意志必然犯罪"这个基本结论,第三节将进一步从路德的"隐藏的上帝"这一观念出发,指出路德上帝观念中存在上帝的全在、全能与全善之间的分裂。第四节进一步从路德发现"上帝之义",即路德的神学突破的角度表明,路德的"神义论"方案必然基于二元的上帝观念,这一观念为路德"唯信称义"的教义准备了基础。

一、意志和抉择的区分

在与伊拉斯谟的争论之前,路德曾经多次体验过或论述过意志的不自由。自由意志问题成为理解路德神学的核心线索。① 1520 年,面对教宗的谴责,路德写出《坚持信条》,将自己长时间对自由意志的思考提炼出来。正是这部作品,使得崇尚和平的伊拉斯谟也忍不住要反驳路德。伊拉斯谟并不批评路德宗教改革的具体主张,而是将批判的矛头指向了路德的意志观,这就体现了自由意志问题是双方整体思想之分歧的关键。1524 年 9 月,伊拉斯谟发表了《论自由意志》。1525 年,路德发表了《论意志的捆绑》②。在这部书中,路德几乎逐句引用伊拉斯谟的重要论点并进行反驳。③

路德与伊拉斯谟产生分歧的原因,首先在于双方对"自由意志"的定义不同。伊拉斯谟对自由意志的定义是:"在这里自由抉择(arbitrium),我们的意思是人的意志的能力(vim humanae voluntatis),通过这种能力,人们能够从事于那些导向永恒救赎的事情,或者背离它们。"④在伊

① 路德在修道院之时,有过一段非常痛苦的经历。他常常感到,凭借自己的力量难以达到上帝的要求,以至于他甚至通过睡冷地板来折磨自己,惩罚自己,但仍然感到心力交瘁,无济于事。在这段时期,路德感觉到自己的生命充满了上帝的试探和精神困苦(Anfechtung)。这段经历对路德今后的神学发展有着重要的影响,就它与本文话题的关系来说,修道院里的心灵困顿让他感受到人类的渺小、自由意志的无能。在维腾堡大学,路德成为年轻的教授。在这个时期,他讲解并注释了许多《圣经》篇目,比如《诗篇》《罗马书》《加拉太书》和《希伯来书》。尤其是在《罗马书》释义过程中,路德对"上帝的义"(iustitia Dei)感到困惑。经过长时间的考虑,他最终发现了"上帝之义"的真正含义。这就是所谓的路德的"神学突破"。参看 Alister E. McGrath, *Luther's Theology of the Cross*: *Martin Luther's Theological Breakthrough*, Second Edition, London: Blackwell Publishing Ltd, 2011。在路德神学突破的关键时期,"人的意志的不自由""人的自由意志必然地犯罪"等观念是路德悟出"唯信称义"教义的重要原因,"谦卑"(humilitas)也成为路德这个时期释经的关键词。史学界一般认为,路德于 1517 年 10 月底张贴的《九十五条论纲》标志着新教改革的开始。在同一年的早些时候,他写了一部《驳经院神学》,专门对经院神学中,尤其是奥康神学中自由意志的说法进行了批驳。在《九十五条论纲》中,路德为反对赎罪券而提出的关键理由,正是人类的意志在永恒救赎事务上的无能。此后,在 1518 的《海德堡辩论》中,路德又花了专门的篇幅批评意志自由的主张。
② 路德这部书有两种英译名字: the Bondage of Will 与 the Enslaved Will。"Enslave"的确更接近拉丁文的"servus",也更加接近路德的想法。不过现在比较流行的译名仍是前者,所以本文从俗。
③ 整个事情的经过,可以看看[荷]赫伊津哈:《伊拉斯谟传——伊拉斯谟与宗教改革》,何道宽译,桂林:广西师范大学出版社,2008 年,第十八章,"与路德论战,走向保守,1524-1526"。
④ Erasmus von Rottendam, De libero arbitrio, in: *Ausgewählte Schriften*, Bd.4, Herausgegeben von Werner Weizig, 3. unveränderte Auflage, Darmstadt: Wissenschaftliche Buchgesellschaft, 2006, p.36. 本文所引用伊拉斯谟的句子,是笔者根据原文,参照了鲁普的英译本(E. Gordon Rupp, & Philip S. Watson, *Luther and Erasmus*: *free will and salvation*, Louisville, Ky.: Westminster John Knox Press, 1969)以及拉德对照的《伊拉斯谟选集》翻译的。

拉斯谟看来,自由抉择是某种选择从事(applicare)或背弃(avertere)永恒救赎之事的能力(vis)。伊拉斯谟同意路德的命题是:如果没有上帝的恩典,自由意志不能行善。这样一来,伊拉斯谟立马就遇到了一个问题:如果自由意志不能行善,为什么能够从事或者背弃永恒救赎之事呢? 伊拉斯谟自己并没有澄清这里的含混之处。《伊拉斯谟选集》德译者的注释对于理解伊拉斯谟的想法很有帮助:"奥古斯丁和阿奎那教导,即使在原始状态没有接受恩典的人类行为的不完满。与此相反,司各特主张在原罪(Sündenfall)之前人类有超越一切的自然力量的爱上帝的能力,自在的善工(an sich schon gute Werk)值得上帝恩典的相应嘉赏,并有理由要求永恒救赎。"①伊拉斯谟的观点与司各特类似,他主张人具有某种不因原罪而堕落的自然能力,这种能力主要是理性能力。人通过这种能力所行之事,就是自在的善工。因此,伊拉斯谟设想了一种无善无恶的自由抉择的能力,通过这种能力,人可以有所作为。所行之事就其本身而言是善的,只是没有上帝的恩典,这些事情不能称作是善的。一旦有了上帝的恩典,人就可以要求与之相应的永恒救赎。

伊拉斯谟主张的是人的自由抉择的能力,而没有否认,如果缺乏上帝的恩典,人的意志是不自由的。路德谈论的"意志不自由",是在缺乏上帝恩典的情况下人的意志的状况。我们且先看路德如何论证人的意志必然地犯罪:

且说,我借由"必然地"这个字眼所指的并不是"强制地"(coacte),而是(如他们所言)由于不变的(immutabilitatis)必然性,而非强制的(coactionis)必然性。那就是说,当一个人没有上帝的灵同在,他不会暴力地(violentia)去做坏事,宛如被人抓住颈背而强迫就范似的,就好像一个小偷或强盗不情愿(nolens)地被逮捕而接受法律制裁一样,却会自动自发地并且有一个准备就绪的意志(sponte et libenti voluntate)来做坏事。此外,这个行动的预备(libentiam)或意志(voluntatem),他是无法借着他自己的能力来省略、限制或改变的,而会继续保持在意愿(volendo)和待命(lubendo)的状态下;同时,即使他因为外在的力量而被迫做一件不同的事情,但是在他里面的意志(voluntas)却仍然反抗到底,而且他对任何强迫或抵挡他的东西,都会愤慨不已。然而,如果意志被改变了,而且他也心甘情愿地降服于此强制力之下,那么就不会有什么令他愤慨的了。这就是我们所谓的不变的必然性:意思就是意志(voluntas)无法

---

① Erasmus von Rottendam, De libero arbitrio, in: *Ausgewählte Schriften*, Bd.4, Herausgegeben von Werner Weizig, 3. unveränderte Auflage, Darmstadt: Wissenschaftliche Buchgesellschaft, 2006, p.41.

改变它本身并且转向不同的方向,但是,更多的时候,却往往会因为被抵抗而诱发意愿(volendum),就如其愤慨所显示的。①

路德所说的"意志"(voluntas)指的是内心的某种倾向,而不是伊拉斯谟所说的抉择能力。路德对于人类意志的状态进行了相当深刻的刻画:人类内心始终"自动自发地并且有一个准备就绪的意志(sponte et libenti voluntate)来做坏事"。即使人做了好事,也并非出于自愿,而是出于外在的强迫。这就是《海德堡辩论》中所说的:"自堕落以后,自由意志能够被动地行善,然而却能够经常主动地去行恶。"②人类对这种外在的强迫还会表现出愤慨,就像被抓住的小偷那样口服心不服。

因此,我们首先需要明确的是,"自由意志"在伊拉斯谟和路德文本中的含义不同:(1)伊拉斯谟关注的是人的自由抉择(arbitrium)。这种自由抉择是某种外在选择的自由,人可以选择做某事,可以放弃做某事,但未必做坏事。可以说,伊拉斯谟并没有关注人内心的意愿,而是更加注重外在的行为;(2)路德认为,这种处于善恶中间状态的自由抉择是不存在的。如果没有上帝的恩典,人的意志(voluntas)必然向恶。对于路德来说,"自由意志"这个词本身就是荒谬的,因为人的意志必定是不自由的。意志自由与否,关键不在于人是否做了某件善事,而在于他是否心悦诚服地做善事。在《海德堡辩论》中,他表达了类似的观点:"世界上没有义人在行善时不是犯罪的。"③因为没有人心甘情愿地行善。

根据伊拉斯谟的定义,自由抉择是与永恒救赎紧密相连的。作为基督徒,伊拉斯谟清楚地知道上帝恩典在救恩方面的重要性。他自己也承认,如果没有上帝的恩典,自由意志不能行善。伊拉斯谟想要辩护的是,人的自由意志不必然行恶。归根结底,伊拉斯谟坚决要捍卫的,是人类具有获得古典德性的自由。④ 他在自由抉择中强调理性的作用,认为理性并不会随着原罪堕落而泯灭。在《论自由意志》中,伊拉斯谟论述道:"然而不是所有人

---

① Martin Luther, De servo arbitrio, in: D. Martin Luthers Werke: kritische Gesamtausgabe (Weimarer Ausg.), Bd. 18, Weimar: H. Böhlau, 1908, pp.634 – 635;伍渭文,雷雨田编:《路德文集》(第二卷),上海:三联书店,2005 年,第 345 – 346 页。译文略有改动。
② 伍渭文,雷雨田编:《路德文集》(第二卷),上海:三联书店,2005 年,第 27 页。
③ 同上书,第 48 页。
④ 这其实与伊拉斯谟整体的人文基督教的背景相关。作为人文主义的代表,他推崇古典的德性和人性的伟大之处。因此,这方面的自由意志是人类必须具备的。对此,可以看看: Christ-von Wedel, *Erasmus von Rotterdam: Advocate of a New Christianity*, Toronto, Buffalo, London: university of Toronto press, 2013;[荷] 赫伊津哈:《伊拉斯谟传——伊拉斯谟与宗教改革》,何道宽译,桂林:广西师范大学出版社,2008 年。

的欲望都是肉体的(caro),人类有一部分叫作他的灵魂(anima),叫作他的灵(spiritus),通过它我们可以追求德性(honesta),灵魂的这个部分就叫作理性或者'ἡγεμονικόν'(灵魂的统治部分)。"①在伊拉斯谟看来,恩典之外存在的自由抉择最终导向了人类的德性,这体现了人的尊严和崇高。那么,路德是否承认这种自由抉择呢? 麦克索利(Mcsorley)、洛瑟等学者都认为,路德还是承认伊拉斯谟所说的自由抉择的。我们在路德一些作品中也的确发现了类似的倾向。② 但是,在与伊拉斯谟的争论中,路德走向了更加极端的看法。在《论意志的捆绑》中,路德认为:"一个人应该知道,就他的才能(facultatibus)和财产(possesionibus)而言,他有权根据他自己的自由抉择(pro libero arbitrio)去使用、执行或放置不处理,虽然甚至连这个能力都只受随己意行事之上帝的自由意志所控制。另一方面,关于上帝之事,或属于救恩或毁灭之事,人没有自由抉择(librum arbitrium),他或是上帝意志下的,或是撒旦意志下的俘虏、子民和奴隶。"③从这句话可以看出,路德似乎想要承认自由抉择的存在,同时又加上一句"虽然甚至连这个能力都只受随己意行事之上帝的自由意志所控制"。这句话并非随便加上的,代表了路德成熟的看法。这与路德关于上帝全在和全能的观点相关,后文还会继续谈论这个话题。

麦克索利站在调和路德和天主教矛盾的立场上,提出了三重自由说:天然自由(natural freedom)、情境自由(circumstantial freedom)和获得性自由(acquired freedom)。天然自由即伊拉斯谟所说的自由抉择的自由,获得性自由则是由上帝恩典而来的自由。麦克索利认为路德与伊拉斯谟的自由观念其实没有本质的差别。④ 按照这种观点,伊拉斯谟论证的是人的天然自由,而路德则强调人获得性自由的欠缺。但是本文认为,路德也否定了天然自由。二者的区别还是要借助"arbitrium"和"voluntatis"两个拉丁词的含义来考察。奥古斯丁在《意志的自由抉择》(De libro arbitrio voluntatis)一书中同时使用"抉择"(arbitrium)和"意志"(voluntas)两个词。他认为,在原始状态中,人被赋予抉择(arbtrium)能力,即接受或者拒绝恩典的能力。与此同时,上帝还将善良意志(bona

① Erasmus von Rottendam, *De libero arbitrio*, in: *Ausgewählte Schriften*, Bd.4, Herausgegeben von Werner Weizig, 3. unveränderte Auflage, Darmstadt: Wissenschaftliche Buchgesellschaft, 2006, p.126.
② 比如,在《桌边谈话录》中,路德认为:"我承认人类有一种自由意志,但它是用来盖房子、挤牛奶等,而干不了更多的。"参见[德]路德:《马丁•路德桌边谈话录》,林纯洁等译,北京:经济科学出版社,2013年,第121页。
③ Martin Luther, *De servo arbitrio*, in: *D. Martin Luthers Werke: kritische Gesamtausgabe (Weimarer Ausg.)*, Bd. 18, Weimar: H. Böhlau, 1908, p.638;伍渭文,雷雨田编:《路德文集》(第二卷),上海:三联书店,2005年,第351页。译文略有调整。
④ McSorley, Harry J., *Luther: Right or Wrong? An Ecumenical Theological Study of Luther's Major Work, The Bondage of the Will*, New York: Newman Press, 1969, pp.25–29.

voluntas)置于人心中,因此人被安置了向善的倾向。由于善良意志的存在,抉择能够更好地接受上帝的恩赐。只是在人堕落之后,善良意志转变为堕落的意志(mala voluntas),人也没能力自由抉择。"在我们之中的意志总是自由的,但并非总是好的。因为它要么(a)独立于正义,当它是罪的奴仆时,这时它是坏的;或者(b)独立于罪,当它是正义的奴仆,这时它是善的。但是上帝的恩典总是善的。"①意志(voluntas)是某种内在的倾向和冲动,抉择(arbtrium)是人的理性推理和自由同意的能力。② 抉择能力随时准备着接受上帝的恩典,恩典降临之后,因原罪而堕落的意志(mala voluntas)变成善良的意志(bona voluntas)。人的意志由恶向善的转变,需要人的自由抉择主动努力去接受上帝的恩典。因此,奥古斯丁认为,人的意志在根本上转变,依靠的是上帝的恩典,但是人的自由抉择在这个过程中具有不可忽视的作用。奥古斯丁以此反驳了摩尼教,证明了人的自由抉择的能力。后来,伴随着与佩拉纠派的争论,奥古斯丁在《致辛普里丘》(Ad Simplicianum)中坚决否认了人的自由抉择的能力,认为只要人做出行动就必然犯罪,就连向善的努力也都不存在了。③ 在这个意义上,路德的观念与奥古斯丁后期的想法是一致的,伊拉斯谟比前期的奥古斯丁更加强调自由抉择本身的能力。

因此,笔者反对麦克索利的调和立场,而是断定,路德与伊拉斯谟具有本质的区别。路德反对两种意义上的"自由意志":(1)反对意志的自由。人性在根本上就倾向于犯罪,人行善也是被动的。人不可能主动行善。(2)反对抉择的自由。尽管路德在某些文本中承认挤牛奶、盖房子和处理自己财产的能力,但是严格考察路德的想法,我们会发现,就连这种自由也被路德否定了。除了上述的理由,即上帝的全在和全能,还有下面要提到的理由,即人是处于上帝和魔鬼中间的存在物,我们的一切行为如果不属于上帝,那就必定属于魔鬼。

二、上帝、魔鬼与意志的恶

路德认为,根本没有不善不恶的自由意志,人要么心甘情愿地想要作恶,要么心甘情

---

① Augustine, *On the Free Choice of the Will*, *On Grace and Free Choice*, *and Other Writings*, Edited and Translated. By Peter King, Cambridge: Cambridge University Press, 2010, p.167. 转引自 Radu Bandol, "Voluntas as Liberum Arbitrium at Saint Augustine And Three Meanings of the Servum Arbitrium at Martin Luther", *Philobiblon*, Vol. XVII (2012), No. 2。

② 关于"arbitrium"和"volentas"的差别,可以参看 Radu Bandol, "Voluntas as Liberum Arbitrium at Saint Augustine And Three Meanings of the Servum Arbitrium at Martin Luther." 在这篇文章中,作者认为,两者的差别是:arbitrium is the faculty of reasoning and free consent, and voluntas is portrayed as a complex of inclinations and dispositions。

③ Volker Henning Drecoll, *Die Entstehung der Gnadenlehre Augustins*, Tübingen: Mohr Siebeck, 1999, p.109.

愿地想要行善。心甘情愿地行善是出于上帝的恩典,因此没有上帝的恩典,意志就必然地作恶。伊拉斯谟想要证明"自在即善"的自由抉择的行动是徒劳的。对此,路德做了一个比喻:"人类的意志(humana voluntas)就像搬运货物用的动物一样,安置于两间(in medio)。如果上帝驾驭它,它就会情愿并且去上帝所定意要去之处。如果撒旦驾驶它,它就会情愿并且去撒旦所定意之处;它既不能选择跑向两个驾驭者中之一方,也不能去寻求他们,而是驾驭者自己争夺对它的所有权和控制权。"①这个比喻清晰地表明,没有上帝的恩典,人只能做撒旦的奴隶。

这里似乎在说,如果没有上帝的恩典,人类的意志就处于魔鬼的控制之下。这与奥古斯丁的说法也没有太大的差别,只不过,奥古斯丁从原罪和堕落的角度来解释人类意志的悲惨处境,路德从人行动中的心理活动来考察意志的不自由。然而,奥古斯丁并没有强调魔鬼的作用,他要反对的恰恰是摩尼教的二元解释。路德的特别之处就在于把人的意志必然犯罪归结为魔鬼的作用。随着路德与伊拉斯谟争论的深化,路德断定,人类意志的犯罪是出于上帝的意旨。因此,人类之所以必然犯罪,最终是因为上帝还是魔鬼,这是我们接下来的诠释任务。

(一) 上帝与意志的恶

我们首先需要澄清的是,在路德看来,意志的犯罪与上帝到底是什么关系。我们注意到,在伊拉斯谟的论述中,人具有自由意志,上帝与意志的恶没有任何关系。这是伊拉斯谟证明人具有自由抉择能力的重要论据。但是路德把讨论引向了对自由意志的否定,那么上帝就必须对人的必然犯罪负责了。在这个部分,本文将先分析两个例子,"上帝使法老的心刚硬"和"犹大卖主",以窥探路德在这个问题上所表现出的张力。

例子 1:上帝使法老的心刚硬

伊拉斯谟承认人具有自由意志,这样就会使得人类的罪不来自上帝,而是咎由自取。伊拉斯谟的思考仍然是传统的,即上帝全知、全能、全善,他不可能自身就是恶的来源。伊拉斯谟在解释"上帝使法老的心刚硬"这条经文时提出,上帝使法老内心坚硬并不是出于上帝作恶的旨意,而是因为上帝想要推迟对他的惩罚,这样能使法老自己有更好的改正机会,这体现的是上帝的正义、怜悯和仁慈。

对此,路德说:"说实在的,你迄今最大的努力显然就是:当上帝以仁慈对罪人表示宽

---

① Martin Luther, *De servo arbitrio*, in: *D. Martin Luthers Werke: kritische Gesamtausgabe (Weimarer Ausg.)*, Bd. 18, Weimar: H. Böhlau, 1908, p.635;伍渭文,雷雨田编:《路德文集》(第二卷),上海:三联书店,2005 年,第 347 页。

恕时,把它说成使人心刚硬;而当他追讨并折磨他们,以困苦的方式引导他们悔改的时候,却说他在怜悯人。"①路德很清楚,伊拉斯谟这样解释的目的,在于在法老心硬和犯罪方面宣布上帝无罪。然而,在路德看来,这样的辩护徒劳无功。那么,路德是怎么解释"上帝使法老的心刚硬"的呢?路德在此处的解释使用了理性证明的方式,这是很罕见的。首先,路德表明,上帝在众人里面行一切事,这是《哥林多前书》(12:6)的经文明确说的。撒旦和人已经堕落,背离上帝。尽管如此,作为受造物,他们虽然不能行善,但是仍然保留着某种残留的本性,它同样受上帝支配。

> 既然上帝运行(movet)并且发动(agit)一切的事,他必然也在撒旦和不敬畏上帝的人里面运作和行动。可是,他却按照他们的本相和他发现他们将成为怎样(quales illi sunt et quales invenit),就在他们里面行动;那就是说,既然他们是厌恶上帝的及邪恶的,受到这种上帝全能(omnipotentiae)之行动的感染,他们只能做厌恶上帝和邪恶的事。这就像一位骑师,骑一匹有一只或两只脚跛了的马一样;他的骑术便和马的状况一样,跑得糟透了。可是,骑师能做什么呢?如果他在脚不跛的马旁边骑这样的马,这匹马会跑得很糟,然而其他马却跑得很好,而且除非治好这匹马,否则他也不可能有其他的状况。你看!尽管上帝在邪恶的人里面,或通过他们行事,邪恶的事也成就了,然而,上帝却不可能心怀恶意地行事,虽然他通过邪恶的人行恶,因为他本身是良善的上帝,他不可能行恶;可是他却使用邪恶的工具,他们无法逃避上帝全能的影响和运行。②

在路德的故事中,堕落的人和撒旦就像跛脚的马,上帝则是骑马的人。堕落的人和撒旦在本性上是厌恶上帝的和邪恶的,上帝的大能运行起来的时候,他们只能按照他们的本性来行事。"上帝使法老心硬",不是上帝有意地让法老心硬,而只是运行在法老里面,给法老以运动的力量,但是,心灵运动的方向却是法老自己规定的。由于法老是堕落的,他的本性是恶的,因此,法老的心只要动起来就必然地作恶。这就是"上帝使法老心刚硬"

① Martin Luther, *De servo arbitrio*, in: *D. Martin Luthers Werke: kritische Gesamtausgabe (Weimarer Ausg.)*, Bd. 18, Weimar: H. Böhlau, 1908, p.704;伍渭文,雷雨田编:《路德文集》(第二卷),上海:三联书店,2005年,第445页。

② Martin Luther, *De servo arbitrio*, in: *D. Martin Luthers Werke: kritische Gesamtausgabe (Weimarer Ausg.)*, Bd. 18, Weimar: H. Böhlau, 1908, p.709;伍渭文,雷雨田编:《路德文集》(第二卷),上海:三联书店,2005年,第453页。在这里,魏玛版全集的作者说: dazu, wie Luther hier doch Gott in eine gewisse Entfernung von der Sünde rückt, trotz der späteren Stelle über die Verursachung der Sündenfalls Adams durch Gott, vgl. Kattenbusch a.a.O.S.22f。

的意思。为此，路德证明了上帝不可能是恶的来源。然而，路德的思考方式与伊拉斯谟是一致的，即如上所述："而当他追讨并折磨他们，以困苦的方式引导他们悔改的时候，却说他在怜悯人。"这是他批评伊拉斯谟的原话。路德在这里使用了理性论证的方式，这种论证方式使他陷入了与伊拉斯谟同样的困难之中。

例子 2：犹大卖主

双方对"犹大卖主"的解释分歧在于，如果上帝预知犹大会卖主，那是否意味着犹大没有任何自由抉择或自由意志的可能性。伊拉斯谟的解释借用了经院哲学中绝对必然性（necessitas consequetis）和条件必然性（necessitas consequentiae）的区分。刘友古指出，阿奎那所作的这组区分，前者是指"神的意志对万事万物的绝对权威，即神使万事万物必然地成为这样"，后者是指"神的意志在万事万物中不干涉其公义的秩序"。[①] 在《伊拉斯谟选集》中，德译者解释了这两个经院哲学的概念，对文本的理解很有帮助："存在上帝直接意愿的某种结果，即'causa efficiens'（效力因）是上帝的意志，经院主义者把事情的这种直接的必然性叫作'necessitas consequentis'。对于另外的结果，造物者的自由意志是'causa efficiens'，然而这样一种结果同样与必然性相关，因为上帝已经预见它了（并且至少不会阻止它），这种有条件的必然性叫作'necessitas consequentiae'。犹大的例子涉及的只能是后者，因为存在犹大决定不出卖耶稣的可能性。"[②]这正是伊拉斯谟的想法：上帝是全知的，他肯定知道，犹大会卖主。但这并不等于说，上帝定意犹大卖主。上帝预见犹大卖主，并且不会干预犹大卖主。卖主是犹大的自由选择。

事实上，路德在某种程度上认同了伊拉斯谟的判断。在本文的第一节中，我们引用了路德的一段话，其中有一句是："且说，我借由'必然地'这个字眼所指的并不是'强制地'，而是（如他们所言）由于不变的必然性，而非强制的必然性。""强制的必然性"就是上帝定意要发生的事情，"不变的必然性"是上帝预知但不会干预的事情。路德认为，人必然要作恶，上帝并不干预。但是，路德转而又否定了这个区分，这体现了路德思想的张力和复杂性。他说："上帝所预定的（praedefinito）那一刻，犹大以意志的行动（volendo）出卖基督，这件事肯定发生。""如果上帝预知犹大会成为叛徒，或他会改变出卖耶稣的意志（voluntatem），不管上帝预知的是哪一个，上帝所预知的都必然会发生，否则就会被认为上帝在预知及预测（praesciendo et praedicendo）上出了错，但这是不可能的。因为这是绝对

① 刘友古：《伊拉斯谟与路德的宗教改革思想比较研究》，上海：上海人民出版社，2009 年，第 377 页。
② Erasmus von Rottendam, *De libero arbitrio*, *in*：*Ausgewählte Schriften*，Bd.4，Herausgegeben von Werner Weizig，3. unveränderte Auflage，Darmstadt：Wissenschaftliche Buchgesellschaft，2006，p.105.

的必然性所带来的结果,即如果上帝预知一件事,那件事就必然会发生。"①路德坚决认为,上帝预知了事情将会发生,这件事情就必然发生,犹大不可能选择不出卖耶稣。从路德整个神学的精神看,下面这段话非常重要:

> 人们公认,既然我们把他传讲成这么一位慈爱、良善的上帝,那么上帝以他纯粹的意志(mera voluntate)会抛弃人、使人心刚硬,并咒诅人下地狱,好像他乐于让他所创造的苦命受造物犯罪,并承受巨大和永恒的折磨,这对人的常识或自然理性可能是最严重的伤害。持有这种对上帝的看法,会被认为是不公平的、残酷的,令人无法忍受,这也就是何以这种概念使历世历代以来这么多伟大的人物感到不快。况且,谁不会被触怒呢? 我自己就不止一次地被触怒,并且落入那种绝望深渊的无底洞,因此,我希望我未曾受造为人,直到我体认到那种绝望对人多有益处、多么让人接近恩典。那就是为什么有人这么辛苦劳力要为上帝的良善辩解,谴责人的意志;并且在此杜撰出上帝定规的旨意与绝对旨意之间的分别(desitincationes de voluntate Dei ordinata et absoluta),区分出绝对的必然性与条件的必然性,等等,虽然这些区别一无所成,只有将空谈和"敌真道、似是而非的学问"(提前6:22)加之于无知者的身上。尽管如此,如果我们接受上帝的预知和全能,我们会痛苦地意识到"我们处在必然性之下",不论是无知的人和有学问的人,只要他们认真地看待事情,这些就会一直深植在他们心中。即使根本没有《圣经》,自然本身根据其自身的判断力,还是不得不承认必然性的存在,尽管它会被这种必然性激怒,并且费尽心力要除掉这种必然性。②

路德的这段话对理解他的神学思想极其重要。之后我们还会回到对这段话的阐释,现在需要指出的是,按照路德神学的精神,伊拉斯谟的做法的实质即是:"杜撰出上帝定规的旨意与绝对旨意之间的分别,区分出绝对的必然性与条件的必然性,等等,虽然这些区别一无所成,只有将空谈和'敌真道、似是而非的学问'(提前6:22)加之于无知者的身上。"因此,路德完全否认了伊拉斯谟维护犹大自由抉择的可能性。上帝预知的事情,就必

---

① Martin Luther, *De servo arbitrio*, in: *D. Martin Luthers Werke: kritische Gesamtausgabe (Weimarer Ausg.)*, Bd. 18, Weimar: H. Böhlau, 1908, p.721;伍渭文,雷雨田编:《路德文集》(第二卷),上海:三联书店,2005年,第469页。译文略有改动。

② Martin Luther, *De servo arbitrio*, in: *D. Martin Luthers Werke: kritische Gesamtausgabe (Weimarer Ausg.)*, Bd. 18, Weimar: H. Böhlau, 1908, p.719;伍渭文,雷雨田编:《路德文集》(第二卷),上海:三联书店,2005年,第466-467页。译文略有改动。

然会发生。一切都是出自上帝的旨意。

从上面的两个例子中，我们可以看出路德思想的张力：一方面，路德也跟历代神学家一样，坚信上帝的仁慈和良善，因此没法接受上帝会出于意愿而折磨被造物；另一方面，他又认为，所有这些解释的努力都是"敌真道、似是而非的学问"，真道恰恰体现在对上帝抛弃人、使人心刚硬、咒人下地狱等令人不愉悦的事情之中。为了更好地理解路德的思路，我们先考察一下路德思想中的魔鬼观念。

（二） 魔鬼与意志的恶

让人的意志必然犯罪的，到底是魔鬼还是上帝，这是路德没有解决的问题。路德把缺少恩典的意志看成是魔鬼的奴役，因而必然犯罪，但是路德却没有将同样的思路贯彻在"法老的心刚硬""犹大卖主"的解释中去。对此，阿尔托依兹解释说："在思考路德的一切里的一切皆是造物主所创造这一信条时，我们不敢忘记这并不是路德关于上帝与人的基本关系所说的一切。路德也知道，完全处于上帝掌握之中，并无时无刻不受他推动的人，在上帝面前同时也是应负责的、有罪的，并受上帝审判。然而，最重要的是，路德也看到，这同一个人是上帝爱的对象：上帝召唤他进行一次自由的降服。路德借以对一切里的一切皆是上帝所创造这一概念加以限制，这界限是不敢加以逾越的。路德并不假定上帝包罗万象的活动是绝对的，他小心翼翼地不引出这概念中暗含的所有结论。从下述事实看，这一点立刻就清楚明白了：尽管路德断言上帝甚至在撒旦和不信上帝者身上工作，但他从未把人类的罪归诸上帝之旨意和工作。"①阿尔托依兹的解释更加揭示出了路德思想的矛盾，而他对路德诠释的错误在于，路德就是把人类的犯罪归诸上帝的旨意，而不是"他小心翼翼地不引出这概念中暗含的所有结论"。为了充分地揭示路德上帝观念的困难，我们需要进一步理解路德的魔鬼观念。现在综合洛瑟与奥本迪克的论述，对路德神学中魔鬼的主要作用进行勾画。

（1）魔鬼掌握死亡的国。《希伯来书》说："（耶稣）特要借着死、败坏那掌死权的就是魔鬼。"路德借助《旧约》的资源，把魔鬼的观念纳入自身的神学之中。魔鬼掌握了人的死亡，造成了人类身体和灵魂的分离。（2）魔鬼引诱人犯罪。这点在《论意志的束缚》中表现得最为明显。在福音书中，魔鬼试探耶稣。魔鬼对耶稣的试探也是对人类的试探。但是路德并没有简单认为，魔鬼只是试探人类，他实际上认为魔鬼已经是人类意志的主人了。如果没有上帝的恩典，人的意志必然被魔鬼占据。（3）魔鬼是尘世的主人。在《桌边谈话录》中，路德说道："《圣经》中明确展示了魔鬼给人们邪恶的思想，并对那些不虔诚的

---

① ［德］阿尔托依兹：《马丁·路德的神学》，段琦、孙善玲译，南京：译林出版社，1998 年，第 105 页。

人建议以邪恶的方案,就像犹大被写成是魔鬼把邪恶放进了他的心里来背叛上帝。他不仅仅鼓动该隐去憎恨他的兄弟亚伯,更为甚者还鼓动他去谋杀亚伯……魔鬼是一个强大的、诡计多端的和狡猾的灵,基督把他称为这个世上的王。他到处将各种思想,也就是他的火箭,诸如纷争、憎恨上帝、绝望、亵渎等,射进虔诚者的心里。"①这段话可以说是路德的魔鬼观念的总括。阿尔托依兹很好地总结了路德观念中的魔鬼与意志之恶的关系:"魔鬼是上帝和基督的最大敌手,路德由此而看到魔鬼在格外对抗上帝给自己的创造物和给人的最终旨意方面的一切事物中所起的作用,因此魔鬼也在不幸、病痛、生活中遭遇的其他麻烦和死亡中起作用……他引诱第一个人犯罪,现在仍引诱和驱使人类犯罪……他使人盲目,看不见上帝之明明白白的道:他使人的理性蒙受其耻辱。他叫人心刚硬,不再畏惧上帝之审判,也不知道自己的可悲处境。"②

从上我们可以看出,到底是魔鬼还是上帝是使人犯罪,在路德这里仍然表现出一定的张力。在《论意志的捆绑中》,他把法老的心刚硬和犹大卖主看成上帝的所作所为,在这里,魔鬼又充当了同样的角色。路德在《桌边谈话录》中说:"如果魔鬼也可以称之为神,但他是罪恶、死亡、绝望和诅咒的神。我们应该在魔鬼这神与那正直和真正的神之间作适当的区别,真正的神是生命、慰藉、拯救和仁慈之神。"③但是,如果我们仔细比较上帝和魔鬼的工作,就会发现魔鬼与上帝惊人的相似,它们都在死亡、不幸、犯罪中发挥作用。那么,魔鬼是不是就是上帝自己呢?

(三) 上帝是魔鬼?

德国路德学者巴特也注意到了相同的现象:在路德的著作中,表面看起来上帝跟魔鬼并没有差别。他专门探讨了魔鬼在路德神学中的重要地位。在这里有必要简要介绍一下他的基本想法。巴特敏锐地观察到,尽管在路德的著作中,魔鬼似乎是上帝和耶稣的对立面,但是上帝也经常作为魔鬼的一面出现,比如上帝使人精神困苦(Anfechtung),使人堕落,是恶的兴起者(Urheber des Bösen),允许(Zulassung)魔鬼的恶行。他认为,路德的世界图景是:上帝最高,基督或魔鬼处于中间,人类最低。只要人们不信仰基督,只要基督不处于上帝与人的中间,那么上帝俯视时则看到罪性的人类,人们仰视时则看到愤怒的上帝。如此,则人们难以区分上帝和魔鬼。魔鬼与愤怒的上帝具有相似的(ähnlich)行动,

---

① 〔德〕路德:《马丁·路德桌边谈话录》,林纯洁等译,北京:经济科学出版社,2013 年,第 262 页,加点为笔者所加。
② 〔德〕阿尔托依兹:《马丁·路德的神学》,段琦、孙善玲译,南京:译林出版社,1998 年,第 105 页。加点为笔者所加。
③ 〔德〕路德:《马丁·路德桌边谈话录》,林纯洁等译,北京:经济科学出版社,2013 年,第 35 页。

不信基督的人类不能够找出,到底他是被上帝之手还是恶灵的拳头所袭击。在原罪中的人会把上帝当成魔鬼而又把魔鬼当成他的上帝。巴特认为,对这个问题的整体理解来说,重要的是路德"信仰本体论"(Glaubens-Ontologie)的观念:"对于那些把上帝当作魔鬼的人,上帝魔鬼般地行动;对于那些即使在上帝看起来魔鬼般的行动中把上帝当成上帝的人,上帝就是上帝。"①

巴特谨慎地不从存在论的意义上把上帝等同于魔鬼,而只是认为,在路德看来不信仰耶稣基督的人会把上帝的行为看成是魔鬼般的(teufelisch)。但是,这样的小心翼翼仍然遗失了很多重要的信息。如上所述,路德认为,上帝的大能运行在撒旦的意志中,那么魔鬼的意志是不是也受上帝的控制?路德取消了预定和预知、绝对必然性和条件必然性的区分,那么上帝预知魔鬼的所作所为,是不是也可以描述成上帝预定魔鬼的所作所为?如果一切都是上帝的面具,那么也有理由说,魔鬼也是上帝的面具。或者用哑剧表演的比喻来说,魔鬼的所作所为只是前台演员的动作,在后台真正发声的是上帝。这样就必然推出,所有的恶来自上帝。如果把这个观点与第一章谈论的人的自由意志问题结合起来看,就会造成以下的推论:人的意志在没有恩典的时候是魔鬼的俘虏,而魔鬼本身又只是上帝的面具,那么人的自由意志必然犯罪,实际上就等于说,上帝的意旨注定使人犯罪。按照奥古斯丁的解释,人由于从先祖继承下来的原罪而必然犯罪,尽管如此,这仍然是人的自由意志造成的,不能把责任归结给上帝。② 路德完全否定了人的自由意志,同时强调上帝在一切事物中的运行,这就必然导致"恶来自上帝"的结论。

我们回到引言部分所谈到的学者的解释路径。二元论的立场非常符合路德的文本,霍尔指出,路德并不把恶解释为善的缺乏,而是把它理解为对抗上帝的力量。但是,上帝支配着魔鬼的行动,而且路德否定了绝对必然性和条件必然性的区分,认为上帝自由意志决定的事情必然发生,似乎又是在说,上帝自己支配自己,上帝自己与自己对抗,上帝既使人死亡也救赎世人,既愤怒残暴又公正怜悯。这就是路德在《诗篇讲义》中所说的:"这些是令人惊讶的工作:不仅仅是他行的神迹,更是他通过死亡来消灭死亡,通过惩罚消灭惩罚,通过受难消灭受难,通过羞耻来消灭羞耻,因此耶稣之死在主眼中如此珍贵,那是永恒的生命,惩罚既是快乐,受难便是喜悦,羞耻便是光荣;相反地,生命是死亡,这些令人惊讶

---

① 这句话的原文是:Wer Gott für den Teufel hält, für den bleibt Gottes Handeln teuflisch, wer ihn trotz seines scheinbar teuflischen Handelns als Gott erkennt, für den ist er Gott. 参见 Hans-Martin Barth, *Der Teufel und Jesus Christus in der Theologie Mrtin Luthers*, Göttingen: Vandenhoeck & Ruprecht, 1967, pp.208 - 209。

② 关于奥古斯丁对于罪的繁衍的论点,参看吴飞:《心灵秩序与世界历史——奥古斯丁对古典文明的终结》,北京:生活·读书·新知三联书店,2013。

的工作在根子和原因上是在基督的受难中完成的。"①

洛瑟敏锐地指出,对于路德来说,上帝最基本的属性是全能、全在,而不是全善。② 上帝的全能就体现在,他具有完全的自由意志。因此,伊拉斯谟认为,上帝必须按照人的自由行动来赏善罚恶,这是让上帝不做上帝,因为上帝受到了外在的约束。上帝的全在体现在,万事万物都是上帝面具,所有的被造物都是上帝的哑剧演员。如果上帝运行在一切之中,那么也运行在魔鬼和犯罪之中,这是路德承认的。在对先知约拿的阐释中,路德说:"上帝到处都在,在死亡,在地狱,在我们的敌人中,也在他们心里。因为他创造一切,他也管理着他们,他们必须按照他的意志而做一切行动。"③

因此,按照路德对自由意志的极端否定的观点——无论是对人还是对魔鬼的意志自由的否定,我们就必然得出,上帝与魔鬼的对抗,实际上是上帝自己的分裂,是上帝的全能、全在与全善的分裂。上帝具有绝对的自由意志,人与魔鬼完全没有任何自由意志,必然导致上帝要为恶行负责。伊拉斯谟一直想要证成人的自由抉择,一方面为古典德性的培养准备人性论基础,另一方面为上帝的正义辩护。路德否定人的自由意志,使得人的拯救全部来自上帝的恩典,但是让"全善的上帝""上帝之义"成为一个问题。但是,路德在争论中引入"隐藏的上帝"与"显明的上帝"的区分,巧妙地使上帝行恶与上帝正义二者并行不悖,而把二者勾连起来的桥梁就是巴特所说的"信仰本体论"。

三、隐藏的上帝与显明的上帝

伊拉斯谟引用《马太福音》(23:37)"耶路撒冷啊!耶路撒冷啊!我多次愿意聚集你的儿女,只是你们不愿意!"这段话,抱怨道:"如果万事都由必然性来决定,那耶路撒冷岂不就能理直气壮地回答主说:你为何要浪费眼泪来折磨你自己?你若不希望我们听从那些先知,为什么你要差遣他们?为什么你要把由你的意志和我们必然的行为所做的事,归罪到我们头上呢?"④《以西结书》(33:11)中说:"我断不喜欢恶人死亡。"伊拉斯谟引用

① Martin Luther, *Vorlessung über Palsm*, in: *D. Martin Luthers Werke*: *kritische Gesamtausgabe*（*Weimarer Ausg.*）, Bd.3, Weimar: H. Böhlau, 1885, p.243.
② Bernhard Lohse, *Martin Luther's Theology*: *its historical and systematic development*, Translated by Roy A. Harrisville, Minneapolis, MN: Fortress Press, 1999, p.213.
③ Martin Luther, *Der Prophet Jona auggelegt*, in: *D. Martin Luthers Werke*: *kritische Gesamtausgabe*（*Weimarer Ausg.*）, Bd.19, Weimar: H. Böhlau, p.219.
④ Erasmus von Rottendam, *De libero arbitrio*, in: *Ausgewählte Schriften*, Bd.4, Herausgegeben von Werner Weizig, 3. unveränderte Auflage, Darmstadt: Wissenschaftliche Buchgesellschaft, 2006, pp.72-74. 此处的译文转引自伍渭文,雷雨田编:《路德文集》(第二卷),上海:三联书店,2005年,第423页。

这句话并解释道:"我不想要恶人犯道德上的罪,或成为一个应死的恶人,乃愿他可以转离他的罪(他若犯了罪),并且可以活下去。"①然而,在路德看来,这句话以上帝为主语,它表达的是上帝的应许、承诺和仁慈,而不是人的自由意志。伊拉斯谟认为,人有自由抉择的能力,这样上帝的仁慈才有意义。如果如路德所言,人类所行的一切都是出自上帝的意志,是必然的,而且我们必然犯罪,那么上帝的仁慈就是虚妄的。路德否定了人的自由意志,这如何能体现上帝的公正、怜悯和仁慈呢? 为了解决这个困难,路德在《论意志的捆绑》中引入"隐藏的上帝"和"显明的上帝"的区分。

路德指责伊拉斯谟:"《论自由意志》一书傲慢地问:'难道纯粹的耶和华会因为他自己造成的(ipse opratur in illis)子民死亡而感到遗憾吗?'这个问题实在荒谬,就像我已经回答过的:我们一方面必须论证上帝或上帝的意志是公开的、显明的、接受奉献及接受敬拜的,另一方面却论证上帝是不能传讲的、不能显明的、不能奉献的、不能敬拜的。"②如上所述,按照路德的讲法,尘世的厄运都是上帝所造成的,必然使得《圣经》中上帝的仁慈和眼泪成为某种不必要的东西。伊拉斯谟的质疑符合我们通常理解世界的方式。路德在把逻辑推到了极端后,为了给自己找到理论出路,提出了"隐藏的上帝"与"显明的上帝"的区分:

> 《论自由意志》因无知而欺骗了自己,不区别受公开传讲的(praedicatum)上帝和隐藏的(absconditum)上帝,亦即不区别上帝的道(verbum Dei)和上帝自己(Deum ipsum)。上帝做了许多不曾在道中向我们表明的事,他也定意许多不在道中向我们表明那是他所定意的事。根据他的道,他不愿意恶人死亡;但根据他深不可测的意志(voluntas),他却定意恶人死亡。然而,注意他的道是我们的事,而不要理会那深不可测的意志,因为我们是靠他的道,不是靠那深不可测的旨意被引导的。毕竟,谁能靠着一个全然深不可测和不可知的旨意来引导自己呢? 只要单单知道上帝里面有某种深不可测的旨意,就已经足够了,至于这个旨意所定意的是什么、为什么如此定意,以及定意到什么程度,我们毫无权利去询问、渴望、关心或干涉,只能去敬畏和崇拜。③

① Erasmus von Rottendam, *De libero arbitrio*, in: *Ausgewählte Schriften*, Bd.4, Herausgegeben von Werner Weizig, 3. unveränderte Auflage, Darmstadt: Wissenschaftliche Buchgesellschaft, 2006, p.70. 此处的译文转引自伍渭文,雷雨田编:《路德文集》(第二卷),上海:三联书店,2005年,第415页。

② Martin Luther, *De servo arbitrio*, in: *D. Martin Luthers Werke: kritische Gesamtausgabe (Weimarer Ausg.)*, Bd. 18, Weimar: H. Böhlau, 1908, p.685;伍渭文,雷雨田编:《路德文集》(第二卷),上海:三联书店,2005年,第415页。

③ Martin Luther, *De servo arbitrio*, in: *D. Martin Luthers Werke: kritische Gesamtausgabe (Weimarer Ausg.)*, Bd. 18, Weimar: H. Böhlau, 1908, pp.685-686;伍渭文,雷雨田编:《路德文集》(第二卷),上海:三联书店,2005年,第418页。译文略有改动。

这段话是路德在这个问题上的大旨。"隐藏的上帝"和"显明的上帝"的区分,就是上帝自身与第二位格的区分,即至高无上的上帝(Deus reverendus)与道成肉身的上帝(Deus incarnatum)的区分。公开传讲的上帝就是上帝的道,是耶稣基督,他派耶稣基督来,是为了拯救世人,他不愿意人死亡。隐藏的上帝就是上帝自己,他的意志深不可测,在其中他又定意人必定死亡。我们人所需要做的,就是认识上帝之道,效仿耶稣基督,而非妄自揣测那深不可测的意旨。

在历史上,真正地开始对路德"隐藏的上帝"和"显明的上帝"进行系统研究的是哈纳克(Theodosius Harnack)。他指出,"隐藏的上帝"与"显明的上帝"对立,表明的是上帝对于尘世的双重关系(Doppelbeziehung Gottes zur Welt):一是"extra Christum"(外在于基督),作为创造者,是荣耀的、庄严的、全能的、自由的上帝,他把自己的愤怒撒在有罪的被造物之上;一是"in Christo"(内在于基督),作为拯救者,是善良的、仁慈的、怜悯的和救赎的上帝。人并非完全不知道上帝,理性、良心和法则都给了关于上帝的征兆。因此,"隐藏的上帝"不是谈论自在地不可理解的上帝,而是在创造关系中对于罪人不可以理解。因此,他的隐藏不是绝对的,而是相对的,被理解为与恩典相关的。哈纳克有意识地不从二元论的角度去理解"隐藏的上帝"和"显明的上帝"。就上帝自身而言,上帝是一,只是就它与世界的关系而言,他被分成了二。因为我们不能经验到它的统一。相反地,利奇尔(Albrecht Ritschl)对路德的这个区分进行了批判,认为这是唯名论的学校教育对改革者的影响,它是前改革思想的残留。利奇尔认为,路德说的"隐藏的上帝"并不是作为创造者的上帝,而是作为预定的上帝。他断言,在路德的神学中,预定论的上帝意志与普遍善良的上帝意志之间存在张力。① 哈纳克和利奇尔两种相对的立场代表了两种不同的解释方向,要么肯定路德所做的区分,否定"隐藏的上帝"的绝对性,肯定"隐藏的上帝"与此世的关联,要么把"隐藏的上帝"解释成预定论的上帝,从而否定路德的看法,把它当作中世纪唯名论神学的残余,并指出上帝的自由与全善之间存在的张力。此后的路德学者,比如希贝格(Erick Seeberg)、卡腾布希(Ferdinand Kattenbusch)、埃勒特(Werner Elert)、洛温尼克(Walther v. Loewenich)相继沿着两人的框架在这个问题上做出过努力。本文从路德否定自由意志角度出发,得出了与利奇尔类似的结论。这里有几个问题需要澄清:(1)什么是"隐藏的上帝"?(2)"隐藏的上帝"与"显明的上帝"的关系是什么?

(1)"根据他深不可测的意志,他却定意恶人死亡。"这就证明了此前路德所说的,区

---

① 上述对哈纳克和利奇尔的观点论述,参考了 Helmut Bandt, *Luthers Lehre vom verborgenen Gott*, Berlin: Evangelische Verlagsanstalt, 1958。

分绝对的必然性和条件的必然性没有任何意义。上帝就是定意人犯罪,人就必然犯罪。上帝定意人死亡,人就必然死亡。这就是上帝的全能。如果说上帝不能任意定意尘世的事情,则是让上帝不成为上帝。上帝是全能全在的。那么"隐藏的上帝"隐藏的是什么?是上帝深不可测的旨意。那么,上帝深不可测的意旨对什么隐藏呢?对人的理性和经验的隐藏。首先,对人的经验隐藏。但是我们立马就会发现,"但根据他深不可测的意志,他却定意恶人死亡",这其实对人的经验来说其实已经显明了。那就是此前路德的陈述,上帝似乎憎恨世人,让人心刚硬,咒人下地狱。这对于人的生命体验来说才是真正的显明出来的。其次,对人的理性隐藏。这就是此前路德所言:"上帝以他纯粹的意志会抛弃人、使人心刚硬,并咒诅人下地狱,好像他乐于让他所创造的苦命受造物犯罪,并承受巨大和永恒的折磨,这对人的常识或自然理性可能是最严重的伤害。"这已经伤害了伊拉斯谟的理性。"理性在这里会以其傲慢无礼、讽刺挖苦的方式说:一旦有什么论据难以推翻,我们可以诉诸上帝那令人敬畏、奥秘的旨意,这实在是一个极好的出路,每当我们的对手变得棘手费事的时候,这方法就可以迫使他缄默不语,这正如占星家使用他们的论调来搪塞关于整个天体运动的问题一样。"①换句话说,理性无法理解,上帝为什么定意恶人的死亡,而且恶人行恶本身出于上帝的自由意志。上述的解释者要么把"隐藏的上帝"解释为预定论的上帝,要么解释为愤怒的上帝;或者尽可能规避把"隐藏的上帝"解释为预定论的或愤怒的。根据路德的理解,隐藏起来的是"上帝深不可测的旨意",因此,把"隐藏的上帝"解释为预定论的上帝完全是合理的。利奇尔的解释还是比较符合路德的原意的。路德提醒我们,不要去臆测上帝本性是什么,他到底预定了什么样的结局,而且为什么要这样预定。保罗在《罗马书》(9:19)中说:"上帝为什么还指责人呢?有谁抗拒他的旨意呢?你这个人哪!你是谁,竟敢对上帝犟嘴呢?窑匠难道没有权柄吗?"路德经常引用这句话来证明,上帝以什么样的方式来处理人类,这是人无法理解,也不需要去理解的事情。

(2)经过上面的分析,我们会发现,真正隐藏起来的,不是上帝以极其令人不解的方式对待罪人这个事实,因为这个事实是人通过经验感受到的,而是为什么上帝会以这种方式对待罪人。换句话说,为什么人类没有自由意志,人类的恶来自上帝,而上帝却要惩罚人类?为什么上帝允许魔鬼的存在?这些对于人来说都是未知的迷。再进一步说,为什么这种对待罪人的方式还能够体现上帝的正义、怜悯和仁慈?哈纳克认为,"隐藏的上

---

① Martin Luther, *De servo arbitrio*, in: *D. Martin Luthers Werke*: *kritische Gesamtausgabe (Weimarer Ausg.)*, Bd. 18, Weimar: H. Böhlau, 1908, p.690;伍渭文,雷雨田编:《路德文集》(第二卷),上海:三联书店,2005年,第424-425页。

帝"与"显明的上帝"是统一的,只是对于人类来说是分裂的。班特(Helmut Bandt)则认为,随着人类的进步,人类必然能够慢慢地理解"隐藏的上帝",上帝隐藏的部分越来越少,最后人类将发现二者是统一的。① 但是,哈纳克对上帝做了某种形而上学的考察,而班特则在某种程度上违背了路德神学的基本原则,即不能窥探上帝的旨意,并且一旦人知道了上帝是正义、怜悯和仁慈的,信仰的力量就会大大地降低。路德在《海德堡辩论》中说:"那以为可透过外显之事物来清晰窥见上帝隐藏之事物的人,不配称为神学家。""认为人们可以通过外在的工作来洞悉上帝隐藏之事物,这种智慧完全出于自大盲目和冷酷。"②因此,笔者认为,"隐藏的上帝"和"显明的上帝"是永久分裂的,不能够通过形而上学的说明或者历史的进程把握二者的统一。

我们还需要进一步追问,"显明的上帝"或者耶稣基督,难道对人的经验就是显明的吗? 前面我们指出,对于路德来说,人类的意志必然犯罪,上帝似乎以不公正的方式惩罚我们,让我们经历精神困苦,又让我们下地狱,这才是对人来说真正显明出来的上帝形象。或者正如巴特所言,上帝真正展现出来的是魔鬼的样子,而并非耶稣基督的形象。耶稣基督正义、怜悯和仁慈的形象对于我们而言只能在《圣经》中看到,却没法在经验中感受到。大多数阐述者集中于对"隐藏的上帝"进行阐释,却没有看到,对于路德来说,"显明的上帝"也是无法经验到的,耶稣基督的形象不是通过经验和理性得到的。我们的经验真正能够感受到的,只是上帝以魔鬼的样子出现。因此,路德在人类的经历和上帝的全善之间划出一道鸿沟,在我们生命体验和耶稣基督的形象之间划出一道鸿沟,在魔鬼与耶稣基督之间划出一道鸿沟。

有很多学者指出,路德的"隐藏的上帝"的观念来自他年轻时接受的奥康主义或司各特主义的影响,即上帝不会限制在任何规范之上。③ 但是霍尔认为,路德并非想要把上帝的行为或者上帝的意志理解为无根据的任性(grundlose Willkür),而是理解为某种可以在人的真诚之光中(in Licht der Herrlichkeit)能够把握的东西。④ 换句话说,上帝把自己的正义隐藏在人看起来不义的行为之中。与此相对,另一位专家希贝格则强调路德思想中的矛盾:上帝意志的不可限制与上帝同样受限于善恶的区分之间的矛盾。这两种基本的解释倾向延续了哈纳克和利奇尔的争论。霍尔的解释很好地指出了路德的意图,即路德希

① Helmut Bandt, *Luthers Lehre vom verborgenen Gott*, Berlin: Evangelische Verlagsanstalt, 1958, pp.198 – 203.
② 伍渭文,雷雨田编:《路德文集》(第二卷),上海:三联书店,2005 年,第 27 页。
③ Julius Richter, "Luthers Deus Abscondius—Zuflucht oder Ausflucht?", *Zeitschrift für Religions-und Geistesgeschichte* (1995), Heft 4.
④ Karl Holl, *Gesammelte Aufsatze zur Kirchengeschichte*, Tübingen: Mohr Siebeck, 1927, pp.49 – 52.

望从行恶的上帝中保留上帝的正义、怜悯和仁慈,而单单指出路德与奥康主义的关系并不能很好地刻画这层含义。换句话说,这是路德的"神义论":尽管上帝如此行恶,上帝仍是正义的。但是路德从行恶的上帝中窥探出它的正义、怜悯和仁慈,并不是通过理性推理的方式,而是通过绝对的信仰态度。路德的"神义论"不是莱布尼茨式的乐观主义的神义论:上帝是全善的,这是确定的前提。对于路德而言,神的正义不是现成的,而是需要通过人的信仰而达到的。这就是巴特的"信仰本体论":尽管上帝像魔鬼般行事,我们仍然相信其正义。卡腾布希指出,依据路德的教义,"ut ominia quae creduntur abscondantur"(所有信仰的东西都隐藏起来了),"fides est rerum non apparentium"(信仰是不显明的东西)。埃勒特、洛温尼克则把路德的观念描述成为信仰的冒险(Wagnis):信仰"显明的上帝"是一种冒险。[①] 他们实质的意涵是,对于路德而言,对于处于精神困苦和魔鬼试探中的人来说,信仰"上帝的正义",即相信耶稣基督,是一种冒险。但是,对于路德而言,这恰恰是信仰的真谛。只有当上帝展现出魔鬼的一面时,只有当上帝看起来诅咒我们下地狱时,我们仍然坚信在十字架上为人类受难的耶稣基督是上帝自己,相信上帝的正义、仁慈和怜悯,这才是真正的信仰。

那么,在这个世界图景中,魔鬼的地位是什么呢?按照路德的生命体验,魔鬼的诱惑、人类的犯罪才是真正的显明的、确切的,耶稣基督所代表的上帝的公义、怜悯和仁慈是隐藏起来的。上帝真正呈现给世人的形象,是魔鬼对人时时刻刻的试探。笔者认为,路德的魔鬼恰恰就是上帝,或者说上帝的一个面相,或者如巴特所说,没有信仰的人就是会把魔鬼当成上帝。上帝让人必然犯罪,使法老的心刚硬,定意犹大卖主,诅咒人下地狱,上帝自身其实就是魔鬼。但是这并不意味笔者坚持了导言中所说的工具论或者二元论的立场,这些解释方案都没有很好地理解魔鬼与上帝的对抗,其实就是上帝自身的分裂。路德的上帝是充满荒谬的上帝:他定意人的死亡,却有更高的旨意。因此,笔者同意利奇尔和希贝格的判断,认为路德"隐藏的上帝"这个观念展现了全能的、自由的上帝与全善的上帝之间的矛盾。路德对"隐藏的上帝"和"显明的上帝"的区分,是他此前的神学洞见的继续,即必须在上帝的冷酷中信仰上帝的正义、怜悯和仁慈,在人的意志必然犯罪的痛苦中坚信上帝救赎。

四、尘世的苦难与上帝的正义

我们首先总结一下此前的思路。路德认为,当人类的意志成为魔鬼的奴隶后,人的意

---

① Helmut Bandt, *Luthers Lehre vom verborgenen Gott*, Berlin: Evangelische Verlagsanstalt, 1958, pp.198−203.

志必然犯罪。经过伊拉斯谟的挑战，路德又把人类意志必然犯罪的原因归结为上帝的意志。这就造成了一个问题：人类的意志必然犯罪，到底是出自魔鬼还是上帝？通过分析路德整个思想中魔鬼与上帝在尘世苦难中的作用，我们惊奇地发现，上帝就是魔鬼。魔鬼代表了上帝的全能和全在，耶稣基督代表了上帝的全善。通过仔细分析"隐藏的上帝"和"显明的上帝"这两个概念，笔者认为，魔鬼与上帝之间的分裂，就是上帝自身的分裂，是上帝作为魔鬼与上帝作为耶稣的分裂。在路德的生命体验中，上帝表现出了魔鬼的样子，上帝的善和正义却始终隐藏起来了。于是，路德在上帝的全在、全能与全善之间划出了一道鸿沟，从而为绝对的信仰留下了空间。这正如路德自己说的那样："如果我能以任何方法理解这位表现出如此愤怒和不法的上帝怎么会是慈爱的和公正的，那么我就不需要信心了。"①下面，笔者准备简单地结合路德的神学突破，对上述的理解进行进一步的阐明。

在本文的第二节，我们为了理解在路德的观念中人的意志必然犯罪与上帝的意旨之间的关系，引用过下面这段话："人们公认，既然我们把他传讲成这么一位慈爱、良善的上帝，那么上帝以他纯粹的意志会抛弃人、使人心刚硬，并咒诅人下地狱，好像他乐于让他所创造的苦命受造物犯罪，并承受巨大和永恒的折磨，这对人的常识或自然理性可能是最严重的伤害。持有这种对上帝的看法，会被认为是不公平的、残酷的，令人无法忍受，这也就是何以这种概念使历世历代以来这么多伟大的人物感到不快。况且，谁不会被触怒呢？我自己就不止一次地被触怒，并且落入那种绝望深渊的无底洞，因此，我希望我未曾受造为人，直到我体认到那种绝望对人多有益处、多么让人接近恩典。"②这就是路德早年的精神困苦(Anfechtung)体验。路德处处感觉到上帝的不公，似乎上帝就是喜欢抛弃人类、定意死亡。上帝的这些特征似乎与他的公义、怜悯和仁慈没有任何关系。自由任性和喜怒无常的上帝就像暴君，甚至魔鬼，让路德深深地体会到，人类没有任何行善的自由意志，他在很长时间里怀疑上帝的公义。他深深地感受到，无论如何为上帝的正义辩护，都是徒劳的。也就是说，尘世如此痛苦，我们必然犯罪，好像上帝希望我们如此似的，那么上帝的正义体现在哪里呢？之后，路德经过痛苦的生命体验，开始注释《罗马书》《诗篇》等经典，阅读了历代教父尤其是奥古斯丁的著作，终于理解了"上帝的义"(Iustitia Dei)。对于这段

① Martin Luther, *De servo arbitrio*, in：*D. Martin Luthers Werke：kritische Gesamtausgabe (Weimarer Ausg.)*, Bd. 18, Weimar：H. Böhlau, 1908, pp.685-686. 伍渭文，雷雨田编：《路德文集》(第二卷)，上海：三联书店，2005年，第343页。

② Martin Luther, *De servo arbitrio*, in：*D. Martin Luthers Werke：kritische Gesamtausgabe (Weimarer Ausg.)*, Bd. 18, Weimar：H. Böhlau, 1908, p.719；伍渭文，雷雨田编：《路德文集》(第二卷)，上海：三联书店，2005年，第466-467页。

经历,路德晚年在给自己的拉丁文著作全集写的序中是这么回忆的:

> 在那一年间①,我已经回过头来再去阐释《诗篇》,这取决于此事实,即在处理了保罗写给罗马人和加拉太人的信之后,我变得更加娴熟。我曾带着奇妙和确定的渴望在他写给罗马人的信中去理解圣保罗,但是那些曾使我跌倒的东西远没有第一章的那句话那样冷血:"上帝的义(Iustitia Dei)在其中显明。"因为我曾憎恶过"上帝的义"这个短语,根据所有博士的用法和习惯,我被教导以哲学的方式,在(正如他们所称的那样)正式的或者主动的义的意义上去理解它,据此上帝是正义的,并惩罚不义的罪人。尽管我作为一个修士生活得无可责难,但我在上帝面前仍然带着不安的良心觉得自己是个罪人。我也无法相信,我通过我的赎罪曾取悦过他。我并不爱——事实上,我憎恶——这惩罚罪人的正义的上帝。若非无声地亵渎神明,我肯定会生怒于上帝,喃喃地说出很多怨言,说"似乎通过《旧约》的律法所有的不幸加于他们,可怜的罪人由于原罪而永远受诅咒还不够,上帝还通过福音而加给他们无穷无尽的悲伤,甚至通过福音把他的愤怒和正义加在我们身上!"因此我带着狂暴的和不安的良心情绪激动起来,持续不断地拷问保罗这段话,热切地想要知道他是什么意思。最后,仁慈的上帝,通过日夜沉思"上帝的义显明在其中,正如经上所记:义人必因信而生"这句话,我开始把"上帝的义"理解为据此义人通过上帝的恩赐即信仰得着生命的东西,"上帝的义显明了"这句话指的是被动的正义,据此仁慈的上帝凭借信仰而使我们称义,正如经上所记,"义人必因信而生"。这立即使我感觉到我似乎已经重生,似乎我已经步入了通向天堂本身的大门。从那时候起,整个《圣经》的面貌以不同的角度呈现给我。②

正如第二章所言,路德经过了长时间的精神折磨和理论探索,终于发现了"上帝之义"。英国新教神学专家麦格拉斯(McGrath)把路德发现"上帝之义"看成路德神学突破的关节点。③ 张仕颖指出,路德发现"上帝之义",实际上是对经院哲学中奥康的契约神学

---

① 即 1519 年。
② Martin Luther, "Vorrede Luthers zum ersten Bande der Gesamtausgabe seiner lateinischen Schriften", in: *D. Martin Luthers Werke: kritische Gesamtausgabe (Weimarer Ausg.)*, Bd.54, Weimar: H. Böhlau, 1928, pp.185 – 186,译文参照了麦格拉斯的英译(Alister E. McGrath, *Luther's Theology of the Cross: Martin Luther's Theological Breakthrough*, Second Edition, London: Blackwell Publishing Ltd, 2011),有删节。加点为笔者所加。
③ Alister E. McGrath, *Luther's Theology of the Cross: Martin Luther's Theological Breakthrough*, Second Edition, London: Blackwell Publishing Ltd, 2011.

(theologia pactionis)范式的突破,并指出路德称义神学的三个特征:采用奥古斯丁的立场,人在称义之事中处于被动地位;人的自由意志为罪所掳,没有恩典的援助,人不能称义;谴责佩拉纠式的人能"尽其所能"的观点。① 张仕颖的总结没有看到,路德对"上帝之义"的发现背后,实际上割裂了上帝自身的统一性。路德主张,首先,人们必须看到,上帝在尘世中给人造成了巨大的痛苦,这样的上帝没有任何正义可言;然后,人们必须以绝对的信仰的态度对上帝之义保持绝对的信心。人只有在绝望和痛苦的挣扎中坚信上帝的公正、怜悯和仁慈,才配得上上帝的恩典。"上帝已经肯定地应许要把他的恩典赐给谦卑的人(彼前5:5),也就是说,赐给那些对他们自己哀伤与绝望的人……当一个人毫不怀疑地相信,所有的事都取决于上帝的旨意时,那么他才是完全地对自己绝望,并且不会为他自己作任何决定,而是等候上帝的作为;那么,他就比较接近恩典了,同时能获得拯救。"②像伊拉斯谟那样,认为自己的自由抉择还可以做一些"自在的善工",是不可能获得上帝的恩赐,因为伊拉斯谟仍然对自己的能力抱有自信和幻想,这在路德看来是人的骄傲。"信心必须和所见之事无关(来11:1)。上帝把他永恒的良善与慈爱隐藏在永恒的愤怒之下,把他的公义隐藏在不法之下。当他拯救的人那么少,而毁灭的人那么多的时候,人们要相信他是慈爱的,而且当他按着他自己的旨意使我们必须下地狱,而使得(根据伊拉斯谟所言)他似乎喜悦悲惨之人遭受折磨,并且似乎值得人去恨他,而不是去爱他。这时,还是要相信他是公义的,这就是信心的最高表现。"③因此,将上帝的全能、全在与上帝的全善、魔鬼与耶稣分开的结果,就是把经验与信心分开,事实与价值分开。

由此,我们更加清楚地理解了路德神学中"唯信称义"的含义。如果上帝表现出了公正、怜悯和仁慈,人们相信他,这并没有什么信心的成分,甚至这削弱了人类的信心。真正的信仰,是在尘世的荒谬中坚信上帝的救赎,即使面对约伯这样突如其来、毫无理由的厄运,仍然能够相信上帝的正义,即使上帝以魔鬼的面貌出现,仍然能够坚信耶稣基督是上帝。如果我们问,人必然地犯罪是上帝的旨意,那么上帝又为什么要惩罚自己的作为呢?上帝为什么要把罪归在我们头上呢? 我们不应该问这样的问题,这是上帝的奥秘。如果上帝不能这么做,则是有损于他的自由意志。人类只需要相信,即便是如此,上帝仍然是

① 张仕颖:《马丁·路德的神学突破》,《世界宗教研究》,2014年第2期。
② Martin Luther, *De servo arbitrio*, in: *D. Martin Luthers Werke: kritische Gesamtausgabe (Weimarer Ausg.)*, Bd. 18, Weimar: H. Böhlau, 1908, pp.685-686. 伍渭文,雷雨田编:《路德文集》(第二卷),上海:三联书店,2005年,第343页。
③ Martin Luther, *De servo arbitrio*, in: *D. Martin Luthers Werke: kritische Gesamtausgabe (Weimarer Ausg.)*, Bd. 18, Weimar: H. Böhlau, 1908, p.689. 伍渭文,雷雨田编:《路德文集》(第二卷),上海:三联书店,2005年,第344页。

正义的,仍然是爱人类的,就像耶稣基督表现出来的上帝形象。阿尔托依兹非常正确地指出,在路德看来,理智主义的自然神学与伊拉斯谟的道德主义具有内在的关系,甚至具有相同之处。① 二者的本质都是把上帝限定在人的理性能认识的范围之内,或者认为自然背后的秩序是上帝,或者认为上帝的本质是道德的,但都让上帝不做上帝,剥夺了上帝的全能和自由。路德神学的宗旨是切断经验、理性和信仰的关联,从而坚定信仰。

我们同意洛瑟的基本判断,即在路德的思想中,上帝的全在和全能是最基本的特征。上帝的全在和全能表现在,上帝不仅仅体现于自然之中,而且体现在死亡、地狱和犯罪之中,考虑到救赎的教义,路德更重视的是后者。尽管这些观念流传已久,但是把死亡、地狱和犯罪都看成上帝的意旨,却是路德最为独特的地方。换句话说,强调魔鬼在尘世中的巨大作用,是路德神学的独特性所在。二元的上帝观是为了给信仰留下空间,这种信仰与所见的东西无关。理智主义和道德主义只会削除信心的力量,增加人类自己的傲慢、无知和违逆。理智主义和道德主义寻找的不是上帝,而是魔鬼,伊拉斯谟所犯的正是道德主义的错误。伊拉斯谟强调人的自由的选择,企图恢复古典德性的人性论基础,抬高了人在救赎事业中的地位。在路德看来,这恰恰是人的骄傲与堕落,是魔鬼在人心中起作用。路德与伊拉斯谟的争论从一开始就是牛头不对马嘴,双方的理论目的也更是各不相同。伊拉斯谟正是站在路德宗教改革的对立面,路德的矛头指向的就是伊拉斯谟的道德主义立场。路德经过自己独特的生命体验,借鉴了改革家威克里夫、胡斯等人的观念,利用了保罗和奥古斯丁的思想资源,最终突破了罗马天主教的基本共识,体悟出了一种独特的、极端的人性论和上帝观。路德笔下的人性,具有康德所有说的"根本恶"(das radikale Böse),即使人知道善恶,人也必然选择作恶。不过从路德立场看,康德是极端的道德主义者。能真正实现人的救赎的,不是道德和人的善工,而是信心和上帝的正义。

God and Evil: on Luther's Dualistic Concept of God from the Perspective of Free Will

ZHOU Xiaolong

【**Abstract**】 Martin Luther firmly denied the human's free will and insisted that human's will necessarily

---

① ［德］阿尔托依兹:《马丁·路德的神学》,段琦,孙善玲译,南京:译林出版社,1998 年,第 24 页。

sins. Erasmus pointed out that Luther's view would inevitably lead to a conclusion that the sin of human's will was the result of God's will. Luther accepted this conclusion. This article maintains that Luther's admission of this conclusion was not intentionally contrary to Erasmus and got himself into trouble, but was in good accordance with his whole structure of theology. Based on Text *the Bondage of Free Will*, this article tries to analyze Luther's dualistic view of God from the perspective of free will by philosophic reconstruction. This article tries from Luther's whole structure of theology to understand, why Luther can accept the abuse that evil comes from God himself. This article will show that this conclusion provided the precondition for Luther's doctrine "justification by faith alone".

【Keywords】 Free Will, Evil, View of God, Deus Absconditus, Faith

康德有批判伦理学和法哲学吗?①

［德］卡尔-海因茨·伊尔廷②(著)

柳　康(译)③　汤沛丰(校)④

【摘要】 我们通常认为,康德的"道德哲学三书"(《道德形而上学奠基》《实践理性批判》和《道德形而上学》)构成了一个较为融贯的、探讨实践哲学的整体。不过,通过将康德与之前哲学家的比较,分析其不同时期的《反思录》和《草稿》,发现康德在《道德形而上学奠基》中探讨实践哲学的方式是理论式的。此外,《纯粹理性批判》中的柏拉图色彩使得《道德形而上学奠基》对伦理学的探索蒙上了一层非批判的阴影。本文没有直接回答文章标题中所提出的问题,而是通过一种智识上的艰苦努力,细致分析了康德在不同时期、不同作品之间的分歧,进而拨开重重阴影,呈现了属于康德的一种批判性的伦理学和法权哲学可能是什么样的。

【关键词】 自由,批判,意愿,柏拉图,康德

本文的主题是学界近来争论的焦点。先是约瑟夫·施慕克(Josef Schmucker)⑤和克里斯蒂安·李特(Christian Ritter)⑥对它做出了否定,之后维尔纳·布什(Werner Busch)在他名为《康德批判哲学的形成(1762—1780)》⑦一书中明确予以肯定。

---

① 译文原文参见, Karl-Heinz Ilting, 1981: Gibt es eine kritische Ethik und Rechtsphilosophie Kants, in *Archiv für Geschichte der Philosophie*, Berlin: De Gruyter, Vol. 63, No. 3, S. 325 – 345. 原文写有"致汉斯·瓦格纳(Hans Wagner)65 岁生日"。本文的翻译得到了贺腾和何静瑜等师友的帮助,特此感谢。

② 作者简介:卡尔-海因茨·伊尔廷(Karl-Heinz Ilting,1925—1984),自 1966 年起,担任萨尔大学哲学系教授,以研究黑格尔哲学、法哲学和自然法为重点。他的主要作品包括《实践哲学的基本问题》等,编辑、考订并评论:《G. W. F. 黑格尔法哲学讲演录(1818—1831)》(4 卷本)。由于他的努力,从前对黑格尔法哲学僵化、保守和反动的形象彻底颠覆了,开启了对黑格尔实践哲学正面形象的复兴,由此极大地推动了实践哲学在二战之后的发展。除此著作之外,伊尔廷还主编了黑格尔《自然法讲演录(1819—1820)》和黑格尔《宗教哲学讲演录(1821)》。

③ 译者简介:柳康,复旦大学外国哲学博士,中央党校(国家行政学院)文史教研部讲师,主要研究方向为德国哲学、道德哲学和政治哲学。

④ 校对者简介:汤沛丰,德国弗莱堡大学法学博士,暨南大学法学院/知识产权学院讲师。

⑤ "康德伦理学在前批判时期著作及反思中的起源",《哲学研究专著23》,格兰迈森海姆。

⑥ "康德早期的法权思想",《法律论文10》,美茵法兰克福,1971。

⑦ 《康德辑刊110》,柏林/纽约,1979。

这个问题即是：人们是否必须承认康德有一种批判伦理学和法哲学？① 此问题很自然地取决于如下方面："批判"一词究竟如何理解。为此，本文的第一部分将更为详细地说明布什曾经辩护过的论点。鉴于在此无法重新完整地考虑该论题，接下来的两部分将只分析布什立论所依据的几处极其重要的段落，并考察它们在论证上的效力。经过复核，我们得出，在康德70年代的实践哲学论述中，一种"批判的转向"还无法被识别出来。本文接下来的部分将进一步加强如下结论：康德80年代的实践哲学著作中的思想仍然建立在一种前批判的形而上学学说的基础之上。同样，恰恰在他将伦理问题与理性批判结合在一起的地方，人们不再拥有些许理由来宣称一种批判的伦理学和实践哲学。而最后一部分概述的一项论证能够让我们更好地评价康德为其伦理学进行的批判式奠基的任务。

一、

就连在哲学当中，"语词之争"②同时是隐秘的政治争论的情形也不少见。尤其对康德而言，"批判的"一词（类似于"先验的"）与"善好的"一词意指的同样多，即使偶尔比后者所意指的少，"并不存在康德'批判的'伦理学"这一论题很容易被理解成一种消极的价值判断③；于是，对于康德派来说，反论题更加适合维护康德的哲学成果。如今，无人能够否认，康德伦理学和他的法哲学④（哪怕在最低限度上）均展示了哲学学科史上决定性的进步。因此，问题仅仅在于从何处认识这一进步？它发生在什么时候？康德对形而上学问题的阐释作为一种进步，与"批判转向"（die kritischen Wende）处于何种关系？然而，由于康德只是在他的理论哲学中充分地界定了"批判"一词，因此，我们有必要先去澄清一下康德"批判的"伦理学和法哲学的概念。

人们有三种不同的方式来定义这个概念。说康德的伦理学和法哲学是"批判的"（kritisch）：要么，当"批判"基于如下的提问方式，这种方式对于自"纯粹理性批判"以来的康德理论哲学来说是很典型的。当返回到那些无可置疑地被给予我们的东西之可能性

---

① 因为在《道德形而上学》中明确将伦理学和法哲学区分开来之前，通常情况下，这两个表达在这里以及之后也意味着作为整体的实践哲学。
② 参看，赫尔曼·吕博（Hermann Lübbe），"语词之争"，载：伽达默尔（编），"语言问题"，慕尼黑1967，351–369。
③ 说该学说是"非批判"，意味着它"不好"。——译者注
④ 康德一方面可以与自然法学说连起来，正如霍布斯和普芬道夫发展了自然法学说一样；另一方面，康德已至高龄，再无充足的精力阐述他的"法哲学"。

的条件上时,它①就超越了独断论和怀疑论之间的对立。要么,当它包含着某些无法分割的学说时,对批判而言,这些学说与"纯粹理性批判"中的批判哲学密切相关。要么,当我们可以在它之中发现一些具体的学说或方法时,而这些具体的学说或方法恰恰是与批判哲学一同被构想的(1771年以后)。现在,还没有人公开断言,康德实践哲学也存在着所谓的"哥白尼转向";这项主张无论如何都需要特别地加以说明:要弄清它的要旨是什么、它所服务的目的是什么。尽管康德80年代的伦理学著作和他的批判哲学之间的关联并非显而易见,但关联确立的要点在于我们应当去回答,康德是在哪里把伦理探究的成果和理性批判的结果系统地协调起来的,同时又能顺道将理论哲学和实践哲学区分开来。不过,我们很难在第二种意义上谈论康德的"批判"伦理学和法哲学。因此,我们在论点上的分歧仅仅与如下问题有关:在康德"批判"时期的实践哲学中,是否存在着一些具体的学说?这些学说对于康德的伦理学(和法哲学)来说是根本性的。当然,若想澄清康德80年代的著作中有哪些学说既可被视为根本性的,又可被看作具体的,除非我们能够证明:康德最受重视的学说及论题——命令学说和如下命题,即唯有一种形式的、定言的命令才能被视为伦理原则——已然在80年代的文本中获得了证明,或至少是为它做出了准备。②

正是在这种关联性中,布什认为,我们能够断言一种"批判转向"。这种转向在"就职论文"发表之后不久(也就是1772年)就已经出现在康德的伦理思考中了。作为"康德论证由以出发的最高点","批判的自由概念从那时起就出现了。理性的自然存在者能够挺立在该概念的法权立场(der Rechtsstandpunkt)之上。同时,法权强制(der Rechtszwang)也在该概念的规范中有其根据"。(171)"批判的"自由概念代替了"自然的"自由概念。对康德来说,后者在60年代关于实践哲学的反思和评注中显然是主导性的(26等);这一新的自由概念③,一方面与"在行动中的感性和理性规定之间的批判性关系"有关,另一方面与"理性规定的可能性"有关(72)。现在,布什认为,从"这一最高点"出发,我们应当能够释义出(deuten)存在于康德70年代关于伦理学和法哲学反思中的具体学说。这些具体学说将凸显出与康德60年代的观点截然对立的观点。

二、

为了检验这个非常重要的论题,恰当的做法是先去分析那些与布什的阐释密切相关

---

① "它"指"批判"一词或者说"批判哲学所做的具体工作",下同。——译者注
② 我将这一点看作约瑟夫·施慕克和克里斯蒂安·李特他们研究的确定结果。
③ 指"批判的自由概念"。——译者注

的文本。

（a）康德"自然主义的"自由概念。——在康德为 1764 年发表的"关于优美感和崇高感的考察"一文所写的"评注"（根据阿迪克斯①的考察，它们出现在 1764 年至 1765 年之间）中，我们可以找到题为"论自由"的段落（20,91‑94）。这个段落在布什的论证中相当关键。

在那里，康德区分了两种"依赖性"：无论人出于他的需求还是出于他的欲望，人总归要依赖外物；然而，与自然依赖性相较，一个人的意志对另一个人的意志的屈从则是更顽固和不自然的！那些对自由习以为常的人，将会把自由的丧失看作最难忍受的不幸；就算他勉强承受，也需要相当长的时间才能习惯。不过，在奴役和死亡之间，人们常常更倾向于承受后者带来的危险。——在康德看来，这种观点的根据既清晰易懂，又具有合法性。因为大多数人可以服从于自然，而这样做并不会否定自由的选择；与此相反，那些依赖他人任意（die Willkür）的人，他们在更大程度上是不自由的。因为每一个人的意志（der Wille）都是其自身动机和偏好的实现活动（die Wirkung），并仅仅与其真正的或臆想的福祉相协调（20,92,21‑23）。因此允许人们做一些补充，那些将自己打造为他人意志之主人的人就是那些直接损害人们的幸福诉求（Streben）的人。然而，这种状态不仅仅是一些外在的、危险的东西，而且也包含了一些丑恶的东西。同时，它暴露了自身的非法性。因为"人自身不应当需要自己的灵魂"，"人们不应当拥有自己的意志"，"他人的灵魂应该支配我的四肢"，这些做法通通是荒谬的、错误的（20,93,20‑23）。由于人是自由的存在者，所以奴隶制将其置于甚至低于动物的水平之下，使他仿佛低于任何事物，只是作为另一个人的工具，最终让这个奴隶脱离了人的行列。

在卢梭这一无疑鼓舞人心的观察中，自由被理解为一种能力：只要自由能在自我保存的动机和生存意志（der Lebenswille）中表现出来，那么，人们在原则上将不再依赖于任何自然条件。因为即便在极端的奴隶制下，人们也能通过他的自由决断选择死亡来摆脱奴役。同时，这种能力也是人的一项权利（das Recht），因为它在根本上构成了人类个体的本质——他的"灵魂"：因为人在根本上是自由的，自由是人的基本权利（das Grundrecht）。如何把握是（Sein）和权利之间的关联，在这里依然晦暗不

---

① 参看《康德全集》20,472。之后的引用均为科学院版的卷码、页码和行码。

明。不过,康德为这种观点提供根据的方式可以在如下命题中获得某种指示:一个将自己的意志屈从于他人意志的意志是不完善的和自相矛盾的(20,66,3 以下)。这种"矛盾",要么是作为人之本质属性的自由与奴隶之无权性(die Rechtslosißkeit)之间的对立,要么是作为人之基本权利的自由与这种自由在奴隶制中被取消之间的对立。然而,在康德此一阶段的思考中,他很少注意到这两种观点之间的差别;毋宁说,他似乎相信,一旦当奴隶制被认识到是某种"矛盾"的时候,奴隶制的非法性(die Unrechtmäßigkeit)就已经被证明了。

最后,我们应当留意如下公式:每一个人的意志应当是(sei)其自身动机和偏好的结果(20,92,21 以下)。严格来讲,这个公式包含着一项矛盾:就"意志"仅仅是人之中非理性动机的结果而言,这个意志是不自由的;而按照康德自己的理解,如同他在"评注"中呈现的那样,它根本就不是意志。因此,这一矛盾该如何加以阐明或释义,唯有通过详尽分析与之相关的所有文本才能得到裁决。

(b)康德"批判的"自由概念。——我们首先要考察与"就职论文"相关的、出自康德对形而上学反思的一些文本;还有一些存在于 80 年代前期所写的关于道德哲学的《反思录》之中。

《反思录》4227(17,466)将人的"智性"本性和感性本性之间的区分(终究是柏拉图式的区分)与行动的可归责性(die Zurechenbarkeit)问题关联了起来,并借此与自由问题关联了起来:如果人完全是智性的,那么事实上,虽然他们所有的行动都是被积极规定了的,但他们依然是自由的,因此,一切行动是可被归责的;如果他们完全是感性的,那么他们的行动完全是被消极规定了的,因此他们也将无从归责。然而,因为人部分是智性的,部分是感性的,康德认为据此能够推导出,人要么是主动地,要么是被动地被规定的,以至于他的行动部分依赖于情境,部分依赖于人对理性的运用。由之而来的结果是,一个人并不为他的行动负全责:这些行动无法完全(gänzlich)被归咎给他。因此,一个受到限制的、属人的自由,事实上仅仅在于做好事的可能性。一个人在其个别的、被规定的行动中是否真的自由并由此而承担责任,这一点必须放在个案中加以检验和决断:行动实际上是出于原理还是出于感性之物,这一点取决于诸多条件。康德认为,在诸多个别行动之间不许假定任何因果关联:正如在游戏中每次投掷都好像可以获胜而无视先行的和伴随的情境一样,因此每个个别的行动是无法预先看出它是自由的还是不自由的。

毫无疑问,上述文本是建立在某个二元论的人类学模式之上的。在康德 80 年代和90年代(包括他的"批判"时期)的著作中,依然有许多阐释都是以这种模式为基础的。不过,我们不能借此认为,这里讨论的是一种"批判的"人类学和行动理论。毋宁说,康德所承继的毕达哥拉斯—柏拉图式的人的形象(das Menschenbild)是非常奇怪的——这种人的形象对于康德那种受虔信派影响的自我理解而言显得可行,即由此陷入了无法逾越的困境。后来,他尝试着通过先验—哲学中现象和物自体之间的区分来解释这种观念;但是,这种尝试在上述的文本中尚未显露出一丝迹象。

这种人的二元论形象看起来至少提供了一种对如下事实(die Tatsache)的阐明,亦即,人,一方面作为在道德上负责任的存在者(das Wesen)并不会感到自己的存有为物理条件所限,另一方面他在行为(das Tun)中却又过于遵循自然动机和偏好。鉴于康德承继了这一柏拉图式的观念(die Konzeption),并尝试借此来阐明行动的可归责性,如此一来,在他的思想中就产生了一种双重的自由概念:自由有时是纯粹智性存在者之行动的积极规定,有时是受到感性限制的理性存在者的能力;如果他根据智性的本性行动,则该行动在道德上是良好的;若他根据感性的本性行动,则该行动在道德上就是卑劣的。然而,我们还不清楚,为什么与消极规定相对的积极规定才有资格被称作是自由的。因为一个内在(innewohnenden)原则的力量对其有效的存在者(这种力量符合他的本性)与如下这种存在者同样受到了规定,即那些只能以被规定了的方式对外来的作用做出反应的存在者:毕竟彻头彻尾的规定和自由互相排斥。一部分受这种方式规定,另一部分受那种方式规定的存在者是相当不自由的。康德此时的理论视野(der Vorstellungshorizont)包含着一个将事物予以柏拉图化的方案。在这个视野中,除非一个人既不是以这种方式,也不是以那种方式受到规定,而是具有自我决断此方向还是彼方向的能力,否则就不是自由的。如此理解的感性和理性并不是共同构成了人的两种要素,而是构成了不同的倾向或行动的可能性,并且人的意志可以在它们之间自由地决断。当他将自由仅仅规定成了可能性的时候,康德看起来指的就是这个意思。但由于他将自由仅仅看成了做好事的可能性,而不是将其定义为在道德禁令和道德卑劣之间做选择的可能性的时候,如此一来,道德上卑劣的行动成为纯粹感性规定的结果,以至于行动无法被归给人类个体,就像不受人欢迎的行为方式无法被归属于一个动物那样。反过来,当道德上的善好行动依据对感性的优越(das Übergewicht)程度而得到解释时,对于人类个体而言,人们同样无法将之算作一种功绩。因为在这一观念框架中,个体根本就不具有依据自己的意志力量产生那些"优越"的能力。恰恰是因为康德假定"完全智性的"和"行动上可被规定的"存在者的诸行动都是可归责的,所以他能够断定,对于一个人而言,其行动并非是完全可归责的;实际上依据康德的预设,这些行动既不在这种情境也不再在另一种情境中是可被归责的。作为感性的理性存在者,人根本不具有意志。

上述阐释性的文本并没有讨论道德——法权问题,而是形而上学问题。布什假定,这些文本必须能够给出某种类似于可归责性的东西,同时他试图为这种可归责性提供一种形而上的、人类学的阐明:为什么以及在何种程度上诸行动是可被归责的。与之相反,《反思录》6801(19,165f.)则属于道德哲学的领域。

自获奖论文(1764 年)以来,人们已经熟悉了康德的阐释方式,而他也是以这种方式开启了如下的阐释:对于理性而言,采纳某些实践规则具有极大的必然性(die Notwendigkeit)。这些规则是绝对(定言地)强制的。而这种规则并不以实用性作为前提和根据①。康德引入了这些原理的一些例子:禁止自杀和禁止背弃自己的人格。而接下来的奠基工作无论在语言层面还是实事层面(sachlich)上都是不明确的,因为它一部分与之前的论题关联着,另一部分与这些说明性的例子关联着。在这种时候,人们必须对这一奠基工作进行如下的重构:(1)实用性(der Nutzen)无助于奠立任何具有绝对约束性的原理,因为在特定的场合常常被视为可资利用的东西并没有被普遍地给出来;(2)我们行动的自由概念只包含着一项具有普遍有效性的条件,该条件是具有绝对约束性的原理所依赖的(自由的优先权赋予人以"道德的、内在的价值")。

在一个插入性的评注中,康德强调,自由在于不要让自己被"动物性的动机"所压倒。随后,他从(2)中推导出了(3),那些建基于自由之上的实践原理禁止所有如下这些东西:它们暴露出自己是自相矛盾的行动原理,以至于那些应当服务于他的自由的、作为先行条件的东西必定限制了自由。在(3)中,康德终于找到了如下命题的证成基础:在奴隶制下,自杀和背弃自己的人格在道德上是卑劣的;因为正如他所认为的,自己的人格和生命本身是自由的本质规定。而一个缺乏这些规定的人,要么根本不是人,要么根本就不是自由的存在者。不过,依据这种表述,在(2)中已经呈现出来的绝对约束性(die Verbindlichkeit)的基础得到进一步的扩展。因为现在不仅是自由的条件,还包括自由存在者(人)实存(die Existenz)的条件,亦即他的生命,均被打造成了道德约束性的基础,也被打造成了赋有道德责任之行动的限制性条件。

---

① 对与道德相关的准则的反驳,参看"评注":20,118,10 以下;20,138,10 - 16;20,157,1 - 7;20,168,7 - 9,亦即《反思录》6586(19,97,6 f.);6714(19,139,10 - 12);6716(19,139,27 - 29)。

然而，在随后的阐释中康德依然越出了这一点，因为他一股脑地将人的所有本质性的规定打造成了伦理学的基础。因此，在他看来，谎言之所以是卑劣的，是因为作为一个能够标明自身意义（der Sinn）的人，不允许摧毁其言辞的意义（die Bedeutung）。同样地，自杀也不再因为它与自由的条件无法兼容而被宣布为道德上卑劣的。毋宁说，它之所以是邪恶的，是因为当一个人自杀时，他就将自己视为了物，如此一来，人的尊严便无从着落了。同样，在偷窃中蕴含一种矛盾，也就是说，一个窃贼将不属于自己的东西像他自己的那样处理。现在，这不再因为盗窃在自由的使用中被还原为了一种矛盾而被看作道德上卑劣的，相反是因为他对另一个人造成了"伤害"（die Beleidigung）。因此，人的尊严从现在起也将充当起无条件的道德规范的约束性建基于其上的一般性条件：人性是神圣不可侵犯的（不论是他自己人格中的人性还是他人人格中的人性）。康德在这一文本中没有再提供奠立人性尊严之不可侵犯的根据。

康德在《反思录》第 6801 段（？）中也没有阐明在有关自由的"评注"（20,91 - 94；参上）中所指示出的、在作为人类本质属性的自由和作为人之基本权利的自由之间的关联；确切地说，他只是将自由延伸到了人的其他本质属性上：凡是属于人之本质的东西，从现在起将一律被视为在道德上是不可侵犯的。因为唯有一个人才能够讲述真理，因此有意说些非真理的东西是不允许的。（然而，不能从唯有人能够说谎就推出人应当说谎。）同样，也不能从唯有人能够自杀推出他应当自杀。[但人们依然能够为如下论题做辩护，即自杀的能力是人之自由的标志，是人的一项具体的属性。因为人们对其自由的使用在道德上并非每次都是被允许的（或是完全被禁止的），从这一点压根儿无法推出，自杀能够在任何场合下得到道德上的辩护。]因此，康德思想中的论证破绽是由如下做法导致的，即他将具体的人之能力的概念替换成了人的自由和尊严的规范概念。但我们可以继续追问，为什么人有资格要求尊严以及人的哪些具体的属性在道德上应当是不可侵犯的。

然而，即使人们能够假定康德已经圆满地回答了这个问题，他为上述的道德规范的约束性进行奠基的尝试依然是不充分的。这一点在自杀禁令的例子中尤为明显。光是康德在这部《反思录》中一个接一个提出的不同的奠基尝试表明，他对这一点不是不清楚。那些卖身为奴的人或者那些以其余任何一种方式使自己成为他人之任意的工具，从而沦落为缺乏意志的人，事实上，他们使用自由恰恰是为了剥夺自己的自由；与之相反，那些因为认为奴隶存有（das Dasein）不堪忍受，或者因为打算抢在折磨以及因而沦为无罪责能力人的危险之前行动才自杀的人,其对自由机会的利用则是为了摆脱其不自由的存有。尽管作为活生生的个体的实存是其使用自由的条件,但是他的行动不应该取消他的自由,而应该取消他的不自由,以便维持和确证他的尊严。一个无条件的自杀禁令恰恰取消了自由。比起这部《反思录》,康德在《评注》中更加接近上述这番洞见(20,92)。而拥有自己生命的人将自己看作物(die Sache)并因此丧失了人的尊严(19,165;27)同样是不恰当的;因为他将其作为活生生的个体的实存仅仅看成于他而言的外在事物,而没有将自己看作自由的存在者。——此外,当康德认为,人们缺乏使自己停止成为某样事物的自由意志(19,166,1),并且当他想争辩说,人们缺乏实现自由意志的自然的意志力量时,他将遭到某个人的行动的反驳;相反,当他想说,人根本不具有一种想停止实存就可以停止实存的权利时,他只不过是断言他想为之奠基的东西。——直到康德强调如下论题时,他才切近了一个道德上恰当的判断:即使在不幸中人也能够实施伟大的行动;当不是因为憎恶生命而牺牲生命的时候,他就值得拥有生命。那些将生命视为比幸福的惬意更渺小的人,他们不值得拥有生命(19,166,5-9)。但在这里,正如他在80年代和90年代的诸著作中一样,他没有展露出如下观点,即并不是因为自杀破坏了道德上应承担责任的行动的一般条件,因此自杀才需要在道德上负责或者它总是很严重——情况根本不是这样——而是因为它放弃了一个人在单个或普遍情况下共同实现其在自由中的富有尊严的存有。换句话说,康德不愿意承认自杀禁令(依据他的语言用法)并没有证成一种完全的义务,而只是(?)证成了一种不完全的义务。

依据对上述文本的分析,目前我们还无法看出,它们已经奠定了两种不同的自由概念。其中,一个可被刻画为"自然的自由",另一个可被刻画为"批判的自由"。因此,我们接下来要去考察,布什是如何利用这一点来支持他对康德关键观点的论证的。

三、

最初,布什是在上述有关自由的"评注"中发现康德60年代的自由概念的——这一概念直到70年代才被"批判的"自由概念所取代——在这部"评注"中,60年代的自由概念以如下思想(der Gedanke)再次得以呈现:与依赖生命的自然条件相比,依赖另一个人的任意更加让人难以忍受。特别是出于如下理由:的确,所有的……自然之恶均服从于人们认识到的一些法则,以便人们之后选择,自己究竟在多大程度上遵循或屈从于它们(20,

92,15-18)。布什认为,在康德的这一表述中他可以挖掘出一种"自由概念","这种概念将对人的依赖性窄化为人对自然法则的依赖"(同上,25)。不过,这意味着:按照康德的"评注",人虽然依赖自然法则,但依然是完全自由的。然而,这种说法并不恰切,因为康德将人的这种依赖性与作为真正不自由的对他人之意志的依赖性对立了起来,以便清楚地表明,在原则上,一个人是可以将自己从这种依赖性中解放出来的。然而,我们依然无法理解,为什么这种唯独被自然法则所限制的自由才被称为"自然的"。

布什不是通过解释康德关于自由的"评注",而是在对照(25)卢梭和洛克①的类似表述,并将自由概念和这些表述合在一起研究(26)才完成这项释义的。

> 布什将论证步骤以如下的形式呈现了出来:"他们提出了如下问题,即我必须采取哪些合法的措施以便保留或恢复人的被中断了的(aufgegebene)源初自由。对他们来说,如下转换是成功的,他们在自由概念中最先观察到的只是由上帝,准确来说由自然所颁布的人针对自身的义务,之后才延伸到与周围人(die Mitmenschen)的关系上。"

> 我们可以在洛克关于奴隶制的研究("二论",第四章)中发现这一释义的基础。在这儿,他紧随霍布斯的步伐发展出了一种在自然状态和国家中的自由学说。在一个关键点上,它是专门针对"利维坦"(第21章)中的主权学说的。洛克认为,自然状态中的自由(自然的自由)在于摆脱(free from)地球上任何高高在上的权力,不屈从于人的意志及其立法权威,仅仅使自然法则成为适用于他的规则。在适用于霍布斯以降的所有新时代的理性自然法的典型观念框架中,自由无论如何(von jeder)都是一种限制。在与其他自由存在者的共同生活中,依据实现和捍卫这一自由的条件,这种限制并没有被假定为是必然的,也就是说,并没有被假定为不可放弃的基本法。那些普遍的东西,它们仅仅出于为了自由理念(Idee)的实现而奠定的对自由的普遍限制,在这种关联中就被称为(客观的)自然法(自然法则)。从苏亚雷斯到霍布斯②,自然法的约束性根据总是要在上帝的意志中寻求。而洛克将人的源初的自由权与国家中的自由(人在社会中的自由)对立了起来——这就已经与霍布斯相悖了;依据洛克的学说,国家中的自由在于:不服从其他的立法性权力,而只服从在共同体中通过同

---

① 参看:卢梭,《爱弥儿 ii》,著作集,巴黎(七星丛书),1969,卷四,311;洛克,"二论"第四章。
② 参看拙文:"自然法权",载:《历史的基本概念》,孔策(W. Conze)和考瑟莱克(R. Konselleck)编,卷四,斯图加特,1978,273,281。

意（consent）建立起的权力，也不屈从于任何意志的掌控或任何法律的限制，而只依据那些将信托（trust）置于其中的立法性法律行动。

因此，霍布斯成形了的思想是引导性的，即仅仅奠立在客观的自然法之上的法的确定性是不充分的，为此国家必须实现对法的规定和贯彻以便国家（实定）法进一步对个体源始的自由权做出限制。众所周知，霍布斯关于主权学说的这种思考导致了源初的自然法从根本上遭到了废除。与之相对，洛克强调，国家强力（die Gewalt）的法权基础只能在对源初自然法的普遍认可的限制中、在个体同意的基础上去寻找。由此，洛克合理地推导出源初自由是个体不可出让的自由权，是在国家中不屈从另一个人不稳定、不确定、不可知和任意意志的权利。不过，洛克随后提供的奠基形式依然不够充分，他再一次与霍布斯保持一致的想法是：专制主义在原则上的非法性应当在个体自我保存的意志中，更确切地说，在自我保存的权利中有其基础（洛克在这里已经与霍布斯或与上面阐释过的康德一样，开始变得不太清晰了）。

因此，布什依据上述的引用所做的这一解释（均与洛克有关）总的来说是恰当的，尽管它稍微有些模糊，甚至对那些认为这一解释无论如何都只是权宜之计的（gegenwärtig）人没有多大的帮助。

布什把他阐释的结果归结为如下命题："康德认同这种以自我为中心的、非道德的自由概念"（26）。不过如果这意味着一切法权和约束性必须在人类个体的不可转让的权利之中寻求其根据时，人们还是会争论，去谈论一种"以自我为中心的自由概念"是否恰当；然而，将这种自由概念称为"非道德的"的这种做法既无法得到辩护，也让人难以理解。因此，人们越是认为"康德的自由概念建立在近代理性自然法的自由之上"是正确的，越会把"他60年代最初在有关自由的'评注'中将自由概念刻画为'以自我为中心的'和'非道德的'"这一点看作是错误的。然而，令人相当困惑的是，布什直接解释说："那么，康德在卢梭那里承继的是得到更多奠基的自然自由观念还是得到更少奠基的自然自由的观念呢？恰恰相反：对康德而言，人对自然的非依赖性本身就具有证明的品格（der Beweischarakter），因为不自由被认为是矛盾的、荒唐的和错误的。"（26）

这种关联表明，"自然的"自由概念与之前提到的"以自我为中心的、非道德的自由"概念是一回事（identisch）。此外，在随后的文本中（参看25，27，54，93）这种"自然的"自由概念一再地被归给康德。很明显，所谓的卢梭和康德之间的对立并不在于康德拒绝了卢梭（和洛克）的"自然的"自由概念，而在于这一概念在康德那里以别样的"外观"（das Erscheinugsbild）保持着。但这一点也是不可理解的，因为归诸康德的观点同样可以在上述引用的评注 10 中的卢梭和洛克那里被找到。

因此，在布什把康德 60 年代的自由概念看作恰当的解释核心之后，只剩下了如下观点：早在 1764/1765 年，康德就已经在其关于自由的"评注"中将近代自然权利的观点据为己有了，亦即自由是每一个人类个体不可转让的基本权利。需要补充的是，就像康德的前辈们一样，这一属己的基本权利是怎样得到奠基的，这一点依然是不明了的。

现在，如果人们去考察那个自由概念，亦即依据布什对康德 70 年代《反思录》的释义，那个早就代替了具有误导性的、被称为"自然的"自由概念的"自由概念"，那么人们立马就会注意到康德在《反思录》4227（同上）中呈现给我们的关于人之自由中的"智性之物"与感性之物之关系的思考。布什评论说，"人们很容易指出，康德在这儿处理的是行动中感性规定和理性规定之间的批判关系"（72）。不过这一点出于如下原因而变得更可疑了，因为肇端于 70 年代的感性和理性的二元论完全是前批判的，而且是建立在一种独断的形而上学预设之上的（同上）。不过我们依然可以追问，在康德的思想中，在批判时期的各部著作出现的自由概念（正如他在"纯粹理性批判"的第三个二律背反中大致呈现的那样）是否满足了批判哲学的诸多标准。

在《反思录》4227 中，"智性的"自由概念包含的诸多困难（同上）在康德解决第三个二律背反时更加清晰地显露了出来。因为依据康德批判形而上学的诸种学说，行动主体按照他的智性品格不处在任何时间条件之下，因为时间只是显象的条件，而不是物自身的条件。在主体中没有任何行动发生或消失。因此，依据一般《纯粹理性批判》的诸学说，作为智性品格的先验自我（das transzendentale Ich）根本不做出行动，而只是那些在经验世界中显现为行动之物的无时间（zeitlose）的原因。然而按照其经验性品格，行动主体同样不能行动，因为它作为现象要服从于自然因果性的条件。基于上述种种预设，行动概念是难以捕获到的。

由此，康德推出，这种智性品格……从来都不能被认识，因为我们无法如其显现的那样知觉到它。然而，他允许我们做出如下推断：这一智性品格仍然必须按照经验性的品格得到思考（KrV A 539f.），尽管依据批判哲学的原理，从经验性前提推导出原则上不可认识的物自体的结论恰恰是要禁止的。因此，当康德将人的经验性品格看作其智性品格的感性符号(das Zeichen)时;当他假定人们通过纯粹的统觉同样可以认识自己,以至于他自身一部分是现象,而另一部分是……纯然智性的对象时(A546),按照他自己的预设,一个错误的论证就出现了。因此,他的如下论题是缺乏根据的,亦即"每个行动都是纯粹理性的智性品格的直接结果,因而纯粹理性是自由行动的"(A553)。而且,该论题表明了,在康德批判时期的著作中,独断形而上学的思想仍然发挥着作用(die Weiterwirken)。

上面已经表明,同这些思想关联着的行动不再能够被归责。即便康德在其批判著作中坚持认为,行动确实是可以归责的(参看 A554 - 556)。然而,对于由此产生的问题应该如何解决,他只是给出了如下信息:对此不可能有任何的回答(A556)。与60 年代的学说相比,我们在这一点上很难发现康德在认识上的进步。

布什认为,除了一种二元论的人类学预设之外,在康德批判时期的"自由概念"中还可以找出第二种要素:自由应当被理解为"理性规定的可能性"(72)。事实上,在《反思录》4227 中,康德将行动的自由看作做好事的可能性(17,466,27;见上);同样,在《反思录》4226 中,人们可以读到(下列观点),我们的行动随时可能按照理性发生(17,465,25f.)。在目前还没有涉及对批判哲学的诠释(die Interpretamenten)的情况下,它的含义是作为感性的理性存在者的人是理性的,亦即是能够按照道德规范行动的人。实际上,这一点是所有可归责的行动预设了的。将人看作感性的理性存在者的学说是一种形而上学理论。这一理论原本应当使得这种学说变得可理解,然而它无助于达成此目的。就连当康德以为他在批判哲学中已经为行动的可归责性找到了令人满意的解释时,这一批判的自由概念依然无法支撑起如下论题:康德有批判伦理学和法哲学。因为这一自由概念(更好的表达可能是:对人类自由的阐释)并不是其实践哲学的一部分,而是其理论哲学的一部分。

被布什不恰当地称为"批判的"自由概念现在要为如下目的服务:为康德在《反思录》6801(同上)中为道德规范之无条件的约束性奠基的工作做出辩护。之前李特(同上,320)给出了另一种解释。按照这种解释,康德在《反思录》中除使用了一种"形式先天"(formalen Apriori)(人的自由)之外,他还使用了一种"质料的、人类学的先天"来为约束性奠基。这一区分至少能够在"获奖论文"关于形式和质料的伦理原则的区分中获得支持。另外,即使这种质料的、人类学的先天如何得到辩护的问题根本无法得到回答,对于《反思录》6801 而言,这一区分也是适用于这个问题的。与之相反,布什开始求助于如下论断:

克里斯蒂安·李特的解释是建立在对反思中的"批判的"自由概念的误解之上,亦即这一概念分析得"既包含理智(der Intellekt)也包含感性"(79)。

毫无疑问,康德并不是在这儿,也不是像他所表现出来的那样,到处使用这一论证;该论证所处理的只是布什所引入的一条阐释性的假设。事实上,如果这一假设能够更加清晰的话,它只是想进一步声明:这样一种自由概念已经得到了良好的奠基;否则它只是指出了一个康德无法解决的问题。事实情况是布什阐明康德文本的诠释性假设(die Interpretationshypothese)的方式,使这一问题变得更有可能了。

也就是说,就撒谎禁令而言,布什强调,如果自由与所有的规定相对立,那么"这些规定也将取消在感性存在者身上起作用的理性。但是,理性最无法取消的东西是思想与它的标志之间的对立,亦即无法取消这种非真实性(die Unwharhaftigkeit)"(79)。的确,人们无法借助这一思考为一项道德规范奠基,因为并不是所有理性无法取消的东西在道德上都是卑劣的。唯有如下观点才是正确的,即自由意志的使用遭到了如下这些东西的限制或扬弃,也就是那些对于人类个体而言理性所无法取消的东西。然而,在康德的那些伦理反思中,它们并不是要处理那些属于理性和自由的物理效果的概念,而只是处理与自由意志的理性规范化有关的实践概念。

这样,人们可以相当有把握地断定,这一富有雄心的事业①,亦即证明一种批判法哲学的产生和康德70年代《反思录》中的"批判转向"仍处于未竟之中。

㈣、

与此同时,那些针对"康德批判伦理学和法哲学"这一主张所谈论的东西,也直接指向了康德80年代和90年代的文本。具体而言,一方面,这些著作完全非批判地求助于一种独断的形而上学思想,另一方面,它们又发展出了在此前的著作和《反思录》中尚未出现的学说。这些学说声称有权利被看作"批判的"伦理学和法哲学。

在《道德形而上学奠基》(以下简称《奠基》)中,这些新的"批判"学说恰恰是与那些非批判的形而上学思想最为紧密地关联着。仅此一点已显示出,康德当时根本没有考虑如何通过研究为其"批判"伦理学提供基础。如果这项研究可以与《纯粹理性批判》中的

---

① 克勒梅(H. Klemme)很赞赏它的积极面向,其中一些在别处有所呈现。

先验演绎和原理分析论相比较的话,那么相应的,他在实践哲学中也应当反驳那些独断的形而上学思想。然而,《纯粹理性批判》中的"先验辩证论"和"方法论"与《奠基》留给人的总体印象是,康德似乎已然认定,道德形而上学能够直接填补上他在《纯粹理性批判》中留下的空白。因为事实上,《奠基》第三部分的"实践理性批判"一节无法凭借一项论证(在随后的《实践理性批判》中,康德含蓄地承认了这一论证是不合宜的)填补上这一空白;就算它完善了《纯粹理性批判》中的想法,但它自身绝不是伦理学的批判性基础。

　　《奠基》中新出现的东西是,康德将伦理性释义为自律,亦即释义为一种基础规范。根据这种规范,那些作为"目的本身"的诸人格应该如此共存,以至他们——类似于"自然王国"——构成了一座"目的王国",并能够同时将自己理解为这一基础规范的制定者①。的确,这一释义的许多要素确实已经出现在康德之前的著作和反思之中了;然而在《纯粹理性批判》的第一版中,自律概念仍然是缺失的,甚至在《奠基》之前的那些反思中,本应包含这一概念的释义还很难被识别出来②。而《奠基》所处理的是康德批判时期伦理著作中的一项具体学说,这一点应该是没有争议的。在这种意义上,人们能够确定地将与自律的理念相关的所有学说视为康德批判的伦理学或者法哲学。

　　尽管如此,人们只能将康德在《奠基》中论证自律这种伦理性观念的方式看作非批判的。因为根据康德在《奠基》中的观点,"就其是作为理性存在者的人而言,他们应该将对方作为人格来对待"这一点有其根据,亦即他们都是人格(die Personen)。也就是说,就他们的本性而言,他们已经被标明为了目的本身,而不再仅仅是作为手段而被利用的某物(etwas)③。因此,康德的论题并不是说,就(weil und insofern)人们的行动需要负道德责任而言,人们从来都不许将对方"纯然作为手段"加以使用;毋宁说,他们的殊胜之处(die Auszeichnung)在于,他们是理性存在者,并且这种殊胜之处的根据要在与理性存在者之实存相绑定的价值本身中去寻求。但是,我们为什么有理由将本性释义为作为价值本身的特定权限,这一点依据《纯粹理性批判》中先验

---

① 参看《奠基》(4:436－440)。
② 参看贝克:《康德"实践理性批判"评注》,慕尼黑,1974,25。——根据《反思录》6867(大约1776—1778),道德原则是……鉴于所有人的幸福而言的自由的专制(Autokratie)。(参看:《反思录》7199[1780 或更早]:"自我统治"(Selbstherrschaft);《反思录》7242[1780 或更后];"自我立法的意志的诸原则"。)
③ 参看:《奠基》(4:428,21－24);同参428,3 以下:有某种东西,其存在自身就具有绝对的价值;428,7 以下:每一个理性存在者作为目的自身实存;432,31 以下:人应该按照自己的、就自然目的而言按照普遍立法的意志而行动;以及 435,33 以下;436,20。

分析论的基本原理是无法理解的。

　　尽管康德在下文中承认了这一释义的神学特征,但他同时又(有些始料未及地①)解释说,为了证明自律原则的约束性,人们必须越过"对客体的认识"而转向"主体的批判",也就是"实践理性批判"(440,24-26)。但是,在《奠基》相应的部分(446ff.)中,通过对实践理性应用的批判性分析,那些出自独断形而上学的预设既没有得到证明也没有被撤销。之后康德再次提醒,人们不许妄称可以将自己如其自在的那样来认识(451,23)。不过,他认为如下做法完全是正当的,即就其自身内的纯粹活动的东西而言……将自己计入理智世界,虽然人们无法进一步认识它(452,33-36)。显然,人们没有注意到寓于其中的矛盾,即允许或必须有一个具有"纯粹自身活动"(452,9f.),并(452,31f.)将自己理解为"智性世界"一员的存在者,他却仍然能够完全认识到其所谓不可认识的自在存在(An-Sich-sein)。康德无法通过如下论题来取消这一矛盾,亦即否认我们有能力认识(erkennen)我们是"智性世界"的一员,相反,他只是在强调,我们情不自禁地会将自己思考(denken)为这样的存在者。不过,从那些所谓必然的、"出于实践上的理由"(参看448,6)而得到辩护的自我释义(die Selbstdeutung)来看,康德实际上想推导出,我们不仅能够将自己思考为是自由的,而且,我们也能认识(453,11-13)到"意志的自律及其结果的伦理性"。康德在此依然立足于一种独断形而上学以及与之相关联的二元论人类学,他从"实践上的意图"出发为它们增补了确定性,以便从中推导出道德规范的约束性。

　　在这一寻求奠基的过程中,自由首先被理解为"自发性"["纯粹的自身能动性"(die Selbsttätigkeit)],之后竟被释义为自律。如此一来,对"感官世界之规定性原因的独立性"将成为作为"智性世界成员"的人"必然意愿"(455,2f.);而正是在与自我给出的(道德的)法则相协调一致的情况下,这一意愿发起了行动。这两步的论证,无论是第一步还是第二步,都没有通过对道德基础规范的批判性分析而得到证明。同样,从作为独立性的消极自由概念如何能够推导出(产生)作为自律的积极自由的概念,也是无法理解的。尤为不清楚的是,"智性世界"的成员通常是如何行动的,以及他们如何既在不依赖于感官世界的意义上,又在作为"智性世界"成员的意义上均是自由的。最终,作为"知性世界"(die Verstandswelt)之原理的自律甚至是"感官世界"法则的"根据",并因此就我的意志(它完全属于知性世界)而言是直接立法的

---

① 此前康德已经直接表明,他想探究的是,理性"在当下"(eben jezt)是如何独自自在地规定行动的(427,17)。此外,这一论题,亦即"每一个理性存在者作为目的自身的实存"是通过"我在说"引入的(428,7以下)。

(453,31 - 34)。不过,这种"知性世界"逐步侵入(Hineinwirken)"感官世界"的做法与《纯粹理性批判》的原理是不相容的。在"实践理性批判"标题下呈现的对于定言命令的"演绎"(454,21)的论证,它们既不足以为伦理学奠基,也不能被提名为一种"批判伦理学"。

但是,即使康德能够在《实践理性批判》①中满足了为"定言命令"提供一种"演绎"的要求(der Anspruch),也不再去或很少去求助那些独断的形而上学思想,不过,为了给实践哲学赋予一种基础,也为了填补《纯粹理性批判》留下的空白,他在其伦理分析中所展示的这种释义性关联依然没有发生变化。这一点可从康德表述《实践理性批判》之基础的方式中看出来:这一基础应当回答如下问题,即纯粹理性本身是否能够独自规定意志(15,16f.)。在这里,如果"纯粹理性"的概念是作为人之中的纯然能力而被引入的,那么它要么被用于理论认知,要么被用来规定意志。但是,康德在《实践理性批判》中依旧认为,一个其意志受到纯粹理性规定的理性存在者……亦即能够意识到其自在存在的存在者(das Wesen),这种存有在理智的秩序中恰恰是可被规定的(42,10 - 15)②。同时,当康德承诺,道德法则为我们开启了通向"知性世界"③的"展望"(die Aussicht)时,他依然认为,在我们的行动(作为"纯粹理性的事实")中,对道德约束性的意识不仅为我们指出了"纯粹知性世界"的"标识"(die Anzeige),而且积极规定了这个世界,甚至这一标识让我们认识到了一条属于该世界的法则(43,4 - 9)。总之,所有问题,例如这样一种"超感官的"或"原型的"自然(natura archetypa)如何能够充当自律行动的伦理学的基础,如同在《奠基》中一样,也没有得到任何回答;对"我们行动的自律—原则如何能够得到奠基"这一问题的回答被如下评论给阻断了:(1)我们能够意识到这一原则的约束力,从而证明(2)纯粹理性是……实践的(42,6f.),进而证明(3)道德法则的约束性,亦即确认道德法则……就其自身而言的客观实在性(47,15 - 20)。说到底,康德使用了一种源于柏拉图化了的、形而上学的、谜一般的思想,而他始终没有把这些思想转译为一种批判伦理学的概念语言。具体来说,这种转译应该根据如下问题来进行,即具有约束力的规范,以及在道德上需要负责任的行动的可能性条件是什么。

---

① 参看:《实践理性批判》(5:47,15 - 20)。

② 同上,34,3 - 5:纯粹意志是自由的,它的法则把意志置于一个与经验性领域完全不同的领域。

③ 知性世界(die Verstandeswelt)和智性世界(die Intelligible Welt)在与感性世界相对时并没有什么不同。不过,前者经常用在理论哲学领域,而后者经常运用在道德—实践的哲学领域。知性世界就其(感官世界的)关联按照普遍知性规律被思考而言,而智性世界意味着由理智(Intelligenz)或道德存在者组成的世界(5,114)。——译者注

这一点在《实践理性批判》的"辨证论"部分体现得尤为明显。纯粹实践理性的优先性论题以及该论题在诸悬设学说(die Postulaten-Lehre)中的开展,始终建立在如下思想之上:实践理性自在地拥有源始的先天原则,它们与某些理论立场不可分割地结合在一起(120,141)。这些悬设是指,有一个上帝、人有不朽的灵魂以及他作为属于"智性世界"的存在者是自由的。尽管上帝、不朽和自由的理念不应当"扩展"(erweitern)我们认知的界限,但它们仍具有一般的(借助于它们与实践的关系)客观实在性(132,14-16;vgl.134,19f.)。这样,对于康德来说,这里既不是要处理这些理念如何获得客观实在性的假象(der Schein),也不是去指明,只有当人们将这些理念理解成为道德奠基的、人类自我理解的一种神秘表达的时候,它们才有意义。因此,在《实践理性批判》中(它们确实应得到这一名称)对它们的证明终究是不充分的,因为实践理性压根儿无法"必然地"依赖这些被悬设的理念的实存(vgl.134,26)而得到"必然地"证明。甚至人们对出于纯粹道德责任的"配得幸福"(124,30f.)的伦理性行动的渴望,从根本上也遭到了阻碍。毋宁说,康德认为,只有当他将所谓的"客观实在性"增添到"与实践关联着"的条件之上时,这一易懂又抚慰人心的思想才能得到证实,才允许它们加入他的形而上学体系而不断加以完善。

因此,正如自由和不朽一样,这个最重要的洞见,即上帝的概念是一个源始地……从属于道德的概念(140,12f.),就转化为了一种资格,即通过借助于实践上的需要来证明理论上无法证实的命题。因此,对康德来说,上帝、自由和不朽的理念就变成了(理性的)信念(die Glauben)(144,2)对象,亦即认其为真的(Für-wahr-halten)对象(146,5)。由此,康德确信,这些理念与某些现实的东西关联着;按照他的理解,只是由于我们明显有限的认识能力阻碍了我们真诚地瞥见这一现实性。因此,即使我们被允许去展望(die Aussichten)这个超感官的领域,但只是允许我们弱弱地一瞥;然而,这一模糊的、富有歧义的展望(147,27f.33f.)恰恰成为我们具备道德能力的条件。此外,在顽固不化的人类本性面前,完满的洞见也很难使道德行动得以可能;也就是说,这种洞见将复原为一项由兴趣指引的行动。依据这种释义,人们只能期许,在我们的行动中尽可能地确立起对这三种理念之现实性的信念。然而,如果我们的行动无法成功摆脱对这种信念确定性(Glaubensgewißheit)的依赖的话,那么,我们越是确信它们的现实性,我们的道德动机就越无法摆脱外部的道德兴趣。只有在如下场合下,亦即当我们无法确信我们的"尊严"得到酬报时,我们才能有幸做出纯粹出于道德动机的行动。

唯有一处,康德成功地将悬设学说从一种独断的形而上学的根系中摆脱了出来并使得如下洞见获得了有效性,即上帝的概念是……一个源始地从属于道德的概念。也就是说,康德恰恰在这里阐明了,道德行动应当(sei)与如下思想(Gedanken)关联起来:我意愿上帝存在(sei),意愿我在此世的存有,意愿除了自然的关系之外,我在纯粹知性世界的存有,最终意愿我永无止境的(endlos)的持存(143,24-27)。在这里,实践理性理念的现实性不再被视为道德行动的条件,而是被看作只有通过道德行动才能获得的东西。然而,通过我们的行动获得并在我们的行动中呈现出来的这种现实性是一种不同于那种被表象的、被设想的现实性,对于后者,我们被允许有一种"模糊的、富有歧义的展望"。不过,康德依然固守着一种独断的形而上学思想,以至于他无法获得那个只能在行动中才呈现出来的"现实性"概念。因为这一点足以迫使康德承认,他并没有给出能够与理论认识的标准相媲美的"现实性"。

当人们试图把康德在《奠基》和《实践理性批判》中的自律学说,甚至连六七十年代《反思录》中的预备学说称为批判伦理学时,如下问题依然存在:他从来没能在一种先验哲学的意义上为这些学说提供批判性的基础。尽管如此,他依然在 80 年代的伦理著作中制定了他的奠基计划,因为他把定言命令的约束性问题看作先天实践综合判断的"可能性"问题①。当人们在"批判伦理学"这一标题下所理解的是根据先验主体的构成性成就(die konstitutiven Leistungen)而为定言命令的约束性所做的辩护的话——类比于康德在《纯粹理性批判》中对"经验可能性的先天条件"这一问题的回答——那么,人们必定能确定,康德还没有找到解决这一任务的关键。在这种意义上,一种批判的伦理学和法哲学是不存在的。

五、

如果人们追问,如何才能获得解决这一任务的方案,那么,我们首先最好指出,康德的分析太过注重"理性"和"意志的强制"这样的概念,很少或根本没有谈到自愿地自我限制和人们出于道德的动机而针对他人的负责任(die Verantwortlichkeit)的行动。其分析留给人的印象总是,他好像对克鲁修斯(Crusius)革新过的如下思想深信不疑,亦即唯有通过上帝不容亵渎的意志,我们才能够为道德行动负责,为此不必求助于与上帝相对的某些等价

---

① 参见,GMS,卷四,440,10-12;420,14;440,20-24;444,35 以下;447,8-25;454,6-15;KpV,卷五,31,24。

的东西。因此,他总是将考察的核心点聚焦于个体的自我意识上,这些个体在以本能为条件的偏好(in ihren triebbedingten Neigung)中看到了禁令的限制,而不是聚焦于个体的自我理解上,这些个体的行动总是要与其他人格的行动发生关联,同时为彼此的行动负责。因此,当这些个体认为这样的行为方式是不允许的时候,即当他们的行动无法在相关人员或他人面前得到正当辩护时,他们就会自愿地去限制他们行动的可能性。

为了认识到上述对问题的分析恰当地回答了如下疑难,亦即证明道德规范的约束性资格,人们必须首先去关注这样一些规范:如若缺少它们的承认,需要负责任的一般的道德行动就是不可能的。也即是说,人们需要关注康德的"完全"义务:一个谎言,如果它与一些事物相关,而这些事物对于相关者而言意义重大,以及如果它在正常的情境下,亦即在不受到强制或缺少和平的情境下,完全否定了一项义务,这项义务要求我们在必要时向对方解释我们行动的根据。对所作承诺的反悔意味着,并不是所有人都愿意为他们的言辞承担责任。在谎言和反悔这两种情形中,相关当事人的期待虽然依据的是得到各方承认的规范并且因而得到证成,却在面对说谎人或毁约人的时候落空了。其中,在第一种情形中,责任是在信息的告知过程中,而在第二种情形中,责任则是在行动的预告过程中受到拒绝的。然而,从这种提问方式中推出的却是对立于康德道德观的结论:"完全义务"总是只能针对他人而成立。唯有当我们认识到自己有如下义务时,也就是说,当我们不仅知道自己有义务去尊重另一个人的道德权利(die moralischen Ansprüche),而且有义务辅助他们实现这些道德权利的时候;换句话说,当我们不仅承认"完全的"义务,而且越出它们也承认"不完全的"义务的时候,我们才有针对自己的义务。让我们回到康德中意的例子。对于那些自杀的人,他们绝对没有架空那些对他们来说至关重要的道德行动的一般条件,反而是拒绝了如下义务,该义务要求他们根据自身的能力帮助他人实现其(正当的)道德主张。若继续采用康德前述的例子来说明的话,便可以认为,这些自杀的人无异于不尝试着发展自身能力和天分的人。

如果人们追问先天实践综合判断的"可能性",那么,这种可能性在于,人类个体发现自己有义务将个人兴趣限制在某些条件上,而这种限制只能出现在针对他人的义务框架中。因此,人们会看到,在施行和感受其行动之可能性时,个体们会自愿地做出自我限制。我们从一开始就与行动自由相关联的这一事实,亦即一种"理性的事实"同样在预先由自我赋予责任的行动中有其根据。那些尚未准备好为自己赋予责任的人——一旦他们完全拒绝了人一般的生活和行动的话——他们在这种拒绝中展现出来的决断将仅仅表现为一种自然的力量:人们必须学着去考虑,这种情况出现的可能性有多大;不过,人们并不拥有得到承认的针对他人的权利,正如他人也很难使得那些针对我们的权利生效一样。在自我赋予义务的过程中,唯有如下的兴趣能够引导并应当引导我们,亦即,在与他人的交往中,我们不能将对他人的关系仅仅设定在彼此交互影响的自然力量中,而是将他人(他们已然是人格)和他们的行动从根本上分别承认,并敬重为负责任的人格和需要负责任的行动。看起来,依据这种论证线索,康德所构想的任务得到了解决,一种批判伦理学和法哲学也能得到奠基。同时,它们反过来也使得《纯粹理性批判》中的先验演绎的论证资格得到了辩护。

Is There Any Critical Theory of Ethics and Philosophy of Law/Right in Kant?

Karl-Heinz Ilting

【Abstract】 We generally think that Kant's "Three Books of Moral Philosophy" (*Groundwork for the Metaphysic of Morals*, *Critique of Practical Reason*, and *The Metaphysics of Morals*) constitute a relatively coherent whole that discusses practical philosophy. However, by comparing Kant with previous philosophers and analyzing his *Reflections* and *Drafts* from different periods, Ilting finds that Kant's approach to practical philosophy in *Groundwork* is theoretical. Further, because of the Platonic color in *Critique of* Pure Reason, the exploration of ethics in *Groundwork* casts a non-critical shadow. The author does not directly answer the question raised in the title of the article, but through a painstaking intellectual effort, analyzes the differences between Kant's different periods and different works in detail, and then removes the shadows and presents us with a what kind of Kant's critical ethics and philosophy of right might look like.

【Keywords】 Freedom, Critique, Will, Plato, Kant

罗森茨威格和他的《黑格尔与国家》：
20 世纪黑格尔法哲学研究中被遗忘的风景

黄钰洲①

【摘要】 弗朗茨·罗森茨威格的名著《黑格尔与国家》出版于 1920 年,该书被认为是关于黑格尔政治哲学的最佳著作,而作者罗森茨威格本身亦是 20 世纪最为重要的哲学家之一,本书在其思想历程中也有着重要的意义。尽管本书在继受过程中遭受到了巨大的误解甚至遗忘,但是罗森茨威格在本书中所阐述的至今仍然具有现实意义的思维方式和政治背景,仍然向《黑格尔与国家》这本书的读者散发着其根本的魅力。在本书中,通过对黑格尔哲学最为深入、最为广阔、最为严谨的论述和论证,罗森茨威格展示了德国政治计划的巨大希望和绝望,可以说,《黑格尔与国家》是 20 世纪黑格尔法哲学研究中最为绚丽的华章。

【关键词】 黑格尔,罗森茨威格,国家,法哲学

弗朗茨·罗森茨威格(Franz Rosenzweig,1886—1929)被认为是 20 世纪最重要的哲学家之一,他的《救赎之星》确立了他在宗教哲学领域的不朽地位,然而他的第一部出版作品《黑格尔与国家》却在很大程度上遭到了忽视。对于大部分研究者来说,遗忘《黑格尔与国家》似乎是一个自然而然的事情,甚至作者本人的思想轨迹也在要求这种遗忘。在罗森茨威格的思想之路上,《救赎之星》被认为是罗森茨威格成熟的自我哲学思想表达,而他自己也在《黑格尔与国家》的"序言"中坦言,这是一本他"今天不会再写的书""不能再重写的书",这本书的大部分完成于 1913 年,由于战争的原因直到 1920 年才得以出版,而此时已然面临着截然不同的精神气氛。如果说在一战爆发前,罗森茨威格试图回到黑格尔国家哲学的生成史以推动俾斯麦帝国的自我革新,希望"俾斯麦国家内在和外在令人窒息的逼仄能够扩展成一个呼吸着自由世界空气的帝国"②,就像罗森茨威格在 1909 年引用荷尔德林的《致德国人》那样,那一代德国知识分子仍然渴望通过思想来产生改变形势

---

① 作者简介:黄钰洲,弗赖堡大学法学博士,中国社会科学院大学法学院讲师,主要研究方向为德国法哲学、德国古典哲学、法律史。

② Franz Rosenzweig, *Hegel und der Staat.Lebensstationen*, R.Oldenbourg:1920, S. XIII。

的行动,通过精神的创作推动国家面貌的改变:

> 然而,思想是否会产生深思熟虑的行动,
>
> 就像光芒射出云层?
>
> 成果是否像树林的
>
> 暗叶,随无声的文字而来?

战后,这一切的努力都顷刻间化为泡影。罗森茨威格甚至明言,今天的德国人甚至不知道要在"哪里找到书写德国历史的勇气",随着一战德国的战败,"一片废墟标志着帝国曾经矗立的地方"。① 而一本书所能遭受到的最为悲惨的命运莫过于,作者本人把它视作一本"受诅咒之书",在 1918 年 10 月,身在贝尔格莱德的罗森茨威格见证了第二帝国的覆灭,他在给母亲的信中写道:

> 在 1914 年,我绝不会相信会有这样的毁灭,最多只是……俾斯麦的结果会延续下去。直到这一年。而现在一切都消失了:我所描绘的世界已经不复存在……你们为黑格尔的书担心纸张短缺,但我担心的是完全不同的东西:读者的年岁尚短。谁应该去阅读这本关于这个"该死的德国人"的书?②

我们似乎完全可以依据罗森茨威格的这些自白放弃《黑格尔与国家》,它不过是作者思想发展过程中的假象,是一个传统哲学的反叛者所必须完成的"练习课",要开创"新思维"必须首先浸淫其间的"旧思维"。而我们看到,正是这一系列影响史上的不幸遭遇造成了《黑格尔与国家》的"被遗忘"。但是,这显然不符合罗森茨威格思想的发展实情,就像伯格勒所指出的那样:

> 如果我们把罗森茨威格关于黑格尔的书与他的基本作品分开,我们就会使《黑格尔与国家》成为一种纯粹的学术活动;罗森茨威格要问的关于黑格尔的问题就不会出现。或者反过来说:如果我们不把关于黑格尔的书纳入罗森茨威格的作品集,我们

---

① Franz Rosenzweig, *Hegel und der Staat. Lebensstationen*, R.Oldenbourg:1920, S. XII.

② Franz Rosenzweig, *Briefe*, unter Mitwirkung von Ernst Simon. Ausgewählt und herausgegeben von Edith Rosenzweig. Berlin:Schocken Verlag, 1935, N. 262, S. 351-352.

就无法看到与黑格尔的对抗对罗森茨威格自身的发展是多么重要。因为罗森茨威格的"哲学"显然是在《黑格尔与国家》之后发展起来的。①

2002 年,随着《"格里特莉"书信集》(*Die „Gritli"-Briefe*)的出版,一个更真实、更整全的罗森茨威格形象呈现在我们面前。在 1919 年 11 月 29 日给"格里特莉"(即玛吉特·罗森斯托克)的信中,罗森茨威格并没有像我们所熟知的那样批判自己的《黑格尔与国家》,他不断地告诉玛吉特·罗森斯托克,《黑格尔与国家》并不是一本糟糕的书,甚至对自己曾经不打算出版这本书表示震惊,称赞这是一本"流畅而美的著作,而且是如此的干净"。我们也注意到,《救赎之星》有着非常深刻的黑格尔根源,并不是一本简单的"反黑格尔之作",因此,《黑格尔与国家》当然是罗森茨威格思想发展的一个源头,如果我们忽略它,那么在很大程度上我们就错过了他思想和生命发展的一个重要组成部分。

一、《黑格尔与国家》的"被遗忘"史

在罗森茨威格于 1929 年死于肌萎缩性脊髓侧索硬化症(俗称"渐冻人症")之后,他的导师迈内克曾于 1930 年在《历史杂志》(*Historische Zeitschrift*)上为罗森茨威格撰写讣告:

> 1929 年 12 月 10 日,弗朗茨·罗森茨威格博士,重要并且已经非常具有影响力的作品《黑格尔与国家》(两卷本,1920 年)的作者,在美茵河畔法兰克福去世了。他出生于 1886 年,开始时是一位具有强烈哲学气质的历史学家。作为一名哲学家和犹太精神的革新者,他走完了充满深刻精神斗争的一生,他这一生被沉重的苦难所折磨,但却英勇地扛了下来。世界大战让他对最初追寻的道路,即探索德国新教文化之高峰产生了怀疑,所以他逃遁到了自己的血缘世界。但通过那本关于黑格尔的书,他为德国精神史留下了一部具有持久价值的作品。②

我们明显注意到,对当时的人来说,罗森茨威格最重要的著作正是《黑格尔与国家》,但是正如霍耐特所注意到的那样,离《黑格尔与国家》出版的 1920 年越远,注意到这本书

---

① Otto Pöggler, "Between Enlightenment und Romanticism: Rosenzweig and Hegel", in *The Philosophy of Franz Rosenzweig*, ed. Paul R. Mendes-Flohr, Brandeis University Press: 1988, p.108.

② Friedrich Meinecke, „Nachruf", in: *Historische Zeitschrift 142 (1930)*, S. 219f.

的人也就越少,而在出版后的几年里,这本书曾被广泛视为政治哲学领域最重要的研究之一,滕尼斯曾称赞它为"黑格尔研究的一个里程碑"。

不得不说,这是多重因素作用的一个结果,首先是由于罗森茨威格本人的犹太宗教转向和猝然离世;其次,随着纳粹在 1933 年的上台,犹太人罗森茨威格的作品当然也就无法继续被阅读和研究;最后,1920 年代也是马克思主义研究回归到黑格尔的时间点,而罗森茨威格与当时占据主导地位的马克思主义截然不同的研究进路也导致他的作品陷于"被遗忘"的命运。格拉策的《罗森茨威格:生平与思想》一书几乎没有提及《黑格尔与国家》,卢卡奇 1948 年出版的《青年黑格尔》多次提到《黑格尔与国家》,比如在该书第 62 页中,卢卡奇把《黑格尔与国家》作为一个"引证和隐瞒的巧妙结合"例子来举出:

> 罗森茨威格曾经谈到青年黑格尔的一篇政治文章,强调了一切可能的事情,从中可以推断出他反共和主义、反启蒙的暗示,但随后又轻蔑地补充道——表面上是客观的,实际上是在抹黑事实:"当然,当时黑格尔对君主制的承认也还没有达到如此程度。"①

卢卡奇认为,罗森茨威格根本没有意识到黑格尔与共和主义之间复杂的关联,而在其他地方,卢卡奇还不断指出罗森茨威格没有注意到黑格尔对国民经济学的兴趣,但是事实如何呢?《黑格尔与国家》的一大特色正是在黑格尔生平史中勾勒黑格尔国家学说的发展轨迹,为我们描绘出一幅幅黑格尔国家的自我塑造图景,因此,我们可以说,卢卡奇的评价完全是有失公允的,正如霍耐特所言,这本书在评价罗森茨威格及其作品时充斥了"严重的不满和粗暴的偏见"。而在当代的黑格尔研究中,这种遗忘仍然在延续,无论是平卡德还是菲维克的《黑格尔传》都没有提到《黑格尔与国家》这本书,而在菲维克系统解读《法哲学原理》的《自由之思》一书中,则只在一个脚注中非常粗略地提示读者在考察《法哲学原理》与《普鲁士国家普通邦法典》时可参考罗森茨威格的著作。

一系列历史的偶然甚至不幸造就了《黑格尔与国家》作为一本"被遗忘之书"的命运,或者说,我们所处的位置距离衡量这部经典的时间还太过短暂,而这又像是罗森茨威格 1919 年引用的荷尔德林诗的另一段:

---

① Georg Lukµcs, *Der junge Hegel. Über die Beziehungen von Dialektik und Ökonomie*(1943), in: ders., Werke, Bd. 8, Neuwied und Berlin 1967, S. 62.

当然,我们的有生之年是多么局促,

我们观看和计算我们的年岁之数,

但各个民族的年岁,

哪一双凡人的眼睛曾将它们目睹?

二、《黑格尔与国家》的写作史

罗森茨威格 1886 年出生于德国黑森州卡塞尔,1907—1908 年冬季学期,在表兄汉斯·艾伦伯格的影响下放弃了医学学习,转而学习历史和哲学,最终仍然是这位表兄让他走上了黑格尔研究的道路。1908 年秋天,罗森茨威格重新回到弗赖堡大学,在迈内克的指导下学习历史,在海因里希·李凯尔特的指导下学习哲学。罗森茨威格在序言中指出,《黑格尔与国家》的启发来自迈内克的《世界主义与民族国家》,迈内克指出,世界主义一直以来盛行于德国,而这也阻碍了德国民族国家的建立,在俾斯麦建立起现实的国家之前,必须首先建立起现实的国家思想,而黑格尔则在这个过程中扮演了重要的角色,正是黑格尔对国家主权之"理念性"、无条件性的强调摧毁了一切永久和平的想法。罗森茨威格非常欣赏迈内克这本书,当然,他对迈内克对俾斯麦的"合法化"抱怀疑态度。随后罗森茨威格制定了他的攻博计划,迈内克同意了这份计划。按照这份计划,他要从思想史的角度追溯黑格尔思想的整个生成过程,直到黑格尔国家概念最为成熟的作品《法哲学原理》为止。按照这样一个计划,他必须要前往柏林,因为柏林王家图书馆收藏着黑格尔大量的未出版手稿。

从他给艾伦伯格的一封信中,我们可以了解到罗森茨威格当时的工作情况。从早上十点开始,他就坐在图书馆的手稿部研究黑格尔的手稿,下午三点手稿部闭馆后,他就去大阅览室,在那里研究相关二手文献,下午晚些时候,他偶尔参加大学的研讨会,他偏爱艺术史学家海因里希·沃尔夫林的研讨会,晚上他会去观看戏剧表演。在 1910 年秋至 1911 年秋在柏林的一年时间里,罗森茨威格主要是在进行手稿的阅读、摘编:

我摘录、整理、体验逗号、停顿、鉴定笔迹,我完全像歌德笔下的瓦格纳般痴迷于高贵的羊皮纸……这种直接的沉浸其中,第一时间观察到他所有的表述尝试——这真是太棒了。①

---

① Brief an Hans Ehrenberg vom 11.11.1910, in: Franz Rosenzweig, *Briefe*, a.a.O., S.57f.

由于罗森茨威格试图按照时间顺序呈现黑格尔对国家的理解过程,所以这个工作对于罗森茨威格来说是必要的,当时在这方面能够提供的一手资料只有赫尔曼·诺尔 1907 年出版的《黑格尔青年时期神学著作集》、海谋的《黑格尔及其时代》、罗森克朗茨的《黑格尔传》以及黑格尔友人版全集和拉松版全集。

在完成这一文献工作后,罗森茨威格于 1911—1912 年返回弗赖堡,一方面他要写作他的博士论文,另一方面也要把这篇博士论文扩展为一本专著。1912 年,他顺利完成了他的博士论文,然后又马不停蹄地开始了他的专著计划,1912—1913 冬季学期他来到莱比锡大学,以便继续完成他的这本专著。1913 年春天到 1914 年夏天第一次世界大战爆发,罗森茨威格在柏林度过了一段时间,继续撰写《黑格尔与国家》的第二卷。而此时他也经常参加赫尔曼·科亨的讲座,与犹太宗教哲学有了更多的接触,这也为他之后彻底转向犹太宗教思想奠定了基础。在一战期间,他曾被派驻在比利时、法国和巴尔干地区,眼前所目睹的一切更加占据了他的哲学思考,这一思考的成果最终汇聚在了 1921 年的《救赎之星》中。从贝尔格莱德返回德国后,罗森茨威格在弗赖堡、卡塞尔和海德堡停留了一段时间,很明显,他此时对《黑格尔与国家》的完成已经感到厌倦,甚至认为为完成它所做的一切努力都只是一个"谎言",他增补了孟德斯鸠与荷尔德林的内容,对荷尔德林对黑格尔思想的影响进行了进一步的澄清。而当时出版《黑格尔与国家》的最大障碍则是印刷补贴,出版社要求一笔数额不小的出版补贴,而罗森茨威格的资助申请一直未获批准,最终海德堡科学院慷慨解囊提供了出版资金。

三、黑格尔国家哲学的三重语境

初看上去,《黑格尔与国家》似乎是两卷非常纯粹的黑格尔国家哲学研究,分成"生命驿站"和"世界纪元"两卷,上卷描述的是黑格尔的人格性生成以及这种人格性与时代相结合的过程,而下卷则呈现了这种人格性在黑格尔生命的后期和哲学领域在世界历史舞台上所发挥的作用。由此可见,这是一部以黑格尔的传记时间顺序展开的思想传记,而罗森茨威格的写作也力图展现黑格尔个人与世界的互动关系,正如歌德所言:

> 传记的主要任务似乎是在人与时代的关系中表现人,并说明整个世界在何种程度上抵制他,在何种程度上有利于他,他如何由此形成对世界和人类的看法,如果他是一个艺术家、诗人或作家,他又如何向外反映这些看法。

　　罗森茨威格在"绪论"中追溯了黑格尔国家哲学诞生的基本语境。他将《法哲学原理》著名的双语句作为题语,但是又分别隐去了其后半句,似乎在暗示"理性"与"现实"两者的冲突并未被黑格尔哲学所彻底消解。这种冲突在18世纪的思想摇篮里就体现为卢梭和孟德斯鸠的对立,正如罗森茨威格所言,卢梭的《社会契约论》与孟德斯鸠的《论法的精神》就像雅努斯的头颅一样,"两张脸从不瞥见同一个对象"。在卢梭式眼光看来,一切都要以革命者的理性之眼来对待,国家生活现实都要被它所打量或忽略,而在孟德斯鸠式目光下,尽管"它的目光好奇地在现实中来回漫游,但却无法感受到这个杂多生活的内在历史理性"①,《论法的精神》好比一个政治博物馆,里面收藏了不可估量的经验材料宝库,这些五颜六色甚至稀奇古怪的东西都被堆砌在一起,但是却没有以思想的创造力整合为一个统一的大厦,而罗森茨威格也把这两者之间的冲突归结为"价值设定的意志和历史导向的沉思"之间的纠葛。

　　但是,罗森茨威格却观察到了这种概念与现实冲突在英国、法国和德国的不同之处。他发现,在法国,18世纪和19世纪的政治思想之间的差距似乎很小,"19世纪似乎基本上接管了18世纪的遗产"②;在德国,国家的理念、人与国家的关系之间的差距看上去则是无法估量的,这就让18世纪下半叶德国政治思想世界与英国、法国出现了巨大的分野。尽管概念与现实的"双重面孔"并非德国启蒙所特有,但是在德国,这种分野的消除却采取了一种完全不同的形式,用罗森茨威格的话说,就是所谓的"科学的自我运动"。③ 在德国,创建政治哲学的从来不是政治家,而是一群知识人,这也就导致了德国的政治哲学与政治现实之间出现了难以逾越的鸿沟,正如罗森茨威格所言,"德国新的民族精神教化的政治无家可归"。在德国,政治与教化之间的关系不是敌视,而是彼此相疏远,康德在"何谓启蒙"中称赞腓特烈大帝的口号"理性思考吧,但是要服从"。在罗森茨威格看来,这毋宁说表现了德国教化的特点,作为思想的理性与所要服从的国家之间完全是漠不相干的,在德国出现了一种远超英法的"纯粹精神运动",它是由一个有教养的共同体发动的,这是一种"独特的德国教化"。④

　　而随着德国教化的展开,古代的城邦形象就越发作为一种现在的典范出现在德国人的视野中,古代人尤其是希腊人的"祖国之爱",与城邦共同体的直接同一愈发成为衡量

---

① Franz Rosenzweig, *Hegel und der Staat. Lebensstationen*, R. Oldenbourg: 1920, S. 2.
② Ibid., S. 3.
③ Ibid., S. 4.
④ Ibid., S. 5.

现在国家的尺度。最初,德国人似乎还承认现代世界之于古代世界的优势:相对于古代人"桀骜不驯的放肆",现代人有着适度的自由,他可以自主地创建自己的幸福和舒适,有着更为自由的家庭生活。黑格尔正是出生在这样的精神气氛中,在少年时代的摘录中,"对古人的崇敬……怯生生地、有点笨拙地为自己开启了",他将希腊和罗马民族称之为"所有民族的道路",而希腊人也成为"德国人的劝诫者"。① 但是对于黑格尔这一代人来说,古代并不是一种毫无生气的迷恋,相反,它与德国国家的命运紧密相连,直接与当时最为震撼的历史事件,即法国大革命对国家产生的影响有着最深刻的影响,这始终既关系着德国国家的未来,也关系着人类社会的理想。

四、命运与国家

在《"格里特莉"书信集》中,罗森茨威格专门提到了"法兰克福"这一章:

> 黑格尔书有的地方非常美。"法兰克福"一章在我重读时甚至让我有些感动。我,作为一个 24 岁的人,如何用所有的语言学的准确来叙述一个 26 岁的人的生活危机,却又带着"讲述你的故事"的预言[原文如此!]的感觉,正是带着"你也会轮到的"的神圣尊重——这让这一章同时具有滑稽的、庄重而又尴尬的语气,就像孩童爱情中的初吻。而在后面的章节中,有些东西写得非常自信。所以现在对我来说,这是一个可以忍受的工作。②

如果说罗森茨威格对伯尔尼时期"耶稣传"和"基督教的实证性"的讨论并不那么令人印象深刻,黑格尔在这一时期讨论的是作为理性宗教的基督教与犹太教僵死的实证性之间的对立,罗森茨威格总体上认为这一时期黑格尔的政治观点并无太多亮点,这一时期的黑格尔国家是"贫乏的""没有灵魂的":

> 就好像它只是一座僵硬的岩石山,人的那种骄傲的努力像瀑布一样从它上面奔流而下,以便以更大的冲击力在平原上继续流淌,但它在本质上没有变化;它没有像鲜活的血液一样在国家的身体里循环,把它创造为一个独立呼吸的定在。在人与国

---

① Franz Rosenzweig, *Hegel und der Staat.Lebensstationen*, R. Oldenbourg: 1920, S. 6 – 17.
② Rosenzweig, Brief an Margrit Rosenstock vom 29. November 1919, in: *Gritili-Briefe*.

家的关系上缺乏伦理,通过伦理,国家对人所拥有的绝对权力本身会在伦理上变得高尚。①

罗森茨威格认为,在这一时期,黑格尔看待国家的方式与谢林基本相同,发出了和谢林一样的控诉,根据罗森茨威格发现的《德国唯心论最早体系纲要》,国家只是"某种机械的东西",只会把人当作机械的齿轮,所以必须超越国家,所以国家也必定不可能是人之自由的现实化,只不过是人之自然权利的保护者而已。

对罗森茨威格来说,黑格尔政治思想的真正转折点是法兰克福时期的"基督教的精神及其命运",从现在开始,"一切都变成崭新的了"。黑格尔在这里第一次提出了"所有生命的统一性理念",耶稣也不再是康德式的道德教师和传道者,"毋宁说,康德和关于罪、惩罚和救赎的正统学说现在不得不一起为法利赛主义的形象贡献色彩;耶稣成为新的伦理体系的教师,或者更确切地说是个人承担者,黑格尔让他来取代康德和'分离和不完全结合'的正统伦理学"。罗森茨威格指出,黑格尔的"命运"概念在这里开始出现,人与生命的统一性之分离就是罪责,是对永远不可分割的生命的一种侵犯,这种侵犯伤害的并非一个疏离的东西,一个与世界保持无限距离的神、一种无可企及的崇高的道德法则,而是侵犯者自身:

因为所有的生命皆是一。因此,罪责从自身中分娩出命运;在他自己的生命中,罪犯感到他已经把自己置于生命之外。这种命运不能像正统教义的神一样,通过替代性的赎罪而被欺骗,但它也不会像被侵犯的外在或内在、犹太或康德的法则一样,永远不可和解;但正如命运直接从人与"生命"充满罪责的分离中产生一样,它的和解也直接通过人与生命的重新联合而发生,恢复被罪责撕裂的关系:爱。生命可以再次愈合它的伤口。因此,在生命的思想中,罪责和命运是彼此相连的,而生命本身无非是从罪责到命运的运动。个人无法逃避这种运动,正因为他是个人,所以他不能毫无罪责;如果他还是想毫无罪责,如果他想把自己从生命的洪流中拯救到岸边,那么,如此努力争取的无辜,这种退避生命的意愿,恰恰是他的罪责;希望保持无命运的人将被最大的命运所控制。②

---

① Franz Rosenzweig, *Hegel und der Staat. Lebensstationen*, R. Oldenbourg: 1920, S. 38 – 39.
② Ibid., S. 64 – 65.

而罗森茨威格也把黑格尔这一时期的思想称为"伦理形而上学","命运"这个主题将决定黑格尔"与国家的精神关系如何发展"。而在罗森茨威格的解读中,最值得注意的就是耶稣的命运,耶稣代表了一种"最高的主体性",从与他敌对的世界中撤回,以敌意对待这个客体的世界,"他希求他的受苦","他无法与世界友好相处"。① 对罗森茨威格来说,耶稣所面临的困境和黑格尔与世界相孤立的生命感觉("敌视世界的感情")、他早前更多以自我为出发点的国家观有着某种联系,以"爱"来统一那种对立、独立的东西,而这也意味着对康德的批判——黑格尔由此拒绝了一种"特殊的国家之人"与"特殊的教会之人"的破碎,国家必须是一个完整的整体。但是此时,黑格尔所提出的爱仍然是主观的,通过爱来瓦解本己、自我究其本身而言,"在某种程度上仍然是自我的无窗四壁中的事件","投身世界及其价值本身仍然发生在自我感的盲目陶醉中"。②

罗森茨威格指出,黑格尔崭新的国家理论只能随着一种对有限主体性的克服而产生,在形成了这种国家观之后,人就不再是国家的尺度,而国家也就成为人的命运,国家不再是一个能够逃离的世界的力量,耶稣越是放弃生活的关系,他越是要从世界中逃离世界,那么他就愈发受制于它,而罗森茨威格指出,意味着逃避政治世界也就意味着逃避生命本身,从这里,耶稣命运的神学—形而上学分析就变成了一种国家哲学的阐释:

> 我们用手抓住了黑格尔国家观的转折点。国家是命运的一部分!而命运在那个时候,在黑格尔那里,这个词已经发展出了高度紧张的意义:个人所面对的生命整体……③

我们要注意,国家此时不再是个体有限之人的意志表达,也并不致力于保护人的个人权利,而是生命本身! 罗森茨威格指出,成为命运的国家已经克服了那种耶稣的形而上学困境:

> 这一刻,任何认为个人先于整体的国家观都已成为荒谬。无法设想,在这种庞大意义上的"命运"还可以是一纸契约。国家已经超越了对单个人的所有依赖。而同样,思想家现在将在国家中发现多于并且不同于人权保障者的东西,并将不再回避把

---

① Franz Rosenzweig, *Hegel und der Staat. Lebensstationen*, R. Oldenbourg: 1920, S. 73 – 75.
② Ibid., S. 79.
③ Ibid., S. 87 – 88.

正义作为其秩序的最高标准。①

如果国家是一个人为的东西,那么它本身也就成为无生命的造物,那么基督教就始终可以把国家作为一个人为之物而予以超越,从而贬抑政治的地位,但与此同时,作为命运的国家也成为一个个人无法避免的东西:

> 一种他无法逃避的不可避免之物——因为不仅仅是与世界的"盟约"创造了"一种命运的可能性";即使是破坏与世界盟约的人,他居于所有命运之上,也被命运所打击,而且最崇高的命运,这种最高的罪责在于最高的无罪责:想拯救其生命的人将失去它。因此,这种命运是不可避免的东西,个人不仅不能逃避,而且也不允许他逃避。②

罗森茨威格由此在这里给我们提供了一个非常激进的解释,他表明黑格尔的政治理论衍生于他的神学理论。而随着《德国宪制》的写作,整体与部分之间的斗争最终以整体的胜利而告终。

五、疑病症

耶拿时期的两章"耶拿(直到 1803 年)""耶拿(自 1804 年起)"毫无疑问是《黑格尔与国家》的重头戏。在耶拿时期一开始,罗森茨威格描述了黑格尔在此时面临的一种生命困境,在成熟时期的《精神哲学》中,黑格尔描述了 27—36 岁之间容易出现的一种疑病症:

> 这种疑病症常常出现在 27 岁左右,或者 27 岁和 36 岁之间——它或许往往并不明显,但一个人并不容易逃脱它,如果这一时刻晚些时候出现,它会以令人疑虑的症状表现出来;然而,由于它(……)本质上是精神性的(……),那种情绪可以蔓延和贯穿在全部生命的庸碌之中,而这种生命并没有撤回那种主观内在性,撤回到自身。③

而这种疑病症也是黑格尔本人的亲身经历,在黑格尔 1797 年 7 月 2 日和 1810 年的

---

① Franz Rosenzweig, *Hegel und der Staat. Lebensstationen*, R. Oldenbourg: 1920, S. 88.
② Ibid.
③ Ibid., S. 101.

信中,黑格尔的自白为我们提供了证明,当时的黑格尔尽管对自己内在的目标是确定的,但是远远无法达到体系和哲学阐述的清晰性,以至于被这种疑病症折磨了几年,筋疲力尽,"个人在生命中都有这样一个转折点,这也是他的本质凝聚的一个暗夜之点,他要被迫着穿过这种逼仄,他自己的安全才能得到加强和保证,通常的日常生活的安全才能得到加强和保证,如果他已经使自己无法被它所填补,则保证内在更高贵的实存的安全"。① 罗森茨威格说,耶拿时期就是黑格尔哲学的陶冶时期,黑格尔的思想必须在熔炉的炽热中提炼,然后在铁砧上反复捶打,一旦结束了这个充满暗礁的历程,黑格尔思想的发展就不再有根本性的困难了。

而值得注意的是,在 1922 年 10 月 27 日给马丁·布伯的一封信中,罗森茨威格发出了这样的疑问:"我是否曾经告诉过您,黑格尔、我和生命的第 27 年的奇怪故事?"而在 1917 年给父母的信中,罗森茨威格详述过这种经历:

> 我在生活中经历了一些与黑格尔奇怪的相似之处(1913 年和 1797 年是最奇怪的,"生命的第 27 个年头",就黑格尔在这个"生命之年"中提出了理论——参照"耶拿(上)"的开头——所以我自己就是这样的例子)。②

和黑格尔一样,罗森茨威格在 1913 年也遇到了同样的危机,他也在寻求"讲述你的故事"。

关于耶拿的两章讲述了黑格尔国家哲学发展中的几个重要文本,其中包括《德国宪制》《费希特与谢林哲学体系的差别》《伦理体系》《论自然法的科学探讨方式》,以及今天被称为耶拿体系草稿一和三的两个《精神哲学》。罗森茨威格的研究毫无疑问是具有开创性的,在当时,这些作品还处于手稿阶段,尚未得到系统性的整理,遑论研究。

在对《德国宪制》的讨论中,罗森茨威格注意到,黑格尔在这里完全把国家构想为一种"权力国家",因为德国已经失去了自称为国家的权利,而"一群人只有在团结起来共同保卫其一般财产的情况下才能被称为一个国家(……)这种保卫的制度是国家权力;这必须部分地足以对付内部或外部的敌人,部分地维持自己",因此,黑格尔径直地就拥抱了"权力国家概念的赤裸裸版本"③,国家最为根本的就是在面对其他国家时维护自己的权

---

① Franz Rosenzweig, *Hegel und der Staat. Lebensstationen*, R. Oldenbourg:1920, S. 102.
② Briefe an Martin Buber, 1917.2.6. in:Franz Rosenzweig, *Briefe*, a.a.O.
③ Ibid., S. 108.

力,与之相比,国家生活中的其他一切都退居其次,正如罗森茨威格所言:

> "权力、权力,还是权力"写在这座国家大厦的入口处;在这个太阳的光芒面前,国家生活的所有内在多样性、民族生活的所有精神充实,都从思想家灼瞎的目光中消失了。①

因此,与之前重视个人自由的国家观不同,"现在个人的自由只是限制,不再是国家的目的"。而罗森茨威格敏锐地看到,黑格尔未来几年的艰巨思想任务就是,要为个人自由通向国家敞开一条道路,黑格尔试图创造一个"内部统一、面向时代精神的国家形象"②。他的国家形象与费希特的国家想象之间有着深刻的差别,而这就体现在《费希特与谢林哲学体系的差别》中,在其中黑格尔展示了他自己的国家理想与费希特那种国家理想的区别。费希特把人的共同体建立在个人的自我限制上,破坏了"每一个真正自由的、对自身来说是无限的、不受限制的,也就是美的生命的相互关系(……)"③。因为"人与他人的共同体必须(……)不被视为对个人真正自由的限制,而是一种它的扩展"。④ 而黑格尔国家哲学的座右铭则是:"最高的共同体就是最高的自由。"

而在《德国宪制》中,贯穿始终的主题则是私法对公法的强暴,黑格尔谈到了德意志国家由于这种原则而造成的衰败,探讨了黎塞留如何"拥有罕见的好运,被他为之伟大奠定了真正基础的国家以及为之付出代价的国家都视为其最大的恩人",谈到了马基雅维里所具有的最伟大和最崇高的意义。而黑格尔此时就把德国统一的希望寄托在一种"强力"、一位"征服者"、一位"忒修斯"之上,这位"忒修斯"必须"有宏大气概",让他创造的民族"参与到与所有人相关的事情上";他必须有足够的性格,"愿意承受黎塞留和其他伟人给自己招致的仇恨,他们粉碎了人民的特殊性和独特性"。罗森茨威格认为,黑格尔在这里的野心是成为德国的马基雅维里,被后人尊为"民族统一国家的先知"。⑤ 非常有意思的是,罗森茨威格经过一番考据之后对黑格尔所期望的这位忒修斯究竟是谁作出了推测。狄尔泰认为,忒修斯是指拿破仑,但是罗森茨威格指出,黑格尔认为法国人的德国政策"相当算计",并不符合"宏大气概"这一规定,在 1802 年,"如果冒昧地作出某种猜测,

---

① Briefe an Martin Buber, 1917.2.6. in: Franz Rosenzweig, *Briefe*, a.a.O., S. 109.
② Ibid., S. 115.
③ Ibid.
④ Ibid.
⑤ Ibid., S. 124.

那么其实只有卡尔大公可以被认为是'忒修斯'的角色"。①

然后罗森茨威格非常详细地讨论了黑格尔第一个保存下来的客观精神体系"伦理体系"手稿。《伦理体系》手稿在总体上仍然具有非常强烈的谢林哲学色彩,它在总体上被分为"自然伦理"、否定物或犯罪与绝对伦理三个部分,罗森茨威格对这份手稿的基本评价是,在这里事情本身和方法之间还处于一种较为外在的关系,各种材料的组织也没有形成一种比较成体系的方式:

> 在黑格尔这里,思想家的历程还没有伴随着事物的运动,而是像博物馆里摆放整齐的雕塑品一样,他在它们之间徘徊,时而比较,时而打量一件新的作品——而不是僵硬的形象,在他的目光下焕发生命,从它的底座上走下来,在圆舞曲中跃动。②

《伦理体系》从最基本的实践感出发,然后逐步上升到自然伦理生活,然后又对这种自我满足的特殊性进行否定和毁灭,这种毁灭又转到了谋杀、绝对以及最高的决斗、伦理的整体性:战争。通过战争,我们站在了绝对伦理的入口,因为战争是对个人所有特殊存在的消灭,在家庭和战争智商,绝对伦理的理念被直观到,而罗森茨威格敏锐地看到了《伦理体系》与《德国宪制》之间的联系,在这里,国家仍然与战争非常紧密地联系在一起,因为自然伦理和否定物或犯罪这两个绝对伦理"序幕"是以"战争的喧嚣结束"的:

> "这种平等,在它面前,法的方面(……)消失了,乃是战争",及其"绝对的不安",在其中,"叛逃者"马尔斯"不断地从一方转移到另一方",直到在和平中,对手再次分开。而战争、军事制度、战争德行的存在与否一般决定了这座国家大厦的规划。③

但是,在《伦理体系》中,民族、政治共同体已经不再仅仅是一种战争共同体,在这里,黑格尔希望把国家和个人的灵魂结合起来。然后罗森茨威格指出,黑格尔在这里似乎是按照腓特烈大帝的构想来安排他的等级学说,将等级分为贵族、市民、农民三种。贵族就是那种勇敢的等级,它被提升到了个别的、束缚于事务的劳动之上,而只从事破坏个人的战争劳动,并且让市民免除了勇敢,这个等级把生命视为至善,但它始终是一个相对的等

---

① Briefe an Martin Buber, 1917.2.6. in: Franz Rosenzweig, *Briefe*, a.a.O., S. 126 – 127.
② Ibid., S. 131.
③ Ibid., S. 133.

级,最后则是粗糙的农民等级,它也从事劳动和取得,但它的依赖性是一种家父长式的依赖:

> 他的活动不像市民那样被淹没在普遍经济生活的齿轮中,而是"一个更大、更全面的总体";正如它也以生命为目标,把一些事情留给大自然去做。农民的伦理是简单的、不分割的;"信赖"是他的德行显现的形式。个人"不应被知性所驱动——因为,由于知性,它担心,会遭到多么拙劣的欺骗——而是被信赖和必然性的整体性,被外在的、同样以整体为目标的推动力所驱动"。①

罗森茨威格注意到,这里黑格尔似乎出现了某种矛盾,在《德国宪制》中他曾批评普鲁士国家的运作机制,他认为普鲁士国家是:

> 这个"粗糙的、没有精神的国家",其"完全缺乏科学和艺术天才",这个普鲁士,"我们不能根据个别天才能够在一段时间内迫使它上升的短暂能量来考察它的力量",不能把"在这个时代尖锐到最高程度的真正持久利益"纳入保护。"普鲁士的任何战争都不能再(……)被视为德国的自由战争。"②

但是,他在这里却又明显是把普鲁士国家作为他描绘的典范,罗森茨威格对此的解释是,尽管黑格尔在这里颂扬的是旧国家,但是他所表达的却是全新的精神,旧国家的现实必须被改变,"以便这种精神能够找到适合它的对象"。在《伦理体系》中,国家在整体上仍然是一种权力国家,但是黑格尔的阐述更为详细,而且在《费希特与谢林哲学体系的差别》之后,黑格尔希望将自由与权力这两者融合在一起,在《伦理体系》中的表现就是黑格尔现在"允许自由在每一个等级中获得一种它自己的色彩":

> 在第一个等级中,它摆脱对一切尘世之物的恐惧,成为真正的伦理解放。在第三个等级中,起作用的只有那种适用所有等级的温柔的自由概念,而没有一种仅仅该等级所特有的额外自由;最后,在市民等级中,个人的"经验实存"的无条件效力进入了

---

① Briefe an Martin Buber, 1917.2.6. in: Franz Rosenzweig, *Briefe*, a.a.O., S. 137.
② Ibid., S. 122.

那种民族生活的共同自由……①

　　罗森茨威格得出的结论是,《伦理体系》通过这种方式,让所有人都间接参与到了整体的有机"总体",让整体不再与任何人疏离,每个人都能在整体中重新找到自己,无论他是生于第一等级还是较低的等级。同时,我们一般认为《伦理体系》具有非常浓厚的古希腊的、柏拉图的色彩,比如鲁道夫•海谋在他的《黑格尔及其时代》中就认为黑格尔的理想国"不仅仅是以柏拉图的理想国为模板勾勒出来的,而且几乎是它的复制品",但是罗森茨威格敏锐地把握到了黑格尔与柏拉图的区别,比如在"绝对政府"中,黑格尔让长者和祭司构成了最高政府的成员,而非哲学家。因此,柏拉图和黑格尔的构想是不同的,柏拉图让高尚的伦理一直克服恶劣的自然性,而黑格尔则让纯粹的自然性居于统治地位。同时,在《伦理体系》中,黑格尔花费了大量的篇幅勾勒了所谓"需要的体系",不同于亚当•斯密的国民经济学观点,黑格尔讨论了大量个人面对需要的整体这个"无意识的、盲目的命运",然后黑格尔在新经济学的基础上为旧的政治性辩护,要求国家对经济生活进行调节。但是黑格尔只是强调国家的调节作用,在这个意义上,黑格尔只是持有一种温和的重商主义观点,"他不想让国家成为不受限制的主人和国民经济生活的最终发起者,就像真正的重商主义在理论和行动上所寻求进行的那样"②。同时,黑格尔还分析了现代社会的劳动异化、穷人对富人的依赖等问题,但是黑格尔在这里主要想到的解救办法还是旧的行会。

　　罗森茨威格紧接着讨论了黑格尔的《论自然法的科学探讨方式》论文。我们知道,这篇论文以对经验主义的自然法探讨方式和形式主义的自然法探讨方式进行批判开始,前一种探讨方式从一种自然的孤立给定性出发来构筑伦理大厦,但这样做得到的不过是一种同语反复,而康德、费希特的自然法探讨则以其道德性与合法性的分离,最终让自由的体系变成了一种强制的体系。在等级的阐述上,《自然法》论文与《伦理体系》的显著区别是:

　　　　如果说在《伦理体系》中,等级划分似乎还是毫不犹豫地从18世纪的状态中汲取来的,那么这里的情况就不同了;它现在得到了一个世界历史的下层建筑。③

---

① Briefe an Martin Buber, 1917.2.6. in: Franz Rosenzweig, *Briefe*, a.a.O., S. 139.
② Ibid., S. 151.
③ Ibid., S. 158.

也就是说,黑格尔在这里对政治人和经纪人、国家与财产关系的处理是建立在一种从古希腊自由国家到罗马帝国的世界历史叙事基础上的,而这种世界历史叙事将对黑格尔精神哲学的建构产生巨大的影响。而罗森茨威格指出,黑格尔对财产的看法在这里明显发生了变化,在伯尔尼时期,当黑格尔拿到财产的政治"基本权利"时,"我们几乎相信能看到他嘴角滑过一丝轻蔑的微笑",与政治的更高目标相比,财产始终处于一种较低的地位。而黑格尔的这种观点也逐渐发生了变化,财产也成为一种无法摆脱的"命运",在《自然法》论文中,黑格尔让财产的关系更加深刻地融入国家之中:

> 在我们的论文中,等级国家不再基于"自然伦理"和"犯罪",而是建立在一个"需要的体系"和一个"正义的体系"之上。一方不是简单地与另一方对立,就像在自然伦理和犯罪的手稿体系中那样,而是"需要"在"正义"中被提高到一个更高的层次,尽可能地接近并嵌入国家的绝对伦理之中。①

罗森茨威格因此得出结论,黑格尔在这里已经在构想一个所谓的"关系的中间领域",而我们知道,在《伦理体系》中,这个中间领域仍然是否定物或犯罪那个"以前被犯罪所宣泄的暴力肆虐的地方"——这就是后来的市民社会学说,这也标志着"到1805年为止的精神哲学体系和到最后的国家哲学体系形成的基本轮廓已经找到了"。同时,《自然法》论文中那场著名的光明之神与复仇女神在雅典娜面前的审判表明:

> 这样一来,伦理就牺牲了自己的一部分,它通过把它的无机自然"作为一种命运与自己相分离并与自己相对立,以使它不会与之纠缠在一起"。财产已经成为国家的命运,国家有意识地与之对立,从而保持它"自己的生命得到净化"。②

而在这里又悄然与法兰克福时期的"命运"概念发生了联系。同时,黑格尔又提到了古代和现代喜剧之间的差别,如果说古代的喜剧在前台展现的是被解放的个人的欢欣游戏,但在背景中展现的是个体对"绝对确定性之中神圣性"的无能为力,但是人在现代喜剧中的地位是不同的,在现代世界中,人不断地跌入无条件有效的偶然之物中,然后不断

---

① Briefe an Martin Buber, 1917.2.6. in: Franz Rosenzweig, *Briefe*, a.a.O., S. 162.
② Ibid., S. 164.

遭到欺骗和废黜,罗森茨威格指出,现代喜剧毋宁是"一种对个体性之虚无性可恶至极的观点"。①

而"在耶拿(自 1804 年起)"中,罗森茨威格讨论了两个精神哲学手稿与《精神现象学》。罗森茨威格指出,第一个精神哲学的特点就在于,黑格尔在这里第一次详细描述了"市民社会"这个领域,当然,他在这里的描述与 1802 年的《伦理体系》没有什么大的差别。而在最后一个耶拿精神哲学体系中,黑格尔已经完全摆脱了谢林方法的束缚,在术语的使用上就可以明确地看出来这一点,也就是说,黑格尔开始频繁地使用"意识"概念,这也为《精神现象学》那种意识形态的演进方式提供了可能性。而黑格尔在这里也明显把意志和理智、个人意志和普遍意志结合在一起。在这里,非常重要的就是前国家的个人自然意志与整体意志的矛盾,在《德国宪制》中已经提出了一个忒修斯的"国家的精神强制之主的学说",而在这里进一步提出,忒修斯的伟大之处在于:

> 在他的特征中拥有某些东西,其他人可以称之为他们的主人;他们违背自己的意志服从他;违背他们的意志,他的意志就是他们的意志;他们直接的意志就是他的意志,但他们自觉的意志则是不同的;伟人有这种意志在他这一边,而他们必须服从,即使他们已经不愿意。这是伟人的卓越之处,知道绝对的意志,并宣示它;所有人都聚集在他的旗帜下;他是他们的神。②

也就是概念和识见是通过暴力来获得辩护的,对于黑格尔来说,国家是超善恶的,他的国家不知道"任何好与坏、可耻与卑鄙、狡诈与欺骗的概念;它超越所有这一切,因为,在它之中邪恶与自身和解了"。③ 这种对权力之为善本身的赞美,很容易让人联想到对马基雅维里的赞美和对"德国人的北方属性"的抨击:他们"最厌恶这种学说,而马基雅维里主义表达的是最邪恶的东西,因为他们正是罹患此病,而且已经死于此病"。④ 但是黑格尔旋即指出,当僭主不再是必要的时候,就应该被放弃、被推翻。而且黑格尔现在也达到了个体与国家的一种更高的统一,用罗森茨威格的话来说:"个人意志的自我外化不再是无意识的服从,而是在整体的意志中重新找到自己的意志的信赖,这就是现在国家和个人之

---

① Briefe an Martin Buber, 1917.2.6. in: Franz Rosenzweig, *Briefe*, a.a.O., S. 173.
② Ibid., S. 185.
③ Ibid.
④ Ibid.

间关系的灵魂。"①

这也体现在黑格尔对市民和公民关系的描述上,现在,一个人既可以是市民,也可以是公民,既可以以私人身份签订契约、从事劳动,也可以以公民身份为普遍物劳动。希腊人尽管有美的、幸运的自由,但是这种美的、幸运的共同体已然在现代世界消逝,出现了一种更高的抽象、一种更大的对立、一种更深刻的精神。而在这个精神哲学体系中,黑格尔第一次对君主制予以认可,1802 年的《伦理体系》就已经指出,伦理有机体应有一个自然性的顶点,当时黑格尔的构想还是祭司长者,由此伦理有机体的生命得以保证,而现在君主则作为"直接的、自然性的东西"呈现共同体,君主是"直接的意志、绝对的决心"。黑格尔也指出,这种世袭君主作为一个"空的扭结"②,让活生生的国家之线交织在自身之中,与思想自由、公共舆论相对应,1802 年的那种贵族、等级式国家变成了一种君主、官僚式的国家形象,这也体现在黑格尔对等级的构想上,学者加入公务员中,而原先由贵族所占据的第一等级也由学者和公务员所取代。罗森茨威格追溯了 1805 年精神哲学体系这种等级划分的来源,他认为这就是拿破仑所建立的意大利共和国的结果,即"所有者"(possidenti)、"商人"(merchanti)、"学者"(dotti)的三种等级划分结构。

随之而来的是罗森茨威格对手稿中宗教以及宗教与国家关系的一个非常长的讨论。罗森茨威格指出,黑格尔在这里已经提出教会和国家具有相同的本质,以往教会和国家只有在自由民族也就是希腊人那里才具有本质的统一性,而现在这种统一性也被赋予了基督教世界:

在国家中,人拥有"他的现实",在教会中拥有"他的本质";在那里他必须牺牲自己,在这里他可以保证自己"绝对的保存"。但是,他想通过自觉地背离国家而在教会中获得的永恒,在国家中、在"民族精神"中,拥有"它的实存"、它的世俗现实。因此,它们两者都是对的:贯彻其现实本质的国家既对想把天国引入尘世的教会"狂热主义"是对的,也对它无需尊重的个人的良心是对的;它的主权甚至到了如此地步,以至于它可以强迫宗教——只要它、无现实的东西"需要定在,需要直接的现实"——为它服务、"利用"宗教。然而,教会之人,在他内心的固执中"放弃了自己的定在,准备为自己的思想而死",对这种国家也是正确的,在这种国家中,腓特烈和拿破仑的教

① Briefe an Martin Buber, 1917.2.6. in: Franz Rosenzweig, *Briefe*, a.a.O., S. 185.
② Ibid., S. 188.

会政策理念似乎联合在了一起。①

就教会而言:

它不想把天国引入尘世,因为国家应当是天国在尘世的这个现实;毋宁说,它致力于使国家成为个人的这一伟大作品:在思维中"实现国家与天国的和解"。在思维中,即在人的意识中,和解他所生活的两个世界,这就是教会的任务;因此,它成为国家"内在的绝对安全";人现在不再在受限制的伦理等级意向中履行他的国家义务,而是出于一种"自身思维"——"出于宗教"来履行。只有在它自身是完满的、在完满的国家中发挥作用时,宗教才能完成这个作品。②

罗森茨威格对《精神现象学》的讨论同样非常有意思,他这样形象地描绘《精神现象学》的意识形态到绝对知识的攀升之路:

黑格尔将《现象学》设想为一种体系的导论。在作为世界的哲学统治者,在他让天地间的本质以长长的、秩序井然的队伍从他眼前缓缓经过之前,他某种程度上把自己置于这些本质自身的灵魂中;不是如同他们已经分成一排排和一群群的队伍大步前行,而是如同他们还在从世界的各个角落赶往集合地点;他让自己定居于所有这些生命的内在生命中、"意识"中,试图纯粹地表达出在它们的灵魂中呈现出来的世界,表达出"为意识而存在"的世界,而由于自己的躁动不安,他一次又一次地从他已经开始安定下来的每个意识那里走出来,并进一步地被驱赶到内在定在的一个新圆圈之中,直到他从现象到现象、从形态到形态、从意识到意识的挤压向前运动,在沿途出现的最后一个高级形态中找到它的安宁;然而,这个形态并没有加入队伍;它在为它准备好的宝座上坐下,让现在启动的队伍经过它的座位;它就是哲学,"绝对知识"本身。整体的进程就是如此。③

六、理性与现实

《黑格尔与国家》的下卷一开篇是著名的"拿破仑"一章,在其中,罗森茨威格讨论了

---

① Briefe an Martin Buber, 1917.2.6. in: Franz Rosenzweig, *Briefe*, a.a.O., S. 207.
② Ibid., S. 208.
③ Ibid., S. 209-210.

黑格尔的班贝格记者生涯和纽伦堡文理中学校长生涯,而这一章的背景始终是拿破仑从权力顶点衰落的整个过程,在这一时期,黑格尔最开始在拿破仑之无所不能的印象之下,片面相信思想对现实的作用,"一旦观念的领域发生革命,那么现实是无法承受的"①,正如罗森茨威格所言,黑格尔似乎回到了图宾根学生时期和家庭教师时期的激进观点上,但是随着拿破仑这个天才的毁灭,黑格尔也在寻求一种解释:

> 伟大之事发生在我们身边;看到一个伟大的天才自我毁灭是一幅庞然惊骇的景象;那是最悲剧性的事件($\tau\rho\alpha\gamma\iota\kappa\omega\tau\alpha\tau\omega\nu$);整个平庸的大众,带着他们绝对的铅一般的重力,一刻不停、毫无和解地像铅一般地压下去,直到它把更高者压到同一水平或低于它;整体的转折点,这个群体之所以拥有力量并像合唱团一样留存下来并保持在顶端,是因为伟大的个体性自身必须赋予它以权利,并从而让自己陷入毁灭。②

黑格尔认为,拿破仑的垮台意味着平庸之人战胜了天才,而庸人之所以可以享受这种胜利,是因为天才自己毁灭了自己。随之而来就是复辟的岁月,随着罗森茨威格怀疑黑格尔把精神置于现实国家之上的海德堡就职演说的分析,他又分析了黑格尔的符腾堡论文。众所周知,黑格尔在这篇论文中对符腾堡的旧贵族进行了抨击,支持了符腾堡国王,他认为符腾堡的贵族们死守着旧的等级自由,和法国流亡者一样,在过去 20 年的剧变中"什么也没学到,什么也没忘记",而且"在他们漫长而昂贵的共同存在的整个历程中",没有就"一个宪法对象的任何内容"达成任何一项决议。③

而下卷的重头戏无疑就是全书最长的一章:"普鲁士"。如果我们还记得,黑格尔在《德国宪制》中还认为普鲁士是一个内部僵化的国家,在德国统一中更支持奥地利。但是现在,随着行政改革的推进,1815 年的普鲁士已经不再是 1800 年的普鲁士。随着黑格尔从海德堡来到柏林,他也让自己逐渐成为柏林社会不可或缺的一员,这中间也包括德维特事件、黑格尔与弗里斯的纠葛等,而黑格尔对弗里斯这样的自由主义者代表人物的批评很容易就会被误解为是向"施马尔茨"那样的亲王室势力的献媚之举。这也就引出了黑格尔著名的"理性与现实"的双语句(Doppelsatz):

---

① Franz Rosenzweig, *Hegel und der Staat.Weltepochen*, R. Oldenbourg:1920, S. 26.
② Ibid., S. 28.
③ Ibid., S. 56.

那么,柏拉图所没有找到的是病态世界的疗愈办法;他所看到的,以及智术师们所看到的,乃是弊病;但他所做的,与智术师们以及他们毁灭一切的批判相反,是这样的:他把正确的医生叫到病床前,大胆地呼吁理性不要批判现在的国家,而是敦促理性创造未来的国家;这条"他的理念的独特之处所绕着转的原则",以及他通过确立该原则"证明自己是伟大的精神",乃是由基督教给古代世界带来的迫在眉睫的变革所绕着转的"枢轴":理性必须塑造现实的思想。"凡是合乎理性的东西都是现实的"——因为从这个关于柏拉图理想国的世界历史意义的分析中,这句臭名昭著的话就像从手枪里发射出来的一样,直接地蹦了出来:这绝非永恒有效的,而是自从它通过基督教在尘世之上的上帝之国的思想成为所有人类制度的伦理要求和标准,它才是有效的。然而,从那时起,它现实地就有效,并且由于为行动者确立了让在世界之中的理性发挥作用的任务,所以(从那时起!)认识便面临着探究(自此以后已经成为的!)现实的任务,在现实中,理性是如何在其中发挥作用的。只有因为理性的东西已经成为现实的(行动的原则),只有因为这个原因,现在(认识的原则)现实的东西才成为合乎理性的。与黑格尔自己的习惯相矛盾,后半句总是被引为思想的核心——"黑格尔对现实之合乎理性的主张",因此只是前半句所表达的理性之现实的思想的结果,而这一思想是最具有内在革命性的。奠定认识的后半句表明应当如何认识我们世界时代的国家,它以历史阐释的前半句为前提,表达了这种国家的伦理性生活原则。①

罗森茨威格对这句话的分析中非常值得我们注意的是,首先,黑格尔针对的是现代世界的伦理世界无神论,启蒙所带来的相对主义和虚无主义困境,所以黑格尔在这里是从对柏拉图的哲学使命的分析得出这句话的;其次,这一主张是基督教特别是基督教作为具体的宗教所确立起来的,它表明的是理性与现实、认识与对象、人格性与制度的同一性。

而整个《法哲学》的使命毫无疑问就是"把国家作为一种在自身中理性的东西来理解和阐述":

> 没有任何一种哲学,就像没有一个人,跳出它的时代;毋宁说,哲学的本质就是,它是"在思想中把握的它的时代"。这不应当是与时代在一种僵死的、了无精神的顽

---

① Franz Rosenzweig, *Hegel und der Staat. Weltepochen*, R. Oldenbourg: 1920, S. 78 - 79.

固意义上的结合，他在这里，仿佛还没有说够，再次用一个大胆的希腊文字游戏来让人理解；他让理性的"玫瑰"从现在及其国家的"罗德斯岛"（在那里哲学必须证明它是否懂得如何"跳舞"）中生成，而理性的"玫瑰"将由哲学"在现在的十字架上"去认识：在尘世受苦的硬木中开出神性生命的美丽花朵。获得这种认识的努力将给它带来愉快的、"更温暖的"与现实相和解的回报；因此，就其本身而言，它将满足近代光荣的"固执"，这种固执"还是新教特有的原则"，它不愿承认任何"未经思想认为正当"的东西，从而帮助精神获得自由，通过自由，精神在现在找到自己。①

而在这个过程，我们的任务是认识，仅此而已，哲学不应超出它所处的时代，去渴求一个遥不可及的未来，按照一种应当的观念去塑造现实，而是让世界获悉认识者在认识中获得的与世界的和解。

罗森茨威格对《法哲学》的文本展开了非常详尽的分析，他会联系《普鲁士国家普通邦法典》和普鲁士改革运动来分析人格自由的概念。而在家庭的分析中，罗森茨威格则会非常敏锐地发现黑格尔的阐述与《普鲁士国家普通邦法典》之间的亲缘关系，甚至把黑格尔的立场与《法国民法典》《奥地利民法典》进行比较。而在黑格尔的等级阐述中，罗森茨威格看到的是"一幅新德国社会的形象"②，这比 1802 年的《伦理体系》更为清晰明确，黑格尔对市民社会所产生的弊病的分析则有非常浓厚的英国色彩。而罗森茨威格非常重视的一个问题就是"爱国主义"或政治意向的问题，政治意向产生于合宪的政治制度，它并不是一种非凡的努力，而是每个人都在国家中拥有"维护其特殊目的的手段"，而在对各项国家权力的分析中，罗森茨威格也发现了一些非常独特的方面，比如黑格尔如何克服了那种视公务员为"国家的仆人"或自愿为公共福利服务的"游侠骑士"的观点。③

而在对包括国家的体系定位等进行了非常复杂的分析之后，罗森茨威格最后总结了黑格尔《法哲学》的历史意义，他与作为革命者和保守主义者的哈勒的关系，施塔尔如何在接受了黑格尔的国家学说的基础上，但是又让在黑格尔那里从属于国家的法、道德和社会领域被解放了出来，从而破坏了黑格尔哲学体系的自足性，而黑格尔的自由主义学生们，即青年黑格尔派如何既批判黑格尔，又承认黑格尔，而罗森茨威格甚至注意到了这样一个诡异的局面，青年黑格尔派在很大程度上重复了黑格尔青年时期的探讨主题。而在

---

① Franz Rosenzweig, *Hegel und der Staat. Weltepochen*, R. Oldenbourg：1920, S. 81.
② Ibid., S. 121.
③ 参见 Ibid., S. 131 - 150.

对马克思的讨论中，罗森茨威格指出，在马克思那里，"旧的承载者、国家的所有高贵品质都堆积在新的承载者——社会之上"，而马克思最终达到的效果是"而且，没有任何人，甚至黑格尔本人，像这位人类未来的狂热预言家那样，把伦理关系的无条件此岸性思想思维得如此极致"。

结语

在《黑格尔与国家》的最后结尾，罗森茨威格再次表达了希望未来的德意志国家不再仅仅是一个权力国家，从思想中产生的行动也能成为人民的天才，就像他引用的荷尔德林《致德国人》诗中所言：

> 我们的城市如今
> 明朗、开放和清醒，更为红火，
> 而德意志大地的山岭
> 都成了缪斯之山，
> 一如曾经美妙的品都斯山、赫利孔山
> 和帕那索斯山，在祖国金色的
> 天空下，处处有自由的、
> 清澈的和精神的喜悦在闪光。

而从旧帝国到俾斯麦帝国，这个梦想迄今为止仍然没有实现，但是这并不代表着我们，作为黑暗地牢中的囚犯不能对此抱有希望，在无限年岁的民族看来，我们这一双双凡人的眼睛，又怎能将它目睹呢？

今天，当这本书问世时，在黑格尔出生后的第 150 年，自《法哲学原理》出版以来的第 100 年，这个梦想似乎无可挽回地瓦解在淹没所有生命的波涛泡沫之中。当一个世界的建筑崩溃时，构思它的思想、编织它的梦想也被埋葬在废墟之下。更遥远的未来会带来什么，是否有新的、未曾预见的东西，是否有失落的东西的更新——谁能贸然预测呢？只有一丝希望落入今天包围我们的黑暗中，来自荷尔德林的诗句曾经几乎无人理会的结论，我们在过去更好的日子里选择其开篇作为我们阐述的格言。只有一丝光亮——但没有什么能阻止地牢里的犯人将目光投向它：

当然,我们的有生之年是多么局促,

我们观看和计算我们的年岁之数,

但各个民族的年岁,

哪一双凡人的眼睛曾将它们目睹?①

Rosenzweig and His *Hegel and the State*: The Forgotten Landscape in the Study of Hegel's Philosophy of Right in the 20th Century

HUANG Yuzhou

【Abstract】Franz Rosenzweig's *Hegel and the State* was published in 1920 and is considered the best work on Hegel's political philosophy. The author, Rosenzweig himself, is also one of the most important philosophers of the 20th century, and this book also holds significant significance in his ideological journey. Although this book suffered significant misunderstandings and even forgetfulness during its reception, Rosenzweig's still realistic way of thinking and political background, as elaborated in this book, still exudes its fundamental charm to the readers of Hegel and the State. In this book, through the most in-depth, extensive, and rigorous discourse and argumentation of Hegel's philosophy, Rosenzweig demonstrates the great hope and despair of Germany's political plan. It can be said that *Hegel and the State* is the most brilliant chapter in the study of Hegel's philosophy of right in the 20th century.

【Keywords】Hegel, Franz Rosenzweig, State, Philosophy of Right

---

① Franz Rosenzweig, *Hegel und der Staat. Weltepochen*, R. Oldenbourg: 1920, S. 246.

黑格尔的道德行动理论释义

王兴赛①

【摘要】 在某种意义上,黑格尔的实践哲学可以被理解为一种行动哲学,它的对象包括形式法意义上的"人"(Person)的行动、道德主体的行动以及伦理主体的行动。黑格尔在《法哲学原理》"道德"篇的前两章(第 105—128 节)主要规定了道德行动的本质和结构,并讨论了道德行动的责任问题。对黑格尔的道德行动概念出现的语境、道德行动的结构、道德归责原则等方面的细致分析,将有助于我们理解黑格尔的道德行动理论在其法哲学体系以及德国古典法哲学中的意义。

【关键词】 行动,道德,主体意志,责任,故意,意图

20 多年来,国际学界对黑格尔的行动(Handlung)理论的研究出现了一种与英美分析哲学中的行动哲学(philosophy of action)相融合的趋势,他们讨论的主要话题是:"黑格尔是否给出了关于行动的因果性解释,或者是否捍卫一种行动的回溯性描述(retrospective descriptivism);黑格尔的行动概念是否将其结果作为其组成部分,或者他是否认为行动总是包含在社会情境中并且仅仅在社会规范下被施行等。"②这些关于黑格尔行动理论的讨论大多建立在对《法哲学原理》"道德"篇的解释之上,因为黑格尔在这里最为集中和长篇地论述了行动。然而我们也可以把黑格尔的行动理论拓展到《法哲学原理》的"抽象法"和"伦理"篇中。黑格尔除了在"道德"篇规定道德行动的本质以及讨论道德行动责任之外,他在"抽象法"篇中则探讨了"法律行动(rechtlichen actio)之可能性和有效性",在"伦理"篇中则涉及如下问题,即"在一个共同体中——作为家庭成员,在从事一项工作或使命中,作为公共生活中的直接或间接参与者——人应当做(tun)什么"。③ 费维克也对《法哲学原理》中"抽象法""道德"和"伦理"中的行动理论作了类似的概括:"行动概念是从

---

① 作者简介:王兴赛,哲学博士,中山大学马克思主义哲学与中国现代化研究所暨哲学系副教授,中山大学实践哲学研究中心成员,研究方向为实践哲学、政治哲学。

② [日]大河内泰树:《行动与伦理生活——第二自然与黑格尔对主体概念的根本性修正》,吴怡宁译,李育书校,邓安庆主编:《黑格尔的正义论与后习俗伦理》,上海:上海教育出版社,第 76 - 77 页。

③ Francesca Menegoni, "Elemente zu einer Handlungstheorie in der 'Moralität' (§ § 104 - 128)", In *G. W. F. Hegel: Grundlinien der Philosophie des Rechts*, herausgegeben von Ludwig Siep, De Gruyter, 2017, S. 111.

三个层面来展开的,并与行动着的主体的各规定性关联在一起。这个层级顺序包含了:(1)行动者的形式法意义上的行为,'人'(Person);(2)道德主体的行动;(3)伦理主体的行动。"①正是在这个意义上,费维克才说:"黑格尔的实践哲学必须被理解为一种行动哲学,一种哲学性的行动理论。"②费维克还提到了皮平和宽特的类似说法:前者认为黑格尔的实践哲学是"对自由的理性行动者理论(rational agency theory of freedom)"③,后者认为它是"关于行动的批判理论(critical theory of action)"④。本文无意具体讨论这些理论问题,而主要是在已有的文献基础上对黑格尔在《法哲学原理》第104—128节中所论述的道德行动理论进行释义,以期有助于读者理解原文。

值得注意的是,从主题词角度来看,在"实践"的词语用法上,黑格尔像康德那样很少使用"Praxis"这个词,而经常使用的是形容词"praktisch"。同时,黑格尔也像康德一样把"Handlung"主题化了,主要涉及道德和政治意义上的实践。在主观精神领域,黑格尔提到了实践精神(der praktische Geist),即作为意志的精神。因为它仅仅是主观的,因此主观精神在实践范围内的产物仅仅是享受(Genuß),而非"Tat"和"Handlung"。⑤ 也就是说,"Tat"和"Handlung"被排除在实践精神的阶段之外,"直到进入'客观精神'(黑格尔不称之为'实践的'精神)领域,'Tat'和'Handlung'通过'意欲具体普遍物……的意志'才得以可能"。⑥ 在《法哲学原理》中,黑格尔直到"道德"篇中才集中讨论"Handlung"(以及"Tat"),或者说"Handlung"只是在这个阶段才被黑格尔主题化,成为他的实践哲学的主题词。

一、道德行动理论的语境:从"不法"向"行动"的过渡

黑格尔讨论道德行动(Handlung)的语境涉及从"抽象法"到"道德"的过渡,更具体地

① [德]克劳斯·费维克:《黑格尔实践哲学和美学中的行动概念》,《黑格尔的艺术哲学》,徐贤樑等译,北京:商务印书馆,2018年,第51页。

② 同上。

③ Robert B. Pippin, *Hegel's Practical Philosophy*, Cambridge University Press, 2008.

④ Michael Quante, "Hegel's Planning Theory of Agency". In Arto Laitinen and Constantine Sandi ed., *Hegel on Action*, Palgrave Macmillan, 2011.

⑤ [德]黑格尔:《精神哲学》,杨祖陶译,北京:人民出版社,2006年,第246页;*Hegel Werke*, Band 10, S. 238。相关文本的中译本对"Handlung"有"行为""行动"等译法,本文将其统一译为"行动";相关文本的中译本对"Tat"有"行为""作为"和"事业"等译法,本文将其统一译为"行为"。关于《法哲学原理》的中译文,本文同时参考邓安庆教授译本(人民出版社2017年版)与范扬和张企泰两位先生的译本(商务印书馆1961年版),引用时仅在引文后面加注节数,有些译文参考德文有改动。

⑥ *Historisches Wörterbuch der Philosophie*, Band 7, hrsg. von J. Ritter und K. Gründer, Schwabe & CO. Verlag, 1989, S. 1297.

说是从"不法"向"行动"的过渡。根据文本来看,很明显,黑格尔是在"抽象法"中讲述"不法"(尤其是强制和犯罪)后过渡到"道德"篇的。其实,在"不法"部分,黑格尔已经开始多次使用"Handlung",比如犯罪、自卫、复仇、刑罚。① 在这部分,黑格尔也多次暗示出他将在道德部分讨论"Handlung"。之所以过渡到道德,是因为要具体讨论不法行动(尤其是犯罪)的归责问题,而与归责相关的核心概念就是行动者的主观意志。

第 104 节也说明了不法(具体表现为犯罪和复仇)所引起的意志从抽象法领域向道德领域的过渡。简单来说,在抽象法阶段,意志是自在的普遍意志,即这个阶段所规定的权利或自由(如所有权、契约权等)是人人都享有的,是普遍的,并不因某一个人而改变。但这个阶段的权利和自由同样也是形式的,是抽象的,即尚未变成现实的、具体的,缺少内容。因此可以说,抽象法阶段的意志是抽象规定。而抽象法的第三个环节"不法"却是对前两个环节所规定的法的侵害,这也意味着对普遍的法中的意志,即"意志在自己外在定在的形态里(身体和外在的所有权)会受到侵害、受到触动、受到侵犯"。② 惩罚作为对强制的强制之所以是合法的、正当的,因为这也是不法行为者自己的意志所承认的,他意识到他的行为破坏了普遍的法,因此惩罚就是行为者施予自己的惩罚。正是行为者在这种反思和自识的情况下,惩罚作为对强制的强制就不再是一种外在的他律规定,即外在强制,而是一种得到个别意志承认的自律规定了,即内在强制。费维克指出黑格尔在惩罚理论方面遵循了康德关于合法强制的思考。正如黑格尔自己所说,惩罚对犯罪而言"不是外在的,而是一种在本质上通过自己的行动而成为自身所设定的后果……出自本性的行动由此将自己本身显示出来"。③ 这就预示了从抽象法向道德的过渡,"不法的行动必然能被归为对行为者自由之行为的表达:通过自由的行为损害旁人。自由的不作为同样也归属于这类自由行为的表达"。④ 正是在这个意义上,惩罚使行动者的行动成为完整的,在

---

① 黑格尔在海德堡时期的法哲学讲座中把犯罪看作"行动的一种自在自为、自我抵消的形式,对法之所以为法,自由意志之所以为自由意志的侵犯"。Vgl. Hegel, *Vorlesungen über Naturrecht und Staatswissenschaft* (Heidelberg 1817/1818, mit Nachträgen aus Vorlesung 1818/19 Nachgeschrieben von P. Wannenmann), hrsg. v. C. Becker, W. Bonsiepen et al., Felix Meiner, 1983, S. 52.中译文引自[德]克劳斯·费维克:《黑格尔实践哲学和美学中的行动概念》,《黑格尔的艺术哲学》,徐贤樑等译,北京:商务印书馆,2018 年,第 56 页。
② [德]克劳斯·费维克:《黑格尔实践哲学和美学中的行动概念》,《黑格尔的艺术哲学》,徐贤樑等译,北京:商务印书馆,2018 年,第 54 页。
③ Hegel, *Philosophie des Rechts. Nachschrift der Vorlesung von 1822/23 von K. L. Heyse*, hrsg. v. E. Schilbach, Frankfurt a. M. 1999, S. 15 - 16.中译文引自[德]克劳斯·费维克:《黑格尔实践哲学和美学中的行动概念》,《黑格尔的艺术哲学》,徐贤樑等译,北京:商务印书馆,2018 年,第 56 页。
④ [德]克劳斯·费维克:《黑格尔实践哲学和美学中的行动概念》,《黑格尔的艺术哲学》,徐贤樑等译,北京:商务印书馆,2018 年,第 56 页。

此基础上,"国家惩罚体系是以行动理论为基础的"。① 因此,如果不讨论抽象法的第三个环节"不法",就无法理解黑格尔的行动概念。② 正是在对不法行为进行惩罚(即对强制的强制)的过程中,与自在的普遍意志不同的单个意志就出现了,后者不再是自在的,而是自为的,不再是抽象的,而是有了具体的内容,有了反思和自识。犯罪行为者的这种有了反思和自识的自为的单个意志或"自为地无限的自由的主观性"或意志的主观性就构成了道德的原则(同时参见第 33 节)。

值得注意的是,费维克联系康德的合法强制理论对黑格尔的惩罚和行动思想分析得非常精彩,这表明黑格尔和康德在这个问题上具有某种程度的一致性。但费维克没有解释黑格尔与康德在这个问题上的差异。众所周知,康德把普遍的义务学说系统划分为法权论(Rechtslehre)系统和德行论(Tugendlehre)系统,前者的自由法则,即法律的(juridisch)法则,是外在法则,"它们仅涉及纯然的外在行为(bloße äußere Handlung)及其合法性……与法律的法则协调一致是行为之合法性(Legalität)";后者的自由法则,即伦理的(ethisch)法则,是内在法则,"它们(法则)本身应当是行为之决定根据(die Bestimmungsgründe der Handlungen)……与伦理的法则协调一致是行为之道德性(Moralität)"。③ 因为义务本身就是法则对于自由意念(Willkür)的一种强制(Nötigung/Zwang),所以与上述划分相应,法权论中的法则是一种外在的强制,而德行论中的法则是一种内在强制。④ 在康德的划分中,法权论与德行论虽然都属于普遍的义务学说系统,但二者之间似乎是相互平行和相互独立的关系,并不存在过渡。黑格尔的法哲学体系与康德的普遍的义务学说系统类似,但他显然不像康德那样对法权论与德行论进行如此明确的独立划分,而是强调二者之间的过渡。比如在不法和惩罚这里,黑格尔要从外在的合法强制过渡到内在的道德强制,从不法和惩罚引出道德和行动。这也使得黑格尔与康德对行动的理解有所不同。而黑格尔的这

① [德]克劳斯·费维克:《黑格尔实践哲学和美学中的行动概念》,《黑格尔的艺术哲学》,徐贤樑等译,北京:商务印书馆,2018 年,第 56 页。
② 高兆明教授在《心灵秩序与生活秩序:黑格尔〈法哲学原理〉释义》中将"不法"章放到"市民社会"的"司法"部分讲解,因为他认为,"不法"章放在"抽象法"篇的理由有点勉强。他在此前的《黑格尔〈法哲学原理〉导读》中也持类似看法,在讲解"道德"时完全不提"不法"。根据上面的解释,对于理解黑格尔的道德和行动来说,这种跳过"不法"环节的做法存在问题。参见高兆明:《心灵秩序与生活秩序:黑格尔〈法哲学原理〉释义》,北京:商务印书馆,2014 年,第 94 页;高兆明:《黑格尔〈法哲学原理〉导读》,北京:商务印书馆,2010 年,第 159,199 页。陈家琪教授也表示不认可高兆明教授的这种做法,参见陈家琪:《"法的命令是:成为一个人,并尊重他人为人"——读〈心灵秩序与生活秩序〉》,《同济大学学报(社会科学版)》,2019 年第 5 期。
③ [德]康德:《道德底形上学》,李明辉译注,台北:联经出版事业股份有限公司,2015 年,第 20 页。德文参见 Kant, *Werkausgabe* Ⅷ, Suhrkamp Verlag, 2017, S. 318。
④ 同上,第 247 页。

种思路最早可以追溯到他在法兰克福时期对康德道德哲学的讨论。①

回到《法哲学原理》,关于抽象法阶段的意志与道德阶段的意志,我们也可以从导论第 4 节及以下几节来看。第 4 节强调,法的基地是精神的东西(das Geistige),而精神的东西的确定地位和出发点是意志,因此法的体系就是意志概念几个环节展开的过程。第 5节以下几节按照普遍、特殊性、单一性这种分析方法对意志概念的几个环节(或意志的一般规定)作了分析。其中第一个环节是作为纯无规定性(即无差别的无规定性)的意志,是自在的、绝对抽象或普遍的意志(第 5 节),抽象法在某些方面与此相应;第二个环节是作为有特别规定和区分的意志,是自为的主观特殊的意志,这个环节也被称为"自我有限性或特殊化的绝对环节"(第 6 节),道德与此有很大关系;第三个环节是前两个环节的综合,即普遍性和特殊性统一为单一性,是自在自为的意志(第 7 节),伦理与此相应。也就是说,抽象法、道德和伦理与意志的这三个环节相应。在第 8—12 节,黑格尔对意志的第二个环节作了进一步的分析,构成了黑格尔讨论道德主题的重要根据。

在第 113 节,黑格尔对行动专门作了规定:"意志作为主观的或道德的意志表现于外时就是行动(Die Äußerung des Willens als subjektiven oder moralischen ist Handlung)⋯⋯道德的意志表现于外时才是行动。"这里的规定表明,行动的内在根据在于主观意志或道德意志,行动是一种外显。黑格尔具体分析了行动所包含的三个规定:"(甲)当其表现于外时我意识到这是我的行为;(乙)它与作为应然的概念有本质上的联系;(丙)又与他人的意志有本质上的联系。"第一个规定表明行动者对主观意志和行动的认识。第二个规定表明行动与具有规范性的应当概念之间的关系。第三个规定就突破了单个主体,而进入交互主体关系,与承认有关。② 黑格尔对作为道德意志的外在化的行动从以下三个方面来阐述:(1)行动的直接方面,即故意;(2)行动的特殊价值和目的方面,即意图和福利;(3)行动的普遍或客观方面,即善和良心。这三个方面相应地构成了道德篇的三章。可以说,整个"道德"篇都是对"Handlung"的讨论。③ 我们发现,前两章的内容和术语与刑

---

① 参见王兴赛:《生命与惩罚——青年黑格尔论犯罪与刑罚(1798—1799)》,《哲学评论》,2019 年第 2 辑。

② 余玥指出:"在黑格尔的行动学说中,'主观内在意图'及'客观主体间的有效性评价'这两个层面分别对应着两个命题。命题 1:'⋯⋯主观性现在构成了(意志)这个概念的规定性';命题 2:'主观意志的法就是说,那种意志应承认为有效的东西,就被它洞见为好的东西'。"参见余玥:《历史规范下的良知——黑格尔法哲学中冲动与法律体系的三重关系》,《哲学动态》,2019 年第 5 期,第 75 页。

③ 其他学者也有类似看法:"实际上,黑格尔的道德意志学说就是一种行动学说,而他也正是借助那些在政治和社会中起着中介作用的外部客观行动,才把自己的伦理-法权性的道德学说与康德式的内在道德学说区分开来,在后者那里,道德性与合法性之间始终存在着裂痕。"参见余玥:《历史规范下的良知——黑格尔法哲学中冲动与法律体系的三重关系》,《哲学动态》,2019 年第 5 期,第 75 页;J. Ritter, *Metaphysik und Politik. Studien zu Aristoteles und Hegel*, Suhrkamp Verlag, 1969, S. 306ff。

法、民法等法律规定有诸多类似之处,黑格尔举的一些例子也是不法犯罪方面的,这无疑表明了道德与抽象法阶段的联系,应该也与康德把普遍义务学说系统划分为法权论和德行论有关。

二、道德行动的起点:主观意志与道德意志

但正像一些学者所指出的,道德篇中比较费解的是第 105—112 节,可以认为,这几节构成了黑格尔道德或行动学说的导言部分。概括来说,作为行动学说的导言部分,第 105—112 节主要讨论的就是行动自身的核心概念,即主观意志、道德意志。接续第 104 节关于从抽象法到道德的过渡,第 105 节再次强调道德的观点就是自为地无限的主观意志的观点。与之相应,抽象法阶段的人(Person)在道德阶段被规定为主体(Subjekt),主观性(Subjektivität)是道德主体的根本规定,也是道德意志和行动的根本规定。可以说,在这个阶段,主观意志就是道德意志,或者说道德意志就是主观意志。道德观点就是从这种主观性或主观意志或道德意志出发来讨论问题的观点。第 106 节强调,在抽象法阶段,意志概念(作为人格)的定在是"直接的、外在的事物"(第 33 节),比如把某物作为自己的财产,而在道德阶段,意志概念(作为主体)的定在则是主体的主观性,这也是自由的更高基地,是自由理念的更高实存。作为概念的定在和理念的实存,意志的主观性同时也具有客观性。上面已指出,道德观点就是从意志的主观性或主观意志或道德意志出发来讨论问题的观点,第 107 节进一步指出,道德观点在形态(Gestalt)上表现为"主观意志的法"(Recht des subjektiven Willens),这种法在内容上具体表现为后面将要阐明的"认识的法""希求的法"等,即"个人所要求的对认知和希求的法或权利,对其自我规定的法"①。黑格尔在这里仅仅从原则上指出,主观意志的法规定,意志必须承认某种东西是意志自己的东西,这种东西作为主观的东西就是意志自身。从道德观点来看,主观性本身就是一种客观性,同时主观性作为特殊性也是普遍性。这种统一可以说既构成了道德高出抽象法阶段的地方,也是低于伦理阶段的地方。主观性与客观性、特殊性与普遍性的张力贯穿"道德"篇三章内容中。在梅内戈尼(Francesca Menegoni)看来,道德观点的肯定内涵和矛盾都源于这里,"因为一方面,自我规定的概念意味着主体的完全和自觉的自律,意味着能成为他自己的行动之原因(Ursache)的能力。但另一方面,主体恰恰是由其行动所规定的,这是不可改变的,因为主体不过是'他自己的一系列行动';主体也是一种特殊的和有限的存在,

---

① Francesca Menegoni, "Elemente zu einer Handlungstheorie in der ' Moralität' (§ § 104 – 128)", In *G. W. F. Hegel*: *Grundlinien der Philosophie des Rechts*, herausgegeben von Ludwig Siep, De Gruyter, 2017, S. 116.

不断努力追求他试图实现的东西。当这种主体忘记他在根本上是有限的,将他自己对认知和希求的正当的法或权利变成普遍有效的独特标准,那么他就把法和义务降低为他的单纯的现象,由此'权利和义务既是是的,又并非是的'。这导致主体最终是随意玩弄自造的幻象。"①

正是由于道德观点的这种双重性特征,黑格尔在第 108 节指出,主观意志是"抽象的、局限的、形式的"——当然是相对于伦理阶段的自在自为地存在的意志来说的(第 107 节补充)——因为对于主观意志来说,普遍的原则总是"某种彼岸的东西(etwas Jenseitiges)"②。这导致的结果是,道德观点是"关系的观点、应然的观点或要求的观点",是"意识的观点""意志的区分、有限性和现象的观点"。黑格尔在这里说得非常简洁,不易理解。关于"关系的观点",单从这段话前面所言似乎不易让读者理解"关系的观点"的具体所指。一般认为,"关系的观点"是指道德涉及不同主体之间的关系,涉及单个意志与其他意志、一切意志之间的关系。与此相关,"应然的观点或要求的观点"是指,单个意志要求自己的主观性成为普遍的、客观的,对于单个意志来说,这种主观要求就是一种应当。在这里,黑格尔针对的应该是康德的道德哲学。众所周知,康德在其《道德形而上学奠基》中提到的几个定言命令式:"要只按照你同时能够愿意它成为一个普遍法则的那个准则去行动(handle)";"要这样行动(handle),就好像你的行为(Handlung)的准则应当通过你的意志成为普遍的自然法则似的";"你要如此行动(handle),即无论是你的人格中的人性,还是其他任何一个人的人格中的人性,你在任何时候都同时当作目的,决不仅仅当作手段来使用";"要按照能够同时把自己视为普遍的自然法则的那些准则去行动(handle)"。③

关于"意识的观点""意志的区分、有限性和现象的观点",需要联系黑格尔在前面第 8 节(以及这一节前后)所说的话进行理解。他从第 8 节开始进一步分析意志概念的第二个环节,即作为有特别规定和区分的意志(见上面的分析)。在黑格尔看来,对意志有不同的特殊化、规定、区分的方式,因此就存在不同的意志形式。第 8 节提到的是意志在形式上的规定、区分④,即主观和客观之间的对立区分,主观是指作为自我意识的意志,客观是指外在的直接实存,二者之间是一种意识关系。从意志概念的第三个环节来看,这种区分

---

① Francesca Menegoni, "Elemente zu einer Handlungstheorie in der 'Moralität' (§ § 104 – 128)", In *G. W. F. Hegel*: *Grundlinien der Philosophie des Rechts*, herausgegeben von Ludwig Siep, De Gruyter, 2017, S. 116.

② Ebd., S. 117.

③ [德] 康德:《道德形而上学的奠基》,李秋零译,《康德著作全集》第 4 卷,北京:中国人民大学出版社,2005 年,第 428 – 429、437、445 – 446 页。

④ 第 9 节讲的是意志在内容上的规定,即意志在自身所反思的东西。

和规定主观和客观关系的意识的观点仅仅把主观和客观看作对立的,尚未看到"主观目的转化为客观性的过程",因此这种意识的观点就是有限的。而且根据黑格尔主观精神学说的规定,意识是主观精神的第二个环节(灵魂是第一个环节),它要过渡到作为第三个环节的精神,由此,"精神已把自己规定成灵魂与意识的真理性"①,或者说,意识是精神的现象,这就是黑格尔在这里所说的"意识的关系只构成意志的现象这一方面"。这样一来,我们就容易理解第108节的"意识的观点""意志的区分、有限性和现象的观点",这里说的就是(1)主观意志区分或规定主观自我意识与客观外部定在之间的形式对立;(2)这种对立是基于意识与对象的关系而作出的,从意志的第三个环节(单一性环节)或自在自为的精神观点来看,这种意识关系只是现象方面,而非真理方面;(3)由此,这种区分本身作为一种特殊的规定和阶段性规定也是有限的。

第109—113节中,黑格尔进一步讨论道德观点的结构,这构成了下面行动学说的基础。第109节仍与前面第8—9节的论述有关,即从形式与内容两方面来讨论主观意志或意志主观性。从形式上来说,就是意志主观性与外部定在客观性之间的对立。在意志的第三个环节(即单一性)中,这种对立被克服,即"通过活动和某种手段的中介而把主观目的转化为客观性"(第8节)。黑格尔在这里对这种克服作了进一步的阐释,即上述主观性与客观性的关系被理解为规定性(Bestimmtheit)和定在(Dasein)在意志概念中的区分和统一。从内容上说,按照第9节的论述,意志自己的规定就是内容,同时也构成意志的目的。在这里,黑格尔继续说,相对于意志的第一环节(即纯无规定性),这种意志的自我规定是一种否定,即对纯无规定性的一种否定。同时这种自我规定是有限的、主观的,因此需要进一步扬弃这种有限性和主观性,这是第二种否定,即"把这种内容从主观性转化为一般客观性、转化为直接定在"。进一步,主观性和客观性在意志概念中的这种同一就是与形式的对立无关的内容和目的,也就是说,"内容、目的独立于单个意志而存在"②。

第110—112节讨论的就是意志内容的同一性(即主观性和客观性在意志概念中的同一)的三个规定。首先,"单个意志承认内容为'他的东西',这种法得到进一步强调",这种内容不仅是他的内在目的,而且他还明确知道内容被客观化后仍包含他的主观性,这对应着后面要讲的故意和意图(第110节)。其次,这种内容既可以是特殊的,也可以是普遍的。用康德的术语来说,它既可以是一种主观准则,也可以是一种客观原则。主观准则总

---

① [德]黑格尔:《哲学科学全书纲要》(1830 年版),薛华译,北京:北京大学出版社,2010 年,第 314 页。

② Francesca Menegoni, "Elemente zu einer Handlungstheorie in der 'Moralität' (§§ 104 – 128)", In *G. W. F. Hegel: Grundlinien der Philosophie des Rechts*, herausgegeben von Ludwig Siep, De Gruyter, 2017, S. 118.

是有普遍化的"要求",即"应当"。这对应着后面要讲的福利或某种绝对的善(第111节)。最后,"单个意志的内容包含与其他单个主体的意志的关系",即"我的目的的实现包含着这种我的意志和他人意志的同一"(第112节),这也就是所谓的行动的"交互主体维度"。① 在第112节附释中,在解释了目的的客观性以及这种客观性中的主观性之后,黑格尔回到了第108节所提到的"意识到观点""意志的区分、有限性和现象的观点":"主观性和客观性这些规定,在道德的观点上,是相互区分的,只是成为矛盾而彼此结合起来,正是这一点特别构成了这一领域的现象方面或有限性。"黑格尔强调:"这一观点的发展就是这些矛盾及其解决的发展,而其解决在道德的领域内只能是相对的。"这说明了道德的限度以及要过渡到伦理阶段的必要性。

第113节是对上面几节的总结,并正式引出对行动的定义和规定。从主观性和客观性的关系上来说,行动就是主观意志客观化的过程。而且行动包含着第110—112节所讨论的意志内容的同一性的三个规定,即主观性意识、普遍性要求和交互主体性。第114节对行动的三个环节作了划分,第一个环节是故意,第二个环节是意图,第三个环节是善。这就是"道德"篇三章的具体内容。

三、故意和责任:归责的一般原则、限定原则与扩大原则

单纯从"故意""意图"等术语来看,黑格尔在"道德"篇前两篇中似乎在讨论刑事犯罪和刑罚问题,而且黑格尔确实也引用了不少这方面的例子,如杀人、谋杀、放火等。这应该是因为这部分正是接着"不法"中的犯罪和惩罚正义而继续展开论述的。值得注意的是,黑格尔最早在法兰克福时期的著作中就按此顺序讨论问题。② 借助刑事犯罪和刑罚方面的知识,也有助于我们理解黑格尔的论述。当然黑格尔并非在讨论刑事犯罪和刑罚问题,而是在讨论道德问题,因此在阅读这两章的过程中需要区分这两个层面。

正如上一部分所述,行动在根本上是一种主观(意志)见之于客观(存在)的活动,因此在结构上,行动包含主观和客观两大部分。"道德"篇前两章所要讨论的故意和意图都

---

① Francesca Menegoni, "Elemente zu einer Handlungstheorie in der 'Moralität' (§§ 104 – 128)", In *G. W. F. Hegel: Grundlinien der Philosophie des Rechts*, herausgegeben von Ludwig Siep, De Gruyter, 2017, S. 118 – 119.在这节的补充中,黑格尔比较了抽象法和道德中交互主体意志之间的不同关系,在抽象法中交互主体意志之间是否定关系,比如财产权是排斥性的,即排斥他人对这种权利的干涉;而在道德中交互主体意志之间则是肯定关系,因为道德观点具有普遍化要求,某一道德要求适用于单个意志与他人意志、众人意志,这些意志之间不存在排斥关系。从康德所提出来的绝对道德命令、直言命令式,我们能更好地理解这种肯定关系。比如行善如果作为一种道德要求,是适用于所有人的,而且行善过程中所涉主体之间的关系都是肯定性的,不论是施予方,还是接受方。
② 参见王兴赛:《生命与惩罚——青年黑格尔论犯罪与刑罚(1798—1799)》,载《哲学评论》,2019年第2辑。

是主观方面的内容——当然也都要涉及客观方面。而且,作为行动主观要素的故意、意图等都与行动的归责问题有关,因此在某种程度上,"道德"篇前两章又都是围绕道德责任问题展开的,它们讨论"行动可归责性的不同方面"①。

黑格尔首先在第 115 节提出了归责的一般原则,即因为基于主观意志而做出的行为(Tat)造成了外部客观存在的变化,所以主观意志就要为这种变化负责。当然,一个事件结果的出现是很多异质因素合力造成的,主观意志做出的行动只是其中一个因素,除此之外还涉及其他因素,如外部条件、原因等,这意味着我们必须对归责的一般原则作进一步的限定,只有在这种限定的基础上,归责才有可能。

对归责一般原则的限定,最根本的是第 117 节所提出的"认识的法"(das Recht des Wissens),即"意志的法,在意志的行为(Tat)中仅仅以意志在它的目的中所知道的这些假定以及包含在故意中的东西为限,承认是它的行动(Handlung),而应对这一行动负责"。因为人对外部对象的认识总是有限的,或者说,人对事物的认识总存在着"偶性剩余",所以一个行动对于它所造成之事件是否要承担责任以及承担多少责任,必须考虑行动者对客观对象的认识程度。只有如此才能进一步确定他在这种认识基础上所设定的主观意志的内容与事件结果之间的关系。所谓"故意(Vorsatz)",就是这种认识之后行动之前的"预先设定"。而且行动一旦做出后,因为外在条件的作用,可能会产生意想不到的后果,甚至远远超出或偏离了故意或预先设定的结果。最典型的例子就是现实生活和历史事件中经常出现的骨牌效应。根据归责的限定原则,行动者"只对最初的后果负责,因为只有这最初的后果是包含在它的故意之中"(第 118 节)。因此,在归责问题上,黑格尔既反对"论行动而不问其后果(Konsequenzen)",也反对"按后果(Folgen)来论行动",而是既要看行动,也要看结果。也就是要区分行动的必然结果与偶然结果,在原则上,行动只对其产生的必然结果承担责任。② 但黑格尔也承认,"什么是偶然的结果和什么是必然的结果,这是很难确定的",从异质性哲学角度来看,其原因在于客观事物以及事物之间存在着复杂的异质性,事物身上总存在着偶性剩余,事物之间总交织着偶然联系和必然联系。正因为如此,才有了间接故意这种概念(第 141 节)。

正是在这个意义上,黑格尔专门区分了"Handlung"与"Tat"。在讨论到犯罪时,黑格尔就已经触及二者之间的关系问题:"犯罪的主观道德性质是与更高级的差别有关,

---

① Francesca Menegoni, "Elemente zu einer Handlungstheorie in der 'Moralität'(§ § 104 – 128)", In *G. W. F. Hegel*: *Grundlinien der Philosophie des Rechts*, herausgegeben von Ludwig Siep, De Gruyter, 2017, S. 120.

② 其实是既要看行动者的主观意志,也要看客观结果,现在刑法理论和实务都已接受了这种主客观相结合的做法。

一般说来,某一事件和行为(ein Ereignis und Tat)终究达到了何种程度才是一种行动(Handlung),而牵涉到它的主观性质本身,关于这个话题,容后详论。"(第 96 节)黑格尔正是在讨论"故意"时回答了这个问题。根据上面所述,区分"Handlung"与"Tat"的关键在于主观认识方面,即在于分析行动者的故意和结果之间的关系,只有当"Tat"的主体对所做的事情有主观认识,即故意与行动之间有因果关系,它才成为一种"Handlung",才应该承担责任。黑格尔以俄狄浦斯杀父为例来加以说明。俄狄浦斯并不知道(即没有认识到)被杀的是他的父亲,因此他并无杀父的故意,不能为杀父承担责任。与之类似,他不知道(即没有认识到)他娶的王后是他的母亲,因此他并无娶母的故意,不应认为犯了乱伦罪。在这个意义上,俄狄浦斯杀父娶母的行为就只是一种"Tat",而非"Handlung"。同时,正是在区分"Handlung"和"Tat"这一意义上,黑格尔指出,在归责问题上,对"意志的法""认识的法"的强调构成了现代与古代的重大差别。这一点留待后面再具体阐述。

值得注意的是,在"Handlung"和"Tat"的问题上,黑格尔对康德关于这两个词的用法作了一种颠倒。梅内戈尼指出:"比如康德将那种可标记和可描述的'Handlung'称为'Tat',而黑格尔将主体自觉希求且为其承担责任的'Tun'用'Handlung'概念来表示。与之相应,在海德堡时期的《哲学全书》中,当黑格尔提及康德的第二个提问('Was solll ich tun?')时,黑格尔也写为'nach was soll ich handeln'。"①

可见,上面关于"故意""意志的法""认识的法"的分析对归责的一般原则作了很大的限定,缩小了行动所要承担责任的范围,这是现代主观性的一种要求。根据这一原则,没有认识能力或认识能力受限的人就没有责任能力或受限,他们对其行动就不负责任或承担部分责任,如小孩、白痴、疯子(第 120 节附释)。可以认为,这是对归责限定原则的进一步限定。

但第 116 节提到了一种归责的扩大原则,即不存在主观意志和行动而仍要承担责任。某一东西的财产所有者要为它对他人所造成的损害承担一定的责任,因为财产所有者负有注意义务。这里导致责任的不是行动(作为),而是不作为。比如一个人要为他的狗咬伤他人承担责任,虽然他没有指使狗去咬人,但他有责任禁止狗咬人。又如一个人要为他的花盆从高空被风吹落而砸伤人承担责任,虽然他没有做推倒花盆的行动,但他有禁止花盆被风吹倒砸落的注意义务。这种做法无疑扩大了归责的范围,这看似与现代的归责限定原则相悖,但它仍符合现代原则,因为这种归责扩大原则的基础仍是现代主体性:"因为

---

① Francesca Menegoni, "Elemente zu einer Handlungstheorie in der 'Moralität'(§ § 104 - 128)", In *G. W. F. Hegel: Grundlinien der Philosophie des Rechts*, herausgegeben von Ludwig Siep, De Gruyter, 2017, S. 115.

那些物根本是我的,而且按其独特的性质多少受到我的支配和注意的。"现在这些都已经是现代的常识了。

四、意图和福利:道德动机与主观自由

正如上述,"道德"篇前两章研究的都是行动的归责问题,在梅内戈尼看来,"故意"和"意图"的差别在于,前者是"从行动的内在方面"进行处理,而后者则是"从行动的外部存在方面"进行处理;前者侧重形式方面,后者侧重行动内容方面。① 在第 114 节,黑格尔指出了故意与意图的差别以及二者之间的过渡。黑格尔说得比较简单,梅内戈尼解释得也比较笼统。如果借助刑法知识,故意与意图之间的区分就是比较好理解的。比如《德国刑法典》第 211 条将"谋杀"(Mord)规定如下:"谋杀者,谓出于谋杀之兴致(Mordlust)、性欲之满足、贪婪或其他卑劣动机(Beweggründden),阴险的、残酷的或使用危害公共安全之手段,或为实现或掩盖其他犯罪而杀人。"②谋杀是故意杀人,这是简单明了的。被害人就是行动所针对的直接对象,而且这种行动是属于行动者的东西。但对于归责,尤其是道德归责来说,仅仅知道这种行动是行动者明知且故意去做的,这仍是比较抽象、形式和主观的规定,因为我们还不知道他杀人的原因或动机是什么。根据上面所引条文,他杀人的原因或动机可能是满足杀人欲、性欲、贪婪等,这些相对于"故意"的规定来说是更具体、更具客观性的内容,且也是特殊的内容。这些内容对于行动者来说是确定的,他也知道这种行动对他的价值,并且承认是他自己的行动(第 114 节)。这种更具体的、有客观性和特殊的内容就是意图。黑格尔第 119 节从行动所针对的外部存在作为一种复杂综合体(ein mannigfaltiger Zusammenhang)出发指出,故意侧重于这种综合体的个别单一方面,而意图则是侧重于它的整体普遍方面。从异质性哲学角度来看,这种复杂综合体就是指由各种异质因素组合的整体,故意侧重于个别偶性,而意图则侧重整个实体存在。在本节附释中,黑格尔从语源学上把"意图"(Absicht)与"抽象"(Abstraktion)联系起来。"Absicht"源自动词"absehen",即"移开视线""看向别处",而"Abstraktion"也可以理解为从某种被抽离出来的东西上移开视线。③ 这种视线转移或抽离的东西就主要是特殊的东西,所以才

---

① "从一种结构上的观点来看,人们能做出两种评论:道德的第一个环节包含关于行动的形式的两种规定,它们相互作用,就像抽象的普遍之物(故意)作用于具体的特殊之物(特殊意志对它的行为承担责任)。同样,道德的第二个环节在形式的普遍性方面(意图)和具体的特殊之物方面(福利)考虑行动的内容。" Francesca Menegoni, "Elemente zu einer Handlungstheorie in der 'Moralität'(§§ 104 – 128)", In *G. W. F. Hegel: Grundlinien der Philosophie des Rechts*, herausgegeben von Ludwig Siep, De Gruyter, 2017, S. 123.
② 《德国刑法典》,何赖杰、林钰雄审译,李圣杰、潘怡宏编译,王士帆等译,台北:元照出版公司,2019 年,第 356 页。
③ Cf. Hegel, *Elements of the Philosophy of Right*, H. B. Nisbet trans., Cambridge University Press, 1991, p.147.

会有人"用意图来竭力替行动辩解,就是把单一方面孤立起来(das Isolieren einer einzelnen Seite),并主张这一方面是行动主观方面的本质(das subjektive Wesen)"。当然黑格尔也指出作为普遍形式的抽象,这一点后面再说。

黑格尔在第 120 节提出了"意图的法"(Das Recht der Absicht),因为意图与故意一样也属于行动结构的主观方面,所以这种法当然也是上一章所提到的"意志的法""认识的法",不同之处应该是,这种法要强调对"行动的普遍性质"的自识,即一个行动除了可以产生它的结果(故意的内容)外,还可能导致其他结果。也就是说,与故意不同,意图要求对行动所能产生的各种外部客观结果都有所认识。比如一个纵火犯本来只想烧一所房子,却因为风势烧掉了整个村庄,这个纵火犯要为村庄被烧掉负责。① 在这个意义上,意图的法也被称为"行动的客观性的法",即这些客观结果都是主体所认识和希求的。

在谋杀例子中,从外部评价上来看,谋杀意图的具体内容肯定是坏的或卑劣的,但如果从主体自身角度来看,意图对主体的肯定意义是不言而喻的。在黑格尔看来,正是这些特殊内容规定着行动,是行动的灵魂(第 121 节),而"主体就等于它的一连串的行动",由此可知意图对于行动和主体的重要性。意图及其实现体现的是主观自由,这种自由的法就是"主体的特殊性求获自我满足"的法。正是在对这种主观自由如此肯定的意义上,黑格尔才说,正是它构成了"划分古代和近代的转折点和中心点"(第 124 节)。

"意图"这种术语具有很强的刑法色彩,在道德哲学中一般使用的是动机。很明显,黑格尔在这里对意图和动机的讨论与康德差别很大。与黑格尔赋予意图和动机如此多的肯定意义不同,康德对于这些经验性的、主观性和感性的动机基本上持否定态度,不多的例外或许是对法则的敬重这种动机。在康德的道德哲学中,唯有出自理性和对法则的敬重的行动才是道德的,出于其他欲望的行动,即使结果符合道德要求,也不是道德的。两相比较,康德的道德概念具有很强的形式主义,优点类似于黑格尔所说的作为"行动的抽象法或形式法"的故意,而黑格尔则赋予了道德更多特殊和具体的内容。与这种差别相应,康德和黑格尔对幸福的态度也差别甚大。康德和黑格尔都承认,意图或动机中的特殊内容,如"需要、倾向、热情、私见、幻想",它们作为目的的满足就构成福利或幸福(第 123 节)。这些特殊内容和目的对于行动者来说是利益相关的,有价值的。黑格尔在肯定意图和主观自由的意义上肯定福利或幸福。而康德也在理性道德的意义上并不赋予幸福过高的价值,最多不过把德福一致作为一种理想。就此而言,黑格尔的看法更接近亚里士多德

---

① 余玥:《历史规范下的良知——黑格尔法哲学中冲动与法律体系的三重关系》,《哲学动态》,2019 年第 5 期,第 77 页。

的观点。①

虽然黑格尔高度强调意图以及主观自由对于现代主体的肯定意义,但其不足和有限性也是很明显的。正如上面所举的谋杀的例子所示,行动者把自己主观的特殊兴趣、偏好、欲望作为目的,为了实现这种目的,其他是手段。但这种目的也是有限的和特定的,由此它能随时成为实现其他更高目的的手段(第 122 节),也就是说,"在这里,对福利或者相符的东西的追求从来没有尽头"②。很明显,这里出现了绝对价值与相对价值、客观目的和主观目的之间的关系问题。在黑格尔看来,在这个问题上以下两种相对立的看法都是抽象的。一种看法强调绝对普遍的客观目的,贬低特定且相对的主观目的,即有绝对价值的目的才是可希求和可实现的,其他如有限且特定的主观偏好、欲望则是不值得去追求的。与这种看法相应的道德观就是:"道德只是在同自我满足作持续不断的敌对斗争。"也就是说,只有以绝对普遍的东西为目的的东西才是道德的,以特定有限的东西为目的的东西是道德所反对的。与之相对,另一种看法则是强调特定且相对的主观目的,而贬低绝对普遍的客观目的,即"客观目的和主观目的在人们希求中是相互排斥的",特定且有限的主观目的才是值得追求的,相排斥的绝对且普遍的客观目的是不值得追求的,甚至应该把客观目的看成达成主观满足的手段。与这种看法相应的是黑格尔所称的"心理史观",即把历史上伟大人物的主观特殊目的看作唯一的目的,他们的行动自身的普遍内容(它们是"实体性"的)也被从特殊方面来理解,也就是说,"不能看到个人所做之事的普遍价值"③。黑格尔是不同意这两种看法的,他显然认为,这两种看法看似对立,但二者实际上都是抽象的观点,都把绝对普遍的客观目的与相对特殊的主观目的看作对立的。在黑格尔看来,这两种目的都应该予以承认,而且二者之间是可以达成统一的。正如前述,主观目的虽然是有限的、特殊的,但对这种主体特殊性的法(即主观自由的法)的承认是现代

---

① 梅内戈尼指出:"行动的目的是其内容,这种内容是行动的规定性灵魂,黑格尔的这些主张再一次接受了亚里士多德的概念,亚里士多德并不把行动的驱动力归给理性,而是归给欲望(*orexis*),规定目的的正是欲望……欲望与理性的合一引起了选择(*prohairesis*),选择构成了行动的真正原则,而且这种原则本身规定着人。"Francesca Menegoni, "Elemente zu einer Handlungstheorie in der 'Moralität' (§ § 104-128)", In *G. W. F. Hegel*: *Grundlinien der Philosophie des Rechts*, herausgegeben von Ludwig Siep, De Gruyter, 2017, S. 124. 亚里士多德在《论灵魂》中指出,实践理性"通过目的与理论理性相区分",构成"实践理性起点"的正是欲望,并"因此推动思维,因为欲望所企求的事物乃是实践理性的起点。"(De an. Ⅱ, 10; 433a 14-19,中译文参考亚里士多德:《论灵魂》,秦典华译,载《亚里士多德全集》第 3 卷,北京:中国人民大学出版社,1992 年,第 86-87 页)亚里士多德在《尼各马可伦理学》中指出:"所以,意志选择可以或称为欲望的理性,或称为合乎理性的欲望,而且与之相应的原则就是人。"(EN Ⅵ, 2; 1139B 4-5,中译文可参见亚里士多德:《尼各马可伦理学》,廖申白译注,北京:商务印书馆,第 169 页)

② Francesca Menegoni, "Elemente zu einer Handlungstheorie in der 'Moralität' (§ § 104-128)", In *G. W. F. Hegel*: *Grundlinien der Philosophie des Rechts*, herausgegeben von Ludwig Siep, De Gruyter, 2017, S. 126.

③ Ebd., S. 125.

区别于古代的中心点。而且主观目的作为特殊性与普遍物最初是同一的,把二者之间的差别和对立固定下来的做法是抽象反思的结果。

黑格尔强调,如果看不到主观自由的法的普遍性,那么个人的福利、他人的福利与一切人的福利之间的统一就是偶然的(第 125 节)。正是这种普遍性的要求使得"道德"的第二个环节"意图和福利"必然要过渡到第三个环节,即"善和良心"(第 126 节、第 128 节)。正是从这种普遍性来看,作为特殊性的个人福利和他人福利才不能成为替不法行为作辩解的理由。比如第 126 节补充所举的"圣克利斯偷了皮替穷人制鞋"的例子,这种做法虽然满足了圣克利斯和他所要帮助的穷人的福利,却无法普遍化,因为它损害了皮的所有者的福利,所以这种不法行动无法普遍化。在这一点上,黑格尔和康德的看法是一致的,因为黑格尔和康德都是从具有普遍性的自由和理性来规定道德的本质。黑格尔在第 127 节指出了"紧急避难权"以及由此而派生的"债务人一定财产免予扣押的利益(beneficium competentiae)"。前者是指,"当生命遇到极度危险而与他人的合法所有权发生冲突时",可以通过损害他人的所有权而使生命摆脱危险,比如偷窃一片面包来保全生命。根据这种权利,行动者不用为其偷窃行动而承担盗窃责任。后者是指,债权人要给债务人留出维持其基本生活所需要的东西,如衣服、食物、工具等。"紧急避难权"和"债务人一定财产免予扣押的利益"看似与前面所提出的不能以行动者的福利来为其不法行动免责的要求相矛盾,但黑格尔指出,它们的根据在于生命不是如所有权这样属于单个人的特殊福利,而是一种具有普遍性的整体目的。因此在普遍性意义上,"紧急避难权"和"债务人一定财产免予扣押的利益"与前面的不能免责的要求并不矛盾,而且它们进一步表明了福利的有限性、偶然性、片面性和理想性,进一步表明过渡到善和良心的必然性(第 128 节)。黑格尔在这里当然也指出了福利在道德环节与伦理环节的差异。道德环节的出发点是单个人,所以此时福利也就是单个人的特殊福利,而伦理环节的出发点是普遍的主体,所以普遍福利、国家福利也就是现实而具体的整体福利。

五、结语

上面我们已经按顺序对《法哲学原理》第 104—128 节作了基本的解释。在此基础上我们可以从以下两个方面简述黑格尔的道德行动理论的意义。

黑格尔的道德行动理论在其法哲学体系中的意义。正如上述,黑格尔的道德行动理论是在其法哲学体系中"道德"部分前两章所阐述的,它上承"抽象法"(尤其是其中的不法),下启道德部分的"善和良心"以及伦理部分。在法哲学体系中,其重要性主要在于,在道德行动环节,意志从抽象、形式的规定上进入主体内部。道德行动中主观自由的法是区分古代和现代的中心点。黑格尔在第 124 节已经指出了行动对主体的重要性:"主体就等于它的一连串的行动。"在这节的附释中,黑格尔指出了道德行动中主观自由的法的原则来自基督教,经过 1 000 多年的发展后才成为现代世界形式的普遍而现实的原则,它的形态不仅表现在道德和良心上,还表现在市民社会和政治宪制上,也表现在艺术、科学和哲学的历史上。这也就意味着除了道德行动之外,还存在着市民社会和政治宪制中的行动,也存在着艺术、科学和哲学历史中的行动。而在这些行动中,道德行动无疑起着枢纽的作用。在这个意义上,国内学者关于中国能否出现西方意义上的市民社会的争论就需要进一步回溯到道德主体和行动这个地方来。

黑格尔的道德行动理论在法哲学史中的意义。正如不少论者已经指出的那样,黑格尔对道德行动的解释既继承了康德和费希特的道德哲学,也对他们以及浪漫派(如雅各比、诺瓦利斯)的道德学说进行了批判。黑格尔对康德道德学说的继承和批判是比较明显的,继承主要体现在对道德普遍性的要求,批判则主要体现在对道德动机的不同理解方面。黑格尔在第 126 节附释中所做的批判应该是针对浪漫派的道德学说的,这种批判表现了黑格尔和康德道德学说的一致之处。在这方面的具体阐述,需留待进一步的研究。

Interpretation of Hegel's Theory of Moral Action

WANG Xingsai

【Abstract】 Hegel's philosophy of practice can be understood as one philosophy of action, which includes the action of the 'Person' in the sense of formal right, the action of the moral subject, and the action of the ethical subject. In the first two sections (§ § 105 – 128) of the "Morality" in *Elements of Philosophy of Right*, Hegel stipulates the nature of moral action and discusses the problem of responsibility for moral action. A careful analysis of the context in which Hegel's concept of moral action appears, the structure of moral action, and the principles of moral responsibility will help us understand the significance of Hegel's theory of moral action in his philosophy of right and in German classical philosophy of right.

【Keywords】 Action, Morality, Subjective Will, Responsibility, Purpose, Intention

泰西哲人杂咏(四)

钟　锦①

色诺芬三十

举杯属客乐如何,杂沓交言辞已多。

仍自从容夸爱欲,但忘躯壳即无颇。

色诺芬《会饮》,主旨不异柏拉图,盖俱言灵求之超绝于肉欲也。借会饮发之,柏拉图组织之工,必非色诺芬叙述能及。且又不止此,柏拉图近乎识"美,德之征",而色诺芬茫如也。

色诺芬卅一

独夫权势擅当时,苦乐旁人岂得知?

信是老苏常说道,各能裁剪作新辞。

色诺芬《希耶罗》言独夫之苦,即柏拉图《王道》言不义者之灾也。足征苏格拉底言皆为诸弟子笔录之,惟各有裁剪,遂若歧出。倘能比观潜索,惟色诺芬之鲁也,适见柏拉图之进。

色诺芬卅二

圣王常作独夫看,圣学终为匠艺刊。

相劝不须疑异族,谁教雅典重民端?

色诺芬《居鲁士劝学录》之述居鲁士,绝类柏拉图伪篇《希普帕尔库斯》。柏拉图《王

---

① 作者简介:钟锦,华东师范大学哲学系副教授,研究重点为西方哲学史、古典诗学、美学、佛学。

道》言民不足赖,民得预政焉,道已败,必系之一人。有圣王,有独夫,其间绝悬殊。民预政之败道,犹不及独夫,而惟圣王得全道。然不闻道,不足辨圣王与独夫。故希普帕尔库斯也,居鲁士也,史皆以独夫目之,此独谓之圣王,有微言在焉。苏格拉底鄙雅典之民政,故言圣王必求诸他邦,柏拉图所以拟之斯巴达、克里特,而色诺芬拟之波斯也。

埃斯库罗斯一

穷古违时境已高,遣词作法正宜襄。

论诗莫讶逍遥派,技艺商量肯惮劳?

古希腊之正剧,初皆用远古事,非滑稽调笑当世者比也。去世愈远,其辞愈典,而法在其中矣。一若吾国文言。故亚里士多德《诗学》多论法则,识此意也。埃斯库罗斯其以此法著者乎?

埃斯库罗斯二

骨折肝催长夜殷,酬恩休望到荒蛮。

人间自是如图圖,一火虚明万影斑。

埃斯库罗斯《普罗米修斯受缚》哀莘确者上下无与,悲凉入骨,殆与柏拉图《王道》言出洞穴者为近。众人皆处洞穴图圖间,火照其壁,幻影斑斑,遂以妄为真也。一人出其外,睹日,归而言之,众必以真为妄。普罗米修斯所授火,徒助幻影耳,而望报耶?可哀矣。

埃斯库罗斯三

父恩母义恨难全,自是男儿许擅权。

付与诸神论正直,一生无奈泪如泉。

埃斯库罗斯《奥瑞斯提亚》三出,父雠母恩之际,诚人生艰难也。转近索福克勒斯《安提戈涅》国法血亲之际,而《安提戈涅》思力尤显。盖一不可断,必付之思,一可断,而哀仍不得已于情。惟其不必刻意求思之深,其韵荡荡然长之,所以不可及也。

索福克勒斯一

节目玄思刻意为,深参穷索转成疑。

不知直到虚无境,乐出菌成惟是嬉。

《俄狄浦斯王》《安提戈涅》皆得哲人征引,皆以为最近思辨。然黑格尔之说固嫌迂曲,弗洛伊德之说则直为谰语。盖俄狄浦斯王系必有丑德,臣民不能议,睹其迹,诿之命,此正不得已耳。索福克勒斯乃极其思于命,固玄而不实,惟刻其意以乱之。故读其剧,为其思力所惑,恍若有物,掩卷之际而失其所有,其意也,其韵也,转在茫茫间。往往最惑人处,实最空无处,惟其空无,赚哲人之附会矣。

索福克勒斯二

行己无欺在反身,同仇异类直须均。

棒弓自赎前时误,未料奇功出降神。

《菲罗克忒忒斯》言阿喀琉斯子涅俄普托勒摩斯为奥德修斯所诱,诈取菲罗克忒忒斯之弓,为破特洛伊计也。寻悔之,返其弓。菲罗克忒忒斯父赫拉克勒斯降灵,促之携弓往攻特洛伊。是剧当义利之激,运思实过《安提戈涅》,庶及雨果之《九三年》。索福克勒斯诸剧,此为最焉。

欧里庇得斯

论道谈玄事竟空,至今哀感动于中。

莫将眩惑成轻诋,发愤抒情理亦同。

世皆以哲人视欧里庇得斯,盖多与安那克萨哥拉、普罗塔戈拉、苏格拉底相纠葛,又于剧中常发哲人之论。今读其剧,殊不若埃斯库罗斯、索福克勒斯之易生玄思,亦不识其玄谈究何所益。所异于二人者,反退彼玄思,而感入见闻之际。故其所搬演,皆极惨烈事,特洛伊破城至再三述之。德人之讥眩惑,或过苛欤?饥劳则歌,相从而怨,经学家所不能讳也。

阿里斯托芬一

知有知无止一身,云端何事苦求图。

雕龙奭与谈天衍,好辩安同孟子伦?

阿里斯托芬《云》置苏格拉底于云端,遍思万物,还为笑柄。是知世人但以好辩视哲人,殊不晓思辨哲学与实践哲学之别,乃以苏格拉底等诸阿那克萨戈拉辈也。苏格拉底之言曰：吾以德为知，反身而足，不格物，不推天，或妄者之从事欤？

阿里斯托芬二

天下为公及妇人，智顽美丑孰能均？

凭他巧付合欢证，恐有私怀无处申。

柏拉图《王道》言天下为公，及于妇人，妃匹之际，赖执事者佯以抽签定焉。阿里斯托芬《公民大会妇人》则以子之矛攻子之盾，言男之智顽、女之美丑既不公，人皆上智欲美，安求公？必欲公，毋乃先使男之匹丑而女之匹顽耶？此二事固极似，虽致思不同，必有同者可征焉。

米南德

时事如云过眼空，人间情性古今同。

不应典实轻抛掷，君曲新翻只路穷。

米南德之谐剧，全变阿里斯托芬，盖时过事迁，必觉索然，故不复尚刺时，而重反身也。此必与正剧同趋，然失其典，亦丧厥美。米南德之不竞也何疑乎？世皆欲求新，不知求新有时不若守旧，惜哉！

伊索

鸡鸣猪叫自寻常，口技摹来始擅场。

莫道人间昧真伪，娱心最好是荒唐。

伊索言，一人擅口技，效猪鸣，众尽欢，一人潜怀幼猪，使之鸣，众皆怒，遂慨众不辨真伪。此非也。盖艺之娱人，非实真，乃似真也。游戏荒唐，后人固用以诠美也。伊索固不能识此。

柏拉图《斐多》一

恶衣恶食固非论，人欲何能天不存？

直道圣功惟一死，智仁空付返生魂。

柏拉图《斐多》言哲人不耽食色，是也；以是征所学在神不在身，为学者功在乎死，谬矣。盖人欲天理,非必不可得兼者也,方其得兼,言理在欲先可,言理存欲灭不可也。一但言理存欲灭,极其论,必至言哲人功在乎死。虽然,学而不畏死,真勇、真节生焉。盖一畏死,勇而为莽矣,节而为贪矣。然死亦在不畏耳,何谓求之乎?

柏拉图《斐多》二

长短相形理固然,方生方死漫相悬。

从教大化长流转,魂到他乡何处边?

柏拉图《斐多》言物之反者相生,故生死亦相生。然相形者固尔,异实者非然。虽离欲达观,见大化之流转,齐生死可言,魂恒在不可言也。康德云柏拉图演理念以玄奥,殆言其先演魂之恒在耶?

柏拉图《斐多》三

无知尽处是良知,不学全为不虑时。

善解哲人夸猛忆,寓言尽信定非宜。

柏拉图《斐多》言知从忆得,故征魂不灭。所忆者,理型也。然康德云:柏拉图之言理型也,固确然有所名者,盖彼终不自闻见之际来,为闻见之际无物能与之符也。理型自超绝之理出,其源也,出即为吾人之理性所共。而吾人之理性已丧其初,必历苦辛、因回忆,此即为哲学也,以复昔日之理念,而其在今日固久已暗昧矣。此盖寓言也,孟子直言则良知耳。竟以是征魂恒在,寓言而作实言矣。

柏拉图《斐多》四

纯须不坏合须离,尸解神存那复疑?

疑到理逾闻见外,为真为伪竟难知。

柏拉图《斐多》言身为合和之物,必当离散;神本纯一之质,终无消解。以征神于身死恒不灭也。此实难征也,盖康德所云,理逾闻见之外,吾人不复征其真伪。

柏拉图《斐多》五

身外神非弦上声,一般戏论等愚盲。

理无方死方生事,何事仍从反者征?

柏拉图《斐多》言西姆米阿斯疑曰:弦,亦可见者也,声,亦不可见者也,何为弦断声绝,而身死神不灭?苏格拉底驳曰:弦制声,神制身,非其伦也。所驳固是,俱戏论耳,盖神在闻见外。刻贝斯疑曰:织者着衣,前衣俱坏,而死时最末一衣不坏,安知神不灭于最末之身?驳曰:方生方死,意见之途耳。恒生恒死,真实之途也。生既以神,恒生无死,神亦不灭。向者以方生方死之流转征,今者以恒生恒死之互斥征,皆假反者之戏论也。

柏拉图《斐多》六

神天空余惠小人,茫茫世界孰为真?

耽看十二团圞彩,义在冥河无所亲。

柏拉图《斐多》言神不灭,灭时惟小人得其惠,盖得逃其刑也。故言世界之真实,大地若球焉,具十二彩,智者与诸神居其上。地下有冥界,四河环之,神灵轮回之所也,典刑者惟义是视。与《王道》卷十所言意相类,言有不同。求之不在我者,固颇劳柏拉图之思矣。

柏拉图《会饮》一

君前知耻勇方生,难甚拚身赴死行?

图识朋来不亦乐,圣贤学问与持平。

柏拉图《会饮》言阿伽通饮筵上,递颂爱神。斐德若先言,曰:爱人者当所爱前,必知耻而后勇;惟其爱也,死所不避。是皆为神嘉、为人慕也。盖希腊人言爱,美之欲也。斐德若之言,直令美与善合。《论语》曰:"有朋自远方来,不亦乐乎?"庶几近之。

柏拉图《会饮》二

一神忽作二神看,肉欲灵求擘两端。

从此哲人卑眩惑,声无哀乐入高寒。

柏拉图《会饮》言斐德若既颂爱神,泡萨尼阿斯继之,曰:爱神有二,或属天,或属人;属天者灵求,属人者肉欲。是爱惟美之欲也,而判为二。即康德言美与眩惑之滥觞也。此卑属人者,康德亦卑眩惑无与乎教化也。嵇康之言声无哀乐,亦从属天者求之,故远俗世而寡知音者也。

柏拉图《会饮》三

一身雌对欲相和，健则须平疾则颇。

万事看来俱不异，爱方生处物生多。

柏拉图《会饮》言厄里刻希马库斯接泡萨尼阿斯而颂爱神，彼，医也，故曰：一身中亦无非爱也，寒暑之气，燥湿之性，凡雌对者皆使之合，属天者当之则平，故健，属人者当之则颇，故疾。此用毕泰戈拉说而变化出之也。放之万事，莫不准此，爱之用大矣哉。此以爱为自然之道者也。

柏拉图《会饮》四

妇人醇酒竟癫狂，杂剧嬉顽肆谤伤。

笑尔滑稽多见惯，微言未识讽荒唐。

柏拉图《会饮》言阿里斯托芬习乎醇酒妇人，其颂爱神，皆言肉欲也。此或有微意在焉。盖阿里斯托芬有杂剧曰《云》，肆谤伤于苏格拉底，《申辩》亦尝言之。今柏拉图以此反讥，言彼但知肉欲，不识灵求也。盖在先者皆知爱有属天属人之别，虽医者亦见自然之道，而彼滑稽自赏，所言不过如此，适足为愚民喜而为智者笑也。

柏拉图《会饮》五

肖彼辞人丽以淫，修辞谁复立诚心？

但言所欲真为乏，妙手空空漫自寻。

柏拉图《会饮》言阿伽通颂爱神，曰：皆言爱神所予之佳种，而未言其自身之佳也。爱神者，年最少，身最柔，具四德，擅首席。盖辞人之滥调，辩士之例程也。肖之所以讽之，一若《默涅克塞诺斯》。然彼但肖之，此则苏格拉底直言讽之曰：汝尽其谀辞，而不得其实。爱神，其所欲者适所乏者耳，固非美物也。

柏拉图《会饮》六

生身贵贱只几希，一欲存时入理微。

待得真知型不坏，德行相比莫相违。

柏拉图《会饮》言苏格拉底述第俄提玛之言曰：爱神者，贱神与贵神野合之子也。其母贱，身乃空乏，其父贵，心知仰止。常欲恒久者，因乎美，终至乎识理型之不坏。理型既摆落闻见，德行隐然在焉。其言即"夫美，德之征也"，特委曲达之，尚未及透彻也。

柏拉图《会饮》七

理型谁道漫悬空？征实分明在此公。

到得欲中无色相，始知真是出群雄。

柏拉图《会饮》使阿尔喀比亚德颂苏格拉底，盖征理型之非虚也。康德云："若以一人为德之范，能衡之判之而自为始范者，惟在吾一心也。此吾人所尽知者。此始范即德之理念也。凡闻见内者但可为其例，盖以征理念所命者可于方隅内实行之耳，不可为范型也。虽吾人终不能与彼蕴诸德之理念中者媲，亦殊未可视之为空想也。且惟用此理念，始能判其为德也抑非德也。"欲而至于无耳目闻见，斯至德矣。

柏拉图《斐德若》一

幼艾人神慕尽同，参差美恶竟何公？

劝君莫逞区区智，性外无凭总是空。

柏拉图《斐德若》言风神掠俄瑞迪娅事，以为不可信。盖希腊人言神，与凡人同其欲者也。所不同者，在凡人或为恶，在神必美之矣。故同一慕幼艾，凡人掠之则罪，神掠之则不敢罪也。苏格拉底亦不欲以智矫之，为其无暇也，暇则究我之性，为兽之欲耶？为神之德耶？盖与智者径言"非神之做人也，惟人做神"异，彼无神论，此道德神学之肇基也。

柏拉图《斐德若》二

诸物通观在一型，人天时见各畸零。

爱从身欲终非义，遣尽荒唐始到灵。

柏拉图《斐德若》言型有二焉，一从通观，一从分观。通观求其合，分观见其必有歧也。爱欲则必有歧者，一从身生，一从灵生。从身生者，无与乎义，必责之也。吕西阿斯之辞与苏格拉底之前辞，言爱欲从身生者，皆以荒唐之辞反抑之，而后始见从灵生者之善，苏格拉底之后辞即言之也。前后雠对，非若智者之拨弄其言，盖见其必有歧也，柏拉图以辩证法名之。

柏拉图《斐德若》三

灵中驾二御人艰，一意情钟上界还。

不识浑忘庸德在，误同恣欲认痴顽。

柏拉图《斐德若》述苏格拉底之后辞，言灵若一御人御优劣二马，优者倘胜劣者，必因钟情而企及理型所在之上界，爱欲乃为爱智之阶矣。情钟上界，遂远俗智庸德，而世以为痴顽。虽有恕辞，不过言犹贤博弈耳。其述溺于真美之状甚肖，而其效实同乎《会饮》所言也。

柏拉图《斐德若》四

术在言兮岂在辞，通分直到理全时。

君如不会人诸性，糟粕无端赚汝痴。

柏拉图《斐德若》既述爱欲之雠辞，乃言雠论。以一通观、一分观各言之。通观则求通名也，其名不离实；分观则显理型也，其型不即实。纵横用之，理无隐通。然其间往往有不协，苏格拉底蔑通观，其协也，言德不言智；亚里士多德废分观，其协也，德而入于智。其中消息，至康德始能厘定之。又言雠论所得，见乎言，不见乎辞。修辞术不能求人之诸性，徒求辞之巧，将为糟粕矣。

"黑格尔与现代世界"系列讲座综述(一)

张有民①

【摘要】2022年上半年,复旦大学哲学学院的邓安庆教授组织了"黑格尔与现代世界"的系列讲座。由国内学者带来的六场讲座从不同角度反映了黑格尔与我们当下所处的现代世界的关联。第一场先刚的讲座旨在澄清黑格尔的哲学在何种意义上是一种"无前提"的哲学。第二场余玥的讲座通过介绍费希特、康德、黑格尔对法国大革命的态度讨论了自由与体系之间的冲突以及他们各自对这冲突的思考。黄钰洲在第三场讲座中详细展示了爱德华·甘斯的法哲学思想及其对黑格尔法哲学的突破。第四场谢晓川的讲座围绕黑格尔在霍乱大流行中的死亡展开。朱渝阳的讲座考察了黑格尔在耶拿时期所构想的哲学方案所经历的演变过程。第六场汪行福的讲座以美国国会山事件为个例反思当前风靡全球的民粹现象,并试图从黑格尔的法哲学中找到医治社会民粹化的思想资源。此次系列讲座因其视野开阔、话题前沿、洞见深刻,在学界引起了广泛的关注。

【关键词】 开端,前提,自由,体系,爱德华·甘斯,霍乱,民粹

在现代世界陷入危机之际,复旦大学哲学学院的邓安庆教授组织策划了名为"黑格尔与现代世界"的系列讲座,邀请到众多海内外同仁一起讨论黑格尔与现代世界的关系,希望借此与黑格尔一起诊断当前世界危机的性质,以期我们生活于其中的这个世界走在拥有未来的道路上。

2022年上半年先行开始的六场讲座现已落下帷幕。主讲人、评论者多为国内中青年学者,且都有德国留学或访学的经历。每一讲的内容都围绕学界的前沿问题,诸如黑格尔哲学的开端与前提、爱德华·甘斯与黑格尔法哲学的命运等问题。这六场讲座前后持续

---

① 作者简介: 张有民,复旦大学哲学学院博士研究生。

近 40 天,在学界引起了广泛关注。作为回顾,本文拟记录每一讲的要点,相关的争议和讨论,以及此次系列讲座引发的反响。

一、系列讲座之缘起

谈及策划此次"黑格尔与现代世界"系列讲座的缘起,邓安庆教授的回答是:这由现实世界的状态所决定。自新冠疫情蔓延、俄乌冲突爆发以来,二战后形成的规范秩序正在瓦解,现代文明正经历着前所未有的危机。如果我们希望在危机中重生,那黑格尔作为"第一个从哲学上把现代性作为问题来思考的哲学家"(哈贝马斯语),他与现代世界的关系就值得我们探讨。黑格尔思想的伟大之处就在于,我们现今遇到的每一个哲学困惑,似乎都逃不出他的解释框架;他都能"现实地在场",参与我们的困惑、苦恼和思索的进程。简言之,黑格尔在现代性问题初现之时就从哲学上对之进行了深刻反思,这就是在现代世界危机四伏之际策划"黑格尔与现代世界"系列讲座的缘起。

二、系列讲座之精粹

(一) 黑格尔哲学中的开端与无前提问题(5 月 13 日,先刚)

第一场讲座先刚教授以"黑格尔的哲学是'无前提的'吗"为题,旨在澄清黑格尔的哲学在何种意义上是一种"无前提"的哲学。他的结论是:黑格尔所说的无前提不是指无预先设定,而是指这个前提能够自行扬弃自身,表明自身即结果,而理解这一点的关键是黑格尔的辩证法,尤其是本质论辩证法。

1. 讲座概要

讲座的重点之一是澄清"本原(Prinzip)""开端(Anfang)"等与"无前提"(Voraussetzungslosigkeit)相关的概念。所谓"前提(Voraussetzung)",其德语字面意思就是"预先设定"。当黑格尔主张一种无前提的哲学时,他想以此表达的是,其中没有绝对固定下来的在先的东西。除此,先刚也指出,无前提不代表无开端,也并不等于无本原,更不是主观随意的"假设(Annahme)":首先,黑格尔是自笛卡尔之后的近代哲学家,其对开端同样有着明确的意识;其次,尽管黑格尔没有明确宣称他的哲学的本原是什么,但像精神、理性、概念等都可以看作其本原,而黑格尔没有明确宣称的意图则在于以此回避独断论的风险。先刚还联系本原学说补充了一些哲学史的背景,说全部哲学从一开始就主张一个本身无前提的开端,比如古希腊哲学中的本原学说(其形式如水、气、数,等等),只是黑格尔同时要求本原也是开端,而古代哲学家则对在哲学中寻求一个开端没有明确意识。

讲座的另一个重点是回答如下问题:黑格尔的哲学如何将"有前提"转变为"无前提"？如何将无前提的"开端"自动生成为结果？先刚指出,理解这个问题的关键有两点:第一,不要把前提理解为在哲学之外的、被给予的东西,而要看作哲学之内的东西;第二,不要以线性推进的知性思维来理解前提和结果的关系,而要将直线思维转变为圆圈式思维。接下来,先刚用《逻辑学》"本质论"中的"反映(Reflexion)""对比关系(Verhältniss)"等概念回答了上述问题:开端与结果、无前提与有前提是同一个东西在映现活动(scheinen)中固定下来的两端,且这两端是相互反映的对比关系,因而它们都不是固定的、直接的,而是各自都经过了对方的中介;它们同时存在,无先后之分,因而彼此以对方为前提。在讲座最后,先刚也特别提醒,我们没必要强调黑格尔哲学无前提,因为单纯强调这一点仍然是知性思维的表现。

2. 各方评论

在评论环节,庄振华教授先总结了讲座的精彩之处(例如"柏拉图哲学有本原无开端""神秘主义像放冷枪一样以内心启示或信仰为开端",等等),然后简要描述了四种近代的科学模式如何思考开端和前提,最后补充了黑格尔在《逻辑学》"存在论"和"概念论"部分如何看待"前提"和"开端",由此大大拓宽了本场讲座的问题域。

此次系列讲座以黑格尔哲学中的"开端"为开端,也显得意蕴深长,别具匠心。在邓安庆教授看来,现代化进程、世界秩序因新冠疫情、俄乌战争正面临崩溃瓦解;在此之际,世界必须要有一个新的开端。因此,黑格尔哲学关于无前提和开端的讨论就具有多重可能意义:就理论方面而言,它可以启示我们更好地进行哲学思考;而就实践方面而言,它可以启示我们如何走出现代世界的危机。按照黑格尔的说法,哲学不能预先接受并绝对地固定某些东西,这就启示我们,一种真正的哲学、真正的思想必须要摆脱特殊的立场、特殊的利益,而返回到那个原初的无规定的开端。当今的舆论场充斥着种种分裂与对立,诸如东—西、敌—我、左—右等形态,皆因人们无反省、无批判地预设了这些特殊的东西并以之为绝对。和解之道在于,须从种种既定的立场退出,退到一切矛盾和对立尚未展现出来的"无前提"的时刻,重启思想。因此,对哲学思考而言,一种无前提的开端确实不仅应当作为此次系列讲座的开端,而且也应当成为当前世界走出分裂状态的开端。

(二) 自由与体系之间的冲突(5月20日,余玥)

第二场讲座的题目为"革命的德国影响——费希特、康德、黑格尔论法国大革命"。

主讲人余玥通过"自由体系"这一概念重新审视了法国大革命与德国古典哲学之间的内在关联，通过介绍费希特、康德、黑格尔对这场革命的态度，讨论了自由与体系之间的冲突以及他们各自对这一冲突的思考。

1. 讲座概要

余玥在讲座中指出，对于法国大革命过程中所出现的"从自由走向非自由"的悖论，德国古典哲学以"自由体系"这一概念对之进行了体系性的反思。按他的理解，"自由体系"概念反映了任意的自由与自由体系性地实现之间的矛盾，也反映了积极自由与消极自由之间的张力，而在这矛盾与张力之间的不同取舍则相应地决定了康德、费希特与黑格尔各自对待法国大革命的态度。

他在讲座中首先指出费希特与康德对待法国大革命的不同态度。尽管费希特与康德都认为，国家建立的根据是一种基于原理性的普遍理性（单数理性）的共同同意，但两者的区别在于，费希特认为从自然状态到公共法权状态之间存在连续性，因而一种以理性自由为依归的革命是被允许的，而康德则认为从自然状态到国家状态之间存在着一个危险的断裂，即任意、混乱的自然状态，因而认为暴力革命应当被禁止。

紧接着，余玥引出了新的问题：是否存在一种理论可能性，即从看似任意的个体自由中间造就出一种自规定的共同体的自由？余玥在康德的历史哲学和黑格尔的市民社会理论中看到了这种可能性。康德在其历史哲学中认识到，法国大革命体现出合乎理性自由的向善趋势（这种趋势指向永久和平状态），因而这场革命虽然不应被仿效，但却值得同情。余玥在此提醒，在康德这里，革命及其所代表的任意自由的冲突只有在激发个体主体性的反思判断方面才具有"积极意义"；对黑格尔而言，法国大革命以一种自我毁灭的方式揭示了一条从任意的自由到自由的自规定体系的道路，而黑格尔后来开始探索的市民社会领域则是一条从任意的自由到自由的自规定体系的"正确道路"，在其中：个体的任意自由彼此相互成就，而不像在革命中那样相互倾轧；个人行使其任意自由的权利也与他理解和自愿接受的义务相一致；理性的交流和相互承认发挥着关键作用。

2. 各方评论

讲座评论人张大卫认为，从自由的体系而不是从自由来看待法国大革命，这种处理角度和方法十分新颖，同时他补充说，我们也应该注意到法国大革命本身所具有的现实复杂性和矛盾性。从历史上看，很难以教化、协商契约为起点建构起一个政治共同体，因为其中伴随众多复杂的现实因素。在黑格尔看来，使新政权得以建立的往往是暴力，教化则是在政治体制之内的事情。革命暴力与冲突在黑格尔世界精神的维度中得到了辩护，而康德那里则缺少这样一种维度，所以才会有革命与连续性的问题。

主持人陈家琪教授则提醒大家注意两点：第一，需要留意哲学家做出相关论述时，法国大革命进行到了哪个具体阶段；第二，需关注哲学家自己的价值观念。黑格尔心目中的理想国家是古希腊城邦共同体，因而他对法国大革命持保留态度，这与费希特和康德已经看到一个代议制共和理想的国家之希望不同。

（三）甘斯的法哲学与作为国家之归途的世界历史（5 月 27 日，黄钰洲）

此次系列讲座的第三场由黄钰洲博士主讲，其题目为"法哲学与'世界历史的海洋'——爱德华·甘斯与黑格尔法哲学的命运"。他在其中详细展示了爱德华·甘斯（Eduard Gans）的法哲学思想及其对黑格尔法哲学的突破。

这场讲座的主要内容有四：第一，在与同时代人的关联中介绍甘斯其人，尤其是他与黑格尔在思想上的关联；第二，甘斯对黑格尔法哲学的独特理解与评价；第三，通过"自然法与普遍历史"这门课程的讲稿展示甘斯的法哲学思想，同时揭示他对黑格尔法哲学的继承与突破；第四，甘斯与青年黑格尔派的关系。

1. 讲座概要

第一，甘斯其人。黄钰洲首先呈现了同时代人（其中包括谢林、恩格斯和海涅等人）眼中的甘斯形象，由此指出他在后黑格尔时代的德语思想界中的位置：他是黑格尔法哲学的信奉者和捍卫者，但绝不是盲目的追随者。接下来黄钰洲详细论述了甘斯与黑格尔之间扑朔迷离的关系。他提到，甘斯因为能够在黑格尔哲学中找到他关心的法学研究的最终根据，从而对黑格尔崇拜不已，但后来又因他自己的"愚蠢"行为让黑格尔对曾经的这位得意门生大为恼火。论及两人在思想上的联系，黄钰洲指出，甘斯在很多方面仍然是黑格尔的继承者，但两者在思想方面的差异又表明，甘斯推进和发展了黑格尔的法哲学。在两者的同与异中，黄钰洲更强调后者。

第二，甘斯对黑格尔法哲学的理解与评价。在甘斯看来，黑格尔法哲学的主要价值有三点：一是法的哲学（作为自由实现的正义理念）和法的历史的有机结合，这体现为黑格尔以"体系的方式"安排法学的内容；二是它彻底扬弃了 17、18 世纪对国家法和政治学所作的抽象区分；三是它将自然法准确、合理地规定为中介和联结的科学。其中黑格尔法哲学最重要的价值是第三点：自然法在其中从主观精神的基础出发，以世界历史的海洋为目标，这样就获得了一种介于主观精神和世界历史之间的桥梁地位。甘斯说，"自然法必须被视为一门中介和联结的科学，一个自我决定和进步的目的，而不是一个与他者割裂的目的。本书的结尾是一个多么令人惊骇的场面啊。从国家的巅峰看去,各个国家被视为流入世界历史海洋的众多河流……"

这里,黄钰洲引用甘斯的《自然法与普遍法历史》一书详细解释了题目中的"世界历史的海洋"这一比喻:以海洋比喻世界历史,其精要在于指出,世界历史才是国家的目标,各个国家要像百川归海一样汇入世界历史的海洋,这样才能提升文明的层级和民族的精神品质。由此可知,过去那种将黑格尔的国家视为自由实现的终点的封闭高峰被瓦解了,国家不是自由的终点,而是开启法的精神进入世界历史的海洋,从而将国家的合理性置于世界历史的法庭前予以历史的审视。

第三,甘斯对黑格尔法哲学的继承与突破。将黑格尔狭义的"法哲学"运用到世界历史的领域、将黑格尔的法哲学扩展为一部"法学的科学百科全书",黄钰洲认为这是甘斯对黑格尔法哲学的最重要的补充和扩展。除此,他在讲座的最后一部分还从宪法问题、反对派理论和阶级斗争这三个更具体的方面阐述了甘斯对黑格尔法哲学的突破。

第四,甘斯与青年黑格尔派的关系。甘斯是处在黑格尔与青年马克思之间的中介或桥梁,这是黄钰洲对甘斯的思想史定位。形成如此看法的主要依据是:甘斯的法哲学思想(比如其中的阶级斗争理论、未来向度等)为青年黑格尔派冲破黑格尔看似保守的体系奠定了基础,在青年黑格尔派中产生了较大的影响。

2. 各方评论

在之后的相关讨论中,此次讲座的主持人马寅卯研究员认为,这场讨论引介了国内学界相对陌生的爱德华·甘斯的法哲学思想。作为黑格尔的学生,爱德华·甘斯经常被视为黑格尔思想的忠诚继承者,但黄钰洲的报告向我们展示了两者的巨大不同,这种不同尤其体现在对宪法、反对派理论和阶级斗争等的理解上。在这些问题上,甘斯的许多论述振聋发聩,发人深省,远比黑格尔勇敢、直率和充满自由气息。另外,主持人还认为黄钰洲的报告为我们拓展了德国古典哲学的研究领地,让我们的视线不仅仅停留在传统的所谓"康费谢黑"四大家上,也关注到了他们之间的节点和之后的接续,而且只有这样,才能呈现更为完整、丰富和生动的哲学史图景。最后,他认为此次讲座可以将我国黑格尔哲学的研究推向一个新的高度,作为一个桥梁可以更好地将哲学、法学和青年马克思的研究者联系起来,共同推进我国的法治文明。

评论者朱学平教授认为,此次讲座内容非常丰富,不过由于过于强调甘斯对黑格尔的突破和推进,因而有强化两者对立的倾向。朱学平承认甘斯与黑格尔在思想上的差异,但对两者的不同究竟有多大这一问题持比较谨慎的态度。他为解决此问题给出的建议是:

在历史考证版《黑格尔全集》或伊尔廷版的法哲学课堂笔记的基础上,把甘斯修改后的《法哲学原理》(即该书现在的通行版本或其母本),尤其是其中的"补充(Zusatz)"与黑格尔的原始文本进行对比。

另一位评论人谢晓川博士指出,该讲座所呈现的甘斯镜像展现出黑格尔法哲学的激进面目,但与此同时,甘斯对黑格尔的激进解释也同样面临着偏离,甚至有扭曲黑格尔原意的危险。因而谢晓川认为,甘斯在某种程度上是激进解读黑格尔法哲学的始作俑者;另外,谢晓川出于甘斯对"立法的理念"的重视,进一步将甘斯的法哲学定位为"为现在和未来的立法者而作的法哲学"。

针对甘斯与黑格尔的对立问题,邓安庆教授谈认为,从讲座所展示的甘斯对黑格尔的真诚感恩和高度评价看,甘斯认同并深刻领悟了黑格尔的法哲学。而从黑格尔这一方看,他放心让甘斯代他讲课这一做法表明,他不仅认可这位学生的学术水准和对自己哲学的把握,甚至这也是他对甘斯的默许,即默许甘斯将他本人不敢说或不愿明说的那些积极内容明确表达出来。最后,邓安庆肯定了黄钰洲翻译和引介甘斯法哲学对我国法哲学研究的意义,认为这将有助于中文学界接下来更好地讨论青年马克思与黑格尔之间的关系,也有助于我们把握黑格尔的法哲学及其对世界文化和现代性的意义。

(四) 霍乱大流行与黑格尔之死(6月3日,谢晓川)

第四场讲座题为"霍乱大流行与黑格尔之死",主讲人为上海社会科学院的谢晓川博士。此次讲座围绕着黑格尔之死展开,主要包括:第一,黑格尔之死的历史背景;第二,再现对黑格尔过世情形的不同叙述;第三,提供两种不同的黑格尔形象;第四,介绍逝者亲友版黑格尔著作集的优缺点。

1. 讲座概要

第一,有关黑格尔之死的历史背景。谢晓川在第一部分详细介绍了19世纪欧洲霍乱大流行的基本情况,其中包括霍乱在柏林爆发后的病死率、当时柏林的防疫警戒、医治和丧葬规定等内容,另外也介绍了学者们对这一疾病的认识:不同于当时的普通民众将霍乱称为"来自亚细亚的九头蛇"(die asiatische Hydra),同时期的科学家和哲学家则普遍坚持使用霍乱的学名"Cholera",黑格尔也不例外。

第二,关于黑格尔之死。首先,谢晓川勾勒了黑格尔的病程。其次,谢晓川提供了不同版本的关于哲学家之死的描述:在黑格尔家人的书信中,黑格尔的死是一种平和的、神圣的、没有痛楚的、有尊严的死;同时代其他人认为黑格尔死于他常年所患的肠胃疾病;库诺·费希尔(Kuno Fischer)则在其《黑格尔传》中引述医生的观点,认为"他的病症是最严重的霍乱"。有趣的是,谢晓川还描述了黑格尔自己所遭遇的"安提戈涅时刻"。一方面,根据柏林市政当局的防疫规定,黑格尔的遗体必须尽快在专门的霍乱墓地下葬。另一方面,黑格尔的妻子则极力想让自己这位伟大的哲人丈夫获得与其名誉相称的有尊严的葬礼。不同于安提戈涅本人所遭遇的不幸,黑格尔家属的自然诉求(符合《安提戈涅》中的"神法")在与国家公法(属于"王法")的交锋中获得了胜利,黑格尔最终如愿与费希特、索尔格安葬在一起。

第三,通过对比三份为黑格尔所写的悼词呈现两个版本的黑格尔形象。第一个版本由黑格尔的两位保守派学生马海内克和福斯特给出。在他们笔下,黑格尔严肃、认真、虔诚,他不但是一位伟大的哲学家,同时也是一位虔诚的基督徒。甘斯则提供了一幅自由、激进的黑格尔形象。他在讣告中暗示了黑格尔的哲学和普鲁士现实政治的距离,强化了黑格尔自由、革命的一面。

第四,逝者亲友版黑格尔著作集的优缺点。谢晓川表明,这一版本的优点在于坚持维护黑格尔哲学运思的体系性特征;它除黑格尔本人的著作外还收录了不同时期的学生笔记,这为我们进入黑格尔的哲学文本提供了最方便的法门。其缺点是让人无法分清编辑者补充的学生笔记是否为黑格尔本人的原文,也无法确定补充的内容是否符合黑格尔的原意,因此在文献学上造成了混乱,使得"黑格尔—学生笔记—编辑者的选择"这三者含混不清。

2. 各方评论

在评议环节中,冯嘉荟博士首先肯定了讲座内容的丰富和翔实。其次,她就进一步拓展黑格尔哲学的可能进路给出了自己的看法。她认为这种新的可能性在于,要以一种不同于存在主义、实证主义的进路来展开黑格尔主义。

主持人靳希平教授对讲座内容补充了一些必要的背景知识,尤其指出,柏林在 19 世纪 30 年代所采取的应对霍乱流行的"隔离"等防疫措施,是在普鲁士当时十分落后的科学技术及其认知条件下做出的。在今天科学技术已经特别发达的时代,我们应当进一步追问:在当时各个方面都比较落后的德国,为什么会产生影响人类未来历史的思辨哲学?为什么这种思辨哲学却又阻碍了当时自然科学和自由主义在德国的发展?

邓安庆教授针对讲座中涉及的黑格尔与普鲁士政府的复杂关系做了进一步说明,尤其指出,黑格尔并不像传说的那样反对学生运动,他和施莱尔马赫一开始都是 1819 年学生运动的精神领袖,并且为保护、营救被捕学生做了大量工作,甚至为此还跟警察局长写了一封"卑躬屈膝"的信,为学生辩护。黑格尔在柏林大学内的威望不如施莱尔马赫,很大程度上由他在政治上"谨小慎微"、生活上"斤斤计较"所造成。

(五) 黑格尔耶拿时期方法论机制的转变(6月10日,朱渝阳)

作为此次系列讲座的第五讲,朱渝阳博士的讲座题目为"黑格尔耶拿哲学体系方案的演变及其方法机制转变"。讲座伊始,她引用了克劳斯·菲威格(Klaus Vieweg)在《自由的哲学家》中的一句话"在耶拿黑格尔成为黑格尔",以此说明,黑格尔在耶拿时期完成了从无名小卒到哲学家形象的蜕变。本次讲座的主要内容正是考察黑格尔在耶拿时期所构想的哲学方案所经历的演变过程。以1803年谢林离开耶拿为界,朱渝阳把黑格尔耶拿时期的思想发展分为耶拿前期和耶拿后期,并将其前后期的转变概括为从"实体性形而上学"到"主体性形而上学"的转变。

1. 讲座概要

此次讲座由三部分构成。在第一部分,朱渝阳考察了《哲学导论》《逻辑学与形而上学》(1801/1802)这两部讲义,认为这些讲义与黑格尔后来成熟时期的体系有着"令人惊讶的稳定性"。她在此指出需要特别注意的三个地方:第一,此时的黑格尔认为哲学需要导论;第二,不同于黑格尔后来体系的三分方案(即逻辑学、自然哲学和精神哲学),黑格尔在《哲学导论》第二个残篇中构想的哲学体系有四个部分(理念、自然、精神、艺术和宗教);第三,不像成熟时期那样两者合一,逻辑学与形而上学在此彼此分离;对此时的黑格尔而言,两者在体系中起到不同的作用:逻辑学的作用是引导知性思维克服自身的有限性而过渡到形而上学,因而只是哲学的导论,而形而上学才是真正的哲学,其功能为探讨理念与自身的关系。

第二部分探讨黑格尔耶拿前期的哲学构想。她在这部分依次考察了《差异》《论自然法的科学处理方式》《伦理体系》三个文本。她指出,黑格尔在《差异》中把绝对视为唯一实体,并以主体客体为主要范畴来刻画绝对,而到了《论自然法的科学处理方式》,则发生两个显著的变化:不但体系的结构从四部分变为三部分,而且黑格尔也不再用主客体这样的范畴来描述绝对,而是用统一性与多样性这一对范畴。她认为,用一与多来描述绝对更具优势,因为统一性—多样性这一对范畴把对立物置于相互关联的关系中,从而使体系内部的各部分之间不再是并列平行关系,而是彼此具有了相互关联的可能。不过,她指出,此时黑格尔仍然没有清楚说明自然与精神的关系:一方面物理自然和精神具有"质"的结构同一性,另一方面"精神高于自然",精神同自然具有"质"的差异性。另外,朱渝阳还揭示了一个值得注意的地方：黑格尔在《伦理体系》中使用了谢林的"因次方法（Potenzmethode）"这一概念，这样就把人类社会实践领域的各种现象纳入一个从简单到复杂，从低级到高级，从分裂到统一的逻辑发展结构。

在讲座的第三部分，朱渝阳通过梳理黑格尔在耶拿后期（1803—1807）的三大体系草稿考察了黑格尔在此阶段的体系构想。朱渝阳指出，黑格尔在《耶拿体系草稿Ⅰ》（1803/1804）中所发生的变化有两点：第一，他开始引入意识理论，用意识规定的发展来论述伦理现象；第二，绝对实体在这里不再是静止的、没有生命力的存在，而是自身活动着的存在与变化的统一性。朱渝阳援引著名黑格尔研究专家迪辛（Klaus Düsing）的观点，这样定位《耶拿体系草稿Ⅱ》（1804/1805）：黑格尔在这部草稿中建立了主体性的哲学，实现了哲学体系方案的所谓"范式转换"。逻辑学在其中起到的功能仍然是体系的导论，而形而上学则是一个完整的认识过程，也是一个认知着的概念实现自身的过程。关于《耶拿体系草稿Ⅲ》（1805/1806），黑格尔的体系构想在此所发生的变化在于，黑格尔不再从意识的角度出发来看待诸伦理现象，而是直接从精神关系开始，把实践现象的展开纳入精神自身的关系中。另外的变化还有，黑格尔在这里用"国家"概念取代了之前频繁使用的"民族"概念，用以指称主观意识与制度化客观性的统一。

2. 各方评论

主持人张志伟教授认为此次讲座极具基础性，因为深入研究黑格尔耶拿时期的思想可以帮助我们消除很多疑团，例如，黑格尔到底怎样走出了谢林哲学，以及黑格尔已经明显地有了关于逻辑学、自然哲学和精神哲学这样的后期成熟体系方案，为何还会在此体系草稿之外再单独写一本《精神现象学》？

评论人贾红雨指出，本次讲座虽叙事宏大，但特别系统地梳理了黑格尔早期体系发展的内在逻辑、内在发展的动力以及演变过程的诸多细节。除此，他还补充介绍了莱因霍尔德在德国唯心主义哲学过程中所起到的承上启下的作用、黑格尔的实体与斯宾诺莎的实体之间的区别等重要哲学史背景。另外，他就自然与精神在黑格尔哲学体系中的过渡问题给出了与主讲人不一样的看法。他认为，自然哲学何以要向精神哲学过渡，这与其说是缺乏过渡的介质（如主讲人所认为的那样），不如说是否有过渡之必要，因为只有不同的东西之间才有过渡的必要。

评论人张大卫认为，此次讲座虽就题目而言难度较大，但主讲人的处理方式很成功，至少能够说得通。在他看来，像主讲人那样用主体与客体、一与多、意识与精神等范畴来说明黑格尔在耶拿时期的思想发展不失为一种可行的方式。此外，他也指出了此次讲座的不足之处:第一,他认为该讲座没有清楚交代黑格尔初到耶拿时的问题意识或理论困惑。他倾向于认为,黑格尔初到耶拿的问题意识与谢林不同,因而黑格尔开始独立思考哲学,并非如讲座所说,从 1803 年谢林离开耶拿才开始。评论人提醒我们注意这一事实:黑格尔在耶拿末期重新使用了他本人在法兰克福时期用过的"精神"(Geist)概念,而此时也正是他发现谢林哲学的界限之时。第二,他认为该讲座在处理黑格尔的文本之时,没有仔细辨析同一个概念在黑格尔和谢林那里所具有的不同含义,例如《伦理体系》中的"直观"概念。第三,对黑格尔早期文本的解读、评价会在很大程度上受制于研究者本人的研究意图及其对成熟黑格尔形象的理解。

在讲座的最后,邓安庆教授评价这场讲座"展现出耶拿黑格尔研究的前沿阵地"。他简要回顾了我国的青年黑格尔研究自改革开放以来的发展历程,并指出了其中的不足,以此凸显此次讲座的难能可贵。最后,他也指出了《德国唯心主义的最早体系纲要》这个文本对理解黑格尔耶拿时期的问题意识的重要性,以此作为对本场讲座的补充。

(六) 社会民粹化与黑格尔方案(6 月 17 日,汪行福)

6 月 17 日晚,上半年的"黑格尔与现代世界"系列讲座迎来收官之作。报告人为复旦大学哲学学院的汪行福教授,其题目为"黑格尔在国会山——《法哲学》中医治社会民粹化的隐形方案"。这场讲座旨在以美国国会山事件为个例反思当前风靡全球的民粹现象,并试图从黑格尔的法哲学中找到医治这种民粹化倾向的思想资源。

讲座伊始,汪行福教授阐释了黑格尔的思想对于思考我们这个时代的政治难题所具有的重要意义。他认为,黑格尔法哲学的首要议题是分析现代个人主义和现代生活的本质秩序"相交汇的点",并进一步认为黑格尔的学说是比自由主义和共同体主义更为合理的社会政治秩序观念,因为它们以非此即彼的方式来理解个人主义和现代生活的秩序,不像黑格尔的哲学那样企图在这看似对立的两者之间达成和解。

该讲座的内容主要有三点:第一,界定"民粹主义"概念的内涵;第二,分析 2021 年发生在美国的国会山事件及特朗普与民粹主义的关系;第三,论证黑格尔的方案何以能够医治社会的民粹化倾向,其中尤为关注黑格尔法哲学中的等级和同业公会。

1. 讲座概要

第一,民粹主义的内涵。汪行福认为,民粹主义(populism)是指任何以人民名义进行的反精英和反体制的运动,并且指出,民粹主义观念中包含着两个悖论:其一,尽管民粹主义观念中的人民一方面是一群混杂多样的、以个体形式存在的人民,另一方面是永恒、纯粹、总体的不可分割的、以隐秘主体存在的人民,但民粹主义却认为自己所代表的是唯一永恒的人民意志;其二,民粹主义者崇拜的只是抽象整体的观念的"人民",而非具体的个体的人。汪行福也强调,民粹主义已经成为一个全球现象。在他看来,发生在美国的国会山事件,就是民粹主义在发达国家出现的现实证明。

第二,分析国会山事件。汪行福支持"特朗普是一位民粹主义者"的说法,认为国会山事件是美国的民粹化倾向的表现,同时指出,国会山事件的根源是美国社会的分裂、冲突与对立。

第三,剖析黑格尔方案如何能够医治社会的民粹化倾向。主讲人认为,黑格尔医治社会民粹化的"隐形"方案是一个复杂的系统,其核心在黑格尔法哲学的市民社会理论之中,而其中最明显的一点就是黑格尔对民主制的质疑,并拒绝把人民浪漫化。主讲人将这个复杂的系统归纳为三个方面:一是无差别的法权平等体系;二是有差别的伦理区分体系(等级和同业公会);三是与现代公共自由理念相符合的多层政治参与体系。他认为,前者以普遍性限制特殊性,有助于克服右翼民粹主义,后两者则把特殊性结合到普遍性之中,有助于克服左翼民粹主义。

2. 各方评论

在评议环节中,主持人高全喜教授认为本次讲座主题与黑格尔哲学的实践精神和哲学品质高度契合,赞赏讲座内容为我们当今审视美国政治提供了全新的视角,但他对本场讲座的核心观点,即认为黑格尔法哲学的"隐性"方案能够有效医治新的民粹主义,表示怀疑。就讲座的具体内容而言,高教授指出讲座存在的三个问题:第一,国会山事件的严重性可能被夸大;第二,特朗普主义虽然具有民粹主义的因素、色彩或风格,但实质上并非民粹主义,而是美国传统保守主义的当下再版;第三,美国从某种意义上实现了黑格尔当年所推崇的社会中介机制,如各种非政府组织或行业工会等,然而却未能防止民粹主义的产生,这同全球化时代民族国家地位的下降有关。

评论人王金林教授赞同讲座中的"美国宪政危机论""社会民粹化"的判断,但并不赞同《法哲学》医治方案论"。他认为黑格尔有关社会中介机制的思想虽然对应对民粹主义确实有启发意义,但这一思想并不能真正有效应对当代民粹主义,因为市民社会的基本前提(如私有财产原则)与主要原则(如特殊性原则与普遍性原则)之间存在着难以克服的矛盾。他提到,黑格尔本人也在《法哲学》中坦承,市民社会最多只能缓解贫困,而不能根除现代贫困问题,而过分贫困和贱民现象的存在在一定社会历史条件下必然会催生民粹主义。

王金林教授最后补充了民粹主义对现代政治的严重威胁,以此彰显此次讲座的重要价值。在他看来,"看上去很美的民粹主义"对现代政治造成的"严重威胁"有三方面:一是否定多元性,即民粹主义者把人民看成一个同质的而不是差异的整体,否定现代民主所承认的差异与多元;二是割裂社会,即民粹主义者把一切反对自己的派别统统视为人民的异己分子或腐败分子,把他们排斥出人民的范畴;三是损害民主政治根基。尽管如此,王教授又承认导致民粹主义产生的那些社会问题真实存在。因此,他认为,要在宪政框架不变的前提下应对民粹主义思潮与运动,就必须借鉴或化用包括黑格尔法哲学在内的各种现代思想资源,而汪行福此次讲座的理论意义与现实意义正在于此。

三、系列讲座之回响

(一) 孙向晨:如今所谓的"现代"仍没有走出黑格尔所勘探的边界

孙向晨教授认为,此次系列讲座名为"黑格尔与现代世界",让人眼前一亮。较之黑格尔与希腊、与中世纪、与日耳曼等对象的关系,更让人们津津乐道的还是黑格尔与现代世界的关系,因为这个所谓的"现代"并没有走出黑格尔所勘探的边界,黑格尔的方法也依然充满活力。另外,他也认为,黑格尔哲学之所以生命长存,就在于他深谙自由是现代世界的核心理念,除此黑格尔也看到了现代世界的复杂面向,即只有自由的主观性还不够,还必须将其在伦理共同体中实现出来,并且这个实现过程也并非一蹴而就,而是需要一个漫长的"教化"(Bildung)过程。孙向晨也指出,当今面临重重挑战的人类如何突破黑格尔的历史框架——所谓的"历史终结论"——已成为一个非常急迫的问题。

(二) 马寅卯:此次系列讲座"掀起了一个黑格尔研究的小热潮"

马寅卯研究员认为,本系列讲座的主讲人和评论人均以青年学者为主,他们"开阔的学术视野、前沿的学术话题、深刻的思想洞见"集中展示了我国新生代黑格尔研究的实力和路向。正因此,他认为此次系列讲座"真正掀起了一个黑格尔研究的小热潮,在短时间内引起了学界的广泛关注"。就黑格尔与现代世界的关系,马寅卯的看法是,认为黑格尔"不够现代"和"太现代"的观点都能在他的不同著述中找到佐证。

(三) 张志伟:"他们解决问题的方式"可作为"无可替代的借鉴"

张志伟教授认为,毫无疑问,黑格尔与现代世界的关系问题具有"非常重要的理论意义和现实意义"。首先,当前的时代状况与黑格尔所处的时代并没有太大差别:哲学陷入了危机,整个现代世界也陷入了危机。鉴于古典哲学家们面临的问题也是我们现在面临的问题,他们解决问题的方式对我们来说就成了无可替代的借鉴。其次,我们还与他们面临传统的危机这一共同的现实问题。因而,他们的哲学思考对我们"弥合传统与现代之间的断裂"同样具有"极其重要的意义"。

(四) 靳希平:"哲学界正在吹起一股清风"

在靳希平教授看来,"黑格尔与现代世界"系列讲座的意义在于把哲学史上划时代思想家的研究与我们当代世界中的哲学问题的反思紧密联系起来。他指出,尽管黑格尔哲学对现当代中国思想,特别是中国哲学思想的研究意义重大,但我国的马克思主义的宣传工作者对黑格尔哲学及其所属的德国古典哲学知之甚少,这就最终使得一部分理论工作者对现当代中国思想的历史、现状与未来缺乏理论自觉。在"思政理论浅薄的现状"这一理论背景之下,邓安庆教授组织的此次系列讲座表明,哲学界正吹起一股清风:越来越多的中青年哲学工作者对德国古典哲学,乃至对哲学各个领域的研究工作越来越深入,越来越具体。他也希望更多学者沿着这个方向努力工作,"使得黑格尔思想的研究、德国古典哲学的研究,成为中国当代思想的活生生的哲学研究",从而为形成有"真正深厚哲学基础的理论研究和理论宣传,作出我们专业的哲学工作者应有的贡献"。

Summary of Six Lectures on "Hegel and the Modern World" by Domestic Scholars

ZHANG Youmin

【Abstract】 In the first half of 2022, Professor Deng Anqing from the School of Philosophy of Fudan University has organized series of lectures on "Hegel and the Modern World". The lectures presented by six domestic scholars reflected from different perspective the relevance of Hegel's philosohphy to the modern world we are now living in. The first one by Xian Gang aimed to clarify in what sense Hegel's philosophy is presuppositionless. The second by Yu Yue by introducing the attitudes of Fichte, Kant and Hegel towards the French Revolution discussed the conflict between freedom and system together with their respective reflections on this conflict. Huang Yuzhou's third lecture showed in detail the contents of Eduard Gans's philosophy of right as well as it of Hegel. Xie Xiaochuan's fourth lecture revolved around Hegel's death in the cholera pandemic. Zhu Yuyang's lecture traced the develpmental process that Hegel's philosophical programme underwent during the Jena period. The sixth lecture by Wang Xingfu taking the events on Capitol Hill as a case study aimed to reflect on populism that has taken over the present world, and sought to find in Hegel's philosophy of right the resources to cure populism. This lecture series has attracted widespread attention in the academic community for its broad vision, cutting-edge topics and profound insights.

【**Keywords**】 Beginnings, Presupposition, Freedom, System, Eduard Gans, Cholera, Populism

"黑格尔与现代世界"系列讲座综述(二)①

付文博②

【摘要】本次系列讲座除菲威格教授以佛教"空性哲学"为启示来阐释黑格尔哲学的开端问题之外,主要围绕黑格尔《法哲学原理》中的相关主题展开讨论。昂特教授讨论了现代文明背景下坚守"法的共识"如何可能;科维刚教授试图以"弱制度主义"阐释为视角来澄清黑格尔制度主义的意义;科赫教授讨论了黑格尔的自由意志在何种意义上解决了莱布尼茨和康德关于自由问题的疑难;宽特教授以整体论图景的研究进路,呈现了一种用以消解尊严与多元主义二者间张力的黑格尔哲学式的可能方案。

【关键词】开端,法哲学,"弱制度主义",自由意志,人类尊严

一、系列讲座之愿景

作为本次系列讲座的策划人,邓安庆教授在系列讲座正式开始之前向各位与会学者、听众阐述了自己策划本次系列讲座的意图。邓安庆教授指出,之所以启动此次讲座,是因为我们大家都深切地感受到世界正处于遽变之中,未来世界究竟朝向何处我们还尚未知晓。并且,我们都能感受到在人类的存在中似乎有一种邪恶的力量,它使得我们无法再回到从前的世界。在此情况下,我们如何理解正在遽变的世界,我们的现代文明是否还能够进一步地展开? 现代文明世界在给我们带来巨大享受的同时,也给我们带来了巨大的危机。因此,在这样一种世界进程之中,我们是否能够完成自身的文化转型,完成我们的现代化,也都处于未知之中。但确定的是,我们在这种局势当中,都具有一种哲学的使命,即黑格尔所说的要把我们的世界把握在我们的思想之中。因此,本次系列讲座的意图就在于凭借黑格尔的思想资源,通过与这些著名的黑格尔研究专家一同追问黑格尔关于现代性的问题的思考来激活和凝聚世界中理性的力量,推动世界朝向更加自由、公正的方向发

---

① 2022 年 9 月 2 日至 9 月 29 日,"黑格尔与现代世界"国际著名黑格尔专家系列讲座在复旦大学哲学学院邓安庆教授的组织策划下顺利举办。本次系列讲座是继上半年"黑格尔与现代世界"国内学者系列讲座之后的又一力作。讲座采取了国际学者与国内学者线上对谈的模式,除了来自国外的五位主讲人之外,还有数十位国内专家学者直接参与到了讲座的对谈之中,受到了国内学界的极大关注和广泛好评。

② 作者简介:付文博,复旦大学哲学学院博士研究生。

展。如果我们能够找到一个新的方向,重新开启一种新的现代文明的形态,那么,我们就能够阻止一种新到来的野蛮化的倾向。

二、系列讲座之精粹

(一) 黑格尔与现代世界的脆弱性

1. 主讲人报告概要

9 月 2 日,来自柏林洪堡大学的国际黑格尔协会名誉主席安德亚斯·昂特教授(Andreas Arndt)为我们带来了题为"'欧墨尼德斯沉睡着':论现代性的脆弱性"的主题报告。[①]

昂特教授的报告分为四个部分。在第一部分中,昂特教授首先对此次报告做了详细的题解,然后交待了接下来将要在报告中展开的工作。昂特教授的问题意识源于对黑格尔在《法哲学原理》手抄本第 101 节所做的笔记——"欧墨尼德斯沉睡着"——的困惑。经过对这一困惑的细致分析,昂特教授认为,在现代法权社会中欧墨尼德斯既沉睡着又清醒着。由于复仇女神的行动是纯粹否定性的破坏,因此欧墨尼德斯以复仇女神即厄里尼厄斯的面貌在新的法秩序下的随时苏醒,会以"不法"的形式极大地威胁到由作为自由之定在的法来建构的现代文明。因此,为了克服黑格尔哲学中所暗示的对现代文明可持续性的深刻担忧,我们必须不断地控制和安抚欧墨尼德斯这种自然的永恒力量。

为了揭示黑格尔哲学中所暗示的这种担忧的根据,昂特教授在报告的第二部分对"报复"这一主题进行了详细阐释。他认为黑格尔的"报复"不是补偿、道德正义的设立、威胁,等等,而是对某种虚无的、单纯实存的否定,即这种否定具体是指作为普遍意志的法对与其相对抗的罪犯的特殊意志的侵害或者制服。此外,由于罪犯深陷一种自我矛盾之中——既以否定的方式侵害普遍物,又以肯定的方式承认普遍物——所以通过作为报复的惩罚来否定犯罪的否定性,并借此使作为法的自在存在着的意志重新具有效力是可以得到辩护的。但是,昂特教授专门强调了如何正确理解这里的"否定性"。在他看来,作为报复的惩罚对犯罪的否定性既不是概念运动中的否定之否定的环节,也不是为承认而斗争的环节,而是"对侵害的侵害"。这种对罪犯特殊意志的侵害在法的形式下表现为惩罚,它与复仇不同。复仇和犯罪一样,本质上都缺少惩罚所内含的理性的普遍性和法的普

---

① 该报告的全部译文参见[德] 安德亚斯·昂特:《"欧墨尼德斯沉睡着"——论现代性的脆弱性》,张大卫译,邓安庆主编:《意志自由:文化与自然中的野性与灵魂·伦理学术 13》,上海:上海教育出版社,2023 年,第 11 - 26 页。

遍性,它在消除罪犯的罪责时并没有尊重罪犯的特殊意志规定中的普遍性环节,因而会引起新的罪责,使复仇陷入无限的进程。因此,在法的形式下,罪犯所遭到的惩罚并不是厄里尼厄斯被唤醒的体现,而是被转变为"善意者"的复仇女神的体现,即欧墨尼德斯被唤醒的体现。与厄里尼厄斯的复仇不同,她们行惩罚之事,目的是维持和捍卫法的理性普遍性。但是,古老的神(欧墨尼德斯/厄里尼厄斯)还是应当被持续安抚,以便厄里尼厄斯保持善意。厄里尼厄斯还在那里。当法失去其力量时,古老的神(欧墨尼德斯/厄里尼厄斯)仍会以厄里尼厄斯的形象复活。

在报告的第三部分,昂特教授概述了埃斯库罗斯的戏剧《欧墨尼德斯》中关于古代神话的描述,以及黑格尔对这一悲剧的诠释。之所以要展开这一点,是因为黑格尔对复仇转变为惩罚的法权状态的描述在埃斯库罗斯的戏剧《俄瑞斯忒亚》中有其神话学上的对应物。他认为黑格尔的诠释意在表明法秩序(νόμος)中的和解因素。在关于一场弑母案的审判中,斗争的一方是代表了母系法的旧神厄里尼厄斯,另一方是代表父权新法的奥林匹亚神。根据母系法,俄瑞斯忒的弑母行为是最为严重的犯罪,而其母亲对于自己丈夫阿伽门农的谋杀则罪责较轻。但根据奥林匹亚神的新的父权之法,谋杀丈夫的罪责更为严重。虽然雅典娜将关键性的一票投给了俄瑞斯忒的赦免,但为了调和旧神与新神之间的诉求,雅典娜不得不安抚厄里尼厄斯,也就是说,虽然厄里尼厄斯输了,但她们可以作为欧墨尼德斯被并入神和人的法的新秩序中。

昂特教授认为黑格尔多次分析了上述神话,其中我们尤为要注意的有三个观点。第一个观点涉及处在实体性伦理与主体性之间的复仇女神的位置,即厄里尼厄斯不是外在于人的神,而是内在于人的良心。第二个观点涉及在厄里尼厄斯与阿波罗的争执中所表现出来的新旧神之间的斗争。在黑格尔看来,这种斗争表明了厄里尼厄斯或欧墨尼德斯不再是纯粹的自然力量,而是已经具有自在的精神之物的方面。她们与新的奥林匹亚神的区别仅仅在于前者是抽象粗野的精神性,而后者是真正的精神性。因此,戏剧《俄瑞斯忒亚》展现了"自然性的神向精神性的神的过渡",而这里的精神性的神只是还带着"某种自然性东西的共鸣"。与法相联系,这意味着直接的法向政治性的、被有意设立的法(νόμος)的过渡。但是黑格尔这里的阐释并没有告诉我们"某种自然性东西的共鸣"到底引发了什么。并且这种阐释仍然让人不安的是,在新的神之旁或之下,旧的神继续存在于被设立的法之中(即便是以沉睡的形式),并在其中可以继续动用一种法的暴力。最后,黑格尔强调的第三个观点涉及借由法而发生的和解,即保存个人的同时平息了复仇的需要。这种和解打破了报仇与再报仇的无止境的进程,借此稳定了共同体。但这种稳定的状态是以持续地抚慰寓居于新的精神世界并在其中起支配作用的自然力量为前提的。

在报告的第四部分,昂特教授阐释了在黑格尔这里厄里尼厄斯被重新唤醒的前提及其方式,以及黑格尔对现代文明所面对的这种潜在威胁的克服所提供的可能方案。黑格尔在《精神现象学》关于伦理的章节中,在接受索福克勒斯《安提戈涅》的这一背景下讨论了以下两种伦理力量的冲突,即国家的公开被承认的法律(νόμος)和家庭的神的法律,后一种法律作为一种自然伦理与"νόμος"相对立,它对应着厄里尼厄斯的位置。这种冲突可以在法权状态中得到和解,进而黑格尔又在自身异化了的精神和教化中扬弃了法权状态,并借助后者来实现现代世界。但是由于教化之中的意识仍然是分裂的,所以现代世界在教化的道路上与自身的和解变得困难重重。

因而只能通过死亡来解决个人与普遍物之间的矛盾。阴曹地府的力量在这里被用来服务于共同体,厄里尼厄斯被驯服了,她们在这里以复仇女神的旧事业——死亡——使普遍物得以稳定。但这里却没有复仇而只是为着共同体。因而,普遍物战胜了"个别性的叛逆原则"。但黑格尔强调,国家的公开的伦理的有意识的精神与无意识的精神之间的"抗争"仍然存在着。现代自我意识所力求达到的与自身以及与其世界的和解只有通过设立一种能够使得厄里尼厄斯的权利再次现实地得到实现时才得以可能。因为现代性深受存在于市民社会和国家之间的差异的持续影响。这种差异不会自我扬弃,只可能以另一种方式被平衡和调解。黑格尔已经意识到,这个从政治共同体中脱落出来的领域包含着冲突的潜在因素,该因素会损害共同体的理性基础,损害法。无论是贫穷的贱民还是富有的贱民,都表明了关于法的意向的丧失。由此而产生的愤怒显示了共同体的内在衰败,他们的厄里尼厄斯无意识地寻求着他们的复仇。只有一种法可以使他们再次转变为欧墨尼德斯,就是那种使他们能够再次现实地得到权利的法。

2. 与谈人评论与提问

华东政法大学的张大卫博士认为昂特教授以黑格尔对"复仇女神"的名字的不同使用方式为切入点展开,其独到之处在于,我们不仅能够借助古希腊神话来解释古代城邦,也能用其来分析现代社会的脆弱性。随后他围绕昂特教授报告中的三个要点给出了自己的理解。第一要点是关于"报复"的主题。昂特教授细致地指出了"报复"在黑格尔哲学中是作为侵犯的侵犯,而非否定之否定和为承认而进行的斗争。第二个要点是他不仅将厄里尼厄斯或欧墨尼德斯解释为一种外在的古希腊神,而且将其内在地解释为良心的表现形式。这种解释的好处在于,人们可以借助古代神话的某些经典形象来分析当今社会的问题。第三个要点是昂特教授认为,厄里尼厄斯在现代再次苏醒时,她们所挑起的冲突并不像古代神话中所表现出来的母权法律和父权法律之间的冲突那样,而是黑格尔所说的需求体系当中的冲突。并指出为了防止冲突最后演变为法的共识的瓦解,人们必须构建一种法,使得那些被压迫者,即"愤怒者",能够重新找回他们的权利,并且也承认这种法律秩序。最后,张大卫博士提问:我们是否能够在黑格尔那里找到构建这种法的秩序的资源?

中国人民大学的谢地坤教授作为本场报告的主持人和与谈人,同样赞赏了本场报告的叙事风格,认为昂特教授在这篇报告中将古希腊神话、古希腊城邦建制以及黑格尔关于法哲学、政治哲学和历史哲学的思考熔为一炉,这种思考方式能够帮助我们更好地理解黑格尔的早期著作。此外,谢地坤教授指出,昂特教授在最后强调的在现代社会中只要存在着公正,就一定会激起报复行动。这就说明,我们不仅要依靠法治力量,而且还要重视自然力量。

3. 主讲人回应

针对张大卫博士的评论,昂特教授回应道,古希腊神话和现代社会之间的关系这一问题在黑格尔哲学中具有系统性的基础地位。因为这一问题背后所隐藏的关系是自然和精神的关系。其次,复仇作为侵犯的侵犯是对作为特殊意志的罪犯的侵犯,但它不能被视为"否定之否定"这一公式的运用。针对张大卫博士的问题,昂特教授认为黑格尔并没有从正面直接告诉我们如何建构起能够最终解决现代社会需求体系中的冲突的法。值得一提的是,黑格尔在法兰克福时期曾一度对私有财产和资本主义生产形式提出质疑,并指出对其进行限制,但是后来他放弃了这一思想。对私有财产和资本主义生产形式进行彻底批判的并非黑格尔,而是马克思。马克思认为我们需要彻底消灭私有财产,改变法律秩序。当然,这里也存在着马克思与黑格尔之间的一个相似点,即马克思不反对法自身(Recht an sich),他认为需要扬弃的只是市民社会及其法。

针对谢地坤教授的评论,昂特教授指出今天的报告主要强调的是自然意义上的不正义,而不是现实意义上来自城邦、国家的不正义。尽管今天的报告可能对我们理解现实意义上的正义问题有所启发,但是要具体理解这一问题,还是要深入黑格尔的具体文本中。

(二) 黑格尔与哲学的开端

1. 主讲人报告概要

9月7日,来自耶拿大学的克劳斯·菲威格教授给我们带来了题为"黑格尔与哲学的开端"的报告。

菲威格教授的报告共有四个部分。在报告第一部分,菲威格教授认为《逻辑学》第一部分的开篇"存在论"和"导论"为开端问题开辟了一条走出困境的出路。他认为黑格尔反对对开端的任意设定,因为开端既非教条主义也非怀疑主义,既非实在论,也非建构论,而同时是两者,从而取消了非此即彼的可能性。1831年第二版的《逻辑学》和耶拿时期的《精神现象学》也证实了这一点。因此,在开端问题上必须在一种不可分离的联系中理解单纯的直接性和单纯的间接性。所以黑格尔提供了一个开端的两个"变体",作为两个环节在各自单一性中的扬弃,这种单一性同时包含了对它自己本身的扬弃,在自身中包含了否定性,由此证明了直接性和间接性的同一性(Identität),即统一性(Ein-heit)。两种变体作为可替代的东西都导向一种纯粹之"是",纯存在(或纯有),作为无规定性而得到规定,除了作为自身等同,没有任何进一步的规定。因此,开端是要把自身的稀缺,绝对的虚/空表达出来,即纯粹的否定性。开端在变中强制性地包含了纯有与纯无的统一性和其否定性,在定在(das Dasein)中,有和无才出现作为环节的构成。黑格尔将此描述为"第一真理",它现在永远为其他一切事物奠立基础。

在报告的第二部分,菲威格教授用上述结论分析了巴门尼德和龙树菩萨关于开端问题的立场。他认为,前者的存在是抽象的普遍性和排他的单一性——仅仅是"有",排除了无的万有归一的存在;在后者那里,纯无达到了纯粹的空性,是排除了有的万有归一的无。佛教的其他变化形式——如法藏和道元——超越了龙树菩萨对虚无、空性的一贯坚持,从而越过了开端最简单的、抽象的、片面的原则。黑格尔则凭借对立者的"第一"统一性为概念的"自我建构之路"这种统一性的形式奠定了基础,并以此方式,通过"预先设定"和"无前提"的统一,成功地避免了不可允许的诸前提和诸多独断的隐匿。

菲威格教授在第三部分通过分析《法哲学原理》第5—7节阐述了实践哲学或法哲学的开端,认为意志作为自我的自我规定,其中单一性(第三个环节)必定被思考为是普遍性(第一环节)和特殊性(第二个环节)的统一——只能被思辨的思维所把握。在这样一个单一性的形式中,意志这一概念被黑格尔视为《法哲学原理》的绝对原则,同时被视为现代世界的支点。

在最后一部分,菲威格教授得出结论,认为黑格尔在这里在开端处是以一个西方的和东方的原则,即存在与虚无开始的。

2. 与谈人评论与提问

本场报告的主持人兼与谈人邓安庆教授认为,菲威格教授对黑格尔关于开端问题的阐释要想真正成为解释黑格尔关于开端问题的第一基石,至少要回应两点质疑:第一,逻辑学中的开端问题和法哲学中的自由意志虽然在形式上都可以被视为开端问题,但二者本质上是包含分裂的,因此不能将二者打通;第二,引入佛教的"空性哲学"来解释黑格尔的"无"(Nichts)可能会引起很多争议,至少对于中国学者而言,很难接受将黑格尔的"无"直接等同于"空性哲学"的"空"。

来自长安大学的贾红雨副教授首先就黑格尔哲学的开端问题表达了自己的观点。他认为讨论开端问题的逻辑前提是哲学是否必须要有一个开端。对健康人类知性来说,哲学自然必须要有一个开端,因此黑格尔要求哲学要有一个开端并预设了它。通过对《精神现象学》和《逻辑学》的分析,贾红雨认为黑格尔的独特开端无非是思维自身。因为黑格尔的哲学著作所呈现的无非就是思维或理念的运动。因此,哲学从何处开端——存在、本质、概念、绝对或上帝——实际上就完全无关紧要了。黑格尔的重点在于:它们在开端的位置不过只是空洞的语词,一个抽象的普遍性,一个毫无根据的前提。因此,哲学或思维总是且必然地开始于抽象的、分裂的思维方式,从"精神的最初最单纯的现象,从直接的意识"开始,亦即从黑格尔一直批判的反思开始。

然后,贾红雨指出了菲威格教授的报告中值得称赞的三个方面:一是通过他本人偏爱的出自法哲学中的 A—B—E 模式(普遍性—特殊性—个别性)对开端问题做出的解释堪当表率;除此,他像黑格尔一样,对各种文学作品如数家珍,在他的这场报告中就很明显;最后,就是他试图比较黑格尔的思想与佛教,进而企图为两种文化的沟通交流作出贡献的初衷。

最后,贾红雨就本场报告提出了两个问题。第一个问题:以纯粹存在为开端的必然性何在?哲学能不能以上帝、绝对者、本质、概念等为开端?第二个问题跟整体论有关。报告中提到开端也是终点,而对整体论的批评也认为,《精神现象学》的第一步也已经预先设定了整个意识的运动,否则感性确定性也不能过渡到接下来的意识形态中。对于每一种意识形态,黑格尔都会追问它的认识是否与客体相符合。倘若没有这个问题或疑问,那这种意识形态就不会过渡到接下来的形态中了。例如对感性确定性而言,它确定它就是某种如实反映知觉内容的东西;对此感性确定性丝毫不会怀疑;这种怀疑实际上是由意识经过进一步发展后的下一种形态提出来的。这样一来,《精神现象学》的第一步就预设了思维或意识的整个运动,而这种情况也同样适用于《逻辑学》。也就是说,全体已被预设为被给予者,但这又跟黑格尔要扬弃"被给予者的神话"精神相矛盾。这也是黑格尔体系中最严重的问题之一。菲威格教授对这个问题怎么看?

来自东南大学的郭冠宇博士提问:黑格尔哲学的开端问题是不是受到了东西方语言

差异的影响？此外,在日本的京都学派看来,他们哲学体系中的最高概念是"绝对无"。因此,既然从"绝对无"出发,也可以建构出一种宏大的体系,那么从"存在"或者"有"开端是不是就不是必然的？如果哲学是开放的,那么我们是否也能够允许在黑格尔哲学体系之外还存在其他哲学思考和建构方式的可能性？

3. 主讲人回应

针对贾红雨的评论和问题,菲威格教授认为《精神现象学》的开端与《逻辑学》的开端是不同的。前者中的开端是一种实践的开端,而后者中的开端则是一种把握性的,思辨的。黑格尔哲学的开端不是设定的,而是演绎出来的。A—B—E,即普遍性—特殊性—单一性这种模式并不是他所欣赏的模式。比较黑格尔哲学的开端问题和佛教"空性哲学"只是一种初步的尝试,是一种非常基础性的工作。黑格尔的开端的规定性还要进一步地展开,而不仅仅是在这里做一个简单的比较就能完成的。

针对郭冠宇博士的提问,菲威格教授认为黑格尔的《精神现象学》是自我完成的。黑格尔对古希腊的皮浪主义有很深入的研究,并且将之视为"西方的佛学"。怀疑主义或者主导虚无的哲学流派,始终是黑格尔思想体系作为他者的斗争对象。一旦我们试图构建纯粹思维的哲学体系,那么我们必然是从存在出发,是把存在视为开端。因此,就这一意义而言,存在(Sein)是第一性的。但是这个纯存在只是一个开端,它没有任何的其他含义,不指向任何实在。思维必须去思维。

(三) 黑格尔法哲学的"弱制度主义"阐释

1. 主讲人报告概要

9月16日,来自法国巴黎第一大学、法国黑格尔学会原主席的科维刚教授(Jean-François Kervégan)带来了题为"伦理的制度性"的报告。科维刚教授在本场报告中指出伦理规范区别于自然法,其有效性仍然需要取决于个体实践的同意和承认,有时甚至只是通过个体对它们的模糊观念而实现,因而只是一种"弱制度主义"。

科维刚教授的报告共有四个部分。第一部分主要回答了什么是制度。他认为制度是一种规范系统,它持久地规范个体或群体的行动,并赋予这些个体或团体通常是非正式的地位或角色。一个制度可以,但不必须根据明确的规则来组织;它的起源是在"构成性规则"中,即在社会规则中。这个规则可以是现实的,可以是神话的,也可以是其他制度运作的结果。在某些情况下,制度具有近似个体的特征,比如具有"人格"或"意志",在此涉及的是"制度—人",个体性上升到了主观层面,因而具有一个"道德的",或者说法律的人格;而"制度—体",如财产或婚姻,只有客观的个体性。制度具有四个规定:(1)制度即使没有规范性意图,也总是具有规范性效果;(2)制度是一种物化的、客观的理念,不是某个人或某个团体所拥有的理念,而是一种具有自身实存的理念;(3)制度具有持久性,它的起源隐藏在过去深处;(4)在制度框架内实施的行动是仪式化的。社会制度属于黑格尔意义上的"第二自然",它的存在是任何有意义的社会行动的隐秘而看不见的前提。因此,"制度主义"的制度概念和黑格尔的客观精神概念是相互交织的。黑格尔客观精神学说,特别是他的伦理学说的目的,可以被描述为关于共同生活的制度理论。

科维刚教授在第二部分阐释了如何理解黑格尔的伦理。他认为黑格尔的伦理概念不是与抽象法和道德相并列的一个部分,只有伦理才符合客观精神的完整定义。伦理是一个由个别主体所体验的社会世界;这些主体的身份又是由他们对伦理制度的组织(如家庭、同业公会)的积极参与而创造的。反过来说,这些组织只有通过主体的行动能力(agency),并由于他们内在的伦理意向而成为现实的。通过分析黑格尔对伦理所做的定义,科维刚教授认为伦理是一种客观的以及主观的动态的实存。只有在伦理层面上,客观精神才与它的概念相符合,因为伦理主观性(就"真正的道德良知"而言)事实上承认客观规范性的首要地位。最后,他认为由于个体获得现实的(伦理—政治的)自由是以教化(Bildung)为前提的,因此在客观精神中,客观维度和主观维度的和解有时仍然只是客观的。由于这个原因,义务似乎优先于主观权利,尽管两者在原则上具有相同的规范权重,而且从思辨的角度来看是同一的。

科维刚教授在第三部分反驳了亨利希对黑格尔的客观精神理论的强制度主义的理解,认为它是一种弱制度主义,因为它将家庭和同业公会等前政治的制度当作国家和政治制度的"坚实基础"。黑格尔的制度概念对伦理领域的客观规范结构和主观意向给予了相当的权重。弱制度主义阐释的优势在于能够平衡社会现象的"客观主义"和"主观主义"。

在第四部分中,科维刚教授阐释了个体性的制度。他认为主观的意向、态度和实践是由伦理制度所框定的,但不是被规定的。因此,个体的社会和政治"身份"永远不能简单地从其客观特征中推导出来。《法哲学原理》中列举的伦理个体性的不同面貌都被嵌入到客观精神的制度背景中了。在制度的背景中,伦理理论是对逻辑学"概念的方法"的那种"前进—回溯"结构的说明。在现代的(后革命的)"社会的"功能分化的情况下,政治"主体性"构成了前政治形式的主观个体性的现实性条件。黑格尔所说的"国家中存在的制度"是家庭和市民社会的制度,它们既是国家的"伦理根源",也是国家公民的主观构成。对某些社会(以及政治)制度的参与促进了（日常的爱国主义的）政治风气的形成，这反过来又培养了婚姻、市场或同业工会等"部分的"伦理制度良好运作所需的"社会"意向。与青年时期的思想不同，后期黑格尔则相信，家庭和市民社会的特殊制度不仅不会危及"整体精神"的发展，反而会促进这种发展。制度是"理性的社会性"的重要组成部分，它们是个性和主体性的生产者；因此，制度是主观和客观自由的首先现实性条件。

2. 与谈人评论与提问

来自中国社会科学院的冯嘉荟博士就本场报告提出了三个问题：(1)我们如何基于黑格尔的语境来理解这种从前制度到制度的转变？(2)如何理解不同形态的伦理制度之间的张力？(3)黑格尔所展现的不同的伦理身份是否能够充分地涵盖主体的主观性所要求的自由？

来自清华大学的夏莹教授作为本场讲座的主持人兼与谈人，认为科维刚教授的报告以个体性的制度为落脚点，清楚地展现了黑格尔通过弱制度主义将伦理的客观性和主观性的维度融合起来的方式。这场报告的独特之处还在于他是以一种法国哲学的独特视角来理解黑格尔的，即对主体性的强调。其次，夏莹教授提问：弱制度主义阐释中的个体性是否等同于伦理个体性？如果科维刚教授肯定了这一点，那么文章中所认为的黑格尔是1789年原则的支持者，这一观点是在何种意义上而言的？

复旦大学邓安庆教授提问：在确立了制度—人和制度—体的区分之后，在这样一种弱的规范性制度之下的伦理行动和主观精神意义上的道德行动之间，更具体、更根本的差异是什么？

华东政法大学的张大卫博士提问：如果所有的制度的有效性都来自个体的承认，那么我们如何区分康德和黑格尔的理论？因此，他建议进一步区分不依赖个体承认的基础性制度和其他制度。

3. 主讲人回应

科维刚教授依次回答了冯嘉荟的三个问题。(1)现代国家与古代国家在制度层面的根本差异在于它展示了一系列独立的制度构成，这些制度构成帮助我们建立了共同体的生活。在这种社会中，个体具有反思和批判的权利，但同时他们仍然被统合在伦理共同体之中，尽管是以个体性为前提的。因此，我们看到现代制度情境的主体—客体辩证法在于两个核心要素：一个是基督教所展开的个体反思的能力，另一个是资本主义的兴起。(2)黑格尔认为古代社会中伦理实体之间的冲突的根源是缺乏中介。因此，解决办法就在于现代社会中所提供的社会性的中介。个体不仅属于家庭，属于城邦，同时也是社会行动者。所以，黑格尔的理论可以被视为描述了后革命社会的一种家庭、市民社会和国家之间的平衡，以及对它们之间的冲突的一种解决方式。只不过在黑格尔的叙述中，这种张力依然存在着。所以，即便黑格尔描述了不同制度之间的平衡，但同时也保留了这样一种看法：市民社会内部的战争状态这一要素有可能让政治社会受到威胁。（3）对黑格尔而言，一切制度只有在被意志所激活、所贯彻，这种制度才能成为制度。因此，制度的实现要求个体的认同。这种认同可能是通过教育来实现的，但它一定不是强制的，因为我们不可能强制每个个体相信他不相信的东西。如果没有个体的承认以及整合和依附的关系，那么制度仅仅是空洞的外壳。

针对夏莹教授的评论和回应，科维刚教授解释道：他所说的主体性是弱的意义上的主体性，它不是世界的主人，不是主客关系中的主体的"ego"或者核心。他更倾向于将这种主体性理解为社会和文化的结果，他更倾向于思考的是主体如何在变化的世界当中建构自身。在此意义上，黑格尔是一个重要的思想资源。

针对邓安庆教授的问题，科维刚教授认为道德规则对我们的行动的规定是缺乏内容的，因而在这种规定下的行动很可能是错误的。因此，道德的行动可能是具有误导性的。而伦理行动由于提供了具体的内容，因此可以纠正道德上的虚妄所可能造成的误导性。

针对张大卫博士的问题，科维刚教授认为康德和黑格尔之间的差异被刻意夸大了。根据康德在《道德形而上学》中对规范性的有效性的看法，就可以得出后期康德的立场已经是黑格尔的一种前导或者说预示了。他也同意我们不能只强调历史的作用而完全否定个体的作用。

（四）黑格尔的自由意志学说

1. 主讲人报告概要

9 月 22 日，德国海德堡大学哲学系主任、国际黑格尔学会主席科赫教授（Anton Friedrich Koch）带来了题为"黑格尔《法哲学》导论中的自由意志学说"的报告。科赫教授立足于文本，详细讨论了黑格尔的自由意志在何种意义上解决了莱布尼茨和康德关于自由问题的疑难。

科赫教授的报告分为四个部分。他在第一部分通过比较《逻辑学》中的开端和《法哲学》中意志的开端，一方面确立了后者当中的开端要寓于前者当中的开端这一观念，另一方面又强调了这两种开端之间的差异。通过对第 1—4 节的分析，科赫教授得出了黑格尔对法的理念和意志的关系理解。通过考察第 5—7 节，他指出黑格尔认为只有"思辨哲学"

而非康德的"反思哲学"才能从自由或自由意志的概念中先天推导出一个被区分开来的法律和伦理体系。而要真正把握这一点,还需要理解《逻辑学》开端部分的纯粹存在与概念逻辑之初的纯粹概念之间的差异:推理的、后台逻辑上的表述与前台逻辑上对同一些思维规定的实行之间的差异。理解这种差异对于《法哲学》的进展具有重大意义,它使得在概念逻辑中把概念的发展表述为其逻辑上的自我规定,以及在《法哲学》中把意志概念的发展表述为其逻辑—实践上的自我规定成为可能。在对第6—7节进行分析后,科赫教授给出了黑格尔所理解的自由和意志之间的关系,即自由并不是像重力附加于物体之上那样附加给意志,而是自由就是意志的本性,它构成了意志的实体性。

接下来,科赫教授在第二部分考察了《法哲学》第8—15节中的任意性概念以及与康德的区别。首先,他挖掘了黑格尔在第8—9节中基于(β)特殊化环节(第6节)对(a)形式的意志和(b)意志的内容做出的区分。其次,在对第10—11节的分析中,科赫教授对比了黑格尔所理解的意志所拥有的自由的三个本质方面和康德以及莱布尼茨对此的理解。再次,在对第13—14节的分析中,他解释了为什么黑格尔进行选择的可能性,即将自由称之为任意(Willkür)。科赫教授接着在对第15节的分析中厘清了任意和偶然性以及决定论的关系,并在最后指出,黑格尔至少要承认,康德在其"反思哲学"的自由理论中远远超出了将自由和任意相等同的做法,并朝向这样一个意志,它首先意欲它自己本身,它的普遍性,随后只在这种普遍性的条件下才进一步意欲所有其他东西。

报告的第三部分是对《法哲学》第15—31节的分析。任意是一个在表象着和在意愿着的偶然发生器,这种构想存在着任意的基本矛盾。对这个矛盾的处理将进一步引向通往在其真理中的意志,即自为的自由意志的道路。康德在黑格尔实践哲学背景中的作用比黑格尔愿意承认的更大,尤其是对"幸福"的理解上。但是与康德不同的是,黑格尔将幸福理想与教养的一种绝对价值联系了起来,并且发现了一个从形式的普遍性到真正的意志自由的规则化的过渡:从幸福到伦理。但是这种过渡也包含着一种康德式的窍门。科赫教授认为,黑格尔在这里对康德伦理学特征的快乐和道德的外在性的扬弃仅仅是纲要式的意图申明而非论证。黑格尔在第29节的附释中,将康德的伦理法则的形式性降低为矛盾律的平庸。绝对命令并非完全空闲地躺在我的意愿中,它从上面施压,就像我的事实行为从下面施压一样。因此,有必要在从上面和从下面的推理中找到一个反思平衡(*Überlegungsgleichgewicht*)。在黑格尔看来,并不是每一次我都必须从我的意志的普遍性中推导出具体的行动并为之辩护。因此,黑格尔把意志的规定外在化,并把对意志的普遍性与具体的行动的中介作为自由意志的实现转移到上述法的形式和机构中。《法哲学》

在理论上追踪这种在事实上早已发生的中介活动,而其方法的前提则是出自《逻辑学》。但是《逻辑学》只需要把偶然的和无法推导的东西在整体上主题化,而现实哲学,特别是关于客观精神的学说,必须考虑到人类现实在其每一次独特定在中的诸种偶然性。科赫教授认为黑格尔的总论点大概是,从长远来看,自由将穿过人类偶然情况的事实性以逻辑上的严格性来实现自己:来自上面的逻辑压力比来自下面的经验压力更加持久。

第四部分是对 34—35 节中的个体的主观自由的分析。科赫教授首先考察了在黑格尔这里,让人们成为有责任的行动者的个体自由基于的是什么,当我们自己思考它时,这种根植对个体的影响,以及个体的意志自由体现在自己身上或心中的方式。其次,通过对比莱布尼茨、康德和黑格尔对任意、理智和自由的理解,科赫教授得出结论:莱布尼茨、康德和黑格尔最后和睦地走到一起。莱布尼茨提出了关于理性的激励的思想,它对应的是康德所说的实践理性的强制、黑格尔所说的对理性必然性的清晰洞察。黑格尔参与了自主和自律的渐进本性以及推理中的反思平衡性。然而,莱布尼茨和康德主要考虑的是自由意志的主观、个人方面,而在黑格尔看来,即使是最自由的国家也会对个人的自由施加严重的限制,这一事实显然比它实际上所存在的疑难更少。

2. 与谈人评论与提问

来自东海大学的史伟民教授针对报告提出了两个问题:一是如果我们要诉诸人类之外的绝对主体的思维来为人类的自由奠基,自律就难以协调,因为如果我们需要聆听、服从产生于我们之外的绝对存在者的理性必然性,那么这似乎不能算作自律;二是根据黑格尔《美学讲演录》和《宗教哲学讲演录》,概念的三个环节似乎并不像科赫教授在报告中所理解的那样是描述一个概念的三个不同面向的结果。

来自浙江大学的朱渝阳博士提出,如果我们从《逻辑学》出发,我们也可以很好地理解黑格尔《法哲学》的思路或者其论证的方式,那么,我们为什么还要做额外的论证回过头来看《法哲学》?

来自南京大学的刘鑫博士澄清了史伟民教授和科赫教授所理解的概念的不同之处,她认为前者强调的是概念具有两个要素,即普遍性和特殊性;后者则认为概念具有三个维度。

3. 主讲人回应

针对史伟民教授的提问,科赫教授依次做出回应。(1)黑格尔并不认为现实地存在着一种超越的存在者,这种存在者只是隐喻性的东西。外在于人的自然的必然性,尽管不能被改变,但是能够被转化为人自己的思维。是我们思维外在的必然性,是我们认为自然是像自然法则这样一种形式的,因此它就不是纯粹外在的东西,而是把它内化成了我们自己的一种逻辑。(2) 在《逻辑学》中,黑格尔对概念的区分确实不是如此区分的,而只是就一般地在哲学史上所区分的种和属的差别。

针对朱渝阳的问题,科赫教授指出,黑格尔的《逻辑学》不是一种模型,不是我们用来投射到自然,投射到客观精神所依赖的模型。在《法哲学》中会出现新的内容,会出现《逻辑学》不可能给我们带来的有生命力的东西。《法哲学》不能被理解为《逻辑学》的应用,即应用逻辑学的部分。因此,我们需要发现《法哲学》自身当中有活力的东西。

(五) 黑格尔哲学在现代世界的意义与限度

1. 主讲人报告概要

9 月 29 日,德国明斯特大学副校长宽特教授(Michael Quante)带来了题为"在尊严与多元主义之间:黑格尔哲学在当今世界的意义与限度"的报告[①],探究黑格尔的实践哲学如何能够证成在德国当代生命医学伦理学中被强烈感受到的人类尊严难题。

在进入本场报告的主题前,宽特教授先谈及了两点关于如何在当今世界研究黑格尔哲学的方法论问题:(1) 对待黑格尔哲学要保持历时性与体系性视角的统一;(2) 走进黑格尔的体系性批判是系统地研究黑格尔哲学的不二法门。这种研究思路正是他凭借黑格尔的实践哲学来探究生命医学伦理的依据。因此,他将在本场报告中更进一步地阐释黑格尔的实践哲学如何与在德国的生命医学伦理学中被强烈感受到的人类尊严作为普遍原则与多元主义的规范观念之间的张力相关。在交待了他将采取何种策略来完成这一任务后,他说明了他在本场报告中的运思结构:第一步是从《人类尊严与个人自律》中勾勒出他的构想的基本特征,他在这一过程中强调了尊严与多元主义之间的张力,并依据自身理解探讨了如何将尊严和多元主义置于黑格尔的实践哲学中;第二步是对路德维希·西普(Ludwig Siep)的立场进行展示;最后是对他的运思的总结。

宽特教授首先给出了他的整个运思的两个评估前提:人的尊严原则要以世俗社会和多元社会为前提,在这种社会中,对个人自律的尊重原则能够作为可接受的生命医学伦理的核心组成部分而行使作用;所有试图压制这些世俗性、多元化和自律的特殊地位的实际性框架条件的尝试既在政治上不合理,也在伦理上不可接受。其次,他给出了当今对人类尊严原则的适当阐明所必须满足的框架条件:不能与个人自律相矛盾,且必须能够让各自的行动背景以及居于其中的价值和规范的"特定伦理要求"都有效。因此,只有作为在

---

① 具体可参看本书第4—20页。

多元社会和世俗社会中合理假设的重叠性共识的组成部分，它才能合理地完成对人类尊严的奠基。最后，他论证了黑格尔实践哲学的某些核心方面能够和这种建构实践哲学的理论纲领联系起来，从而与现代生命医学伦理产生联系。

在其运思结构的第二部分，宽特教授认为路德维希·西普对黑格尔实践哲学的研究关注的是"检验这种哲学对'实践'哲学认为自己在现代世界的发展中面临的那些问题具有何种当代意义"。这种关注是通过他对两个部分重叠的主题领域——生命伦理学和社会正义问题——的讨论所表现出来的。宽特教授点明了西普的讨论中与本场报告主题直接相关的两个重点："承认作为实践哲学的原则"和黑格尔关于国家作为"世间绝对者"（irdisches Absolutes）的构想。然后说明了西普为黑格尔的世俗化和多元化社会的客观精神构想所划定的两个界限。通过比较与西普的批判性理论，宽特教授指出了他和西普的几点共识：对在个人自律这一优先条件下寻求尊严与多元主义统一的生命医学伦理学来说，黑格尔实践哲学具有吸引力的三个因素，以及不具有吸引力的三个因素。如果黑格尔客观精神的构想是世俗的、对多元主义负有义务的，并与个人自律的核心价值保持一致的话，那么不具有吸引力的三个因素则代表着黑格尔客观精神构想对当前生命医学伦理学基础的不可逾越的边界。

宽特教授在报告的最后一部分强调，为了避免错过黑格尔的明确要求和哲学的关切，追寻黑格尔的（实践）哲学如何与我们的当下现实，以及我们自己的哲学阐释的尝试相关联的问题是顺理成章的。实现这种关联的合理方式是西普描述为"非历史性的更新"的方法。最后，宽特教授认为我们应该承认黑格尔哲学的限度，并论证这些限度，因为这些限度中蕴含着黑格尔哲学的巨大潜力。

2. 与谈人评论与提问

来自武汉大学哲学学院的贺念副教授在对宽特教授的报告进行梳理后，提出了三个问题：（1）康德一方面认为尊严的基础在于人之所是，一方面又认为尊严的基础在于人之所为；这种矛盾是否能够在黑格尔哲学当中得到解决？（2）综合性的伦理学的根本性基础原则到底是"承认"还是"个体自主"？（3）如何看待形而上学和政治的关系？

来自中国社科院的熊至立博士对宽特教授的运思逻辑进行了细致而精确的描述，并指出了四个有待商榷的地方。（1）对世俗化、多元性和自主权的抑制在伦理上是不可接受的辅助假设似乎是评价性的而不是描述性的。（2）康德伦理学和道义论中关于个人自主的词典式优先性与黑格尔实践哲学中个人自主的优先性之间的差异似乎不大。（3）为什么对所有合格主张的计算会消除多元性？计算完全可以通过为不同的主张分配不同的权重,从而让它们在一个组织良好的分配系统中都得到保存而不必被消除。（4）西普所提出的黑格尔实践哲学的第三个局限性似乎难以理解。在什么意义上形而上学对政治的优先性是一种局限？这种局限性又是针对谁而言的？

3. 主讲人回应

针对贺念的问题,宽特教授依次进行了回应。宽特教授认为贺念所说的尊严的基础在于品质还是品质的践行这一问题并不构成一个矛盾,因为我们对于品质的完整描述无法脱离品质的践行。所以,品质和品质的现实化之间的辩证关系可以克服他所认为的这种矛盾。宽特教授拒绝了贺念第二个问题所包含的预设性前提,即"承认"和对"个体自主"的尊重都是评价性的原则。他认为只有对"个体自主"的尊重才是评价性原则,而"承认"是一种认知原则,报告中对二者的使用是出于不同的理论目的,因此没有必要对他们做出排序。宽特教授指出,"里德学派"关注的焦点并不是理论理性或者说形而上学和实践理性之间的关系,而是我们需要的是个人主义的伦理学还是亚里士多德主义的伦理学。

针对熊至立博士的评论,宽特教授依次做出了回应。（1）宽特教授指出,他论证的要点在于,克服多元主义和世俗化的代价是巨大的,也是与对个人自主的尊重不相容的。因此,无论现代社会的这些特征是什么,无论人们是否喜欢它们,或者它们在道德上是好是坏,这都不重要。（2）他声称自己在伦理理论的类型上的立场很灵活,一个组织良好的伦理理论将能够整合义务论、美德论和后果论的各个方面,尽管这很复杂,但却是可能的。作为一个特殊主义者,我们不必制定普遍的规则,去考虑伦理理论中的哪个构成更重要,而是要探究在每个部分中如何给出最好的分析。（3）他指出,报告中的计算概念并不会消解多元,因为他对这个词的使用和功利主义将其等同于通过抽象来量化事物的观点不同,他是在价值优先级的考虑上使用的,因此这里的计算并不意味着排除多元。（4）因为形而上学的主张在我们的社会语用的实践讨论中需要进一步的理由来证成。很多形而上学的预设和回答不是政治、伦理问题讨论的终点,而是政治、哲学思考的起点。

三、系列讲座之总结

9月29日系列讲座的最后一场结束后,复旦大学哲学学院副院长张双利教授对本次系列讲座进行了总结。张双利教授就本次系列讲座的背景进行了说明,认为"黑格尔与现代世界"系列讲座能够帮助我们理解近十几年来国内黑格尔主义复兴的原因:一是黑格尔是现代性哲学讨论的起点,他发现了现代世界的深刻困境并提出了自己的解决方案;

二是中国社会已经在经历着这种非常病态的现代化,现代复杂社会的发展所带来的紧张、冲突和问题都被摆在了桌面上,而中国学者理应要面对所有这些挑战。张双利教授认为,该系列讲座的效果和影响也印证了这种复兴。此外,这种复兴还因为黑格尔主义是非常具有现实性的,我们对能够从重新阅读黑格尔中得到什么充满了兴趣。因此在这种背景下,在中国学者、德国学者和其他国际学者之间开展深层次的、实质性的哲学学术对话是非常重要的,因为如何在这样一个后形而上学的哲学背景下重新阅读黑格尔的理论哲学和实践哲学,仍然是我们所有人都在努力应对的挑战。就此而言,这次系列讲座无疑是一个很好的起点。

"Hegel and the Modern World" Lecture Series by Leading Scholars

FU Wenbo

【Abstract】 In addition to Professor Klaus Vieweg's interpretation of the beginning of Hegel's philosophy with the inspiration of the Buddhist Philosophy of Emptiness, this series of lectures mainly discussed related topics in Hegel's *Philosophy of Right*. Professor Andreas Arndt discussed how it is possible to adhere to the "consensus of law" in the context of modern civilization. Professor Jean-Francois Kervegan tries to clarify the meaning of Hegelian institutionalism from the perspective of the interpretation of "weak institutionalism". Professor Anton Friedrich Koch discussed in what sense Hegel's free will solved the problem of freedom of Leibniz and Kant; Professor Michael Quante, through the research approach of holistic picture, presents a possible solution of Hegelian philosophy to dissolve the tension between dignity and pluralism.

【Keywords】 Beginnings, Philosophy of Right, Weak Institutionalism, Free Will, Human Dignity

朋友间的关系：无聊与聊天

——看电影《伊尼舍林的报丧女妖》

陈家琪①

在中国的传统文化中，"朋友关系"可能是最具有某种微弱而又牵强的"平等关系"。为什么？因为从朋友关系跨进一步，就成为兄弟或姐妹关系，于是也就进入了"长幼有序"的关系之中。《水浒传》中的江湖好汉们动辄以大哥、小弟相称，看起来关系更进一步，其实也就自然进入了一种排序状态之中。仅仅想维持住朋友关系，则必然又只会成为陌生的泛泛之交，那也就意味着会自然处于另外的某种"有序"的关系之中，如君臣、父子、夫妇，等等，失去的恰恰是"朋友"。天下不知有多少人一生都没有朋友，有的只是上下级、夫妇、父子或兄弟姐妹。如何仅仅维持住"朋友关系"，既不使之宛如父子、兄弟、夫妇、兄弟姐妹，又不落寞到见面只是点点头、打个招呼、认识而已的"同事""同行""同乡"关系之中，这对每个人来说，都很现实，也很根本。

现在我们看到的是一部获得第79届威尼斯电影节最佳编剧、最佳男主角，以及第95届奥斯卡金像奖最佳导演（提名）、最佳影片（提名）、原创剧本（提名）等八项大奖的影片；关于这部电影的介绍中说，《伊尼舍林的报丧女妖》中的"伊尼舍林"（Inisherin）是爱尔兰的一个贫瘠、闭塞的小岛，"报丧女妖"（Banshees）是爱尔兰神话中一个用哭泣和尖叫来预示死亡的女妖。这部电影的名字也是电影中男二号科尔姆（Colm）为自己所创作的乐曲的曲名。

科尔姆和男一号帕德里克（Padraic）应该算是朋友了。帕德里克几乎每天下午两点都会叫上科尔姆一起到镇上的一间小酒吧喝酒、聊天。帕德里克也应该算是一个很好相处的人，他几乎和镇上所有的人都认识，而且见人就会打招呼，彬彬有礼。电影的一开始，

---

① 作者简介：陈家琪，同济大学哲学系教授，博士生导师，研究方向为西方哲学史、政治哲学、法哲学和伦理学。

就是帕德里克去约科尔姆喝酒、聊天,但这次科尔姆却不去了,而且说与帕德里克不再是朋友,因为他"不喜欢他了"。"可你昨天还喜欢我呢,怎么会……如果我做错了什么,说错了什么,会真心实意赔礼道歉。""不,就是不再喜欢你了。"世界上有这种"无缘无故地从喜欢一个人到不喜欢同一个人"的事吗?对所看的某本书,对所从事过的某件工作,甚至对所爱过的某个人,我们都可能有过类似的感受。那就是厌倦。科尔姆不再喜欢帕德里克,就是不再喜欢与他相处。两个男人的相处方式就是聊天。当然,前提是他们要能说上话。说些什么?哪些方面的内容?总不能一年到头总说同一类的话,事实上也没有朋友之间那样说话,除非变成了祥林嫂。科尔姆比帕德里克年长许多,已经感受到死亡的逼近,于是觉得把时间花在聊天上真是虚度人生,哪怕是与帕德里克这样的朋友聊天。或者是一对心爱的夫妻相处,如何才能不彼此间心生厌倦,这实在是人生的一门大学问、一个大课题。科尔姆会拉小提琴,在小酒吧里也常组织一些小型音乐会;他还能作曲,其中最想完成的最后一部曲名就是"伊尼舍林的报丧女妖"。尽管他的作曲都说不上多么好,但他心中念叨着的还是莫扎特那样的人生。

一个喜欢音乐的人想使自己成为莫扎特,这不对吗?不好吗?人世间只有一位莫扎特。当然,我们可以说巴赫、贝多芬也都可以被视为与莫扎特并肩的人,但不少伟大的音乐家都说,如莫扎特这样既有天赋,又有才华,而且能把此二者如此绝妙结合在一起的人几乎是绝无仅有的。莫扎特只活了 35 岁(1756—1791),但科尔姆总把莫扎特说成是 17 世纪的人,需要帕德里克的妹妹来纠正他。科尔姆拉的琴声也有些刺耳,这可能会使他有些尴尬,但这并不影响他想成为像莫扎特那样的人。

但为什么想成为莫扎特那样的人会让科尔姆变得离群索居,甚至不再想与帕德里克这样的朋友说话了呢?我觉得这还是和他毕竟生活在一个偏远的小岛有关。如果他生活在都柏林或伦敦,如他这样喜爱音乐的人就会去听各种音乐会,甚至结交一些音乐家。这样,莫扎特这个名字对他来说就会变得很现实,而不再只是一个似远似近的符号。

帕德里克也并不是一个那么无聊的人,尽管他也许并不知道莫扎特是谁。有些太庸俗化了的内容也是从来不会进入他的聊天范围的,如他的另一位朋友多米尼克(Dominic)所关心的那些与烟、酒、见没见过不穿衣服的女孩子(特指帕德里克的妹妹,借以满足自己的想象)有关的话题。其实多米尼克是个很让人有些怜悯并引发诸多思考的角色。他的父亲是当地警察皮达尔(Peader),很粗暴,常常无端暴打他。多米尼克只关心与日常生活有关的趣事,深深爱着帕德里克的妹妹西沃恩(Siobhen)。而西沃恩又是岛上唯一一个真正喜欢读书的人,当然不会爱上多米尼克这样的人。多米尼克在明确遭到拒绝后,最后死在一潭池水里。大家都认为是他不小心滑落进去的,但也可能是自杀或被他父亲打死的。一个如此琐碎、无聊的人就这样消失了,没有谁会在意。只有帕德里克会在意,因为只有这个人才会在自己有事外出时帮着照料自己的小驴子珍妮(Jenny)。帕德里克非常反感皮达尔对自己儿子的这种蛮横粗暴,并且当面对皮达尔表达了出来,结果就是遭受一顿暴打。这样富有同情心的人会很"无趣"吗? 和他在一起聊天,他会说些"漫无目的的无聊事情"吗? 他也关心此刻正在陆地上发生着的战争,但也只限于看到炮火,知道正在打仗而已。那是 1923 年的春天,爱尔兰正在与英国开战。他没有"爱国心",不关心国家大事,不会去打仗,更不知道为什么要打仗。但,还要让他怎么样呢? 他和妹妹西沃恩发生了一点争论,从中可以看出他妹妹是个多少有些忧郁的人,感受到生活的某种悲伤,想与人说说自己的孤独。但所有这些话题都明显超出了帕德里克的聊天范围,他想都未想过这些问题,脑子里也没有这些方面的内容。更准确一点说,就是大凡那些超出了日常聊天范围的概念,从个人化的犹豫、悲伤、孤独,到国家、独立、战争这些概念,是从未被帕德里克思考过的。聊天时说些事情与讨论概念是完全不同的两个层次。但一般的人并不会注意到这种区别。所以,当有人对帕德里克说,科尔姆是个喜欢动脑子的人时,帕德里克就会不解地反问道: 我就是个不动脑子的人吗? 这句话也恰好证明了帕德里克是真的不知道他与科尔姆之间的问题出在哪里。科尔姆也并不讨论聊天时总免不了会用到的概念,但"生命"与"意义"这些概念却已经纠缠着他,让他想象着另一种生活方式。西沃恩在感情上当然站在哥哥一边,只把科尔姆的问题归结为"沮丧",就是未能取得什么成就,所以不开心,就是这个科尔姆,在发誓不与帕德里克说话的第二天,看到皮达尔暴打帕德里克的一幕,就主动上前扶起他,驾马车送他回家,路上却不说一句话。而帕德里克却误以为他们之间的间隙已经弥合,就又去找科尔姆。不料,科尔姆这次却恶狠狠地对他说:"你要再找我说话,每来一次,我就剪掉自己的一只手指,并让你看到,是剪我拉琴的左手的手指。"

这让帕德里克真正相信了他们之间再也不会如以前那样聊天了。也就是说,朋友间所建立起的信任与友谊在他们那里已经丧失。

是科尔姆不对吗? 他想成为莫扎特,哪怕根本不可能,连"想"都不能"想"吗? 小岛上的生活太单调、乏味、无聊,找不到人聊莫扎特或与莫扎特有关的那一类话题,就算有人要与他专门讨论音乐,他自己又没有什么可说的。这让他很苦闷。渴望摆脱、走出,想过另一种生活,这有什么不对? 而另一种生活是什么样子,他自己并不知道。但无论如何,反正是帕德里克所无法给他的,他为什么就只能在岛上过着这一种生活?

是帕德里克不对吗？他正直、善良,觉得与科尔姆在一起聊天就是"在过有益而正常的生活"。他不懂莫扎特,也没有妹妹那样感受到忧郁和悲伤,更不知道孤独是怎么回事。但这有什么不对吗？他把日子过得充实、乐观,也乐于助人,关心身边的新鲜事,但新鲜事又只有这么多,说说也就完了,你还要他怎么样？

他们两位都不谈女人,身边也没有要爱上的人(这其实至关重要,甚至可以说是人生第一要务,离开了女人,生活何以可能？)。多米尼克倒是有,但在遭到拒绝后就死掉了。西沃恩读了很多书,岛上的生活当然不如意,于是选择了出走。这里面当然包含有爱情上的追求,所以她觉得离开这个岛就是对的,否则一辈子就只能眼见到这几个有限的男人。但她其实已经或很快就知道,换一个地方,依旧有自己的忧郁和悲伤,而且还会感受到更加的孤独,否则就不会那么急切地想叫她的哥哥过去陪她了。人生不过如此。意识不到,浑浑噩噩,是一种生活样态,意识到了,如何面对,大约创作就是唯一的出路。帕德里克和科尔姆大约都属于这两种不同的生活样态之间的一些人物,既不能说浑浑噩噩,也无力面对,在创造中耗尽精神的苦闷与烦恼。事实上,绝大多数人就都这样生活着,也似乎过得不错。

其实对科尔姆和帕德里克来说,他们又何尝不知道就是换一个地方,或身边换成另外的人,大概生活也依然会是这个样子。说不定能如他们这样做朋友,天天在一起聊天,就是一种最好的生活状态了。

但厌倦,是每个人都不得不面对的生活现实。

聊天和无聊之间是什么关系？是不是人无聊了才聊天？朋友间的信任与友谊是靠聊天的内容建立起来的吗？

人是群居动物。每个人都是通过他人来认识自己的。有的人只有通过聊天才能刷新自己的存在感,知道自己还活着,还活在他人之间;有的人却只有感受到孤独,越感到自己与他人的疏离,才越能证明自己的存在。

帕德里克说,我和科尔姆的聊天都是有益而正常的,表达的是友善(nice)、可亲(lovely),这难道就无聊(bored)了吗？杂货店的老板娘说,没有什么新鲜事,怎么聊天？帕德里克问:什么算新鲜事？说出多米尼克常常被他父亲打骂,这还不算新鲜事吗？

是啊,什么才算"新鲜事"(news)？皮达尔打骂多米尼克的事差不多人尽皆知,但知道与说出又是完全不同的两回事。帕德里克勇敢地当着皮达尔的面说出了这件事,这就不仅仅只是在说出某种"新鲜事",而是在捍卫着某种原则了。尽管他始终不知道拿什么概念来表达这种原则。

不管帕德里克怎么说，说什么，让他看见的，就是科尔姆的手指，而且是直接送到了他的家，最后是把剪下来的几只手指都扔在了他的家门口，结果导致他心爱的小驴子珍妮误食了一只手指而被噎死。看着科尔姆血淋淋的左手和自己被手指噎死的小驴子，愤怒至极的帕德里克对科尔姆吼道："明天下午两点，我要放火烧了你的房子，希望你也在里面。"

正是帕德里克这样的表情、语气、动作和行为，才让科尔姆觉得他们似乎又成了朋友，而以前在帕德里克身上所表现出的一切，包括对科尔姆最诚挚的祝贺，并表示要自己掏钱庆贺一下，因为他终于完成了自己的曲目《伊尼舍林的报丧女妖》的创作时，科尔姆的回应就是每每都要剪掉自己的一只手指。

科尔姆的自残行为，是对自己生命的一种毁坏。因为他看不上这种生命，宁肯让什么毁坏的力量来刺激一下，就算能给生命增添上几抹色彩也好。剪掉手指是对生命的毁坏，无聊和聊天就不是吗？生命不也在聊天中逝去了吗？科尔姆知道自己成不了莫扎特，对自己不满，看不上自己的生活。只不过常常会把这种不满转移到自己的朋友帕德里克身上而已。帕德里克烧了他的家，帮他完成了自己的"自残"，所以他也并不记恨帕德里克，甚至还有了几分感动，使他们又有了重新成为朋友的可能。因为那种无形的原则在暗中会起到某种推动作用。

电影的最后，帕德里克在去放火烧科尔姆家的路上，读到妹妹西沃恩的来信，说她终于离开了这座小岛，到了陆地上有多么多么好，而且还给他留了一个床位，相信他一定能找到自己心仪的工作，等等。当然，帕德里克已经不为所动。无论他知不知道，也无论在哪里，他帕德里克只要、也只能、只想过上他这种"有益而正常"的与朋友间的聊天生活。而科尔姆就是他认定的朋友。就是说，哪怕放火去烧科尔姆的房子，他也不忘专门看看科尔姆是否就在家里。是的，科尔姆就端坐在自己的椅子上，而教堂的钟声也正好敲响了两下。

科尔姆并没有死。没有了房子，他住哪里？不知道。当帕德里克去看时，房子已成灰烬，而科尔姆就孤独地一个人站在海边眺望。于是，他也走了过去，保持住一定距离，也站在那里，面朝大海，只是没有春暖花开而已。

通过实践智慧塑造有美德的心灵

——评李义天的《美德之心》

文贤庆①

1958 年,安斯康姆在《哲学》杂志上发表的《现代道德哲学》一文对美德伦理学来说具有重要意义,它标志着美德伦理学的复兴。在文中,安斯康姆不仅批评了以康德义务论和功利主义为代表的规则伦理学,而且更重要的是,她为美德伦理学的发展指明了方向。她说,"目前去做道德哲学是不会有什么收获的,至少在我们发展出充分的道德心理学之前,道德哲学应该被搁置起来"②。如何去发展道德心理学? 安斯康姆建议,我们最好回到亚里士多德那里,去看看他是怎么谈论伦理学的。现代道德哲学使用的"责任和义务概念——也就是道德责任和义务——以及关于什么是道德上正确和错误的、什么是道德意义上的'应当',即使是心理学上可能的也应该被抛弃"。③ 正是遵循安斯康姆提供的道路,美德伦理学在借用亚里士多德的思想,尤其是借用他有关人类心理的思想的基础上,迅速发展起来,逐渐成为当前伦理学研究的主要流派之一。然而,尽管美德伦理学的研究者在这条道路上取得了卓有成效的结果,但直到李义天教授在商务印书馆出版的《美德之心》面世,至少在中文世界里,亚里士多德有关人类心理的分析从来就没有如此细致而丰富地被展开过。

一、

在《美德之心》一书中,李义天教授在对伦理学与心理学亲缘关系的历史考察和时代

---

① 作者简介:湖南师范大学道德文化研究中心暨哲学系教授、湖南省中国特色社会主义道德文化协同创新中心研究员,主要研究方向为元伦理学、康德哲学、行动哲学、规范伦理学。
② G. E. Anscombe, "Modern Moral Philosophy", *Philosophy*, Vol. 33(124),1958, p.1.
③ 同上。

考察的基础之上,试图以亚里士多德有关人类心理的论述为核心,发展出一种成熟完善的亚里士多德主义美德伦理学及其道德心理谱系,从而捍卫和坚守一种有关人类道德生活的美德伦理学立场。为了达到这个目的,李义天教授在《美德之心》中分四部分来完成这个工作。

在书中第一部分,李义天教授首先分析了伦理学和心理学的亲缘关系,指出道德心理学的核心概念与基础概念,试图为亚里士多德主义美德伦理学的心理议题定位。第一章从人类内心世界一直都是伦理学不可或缺的重要组成部分的基本观点入手,李义天教授用精炼的概括展示了"美德之心"在西方历史上的发展。通过梳理《荷马史诗》、奥菲斯教和一些前苏格拉底哲学家的思想,李义天教授向我们表明,西方文明最早关于心理学(psychology)中的灵魂(psyche)概念是与生命一起被认识的。这种认识从最早把灵魂看作一般生命物中的某种客观物质元素发展到灵魂是人的心理状态。正是因为这种转变,"人们才会意识到灵魂同人伦生活的必然联系"(第14页)①。由此,李义天教授对灵魂的考察就从"'灵魂在生命世界中的位置和功能'转移到'灵魂在伦理生活中的位置和功能'上来"(第14页)。这个工作正是古希腊的苏格拉底、柏拉图和亚里士多德完成并在希腊化时期流行的有关灵魂的古典意义。这就进入了有关灵魂古典意义的探讨。在这个探讨中,李义天教授展示了这样一条线索:苏格拉底把灵魂设定为"'人的内在自我'与'核心的同一性和向导性'"(第15页),人的伦理生活和人的灵魂就结合到了一起;而柏拉图则进一步通过灵魂具有的理性、激情和肉欲的三分与城邦生活对应起来;承接而来,亚里士多德通过把灵魂看作"合乎完满的美德的实现活动"②,发展并巩固了"'灵魂'与'幸福'的联系,也深化了'灵魂'与'美德'的关联"(第18页);进入希腊化时期,因为生活世界的动荡,关于灵魂的认识变成其中理性与非理性要素何者对伦理生活更重要的争论,基督教伦理学对"情欲"与"圣灵"的探讨延续了希腊化时期有关灵魂不同要素之间的争论。直到笛卡尔用"思维着的自我"(第26页)改造灵魂概念,古代哲学的灵魂概念才真正成为我们今天还在使用的"心灵"概念。在他的影响下,一直到现代心理科学发展起来之前,心灵概念流行地代表人类"精神"或"思维",这开启了后来哲学家们有关人类精神领域的专门探讨。通过这个历史的梳理,李义天教授表明,对心理问题的探讨一直是伦理学探讨

---

① 为了方便,文中标注页码特指李义天教授《美德之心》一书。参见李义天:《美德之心》,北京:商务印书馆,2021年。

② Aristotle, Nicomachean Ethics, W. D. Ross trans., in Richard Mckeon ed., *The Basic Works of Aristotle*, New York: Random House Inc., 2001, 1102a5.

中的主流,"伦理学始终需要容纳心理概念,始终需要诉诸心理知识"(第33页)。

那么,从伦理学和心理学的亲缘关系来看,一种被称为道德心理学的研究到底应该包含哪些基本概念? 这是李义天教授在《美德之心》第二章向我们展示的。李义天教授借鉴弗兰纳甘(Owen Flanagan),告诉我们,"'对道德理想和原则的澄清,将受到关于心灵的基本结构、主要情感、成长模式、社会心理以及我们的理性思考能力的限度等'道德心理学方面的知识约束"(第35页)。因此,有关道德心理学的分析应该集中到"理由""原因""动机"或"意图"等主要的基本概念上,"它们的彼此关系构成了道德心理问题的基本分析框架"(第55页)。

确立了有关道德心理问题的基本分析框架之后,在《美德之心》的第三章,李义天教授在三个方面确定了亚里士多德主义美德伦理学的大致位置及其心理议题:(1)首先通过亚里士多德的实践推理模式确立道德理由激发性和规范性的统一;(2)然后通过亚里士多德的自然/本性学说和灵魂结构理论确定道德理由的存在论和心理学基础;(3)最后探讨亚里士多德主义美德伦理学在回应现代规则伦理学的过程中应该展开的心理议题。这种展开具体通过二、三、四部分表现出来。

在《美德之心》第二部分,李义天教授基于美德伦理学聚焦行为主体谈论行为正确性的特点,重点关注了一个有美德的行为主体如何通过实践智慧展开行为实践。李义天教授从亚里士多德极具影响力的实践推理的三段论模式入手,首先展示了亚里士多德的实践智慧如何与之相结合体现出来。进而,李义天教授告诉我们,"实践智慧的丰富性与复杂性表明,我们不仅不能从实践理性中剔除欲望,而且必须为它留出重要的位置"(第103页),我们需要通过养成好的欲望习惯来开启我们的实践推理。如何达到这一点? 李义天教授认为,关键在于行为者在进入实践推理之前,"不断地观察、学习和理解伦理习俗所提供的道德要求与道德榜样,不断地进行操练和反思,将自己的欲望水平预先调适到一个恰当而稳定的程度上来,形成好的品质"(第121页)。不过,要想达到这一点,行为者必须对行为环境拥有正确的知觉。因此,在这一部分最后一章,也即第六章,李义天教授探讨了知觉与实践智慧的关系,认为知觉不仅促使行为者形成好欲望,而且有利于我们找到实现欲望的手段。

如果说《美德之心》第二部分告诉了我们一个亚里士多德主义美德伦理学的行为者如何通过实践智慧展示自己采取行为的心理机制,那么,该书第三部分则试图在类比现代规则伦理学的基础之上告诉我们,亚里士多德主义美德伦理学如何能够为一些无法还原为理性的感性要素提供道德心理学方面的说明。他相信:情感虽然不能推理,但却可以通过感觉确立欲望;移情虽然不是知觉,但却可以通过感受来识别情境;意图虽然不能进行判断,但却可以通过意志来维系抉择。通过细致分析这些"非理性"的心理要素,李义天教授向我们展示了一种更有广度和深度的亚里士多德主义美德伦理学。

最后,在《美德之心》第四部分,李义天教授试图告诉我们,尽管人们有可能会质疑实践智慧作为一种理性模式的有效性,质疑情感和移情作为一种感觉机制的有效性,质疑亚里士多德主义美德伦理学的道德心理学作为哲学知识的有效性,但伦理生活本身的复杂性和伦理知识的局限性会告诉我们,美德伦理的行为指南其实意在"展示出正确行为得以产生的主体条件、边界与可能"(第 258 页)、移情"有着自己明确的概念边界和功能边界……是对当下情境中他人的心理状态的体验"(第 285 页),而现代心理学也因为对内在品质与外在行为关系的虚假预设和实验设计的问题,并不能证伪行为者内在品质的必要性。

通过以上对人类行为者心理机制充分而详尽的展开,李义天教授告诉我们,正是在面对现代科学的挑战过程中,亚里士多德主义美德伦理学完全可以借助现代心理科学和心灵哲学的资源,充分地发展自己的道德心理基础。而在这个发展中,面对正确行为的问题,亚里士多德主义美德伦理学呈现出了比现代规则伦理学更基础的解决方案,这就是通过"如何成为好人"的生活实践展开出来。面对生活,我们的道德首要的不是告诉我们什么是正确的行为,而是告诉我们该如何好好生活,如何成为一个好人、一个具有卓越品格的人。

二、

通过上面的介绍,我们可以清楚地看到,在《美德之心》一书中,以伦理学和心理学的亲缘关系为背景,以现代道德心理学关注的道德要求和道德理由为问题线索,借助亚里士多德的资源,围绕亚里士多德主义美德伦理学强调实践智慧这个核心,李义天教授详尽而有创意地通过实践智慧与理性要素和非理性要素相结合这两条线索,展示了亚里士多德主义美德伦理学在充分吸收现代科学资源和哲学资源的基础上,如何焕发出新的生命力与光彩。尤其出彩的是,李义天教授对这两条线索的展开。

在分析实践智慧与理性要素关系的这条线索时,李义天教授极具深度地把一个有美德的行为者通过实践智慧实施美德行为的过程展示为一个个三段论实践推理模式的心理叠加。按照通常简单的理解,实践推理以行为者试图实现的目的作为大前提,通过慎思寻找到达到目的的手段,最后达到目的的实现。然而,李义天教授通过精细的文本分析指出,实践推理虽然可以体现实践智慧,但实践智慧却远远不是一个单纯的实践推理。对于一个有实践智慧的美德行为者而言,如何确定目的?如何在行为者心里激起目的?如何谋求实现目的的手段和方法?如何选择实现目的的手段和方法?如何把行为最终实现出来满足欲望目的?这些都需要更细致的考量。

按照李义天教授的看法,首先,"行为者通过对当下情境的感知而形成关于具体事实的特殊知识(知觉),这是实践智慧的起点"(第92页)。对于行为者而言,他如果不能具有一种整体性、分析性和即时性的知觉,不能准确地把握事实,这很难在实践推理中形成靠谱的小前提。但这种知觉需要长期的训练和实践。其次,"行为者借由特殊知识,通过情感或推理而激活关于目的的普遍知识(欲望),这是实践推理的起点"(第92页)。对于行为者而言,欲望是最直接的目的,如果这个目的不是一个好的欲望,那么它在根本上就会破坏后续所有的推理。然而,好的欲望依赖于我们在进入一个情境之前不断的观察、学习和推理。再次,"在普遍知识的前提下,行为者精心谋求用于实现目的的手段和方法(慎思),这是实践推理的过程"(第92页)。对于行为者而言,慎思是实现目的的推理过程,这个过程显然需要行为者不断的反复推演,慎思必然展现为一系列的三段论推理。从次,"对于经过推理而得出的手段和方法,行为者给予确认及肯定(抉择),这是实践推理的终点"(第92页)。对于行为者而言,只有在心理把慎思结果确定下来成为我们自主实践推理的结果,一个实践推理才是真正的完成。正是抉择,凸显了行为者的道德性。最后,"行为者将确定抉择的手段和方法实际地实施出来(意志),这是实践智慧的终点,同时也是实践活动的起点"(第92页)。对于行为者而言,意志构成了实践行为能够完成的主观条件的限制,如果一个人"意志软弱",即使在思想的过程中完成了实践推理,也会难以转化为实际的活动。

综上可以看出,行为者的实践活动在理性推理展开的过程中,并不是一个单纯的实践推理的三段论结构,而是涉及知觉、欲望、慎思、抉择和意志等的心理全过程。更为重要的是,几乎在每一个环节,这都关涉行为者通过反复实践和练习对品格的养成。因此,通过实践智慧展示的推理并不是理性单纯的三段论推理,而是一个个三段论推理在上述各个环节展开的完整心理机制。

如果说上述有关实践智慧与理性要素关系的分析深刻地展示了亚里士多德主义美德伦理学的深度,那么,在分析实践智慧与非理性要素关系的这条线索时,李义天教授则极具创造性地展示了亚里士多德主义美德伦理学可能具有的厚度。首先,通过文本和词源分析,李义天教授令人信服地指出,对亚里士多德而言,情感(pathos)与感觉(aisthesis)是不同的东西。感觉是"一种受制于感觉对象的感受和反应"(第152页),是人和动物在自然生活中形成的生理感觉,重点在于感觉对象。与感觉相比,情感"在根本上包含快乐或痛苦",在体验情感时总是伴随着快乐和痛苦,而这种体验只有在"具备一定的(1)生理基础、(2)认知程度以及(3)欲望范围"(第157页)时,才会基于感觉对象"心有所感"而"情动于衷"。由于行为者的生理基础和认知程度大致相同或趋近,通过情感感觉快乐或痛苦的关键就在于欲望范围。欲望或者表现为某种"想要"或"不想要"的肉欲和意气,或者表现为蕴含善观念的"希望",但都"包含行为者对某个事物或某种善的判断"(第161页)。因此,情感始终包含着判断认知。正是基于情感伴随着快乐或痛苦的心理感觉,包含着认知判断的个体欲求,对情感的"自制"或"节制"才会关联于行为者的美德。

在对情感的"自制"或"节制"过程中,一方面,行为者通过知觉的训练,成为有美德的行为者,但另一方面,行为者也可以通过感受和体验的方式进行移情(empathy)。正是在分析移情的过程中,李义天教授展示了亚里士多德主义美德伦理学和现代道德哲学的融合。通过概要但直中要害的分析,李义天教授指出,移情是一个行为者对另一个行为者的情感的感受(sense)和体验(experience),而不只是对后者的知晓(know)或理解(understand)。基于这种理解,李义天教授认为,移情区别于几种常见的理解:移情不等于同情(sympathy),"同情是一个行为者对于另一个行为者的情感(尤其是痛苦)所表达的一种相应的情感反应(尤其是怜悯)",但同情"并不意味着前者就真的感觉到了后者的心理状况"(第183页);移情也不等于同一感(feeling of oneness),移情并不是一个行为者的快乐或痛苦与另一个行为者的快乐或痛苦的合而为一;移情也不等于共同感(fellow feeling),共同感"是指不同的行为者对于同一个对象所产生的相同的或共同的接受"(第185页),但这并不是移情产生所需要的情感转移。通过移情与其他相关概念的区别,李义天教授告诉我们,理解移情的关键就在于一个行为者对其他行为者情感状态的感受性。这种感受或者通过想象投射到他人身上(斯密式"投射性移情"),或者把他人心中的情绪转移到自己心中(休谟式"感染性移情")。而这种投射或感染得以可能则在于移情者和被移情者之间存在类似的心理结构和社会文化结构。正是借助现代哲学的移情概念,李义天教授指出,我们可以解释"对他人的道德关心"、解释关心和利他行为的偏倚性,以及基于这种心理基础上的行为评价。这些议题正是美德伦理学所关注的。

基于以上,李义天教授总结认为,移情不仅可以被美德行为者运用于具体的行为对象促成正确的道德评价,而且可以被评价者运用到具体的行为者得出正确的道德评价,"在亚里士多德主义框架内,一个有美德的行为者完全可以凭借有效的移情,对当下情境(特别是当下情境中的人)有更贴切的了解,从而合理地激发自己的欲望,展开实践推理,并恰当地采取行为或给予评价"(第198页)。

三、

通过前面的梳理,我们已经充分地展示了李义天教授在《美德之心》中所做的核心工作。这就是基于伦理学与心理学的亲缘关系,在借鉴和吸收现代科学和现代哲学资源的基础上,以道德心理的相关概念为核心充分展现一种亚里士多德主义美德伦理学的全貌。毫无疑问,李义天教授的工作是极其细致的,这从他对诸如"灵魂""理由""实践智慧""欲望""知觉""情感"和"移情"等概念详细的文本和语词分析工作中就可略见一斑;与此同时,李义天教授的工作也是极具创造性的,这从他大胆而具有洞见地借鉴现代道德哲学有关移情的分析,以及批判分析现代心理科学的做法中就可以看出。然而,正如李义天教授自己承认的,如果亚里士多德主义美德伦理学要获得更强的解释力,就必须认真对待来自伦理学内部其他类型理论的挑战。正是在这里,李义天教授的工作在以下一些方面存在一些解释的张力。

第一,在《美德之心》的第二部分,李义天教授宣称是从人的本性的理性部分做出的分析,但其中看起来违反我们一般认知的地方在于,欲望被还原成理性的部分而被划归其中。然而,在西方哲学史上,从柏拉图有关灵魂是理性、欲望和激情的三分开始,到笛卡尔通过激情谈论包括欲望在内的情感或知觉,再到现代实验心理学认为欲望是生物本性产生的想达到某种目的的要求,欲望从来都不曾被看作属于理性的阵营。相反,欲望倒是经常被划归到感觉或者非理性的阵营。比如柏拉图就明确地说,"(理性和激情)将会监管欲望……欲望的本性是贪婪"[1];基督教也认为,"情欲与圣灵相争,圣灵与情欲相争,这两个是彼此相敌"[2]的状态;功利主义的代表边沁更是直接表明,"自然把人类置于两位主公——快乐和痛苦——的主宰之下"[3],"趋向快乐"和"躲避痛苦"是人的基本欲望。即使在亚里士多德那里,欲望也主要是非理性的,"肉欲,只要论证或感觉一说某个事物是令人愉悦的,它就会立即冲上去享用"[4]。当然,李义天教授很清楚这一点。因此,他在分析时很有策略地指出,欲望之所以能放在人的理性部分进行分析,是因为一直存在一个广义

---

[1] [古希腊]柏拉图:《国家篇》,载《柏拉图全集》(第2卷),王晓朝译,北京:人民出版社,2002年,第422页。

[2] 《新约·加拉太书》5:17。

[3] 边沁:《道德与立法原理导论》,时殷弘译,北京:商务印书馆,2006年,第57-58页。

[4] Aristotle, Nicomachean Ethics, By W. D. Ross trans., in Richard Mckeon ed., *The Basic Works of Aristotle*, New York: Random House Inc., 2001, 1149a34-35.

的欲望概念,它"是行为者建构并确立自身实践目的的心理基础"(第107页)。在这个意义上,无论在柏拉图那里,还是亚里士多德那里,欲望除了指涉肉体欲望,还可以体现为行为者试图获取或躲避对象的愿望和希望。基于此,李义天教授认为,按照广义的欲望,欲望虽然必定与快乐或痛苦的感觉有关,但欲望针对对象、能够促使行为者采取行为。不过问题在于,即使我们接受欲望的这个广义定义,认为欲望是行为的必要条件,但我们仍然很难用一种还原的方法把欲望进行理性化的处理,因为这会导致欲望更主要的感觉面向的消失。而且,无论在古希腊,还是在现代道德哲学,尤其是经过元伦理学中休谟主义和反休谟主义有关行为动机的争论,欲望都更多地被看作与理性不一样的东西。

第二,与欲望的情形相似,李义天教授在这一部分对知觉的处理也类似。即使我们接受在亚里士多德那里感觉(sense)和知觉(perception)有区别,但是正如李义天教授自己也承认的,"'知觉'和'感觉'具有基本的同源性"(第124页)。而且按照他概括的有关知觉的四个特征,"具体性和直接性使其与感觉颇为相似,而整体性和分析性又使二者有所区分"(第129页),这恰恰表明知觉的一半特征就是感觉,而另一半只是与感觉区分开来,且并不意味着趋同理性。而且,可能存在争议的地方还在于,即使分析性属于理性的特质,但整体性的特征也很难说属于理性。综上,当李义天教授通过理性化的方式来处理知觉时,在某种意义上是带有很强的个人主观意图的。

第三,在《美德之心》的第三部分,李义天教授借用现代道德哲学的移情概念来为亚里士多德主义美德伦理学进行补充,这在某种意义上存在偏离亚里士多德主义的危险。诚然,亚里士多德确实为非理性的感性要素留下了空间,但如果像李义天教授这样近乎全盘地吸收包括休谟在内的情感主义哲学家甚至还有现象学家们有关移情的思想,那么这还是一种亚里士多德主义美德伦理学吗?斯洛特接受了情感主义的相关思想,他就不认为自己是一种亚里士多德主义美德伦理学,而是一种强调动机的基于行为者的美德伦理学,或者说情感主义美德伦理学。如果我们认为亚里士多德主义美德伦理学终究要有一些基本特征,那么至少在《美德之心》这本书中不太确定的是,李义天教授认为它需要满足一些什么条件呢?是否包括对幸福(eudaimonia)、实践智慧和合乎逻各斯的灵魂活动的德性活动的实现,等等?① 如果没有前面提到的这些特征,那么我们就难以明白为什么这种理论一定要叫作亚里士多德主义美德伦理学,而不是直接叫作美德伦理学。另外,如果像李义天教授指出的,发展亚里士多德主义美德伦理学的重点不在于情感主义的移情

① 参见文贤庆、李仁杰:《新亚里士多德主义"新"在何处?——赫斯特豪斯对亚里士多德伦理学的继承与发展》,《学习与探索》,2021年第10期,第15—23页。

思想,而是在于包括诸如现象学资源在内的更全面的移情概念,那么,问题在于把某种资源整合进亚里士多德主义美德伦理学的过程中,有没有一个考量的标准? 如果有,这个标准是什么?

第四,在《美德之心》第四部分,李义天教授对美德伦理学有关正确行为的处理展示了美德伦理学自身面临的更大难题。严格说来,我在这里提到的质疑对李义天教授有失公平,因为该书主要描述的是亚里士多德主义美德伦理学的道德心理学图谱,而美德伦理学有关正确行为的议题只占据了该书第十章一个小节的篇幅。然而,我试图表明的是,在某种意义上,包括李义天教授在内的美德伦理学的支持者在面对来自规则伦理学有关美德伦理学无法为行为提供正确性说明的质疑中,都没有或忽视了这种质疑背后的隐忧。诚然,正如李义天教授正确指出的,"虽然亚里士多德主义的美德伦理学没有具体告诉人们'应当做什么',但它至少告诉人们'应当怎么做'"(第249页),这种"应当怎么做"表明美德伦理学具有有关如何正确行为的指南。这种指南虽然不是一种严格的法典化程序,但它通过"有美德之人"在具体环境中可能采取的典型行为,为人们提供了足够充分且灵活的说明。然而,正是在这个回答中,美德伦理学再次放大了自身与规则伦理学的差别。在我看来,规则伦理学质疑美德伦理学的根本原因在于,他们认为美德伦理学无法去情境化地为人们的生活提供普遍的道德原则,规则伦理学之所以聚焦行为而不是行为者,就在于道德原则的普遍客观性需要去情境化。只有这样,道德才能很好地处理主体间的关系,平等、公平、正义、权利和义务等概念才出得来。如此一来,又和文章开头提到的安斯康姆的观点相呼应:在发展出充分的道德心理学之前,道德哲学应该被搁置起来。争议至此,我们可以看到,美德伦理学和规则伦理学反映了对于伦理生活的两种不同看法,对于美德伦理学而言,正如李义天教授分析的,优先的是"搞清楚什么才是正确行为的主体基础及其存在境遇"(第250页);而对于规则伦理学而言,它们优先考虑的是如何在自由的个体之间建立起普遍的指导规范。基于此,当李义天教授判断说"与康德主义或功利主义的规则伦理学非常不同的是,亚里士多德主义的美德伦理学对于伦理生活及其不确定性的认知程度,其实更为全面和深刻"(第257页),我对此持有一种谨慎的保留态度。

从我的困惑中抽离出来,回到李义天教授的《美德之心》,该书毫无疑问是一本有关美德伦理学,尤其是有关其道德心理学的优创之作。这种创新不仅表现在对各种道德心理概念细致而全面的梳理,而且表现在作者与时俱进地借用现代科学资源和哲学资源重新发展亚里士多德主义美德伦理学的洞见之上。在这个意义上,我认为一切对伦理学,尤其是对美德伦理学有兴趣的研究者都应该好好研读此书。

图书在版编目（CIP）数据

斯多亚主义与现代伦理困境. 上 / 邓安庆主编. ——
上海：上海教育出版社, 2023.7
（伦理学术）
ISBN 978-7-5720-2151-0

Ⅰ.①斯… Ⅱ.①邓… Ⅲ.①伦理学 – 研究 Ⅳ.
①B82

中国国家版本馆CIP数据核字(2023)第135352号

策　　划　王泓赓
封面题词　陈社旻
责任编辑　戴燕玲
助理编辑　蒋　益
封面设计　周　亚

斯多亚主义与现代伦理困境　（上）
邓安庆　主编

出版发行　上海教育出版社有限公司
官　　网　www.seph.com.cn
地　　址　上海市闵行区号景路159弄C座
邮　　编　201101
印　　刷　上海叶大印务发展有限公司
开　　本　787×1092　1/16　印张 20　插页 1
字　　数　365 千字
版　　次　2023年8月第1版
印　　次　2023年8月第1次印刷
书　　号　ISBN 978-7-5720-2151-0/B·0049
定　　价　68.00 元

如发现质量问题，读者可向本社调换　电话：021-64373213